倭歌が解き明かす古代史

「魏志倭人伝を解く」序章

邪馬台《やまと》国田川説の濫觴《はじまり》

福永晋三

同時代社

目次

刊行に寄せて

福永晋三氏の『「魏志倭人伝を解く」序章～邪馬台《やまと》国田川説の濫觴《はじまり》～』が刊行されるにあたり、衷心よりお祝い申し上げます。

刊行にあたり、本著の著者である福永氏の活動と物語の舞台である田川地域のご紹介をいたします。

私と福永氏の出会いは、平成二七年の夏のことでした。地元にある書店の歴史コーナーに一ノ岳が削られる以前の香春岳《かわらだけ》の写真が使われた、福永氏の著書『真実の仁徳天皇～倭歌が解き明かす古代史～』が置かれており、偶然にも私の目に留り、天皇と香春岳にどのような関係があるのかと興味を持ったことがはじまりです。当時、福永氏は東京で都立高校の教員をしながら、万葉集の研究をされており、万葉歌の解釈に取り組む過程で、古事記や日本書紀などの記紀の口語訳と万葉歌の解釈とが、今までの通説ではつじつまの合わないことが多く、記紀の口語訳も万葉歌の解釈も通説がおかしいのではないか。そのような鋭い視線から、遠賀川流域を手始めに九州各地や中国地方・近畿地方までの長期に渡るフィールドワークを実践されていました。こうして、古事記も日本書紀も万葉集も大部分は豊国（今日の豊前《ぶぜん》・豊後《ぶんご》）の歴史が書かれ豊国の風景が詠まれているのではないかとの確信にたどり着かれました。

特に、万葉集の倭歌に詠まれた倭《やまと》三山についての福永氏の説は、その考察力の深さに驚かされます。通説では、倭三山は奈良県の大和三山（香具山・畝傍山・耳成山）と説明されますが、香具山は記紀の神代には「金・銅が産出される」と記してありますが、奈良県の香具山には今も昔も金・銅が産出された例はありません。金・銅が今も昔も産出される山は「豊前の香春三の岳」しかない。従来の歴史研究者が見落とした点を福永氏は凝視され、これまでの通説に一石を投じております。

福永先生が古代の中心と定めた福岡県中央部に位置する豊前国の田川地域は、田川市をはじめ1市6町1村からから成っています。域内には古代の官道である大宰府官道や延喜式神名帳（式内社）に記された豊前の六座のうち三座を祀る香春神社が所在しており、古来より栄えた土地でした。特に、香春岳で採掘された銅は我が国で最も古い歴史を有しており、採掘には渡来系技術者の影響が見て取れます。また、域内の各地には歴代の天皇や記紀に関連した史跡や地名も多く、福永氏の発表された説の信憑性を高めます。

平成二八年より、田川広域観光協会が主催する古代史講座や田川古代史フォーラムのメイン講師として、福永先生にご講演いただいております。特に田川古代史フォーラムは、全国最大規模の古代史講演会として認知されておりますが、これまでの福永氏の牽引が大きく寄与しております。現在、古代史講座は新型コロナウイルス感染症の感染拡大を受け講演会はオンラインでの開催のみとさせていただいておりますが、今後、状況が好転したら、読者の皆様と講演会でお会いできることを心から願っております。

最後に、福永氏のこれまでのご活動に心から敬意と感謝の意を表すとともに、益々のご活躍をお祈り申し上げます。

令和三年七月吉日

田川広域歴史研究会　会長　永原譲太郎

まえがき

二〇一五年四月、「真実の仁徳天皇―倭歌が解き明かす古代史―」を不知火書房から上梓した。帯には、「聖帝伝説の仁徳天皇はオオサザキにあらず。後世、『仁徳』と称せられた天皇に起きた事件の真相を千数百年ぶりに復元する。倭歌は歴史事実を詠う。」との宣伝文句が躍った。この本がきっかけとなって、二〇一六年三月二〇日、田川広域観光協会主催の「第3回まちづくりフォーラム～古代田川に天皇がいた～」に招聘され、「初代神武天皇は田川で即位した」の題で講演した。この講演を皮切りに、以後、古代史講座・古代史フォーラムでの講演を重ねてきた。

次は、この一両年の講演で使ったスライドの一枚である。

戦後史学からの脱却！&倭国＝豊国説!!

①GHQの占領政策（「神を語るな」）から解放されること。
②戦後史学の「邪馬台国畿内説」や「大和王朝近畿発祥説」から解放されること。
③筑豊・田川の神々を尊重し、筑豊の古伝承を大切にすること。
④筑豊の人々が自分と自分の土地の遺跡に自信と誇りを取り戻すこと。
※筑豊が元気になれば、古代史が正しい姿に戻る！

倭国＝豊国説・邪馬台国田川説（福永説）

①記紀は豊国中心の史書（倭国～日本国の歴史）
②英彦山から沖ノ島までの遠賀川流域こそ倭国《やまと》（邪馬臺《やまと》国）
③神武・卑弥呼・神功・天智は豊国側の王
④倭の五王と阿毎多利思比孤（日出処天子）・天武は筑紫側の王
⑤壬申の乱も豊国での戦い
⑥平城京は桂川町にあった↓延暦三年（七八四）長岡京に遷都

およそ、古代史の定説（＝高校の日本史教科書）とは懸け離れた説を述べ続けてきた。「倭国＝豊国説・邪馬台国田川説」は早くから毀誉褒貶が激しかったし、発表してきたユーチューブ動画のコメントには今も誹謗中傷に近いものが並ぶ。だが、この説は一朝一夕にかつ簡単に思いついたものではない。ずいぶんと長い時間をかけ、あれこれ試行錯誤し、遠賀川流域を始めに九州も近畿もフィールドワークを重ねて辿り着いた説である。なかんずく、九州王朝論（邪馬壱国博多湾岸説）からの脱却には相当に苦労した。その過程が、同時代社の「越境としての古代」（第一集～第七集）に収録してあった。

今回、著者の論考だけを抜き出し、これらを第一章～第七章とし、最近の講演のレジメを第八章として掲げ、一冊の単行本にしていただくことになった。第一章～第七章は、試行錯誤の過程にあったため「邪馬壱国」などの表記もあったり、最近の説との矛盾もあったりする。だが、試行錯誤の過程も私にとっては大事な思考の基礎になっている。第八章との比較を通して、一個人の思考の過程をありのままに受け止めていただければ、幸甚である。

（二〇二一年七月記す）

第一章　倭国易姓革命論

はじめに

壬申年之乱平定以後歌二首

四二六〇　皇者《おほきみは》　神尓之座者《かみにしませば》　赤駒之《あかごまの》　腹婆布田為乎《はらばふたゐを》　京師跡奈之都《みやことなしつ》

（皇《おほきみ》は神にし坐《ま》せば赤駒の匍匐《はらば》ふ田居《たゐ》を京師《みやこ》となしつ）

右一首、大将軍贈右大臣大伴卿作

四二六一　大王者《おほきみは》　神尓之座者《かみにしませば》　水鳥乃《みずとりの》　須太久水奴麻乎《すだくみぬまを》　皇都常成通《みやことなしつ》　作者未詳

（大王《おほきみ》は神にし坐《ま》せば水鳥の多集《すだ》く水沼《みぬま》を皇都《みやこ》となしつ）

右件二首、天平勝寳四年二月二日聞之、即載於茲也。

（歌は『万葉集』鶴久・森山隆　編　桜風社による）

右の万葉歌の解明に努めたことが、倭国易姓革命論の出発点だった。

歌中の「水奴麻」の一語にこだわりぬいて、筑後国三潴《みぬま》郡に「水沼の皇都」を比定するより外はなかった。ここから、次のような数々のテーマを提起した。(1)

①　万葉集の題詞は、偽作性が強い。したがって、より古いと思われる詠歌については、その時代も場所も歌い手も歴史的背景も疑ってかからねば、その解釈は危うい。

②　万葉集は、『古今和歌集』真名序によれば、近畿天皇家とは別の「平城の天子」のの下に編纂された「倭（国の）歌集」が原型である可能性が高い。私はこれに「天子万葉集」の称をつけた。日出づる処の天子（六〇〇年頃）の勅を下限と考えている。

③　現存する万葉集は、何次かの編纂を経て、宇多天皇（八八七〜八九七）の時代に、菅原道真がしたとする、山口博氏の『万葉集形成の謎』に著された見解を支持する。

④『日本書紀』が倭国（九州王朝）の史書を盗用したとする古田武彦の説を支持すると同時に、私は、万葉集もまた倭国から盗用もしくは改竄された倭歌集とする。菅原道真もその間の事情を知悉していたようで、歌の左注（特に今案注）に努めて『日本紀』を当てようとした痕跡が窺える。

これらのテーマから、右歌の題詞は否定され、オホキミは天武天皇を指さずに、神功《じんぐう》皇后を指し始め、「水沼の皇都」は藤原京などではなく、クリーク（排水用の溝）で有名な佐賀平野の対岸、福岡県久留米の大善寺《だいぜんじ》玉垂宮《たまだれぐう》や高良《こうら》大社などを指し始めたのである。

右のように、万葉集の歌と左注に露呈した古代史の真実を拾い、同様に、古事記・日本書紀とその歌謡に露呈した倭国の歴史を拾っていくうちに、一元史観とも多元史観とも異なる古代史像を構築することになった。本稿はそのダイジェスト版であり、すべてがこれから検証してゆく仮説群であることをお断りしておく。

先ず、倭国最後の革命から論じよう。

一　壬申の乱の本質

天武・持統天皇の和名に重要な鍵があった。
天武天皇　　天渟中原瀛真人天皇《あまのぬはらおきのまひとのすめらみこと》
「瀛《おき》」字が注意を引く。まず、宗像大社の沖津宮（沖ノ島）の古い表記に「瀛《おき》」字が使われている。そして、天武の后の一人が、胸形君徳善の女尼子娘、高市皇子の母である。素直に見るなら、天武は九州の出自である。眼を転じて、中国の史料を見ると、『史記』に出てくる海中の三神山が、蓬莱、方丈、瀛《エイ》洲とある。秦の始皇帝、本名は嬴《えい》政である。サンズイの有無の違いだけだ。『隋書』俀国伝に都の東方に秦王国があると云う。推定豊前・豊後辺りである。この地の秦《はた》氏の存在も気がかりだ。もっと気がかりなのは、天武の頃までは、宗像も豊国の範疇にあった可能性があることだ。最も気がかりが、大海人《おほあま》の名であろう。海岸部か島の出自を思わせる。現在の奈良県や滋賀県の出ではない。
持統天皇　　高天原広野姫天皇《たかまのひろまひめ》
この高天原広野の地が、現代の福岡県北九州市小倉南区、平尾台にある（平松幸一氏の指摘）。持統の出自も九州ではないか。その持統紀に次の記録がある。
天渟中原瀛真人天皇《あまのぬはらおきのまひとのすめらみこと》の元年の夏六月に、天渟中原瀛真人天皇に従ひて、難を東国に避けたまふ。

旅《いくさ》に鞠《つ》げ衆《もろひと》を会《つど》へて、遂に与に謀を定む。廼ち分ちて敢死者《たけきひと》数万に命じて、諸の要害の地に置く。
秋七月に、美濃の軍将等と大倭の傑豪と、共に大友皇子を誅して、首を伝へて不破宮に詣づ。

明らかに、壬申の乱のことが書かれている。しかも、天武紀になかった記述だ。「難を東国に避けたまふ」とは、九州に起きた難、すなわち白村江戦に敗れた結果起きる難、唐・新羅連合軍の九州上陸後の政治的混乱を恐れて、九州にとっての東国、すなわち近江朝（あるいは日本国）の簒奪を目指して、四国阿波の吉野川河口[2]に大軍を移動させたことを指すのではないか。

「旅」団「数万」は尋常の軍ではない。一六〇〇年の関が原の合戦の時でさえ、一方の軍勢が十万いくかいかないかであったことを思えば、七世紀の天武勢がいかに驚異的な軍勢であったかが知れよう。とても美濃・尾張の通念の「東国」の兵だけを指すとは思われない。通念の壬申の乱の舞台はあまりに狭すぎた。大体、『隋書』俀国伝における「東西五月行」の領域から、どうして急激に縮まるのか。中国の正史に照らしてもおかしい。

「美濃の軍将等」が、美濃・尾張の軍を指すなら、「大倭の傑豪」とはいかなる軍団を指すのか。先の問題と合わせると、こちらこそが、主力軍のはずだ。そして、何処からきた軍団なのか。平田博義氏から回答があった。天武崩御に際して、殯宮で誄《しのびことたてまつ》った人々ではないかと。「シノビコトは死者を慕って、その霊に向って述べることば。殯宮における主要な儀礼の一つであった。」と日本古典文学大系の日本書紀第二十の頭注にある。「大倭の傑豪」らしき人々を列挙しよう。大海宿禰アラ蒲（九州）、県犬養宿禰大伴（出雲）、河内王（筑紫）、当麻真人国見（但馬?）、采女朝臣竺羅（筑紫物部）、

紀朝臣真人（九州）、布勢朝臣御主人（九州？）、石上朝臣麻呂（筑紫物部）、大三輪朝臣高市麻呂（長門？）、大伴宿禰安麻呂（九州）、藤原朝臣大嶋（九州）、阿倍久努朝臣麻呂（九州？）、紀朝臣弓張（九州）、穂積朝臣蟲麻呂（筑紫物部）。（　）内の出自は福永の推測、原案は平田氏。

　最も明らかなことは、彼等が「美濃の軍将等」では決してないことである。これほど簡単明瞭な事実が看過されていた。この簡明な事実が古代史に名高い壬申の乱の本質を語り始めた。いや、本来、既に語られていたのである。

《倭国（九州王朝）の正規軍と思われる大軍団が、白村江敗戦後の倭国の起死回生を図って、東国の近江朝を簒奪した。》これは、『新唐書』の一節、「日本は乃ち小国、倭の為に并せらる」という記述とあるいは一致するのではないか。

　皇太弟大海人《おほあま》皇子（天武天皇）は、九州から「大倭の傑豪」を率いてきたのだから、すなわち「大倭王」の格で近江朝を簒奪したのである。乱後、飛鳥に都を置いたからこそ、この地が「大倭」と呼ばれたことは、想像に難くない。後世、「大和」と表記され、「ヤマト」と呼ばれたのは、周知の事実であろう。

《壬申の乱の本質は、「天武の東征」であり、「大倭の東遷」である。》

　こうして、東国に成立した大倭国が日本国と改称し、衰弱した倭国本国（九州王朝）をも併合し終えて、日本をヤマトとよませることになったと考えられる。この「日本王朝《ヤマト》」が最終的に編纂あるいは改竄したのが『日本紀』、後の『日本書紀《ヤマトノフミ》』であるなら、倭国本国（九州王朝）の歴史を取り込み、日本国すなわち「東の大倭国」が悠久の昔から万世一系の王朝であったかのように繕うことは容易であったと思われる。

ところが、壬申の乱の本質を見抜けなかった歴史学は、一元史観であれ、多元史観であれ、結局『日本書紀』のイデオロギーから完全には脱することができず、邪馬台国論争や大和王朝の成立などについて、また、九州王朝筑紫一元論なども、それぞれの史観の中で堂堂巡りをせざるを得なかったようだ。

《日本《やまと》王朝の成立を六七二年とし、日本王朝の統一（倭国本国併合）を七〇一年とする。》

本稿は、「天武の東征」「大倭の東遷」という観点から、それ以前の九州島に都を置いた倭国（あるいは倭国本国）の歴史を多元的に追究しようと試みるものでもある。

二　出雲王朝の多元的成立

わが国の始原の王朝は、出雲王朝と考えて大過なかろう。大国主が「国譲り」するまで続いたとされる王朝だが、その草創と果たして一系だったかについては、記紀からは読み取りにくい。出雲王朝が天孫降臨という革命によって滅びた王朝であり、その歴史が革命側の王朝によって綴られたであろうことが原因と考えている。

一系であるか否かはかなりのところ明らかだ。出雲の起こりは、古事記によれば次の速須佐之男命の歌に象徴される。

八雲立つ　出雲八重垣　妻隠《つまご》みに　八重垣作る　その八重垣を

八俣の大蛇族を退治して、速須佐之男命の革命王朝が成ったと解釈すべきだろう。ところが、古事記では大蛇族退治の前にすでに出雲の国の名が出現している。また、古事記序文には、「百の王相続き、剣を喫《か》み蛇《おろち》を切りたまひて」という一節があり、その前後も含めて順序が本文とは逆転しているが、序文が万一正しい場合、速須佐之男命以前に「百の王」が相続いていたことを示そう。これは、『漢書』「地理志」に云う「楽浪海中、倭人有り。分かれて百余国を為す。」を意識し、空間的配列をあるいは時間的配列に置き換えたとも考えられるのである。さらに、出雲国風土記においては、「出雲と号《なづ》くる所以は、八束水臣津野命《やつかみずおみつののみこと》、詔《の》りたまひしく、『八雲立つ』と詔りたまひき。故《かれ》、八雲立つ出雲といふ。」とある。出雲の由来が、別人の同じ歌にあるような筆法である。あるいは、風土記の拠った原典は記紀のそれとは立場を異にするらしい。いずれにせよ、速須佐之男命の前に前王朝があったと考えざるを得ない。

大国主神（大穴牟遅神）の説話も出雲王朝の革命譚に他ならない。兄弟八十神と争って即位した。神話にいう兄弟は、真実の兄弟ではないとする見解(3)がある。記紀の系譜は怪しい。そうであれば、血が異なるのだから、ここにも易姓革命があったと言わざるを得ない。

国名も明らかだ。「大国」である。古事記にいう「大八洲」も同義であろう。こう考えたときに、万葉集に多い定型句「八隅知之《やすみしし》　我大王《わがおほきみ》」の意味が解明された。「大八洲をお治めになるわが大の王」の意であり、この王朝に由来することが知れたのである。(4)「大《おほ》」が固有名詞であれば、この王家の姓はオホ氏と思われる（後述）。

ここで、一旦、出雲王朝史を簡明化しておこう。速須佐之男以前を出雲第一王朝とするなら、速須佐之男の系譜は第二王朝、大国主神の系譜は第三王朝となる。

右の考え方に符合するような研究成果がある。二〇〇一年秋に東京国立科学博物館で「日本人はるかな旅展」が催された。その中に、まず縄文人一色に塗られた日本列島地図があり、弥生時代に移ると、中国・朝鮮からの渡来人が縄文人を列島の南北（南九州・琉球と東北・北海道）に追い遣るような図になる。別の所に、その詳細図のような「九州・山口地域の弥生人骨の発見地」があり、山口県西部と福岡県を円で囲んだような地域（北部九州）の人骨に「渡来系弥生人」、佐賀平野より西の一円すなわち旧肥前の国（西北九州）の人骨に「在来系弥生人」との名称が付されている。つまり、「弥生時代の中国・朝鮮からの渡来人」には「在来系弥生人」「渡来系弥生人」の最小二波の渡来があったということになる。これらから出雲王朝史を見ると、およそ次のようなことが言えないだろうか。

① 縄文時代末期に「縄文人」の出雲第一王朝が成立した。『論衡』に記された「周の成王（紀元前一〇〇〇年頃）のとき、鬯草を献上した倭人」の国と想像される。周に倣って封建制を敷いた可能性を考えている。それが神無月伝承に残されていると私は考える。

② 弥生時代に「在来系弥生人」とされる第一波の渡来があった。新羅から来たとされる速須佐之男の第二王朝が成立したと見てよいだろう。紀元前七七〇年、中国では西周が滅ぶ。その余波を受けて、東夷の国に王権の交替が起きたのではないかと見ている。

③ 第二波の北部九州に来た「渡来系弥生人」による第三王朝、大国が成立した。大国主神には出雲の西方から東侵した痕跡が窺える。渡来系弥生人に似た人骨を探しているのが、山口県の土

井ヶ浜人類学ミュージアムの松下孝幸氏らである。黄河下流域の山東省の臨淄から、漢代の墓が見つかっており、埋められていた人々の骨格は、土井ヶ浜遺跡の弥生人とそっくりという。『史記』に「斉人徐市（福）蓬莱・方丈・瀛州三神仙の僊人をもとめ、童男女数千人を発して海に入る」という記事が見える。「斉」とは山東省の地の古名だ。山東省の徐福は始皇帝二十八年（BC二一九）に、大国の一角に渡来したのである。

私としてはようやく出雲王朝の創始が見えてきた気がする。大事なことは、はるかな昔に、従来の概念になかった想像以上に広い国土の上に始原の王朝が王家の交替を伴いながら存在したことだ。最初が縄文人一色に塗られた日本列島地図。次が渡来人が日本の西半分に分布する地図。この領土の範囲で倭人の国の歴史は展開されたと考えるべきではないだろうか。出雲神話はまだ、分析中である。だが少なくとも、次章に述べる「天孫降臨」という名の易姓革命は、すでに出雲王朝史の中に胚胎していたとみるべきではなかろうか。同じルート、方法、異なる部族によって行われた新たな革命と捉え直す必要があると思われてならない。

三　天孫降臨と倭奴国の突出

天孫降臨が弥生期の大革命であることは間違いないであろう。王権の所在すなわち首都が出雲から筑紫に移った大事変である。多元史観の側で強調された仮説である。この事変以後が九州王朝論といって差し支えなかろう。だが、それは九州王朝筑紫一元論のそれでしかなかった。結局は、記紀のイデオロギーから脱却できなかった歴史観のようだ。

天孫降臨は「大国の滅亡及び分裂」がその本質と考えられる。

記紀のイデオロギーは、殊に日本書紀の体裁から見れば、神代から神武天皇の直前まで「一書」群が存在するように、諸家の異なる系譜をすべて神武に繋げ、神武が正統であることを主張することにあろう。この神武が多元史観の言うように、「九州王朝の傍系」でしかないなら、天孫降臨時における「九州王朝の直系」の祖は、はたして何者であろうか。

天孫降臨の天孫とはニニギノ命を指す。古事記の記載には端から綻びが現れる。

この御子は、高木の神の女《むすめ》万幡豊秋津師比売《よろずばたとよあきつしひめ》の命に娶《あ》ひて生みませる子、天の火明《ほあかり》の命、次に日子番《ひこほ》の邇邇芸《ににぎ》の命に詔科《みことおほ》せて、「この豊葦原の水穂の国は、汝《いまし》の知らさむ国なりとことよさしたまふ。かれ命のまにまに、天降《あも》りますべし。」とのりたまひき。

母の名にすでに「豊秋津」の地名が出ていること、兄（天の火明）が存在すること、天降る先が「豊葦原の水穂の国」であること、これらの具体的な条件が示されながら、ニニギノ命は結局、豊に天降らず、「竺（筑）紫の日向の高千穂のクシフル峰」に天降るのである。古事記の天孫降臨は最初から甚だしい矛盾を露呈している。

これを見事に解き明かすのが、『先代旧事本紀』である。同書では、ニニギノ命は「皇孫本紀」の初めに登場する。確かに天降りはするのだが、右の古事記と同様の記事は、「天神本紀」の初めにあり、天降りの主は「天照国照彦天火明櫛玉饒速日尊《あまてらすくにてらすひこあまのほあかりくしたまにぎはやひのみこと》」となっている。この「天照」・「天火明」の称号を併せ持つ「饒速日尊《にぎはやひのみこと》」こそが出雲第三王朝を倒した主力であるようだ。記紀の天孫降臨は最初から「改竄」だったのである。

　饒速日尊は、三十二人の武将と二十五部の物部その他を率いて、天国（壱岐対馬）から豊日別《とよひわけ》（豊国）に天降りした。谷川健一氏らの著書にあるように、そこは、遠賀川（福岡県筑豊地方）流域に他ならない。天の物部二十五部の氏族の名は、今日なお、現地に遺称としてある。例えば、二田《ふたた》物部（筑前　鞍手郡・二田郷）、馬見《うまみ》物部（筑前　嘉穂郡・馬見郷）、嶋戸《しまと》物部（筑前　遠賀郡・島門《しまと》）、赤間物部（筑前　宗像郡・赤間）、筑紫物部聞《きく》物部（豊前　企救《きく》郡）とあり、その最後が、「筑紫贄田物部」だ。筆者は、この「贄田《にえた》」が本来は「ニギタ」であり、万葉集八番歌の「熟田津《にぎた》」がこの地であり、福岡県鞍手町の「新北《にぎた》」が同地であるとの比定を、神功紀の解読から行った（後述）。その地には、宗像三女神が最初に降臨したという伝承のある「六嶽《むつがたけ》」がある。さらに鞍手町の隣、宮田町磯光には「饒速日尊」を祀る「天照宮」が鎮座する。この天照宮がもとは、笠木山嶺に鎮座した。「竺（筑）紫の日向の高千穂のクシフル峰」に天降ったニニギの「此地は韓国に向ひ笠紗の御前《みさき》にま来通り」の宣言は、縄文時代の古遠賀湾よりやや海の引いた弥生遠賀潟を想定するとき、この宮の地で、すなわち饒速日尊より発せられたもののようだ。今日の筑豊地方は、豊日別の国だった。そこに降臨した主力軍団の説話をニニギの説話に接いだ。古田武彦氏のいわゆる「接木」の手法なのである。

　一方のニニギノ命は、白日別《しらひわけ》（筑紫、博多湾岸）に物部五部人を率いて天降りした別働隊である。彼はまさしく「竺（筑）紫の日向の高千穂のクシフル峰」に天降りした。ニニギノ命もともより、天孫降臨、否、もはや「天神降臨」と呼ぶべき革命、その大軍団の一部隊、「傍系」にしか過ぎなかったのである。
「直系」は饒速日尊であった。彼の都「高天原」は今や、鞍手郡の領域を指し始めたのである。先の、嶋戸物部（筑前　遠賀郡・島門）の地が、柿本人麻呂の詠んだ万葉集の三〇四番「大王の遠《とほ》の朝廷《みかど》と蟻通ふ嶋門を見れば神代し思ほゆ」の嶋門と同じであれば、「高天原」はまた「遠の朝廷」でもあることになる。遠賀はまた、岡（崗）の地である。吉田東伍の『大日本地名辞書』の「崗水門《ヲカノミナト》」の項の末尾に、次のような行文がある。

ちはやふる金の三埼を過ぎぬとも吾は忘れじ牡鹿の皇神《すめがみ》、〔萬葉〕

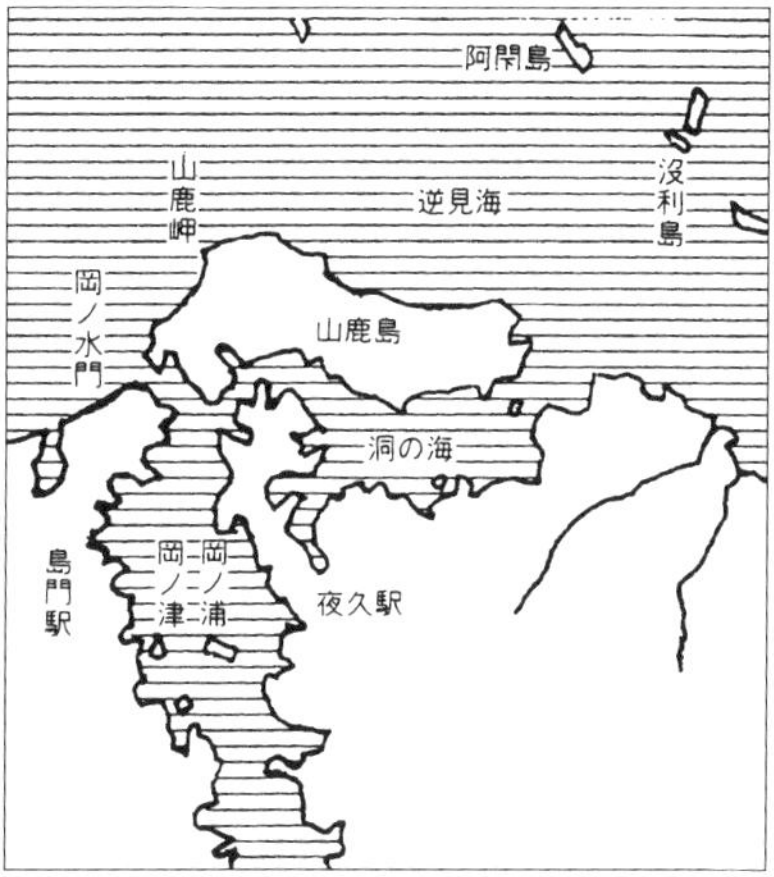

古典に記された郷土の地名

按にこの歌の牡鹿《ヲカ》は諸家シカと訓みて、志賀海神に引きあてたり、然れとも牡鹿の牡の字の添へてあるからには、ヲカと訓むべきにあらずや、即此岡の湊の神を祈る心なるべし。

この「ヲカ（遠賀、崗）の皇神」もあるいは饒速日尊を指すかも知れない。
以上、天孫降臨の実体は「天神降臨」であり、出雲王朝の王権は、天神饒速日尊によって、「高天原」・「遠の朝廷」すなわち「豊の国」に移ったようだ。従って、饒速日尊の遠の朝廷は「天姓」であることになろう。それも実は、記紀および先代旧事本紀に露呈している。

天孫降臨記事に戻ると、記紀のニニギノ命、実は旧事本紀の饒速日尊の父は共に、「天の忍穂耳《おしほみみ》の命」である。この神が英彦山神宮（福岡県田川郡）に祀ってある。

英彦山は古くから神の山として信仰されていた霊山で、祭神が天照大神の御子天忍穂耳命であるところから、「日の子の山」すなわち「日子山」とよばれていた。天忍穂耳命は英彦山に降臨、瓊瓊杵命《ににぎのみこと》の建国の偉業に助力された。（全国神社名鑑）

天神降臨は一代の事業ではなかった。父の降臨が英彦山に先にあって、それから饒速日尊の天神降臨があった。因みに、英彦山神宮の宮司は「高千穂」氏である。豊の国に王権が移った。そうして、「国譲り」に成功した天氏は、同時に「大王」の称号をも襲ったらしい。この大義名分が、筆者が以前に分析した「お佐賀《さか》の大室屋《おほむろや》（吉野ヶ里遺跡の前期環濠集落）の決戦」(5)に繋がったようだ（後述）。

ところが、饒速日尊を新たな大王とする高天原朝廷は、天神降臨において、出雲第三王朝の領土全てを継承することができなかったようだ。それが、中国の正史に露呈している。

『漢書』に日本列島上の種族と国が、二種記録してある。

呉地「会稽海外、東鯷人有り。分かれて二十余国を為す。歳時を以って来り献見すと云う。」

燕地「楽浪海中、倭人有り。分かれて百余国を為す。歳時を以って来り献見すと云う。」

「東鯷人」は『史記』に出現しない。「鯷」字が史記成立後から、漢書成立の頃に出現したことをこの稿と並行して突き止めた。音が「シ」、訓が「しこ」で、漢代、日中双方で「サケ（鮭）」を指したことも突き止めた。(6)そこは若狭湾沿岸、丹波を中心とする国のようである。後の、銅鐸圏、さらには三角縁神獣鏡圏の国でもあるようだ。。

倭人の国は、出雲王朝の章でも引用したのだが、饒速日尊を新たな大王とする高天原朝廷の領土と考えられる。これらの記事が、天神降臨の本質は「大国の分裂」であるとする仮説の、今はまだ、脆弱な根拠である。だが、この倭人の国が、次の『後漢書』に現れる「倭奴国」に繋がるなら、「東鯷人」の国は、ここでもなお分裂して独立した国のようなのである。

『後漢書・倭伝』　会稽海外に、東鯷人あり、分かれて二十余国を為す。また、夷州および澶州あり。伝え言う、「秦の始皇、方士徐福を遣わし、童男女数千人を将いて海に入り、蓬莱の神仙を求めしむれども得ず。徐福、誅を畏れて還らず。遂にこの州に止まる」と。世世相承け、数万家あり。人民時に会稽に至りて市す。会稽の東冶の県人、海に入りて行き風に遭いて流移し澶州に至る者あり。所在絶遠にして往来すべからず。

史記・漢書の記事がまとめられ、徐福の止まった先が「東鯷人」の国であり、そこの人民が後漢の時代に会稽に至ったと記録されている。そのとき、東鯷人のもたらしたものが、どうやら干し鮭や鮭の皮で作った冠らしいということもようやく突き止めた。倭奴国の時代にも東鯷国は並立していたようだ。

この「倭奴国」が饒速日尊以来の王朝であるなら、後漢書以降に現れる正史の倭国伝のほとんどが、「倭国は古の倭奴国なり」とする認識は十分に正しいようだ。倭国の創始は倭奴国である。倭奴国が「ゐの国[7]」と読めるなら、「の」は格助詞と考えられ、倭奴国と倭国は同一の国であること、蓋然性が高い。紀元五七年、倭奴国が後漢に朝賀し、「漢委奴国王印」すなわち志賀島の金印と呼ばれる印を授与された。紀元一〇七年、倭国王帥升らが、後漢の安帝に生口一六〇人を献じて請見を願う。饒速日尊・委奴国王・倭国王帥升は一系の王者と思われる。
ここに重大な事実が現れる。「倭」の訓「やまと」の地も、饒速日尊の建てた高天原の都の地であるということだ。豊の国の神の山、日子山への登り口としての「山門」の国なのである（現在、執筆中の「天満倭考」の主題である）。
したがって、「倭《やまと》王朝」は、国譲りの成立とともに、すなわち、倭奴国の成立とともに始まっていたといえるのである。
この「倭王朝」の発展譚、すなわち領土拡張の際の戦闘の記録が、神武歌謡に残されていた。

神武前紀戊午年冬十月、八十梟帥《やそたける》征討戦の歌謡の新解釈

神風《かむかぜ》の　伊勢の海の　大石に　や　い這ひ廻《もとほ》る　細螺《しただみ》の　吾子よ、細螺の　吾子よ。　細螺の
い這ひ廻り　ちてしまむ。　撃ちてし止まむ。

【口訳】神風の伊勢の海の大きな石のまわりを、這いまわっているシタダミのような吾が子よ。シタダミのような兵士よ。シタダミのように這いまわって、敵を撃ち滅ぼしてしまおう。敵を撃ち滅ぼしてしまおう。

【解説】伊勢の海は、福岡県糸島半島付近の海。かつてここに上陸した天孫族の一部族が、この地方で歌った民謡のようだ。吾子は文字通り、海辺に遊ぶ吾が子を指した。その後領土拡張を続けて、佐賀県神崎の吉野ヶ里（次の歌謡の「オサカの大室屋」）の決戦に臨んだとき、兵士に呼びかける歌にアレンジされたようだ。替え歌のほうでは、城柵の上から矢を射掛けられ、濠に次々味方の兵の死

体が重なってゆく。それでもなお、兵士はシタダミのように濠を這って敵陣に迫るのである。生々しい戦闘歌だ。（この解釈は、福田健氏からヒントをいただいた。）

お佐嘉《さか》の　大室屋《おほむろや》に　人多《ひとさは》に　入り居りとも　人多に　来入り居りとも、　みつみつし　来目《くめ》の子らが　頭椎《くぶつつ》い　石椎《いしつつ》いもち　撃ちてし止まむ。

【口訳】お佐賀の大室屋に、人が多勢入っていようとも、人が多勢来て入っていようとも、勢いの強い来目の者たちが、頭椎・石椎でもって撃ち殺してしまおう。

【解説】佐賀は古くはサカと呼んだ。通常、奈良県の忍坂がオサカに当てられてきたが、弥生時代の「大室屋」が吉野ヶ里遺跡を置いてないことは、その復元からも推測される。「お佐賀の大室屋」の推測の原点は、吉野ケ里遺跡の前期環濠集落の東側に、当時の東方すなわち筑紫方面から攻めてくる敵を想定して設けられたと思われる「逆茂木」遺構のあることだった。弥生時代後期の広がった環濠集落にはまったく意味をなさないこの遺構が、右の歌の再発見につながった。

だが、当時、佐賀県教育委員会の出していた以前の遺跡の発掘概報に「前期環壕集落」とあった説明は、吉川弘文館の「環濠集落　吉野ヶ里遺跡　概報」では、単に「内濠」と「竪穴住居群」というように、表記と内容が変わっている。

ただ、この遺跡の東入り口に当たる部分に立って、右の歌を口ずさめば、二千年の時を超えて、その情景が浮かぶことを強調しておきたい。

今はよ、今はよ。ああしやを。今だにも、吾子よ。今だにも、吾子よ。

【口訳】今が最後だよ、今が最後だよ。ああ奴らを（倒すのは）。今を置いてないよ、吾が子よ。今を置いてないよ、兵士等よ。

【解説】通例では、敵を倒した後、この歌が歌われ、みんなで笑ったとある。だが、歌を普通に読むなら、長期戦のあと、終に訪れた総攻撃の合図の歌ととらえるのが順当のように思われる。歌の元々は、鵜飼の鵜を捕らえるタイミングを子に教える歌とする解釈（古田武彦氏）があるが、それを使って総攻撃の合図としたとする筆者の考えとは矛盾しないだろう。この歌のみ、通例の解釈（「記紀歌謡全注釈」角川書店）をあげておこう。

「今はもう、（すっかり敵をやっつけたぞ）。わーい馬鹿者め。これでもか、ねえおまえたち。」

（お佐賀《さか》なる） 愛瀰詩《えみし》を一人《ひだり》 百《もも》な人、人は言へども 抵抗《たむかひ》もせず。

【口訳】お佐賀にいるエミシを一騎当千だと、人は言うけれども、（われわれには）手向かいもできなかったぞ。

【解説】初句「お佐賀なる」は、我が国最古の歌論書『歌経標式』（七七二年）にある形から採った。エミシは通例「蝦夷」と蔑称が使われるが、ここだけ、原文は「愛瀰詩」とイメージの良い字が用いられている。エミシの自称と思われる。口訳にあるとおり、この歌こそが、激戦に勝った側の勝どきの歌であろう。『日本書紀』の原文によれば、約半年にわたる攻防戦であった。これらの歌謡が、景行紀にあるべき説話であることは拙論「於佐伽那流《おさかなる》 愛瀰詩《えみし》」で論じた。今は結果のみ挙げよう。吉野ヶ里陥落は、景行十三年（西暦八十三年）の出来事と推測された。先の、紀元一〇七年、倭国王帥升らが、後漢の安帝に生口一六〇人を献じたとある「生口」とは、このときの捕虜、於佐伽那流　愛瀰詩の人々を言うのであろうか。

なお、佐賀県一円には、「於保」氏一族が今日もお住まいである。吉野ヶ里遺跡から、出雲系の銅鐸が出土したことからも分かるように、肥前には出雲第三王朝「大国」の一族が、国譲りの後も、相当期間、支配を続けていたようである。天神族との衝突は不可避のものであったようだ。また、北九州の肥前に分布する「在来系弥生人」と福岡県に分布する「渡来系弥生人」の、その境に位置するのが吉野ヶ里遺跡である。

景行紀には、九州統一説話があり、日本武尊《やまとたけるのみこと》が活躍する。肥前国風土記と照合すると、九州統一説話は二次に渡る。一次が倭奴国の説話に該当し、古事記の倭建命《やまとたけるのみこと》の悲話と重なる。倭奴国に確かに倭建命が実在したようだ。次の古事記の歌に表されていた。

ひさかたの　天の香山《かぐやま》　利《と》鎌《かま》に　さ渡る鵠《くひ》、弱細《ひはほそ》　手弱腕《たわやかひな》を
枕《ま》かむとは　吾はすれど、　さ寝むとは　吾は思へど、　汝《な》が著《け》せる
襲《おすひ》の欄《すそ》に　月立ちにけり。

クヒにクビ（首）が掛けてあったために見過ごされてきた、重要な修飾語があったのだ。

「ひさかたの　天の香山　利鎌に　さ渡る鵠」の利鎌にとは鋭い鎌のような細く美しいクヒのような（女性の）首の形容だったのである。そのクヒがどこの空を渡っているか。「ひさかたの天の香山」の空なのである。その実景描写から女性の美しい首の修飾に使われている。倭建命は、天の香具山

とそこを渡るクヒ（古代のハクチョウの総称、代表は白鶴である）と美夜受比売の首とを見ているのである。それでは、天の香具山とはどこの山か。豊の国別府の「鶴見岳」である。倭建命という実在の豊の国の王者が、天の香具山を渡るクヒすなわち白鶴を見たからこそ、「鶴見岳」の別名が生じたのではないか。万葉集の二番歌も「倭には群山あれど　とりよろふ天の香具山　登り立ち国見をすれば　国原は煙立ち立つ　海原はカマメ立ち立つ　うまし国ぞ　『豊』秋津嶋　ヤマトの国は」という長歌であったようだ。そして、十五番の「わたつみの豊旗雲に入日射し今夜の月夜さやに照りこそ」がその反歌であったと、拙論「万葉集の軌跡」で論じた。これらの歌にすべて共通するキーワードは、「倭《ヤマト》と豊」なのである。万葉集の二番歌も倭奴国の王者、倭建命が真の歌い手かも知れないのである。遠賀川流域の数多い八剣神社には倭建命が祀ってあり、鞍手町の熱田神社には美夜受比売も祀ってあるのである。

　こうして、領土を広げ、隆盛を誇った倭奴国にも反動の嵐が吹き荒れる。倭国の大乱である。後漢の桓帝・霊帝の間（一四七年～一八九年）のこととされる。「歴年主無し」とまで記録されたすさまじい乱だ。大王位継承戦争のようだ。それは、神武東征説話に表されている。

神倭伊波礼毘古《かむやまといはれびこ》の命、その同母兄五瀬の命と二柱、高千穂の宮にましまして議りたまはく、「いづれの地にまさば、天の下の政を平けく聞しめさむ。なほ東のかたに、行かむ」とのりたまひて、すなはち日向より発たして、筑紫に幸でましき。かれ豊国の宇沙に到ります。

神倭伊波礼毘古（神武）は天神降臨の別働隊、傍系のニニギノ命の系譜であった。彼の出発地は、博多湾岸の「日向の高千穂の宮」である。この宮が、後の神功紀にその所在が明かされていた。神功摂政三年の記事である。「磐余《いはれ》に都つくる。是をば若桜宮と謂ふ」。水沼の皇都に入る前の宮なので、香椎宮から大宰府天満宮の間を探していた。昨年の夏に、大宰府の宝満山の竈門《かまど》神社に参拝した。目に入った神紋が「桜」だった。祭神を確かめると、玉依姫命《たまよりひめ》、相殿に神功皇后・応神天皇とあった。この宮こそ、イハレの若桜宮だった。倭奴国時代の「日向の高千穂の宮」に「神・倭・イハレ・彦」はいたのである。『続筑前風土記』にも宝満山は「岩群れ」の山と記されている。竈門神社の由緒はこうだ。

祭神玉依姫命は海神の御女であり、鵜葺草葺不合命《うがやふきあへず》の后、そして神武天皇の母君である。神武天皇は皇都を中州に定めんとして…建国の大偉業を申告した…。

中州の皇都とは、奈良県を指しはしない。遠賀の都、遠の朝廷と思われる。天神の傍系が天神の本流、倭奴国を継承、あるいは簒奪しようとの議事であったのだ。宝満山のすぐ西にの山陵と目される「愛岳」もある。高千穂の西だ。神武はこの簒奪に一時、成功したかのようである。饒速日尊の本流が東に逃れたようであるから。これが、神武の東征の骨格部分だ。実はニギハヤヒ本流の東遷、最初の倭王《ヤマト》朝東遷の記録だったのであろう。倭奴国の東の版図が判明する。吉備の高嶋宮までは交戦の記事がない。古田武彦氏の分析にある。河内湖に入ってから交戦になるが、これはさらに以前の記録だったようで、天神すなわち天孫は長脛彦に迎えられたようだ。平田博義氏が先代旧事本紀の系図を分析したら、饒速日尊の系譜は十一代のところで分かれるとの結果がでた。物部氏の傍流が九州に残り、物部氏の本流が遷ったようだ。その地こそ、かの石切剣箭神社にほかならない。祭神はもちろん

御所ヶ谷神籠石

饒速日尊。この宮の宝物に、藤田友治氏は、三角縁神獣鏡が「倭呉合作鏡」であるとの仮説を確認されたのだ。

この倭国の大乱と饒速日尊の本流第十一代の東遷記事から、ようやく、筆者のある仮説が確実になってきた。それは「神籠《こうご》石《いし》」の築造年代の問題である。筆者は、早くから、倭国の大乱時の頃ではないかと予測していた。なぜなら、四世紀後半に神功皇后が三世紀卑弥呼の末裔の国々をことごとく北九州の地に破ってゆく事実が窺われるのだが、その中に、明らかに神籠石に拠る相手が認められるからである。福岡県吉富町の八幡古表神社（息長大神宮）は「皇《こう》后石《ごいし》」（列石ではなく単体）を管理している。皇后が敵を破って持ち帰ったからそう呼ばれたようだ。最も新しい神籠石が隣の太平村から出た。唐原神籠石である。川沿いに船で楽々運ぶことのできる距離のところにでた。

他方の「神籠石」は高良大社に伝わる名称。神が篭って戦ったからか。『久留米市史』に採られた伝承には、「英彦山の天狗」や「鬼」が一晩で作り上げそうになったから、高良明神が鶏の声を真似て、天狗や鬼を追い払ったとある。高良明神が篭ったのではない。むしろ、英彦山の天狗や鬼が篭っていたのを高良明神が奪い取ったという構図が共通する。神籠石が朝鮮式山城であることは考古学が証明した。神功皇后が敵もろとも破壊したのが歴史事実なら、下限は四世紀後半、山城は潰えた。では上限、築造年代はそれを遡らざるを得ない。その予測を確信させてくれたのが、吉備の「鬼の城《きじょう》」である。

第一に、九州の神籠石と同じ遺跡である。西門のところに「神籠石状列石」と名付けられた遺構があるが、状ではなく、そのものである。山上に水源があり、水門が数箇所設けられている。列石は外と内と二重になった箇所もあり、その上が土塁、そこに木の柵と完全な朝鮮式山城である。疑いようがない。

第二に、高千穂の宮とか高島宮とかあるように弥生期の都は「山城京」とでも呼ぶべき機能を備えていたのではないか。逃げ城の機能だけではなく、居住した可能性も見える。福岡県行橋市の御所ヶ谷神籠石の山頂に礎石建物跡があり、鬼の城にも礎石建物跡がある。古代の吉備の海岸線の地図を見ると、鬼の城の直下まで海が入り込んでいる。それを見て田遠清和氏が気づいた。神武が東征の途中、八年ましました吉備の高島宮とは鬼の城ではないのかと。そのとおりと思わざるを得ない。実際にここに寄ったのは、饒速日尊の本流第十一代と思われるのだが、後漢の桓・霊の間に高島宮すなわち鬼の城は完成していたことになろう。

第三に、この城を居城とした者の伝承が残されている。「人皇第十一代垂仁天皇のころ、異国の鬼神が飛行して吉備国にやって来た。彼は百済の王子で、名を温羅《うら》ともいい吉備冠者《きびのかじゃ》とも呼ばれた。…彼はやがて備中国新山《にいやま》に居城を構え、さらにその傍らの岩屋山に楯を構えた。しばしば西国から都へ送る貢船や、婦女子を略奪したので、人民は恐れ戦《おのの》いて『鬼城《きのじょう》』と呼び、都に行ってその暴状を訴えた。」このあと、イサセリヒコノミコト（後に吉備津彦と名乗る）が朝廷から派遣され、温羅を討ち果たすのである。

近くの楯築遺跡は、弥生時代の墓が壊され、その上に古墳が作られている。また、吉備津彦の鬼退治のあと、吉備平野に前方後円墳が現れる。伝承を素直に信ずるかぎり、鬼の城すなわち高島宮を築いたのは温羅の一族であり、古墳時代に入る頃に新たな権力者に滅ぼされたと見るしかない。ここにも革命の跡が偲ばれる。倭国東端の神籠石落城説話なのである。古墳期に入る頃に落城したとすると、鬼の城も神籠石も倭奴国の大乱の頃築城され、次の邪馬壱国の時代までは続き、邪馬台国の成立時に攻撃され廃城になったと考えられる。

四　邪馬壱国の成立

天神の傍系に反乱され、「歴年主無し」となった倭奴国は遂に一女子を共立する。邪馬壱国の女王卑弥呼である。王家は交替した。禅譲に近い。大きな遷都は見られない。遠賀川流域、漢式鏡（卑弥呼が魏から下賜された鏡と推定される）の出土した飯塚立岩遺跡のあたりと思われる。二三九年、魏に難升米を遣わし、「親魏倭王」を授与される。

一方、三国志呉書に重大な記事がある。

「将軍衛温・諸葛直を遣わし、甲士万人を率いて海に浮び、夷州および亶州を求む、亶州は海中にあり」。三国志呉書「孫権伝」黄竜二年（二三〇）の記事である。これが従来、三国志では消えたとされた「東鯷国」の記事だったのである。それが後代の作品から判明した。沈約の「従軍行」という五言詩の中に、「天に浮かび鯷海に出づ　馬を束ねて交河を渡る」という対句がある。「鯷海」とは「鯷人の住む海外の国」すなわち「東鯷国」のことだ。韻律の制約上、「東鯷の海」と詠っていないだけなのである。対句の他方が、西の内陸部の方を詠っていることからも明らかだ。

沈約（四四一～五一三）は、梁の学者。『晋書』『宋書』『斉紀』『梁武紀』などを編集した。それまでの「正史」を誰よりも知る存在だ。とすると、彼は、『漢書』に記された「東鯷国」を知っていて、そこに従軍した、『三国志』等に記された将兵をも知っていて、それを基にかの詩を詠んだはずだ。黄竜二年の記事は、東鯷国派兵記事だった。したがって、《東鯷人の国は、丹波を中心とする二十余国の国であり、秦時に徐福が渡来し、漢代に「鯷（しこ、実はサケ）」を呉地にもたらし、三国時代に呉兵が亡命し「倭呉合作鏡」たる三角縁神獣鏡を作った地であり、「親魏倭王」の女王国に属しなかった独立国である。》という新知見を得たのである。

その上、女王国は南の狗奴国とも交戦せざるを得なかった。狗奴国とは字面から見ても「いぬの国」

で「倭奴国」を思わせる。中国の三国時代に、わが国も三国鼎立の内乱の時代に突入していたようだ。

五　邪馬台国の成立

四世紀、遂に東鯷国が挙兵した。すでに饒速日尊の本流と融合したと推測される東の三角縁神獣鏡圏を形成する強国が、征西を開始した。征西のヒントは万葉集八番歌にあった。

熟田津に　船乗りせむと　月待てば　潮もかなひぬ　今は漕ぎ出な

左注に斉明のこととして「御船征西し、始めて海道に就く。」がある。征西といい、始めて海道に就くといい、不審だらけの注だった。この征西の記事を日本書紀に探しぬいた結果、神功皇后が「和珥津《わにのつ》」を発し、肥前松浦県玉島の「勝門比売」を討伐に向かう、という歴史事実に合致する歌であることが判明した。邪馬台国の成立の要点のみ述べよう。

気比の宮(8)を発した息長帯比売《おきながたらしひめ》天皇（神功皇后）は、海人族を従え、播磨の国を南下、瀬戸内の海に出る。牛窓で新羅の王子を退治し、吉備の鬼の城の温羅《うら》を滅ぼし、西進する。遂に穴門豊浦宮（赤間神宮隣の亀山八幡社）を落し入城。邪馬壱国の王の一人、岡県主の祖熊鰐が帰順。続いて伊都県主の祖五十迹手が帰順。橿日宮に進軍。仲哀戦死。神功即位。穴門豊浦宮に帰還。淡海の大津の宮（御所ヶ谷神籠石、豊の国）に拠る忍熊王を殲滅。遠賀の地で物部氏を招集し、ニギタヅを出航。橿日宮を経て、松浦県の熊襲を滅ぼす。渡海して倭地を確保。筑紫に帰って応神を出産。穴門豊浦宮に帰還。相当の期間を経て、羽白熊鷲を殲滅。若桜宮に入る。数年後、筑後川を渡って三潴を攻撃、桜桃沈輪《ゆすらちんりん》を滅ぼす。田油津姫《たぶらつひめ》を討伐。豊・筑紫・火の三国を統一する。邪馬壱国滅亡。三六九年、水沼の皇都を建設。筑後遷都が行われた。三七二年百済から七枝刀（「泰和四年」三六九作製）が献上された。三八九年若桜宮にて崩御。

また、記紀には現れないが、吉野ヶ里は天孫側の要塞として拡大再使用されたが、佐賀県教育委員会が説明するように、今から一七〇〇年前にそれもまた途絶えたのである。甘木の平塚川添遺跡、壱岐の原の辻遺跡等、北九州には一七〇〇年前に途絶えた遺跡が多い。それは、筆者の分析によれば、四世紀後半、神功皇后（七支刀の銘文にある倭王旨）が、前権力（卑弥呼の王朝）を倒した結果と符合すると考えている。

この後に続くのが、倭の五王、すなわち邪馬台国の五王である。特に、倭武は常陸風土記に登場し、都においては日本書紀の原型となる日本旧記を編ませ、万葉集の原型を現出せしめた、政治・文化の両面において傑出した天子であったようだ。また、南朝宋への上表文も優れた漢文を残している。東鯷国（三角縁神獣鏡圏の国、呉と交渉があった）が、倭国（漢式鏡圏の国、親魏倭王の国）を併合するというとてつもないテーマが出現した。今後の大課題である。

なお、邪馬台国は、紀氏のようだ。次を掲げておく。

高良山隆慶上人伝

上人諱は隆慶、世姓は紀氏。人皇八代孝元天皇十一世の苗裔、武内大臣八代の的孫なり。　父は紀の護良、母は弓削氏なり。

当社垂迹より已降、紀氏は累代九国を監察し、三韓を守禦す。故に九州、尤も其の氏族を重んず。（傍線は筆者）

この紀氏の末裔と思われるのが、紀貫之である。彼は、古今和歌集仮名序において万葉集の秘密を記し、藤原氏の批判の見られる竹取物語や伊勢物語の作者と目されるのも、理由のないことではないようだ。

六　物部新王国の成立

神功の建国した邪馬台国は、八幡神の国でもある。強大な武力によって統一を為したがために、国内には比較的平和な時代が続いたようだ。ただ、朝鮮半島には常に出兵していたようである。その軍事力の源が、建国に従事した物部氏。天子と大将軍に亀裂が生じたようだ。ここに書紀にいう磐井の乱が勃発する。筑紫国造磐井の乱（風土記は筑紫君磐井）である。古田武彦氏は、その実体を近畿の継体天皇の乱とし、筑紫君葛子が糟屋の屯倉を献上したが、九州王朝は継続したと考えられた。だが、原文に従う限り、大きな矛盾がある。

遂に磐井を斬りて、果たして疆場《さかひ》を定む。

その堺として、糟屋の屯倉（平成十二年、福岡県古賀市教委が鹿部田渕遺跡の大型建物群の跡を確認している。七月一〇日の読売新聞夕刊に載った）を献上したのなら、六世紀にすでに大和王朝が博多湾岸付近まで領有したことになり、九州王朝は弱小の王家と成り果てている。では実態は何か。

筑紫君磐井を斬り、彊場を定めたのは、他ならぬ邪馬台国の大将軍物部麁鹿火《あらかひ》だったようだ。近畿天皇の家臣ではなく、磐井の家臣、否、共同統治者に近い存在だったと考えられる。だからこそ、「官軍俄かに発動」できたのであろう。律令制を樹立し、天子の位を独占しようとした磐井に対して起こしたクーデター、これがこの動乱の本質ではないか。磐井を斬ったあと、麁鹿火は宗像の辺りから逃げはしなかった。そこに葛子が糟屋の屯倉を献上して、物部氏が新天子となったようだ。その都はどこか。津屋崎の宮地嶽神社であろう。全国の宮地嶽神社の総社である。この宮の奥に巨大横穴式石室古墳がある。この被葬者こそ物部麁鹿火その人と思われる。宮の神紋が「三角縁神獣鏡の笠松文様」と同じ三つ松笠。宮の注連縄は日本一の大きさを誇る。物部天子の宮なのだ。姓は天氏。

邪馬台国内の権力闘争。近畿の継体天皇は、逆に物部麁鹿火が東の倭に派遣した将軍ではないのか。そうすると、物部麁鹿火こそが、真の「倭国（邪馬台国）の継体天皇」ではないのか。磐井の乱の実体は「物部麁鹿火の乱」と考えられるのだ。五三一年成立。

七　倭国の成立と終焉

筑紫君（邪馬台国）側はしばらく雌伏する。天子の位の奪還を賭けた戦いが、聖徳太子と蘇我氏の蜂起ではなかったか。物部守屋を滅ぼして、奪還に成功する。五八七年のことだ。物部王朝は短命に終わる。こうして即位したのが、日出処天子ではなかろうか。この間に、「法興」を始めとする二系統の九州年号が残されているのも、『隋書』俀国伝に兄弟統治の残存が記されているのも、あるいはこれらの複雑な事情が絡んでいるのではと考えた。日出処天子の御世に華麗な王朝文化が花開く。倭京（大宰府）の建設。盛んな仏教。十七条の憲法も発布される。隋と対等外交。勅撰倭歌集万葉集の編纂。

東の倭も栄えていたであろう。そういう中、中国に唐朝が成立して、国際関係が悪化、白村江の敗戦へと至り、俀国は急激に衰亡していく。そうして、第一章で述べたように、大倭の東遷という事態において、九州島に都を置いたそれぞれの王朝は、歴史の表舞台から退場したのである。最後の王朝、近畿天皇家に姓はない。

おわりに

今回は、今まで発表してきた倭国易姓革命論でなかなか論じる機会のなかった天孫降臨と倭奴国について集中的に述べた。神功皇后の記録もまだまだ、探索中で不明の点が多い。磐井の乱から天武の東遷までは、記録が多い分、却って難しい部分だ。記紀と万葉集を根底からひっくり返して読む作業は、複雑だが興味は尽きない。今回の発表を契機に、さらに古代史の事実に迫ってみたい。

注

（1）拙論「万葉集の軌跡」（新・古代学　第4集）に詳論。

（2）白鳳二年、吉野川の右岸、河口近くに天武天皇勅願道場妙照寺（現井戸寺）が開かれる。白鳳二年が西暦六六二年であるなら、天武は天智の即位以前に天皇を称していたことになる。（新・古代学第6集「四国の霊場は西古東新」平松幸一氏）

（3）角川文庫「古事記」武田祐吉訳注

（4）飯岡由紀雄氏の、四隅突出型墳丘墓は八隅を表していないか、との発想から解明できた。

（5）『九州王朝の論理』（明石書店）中の拙論「於佐伽那流《おさかなる》　愛瀰詩《えみし》」で論じた。

（6）「東京古田会ニュース八七号」に「鯷」字考として掲載。

（7）「ゐの国」が遷宮を行ったと仮定するとき、粕屋郡久山町猪野の天照皇太神宮も宮の候補となり、漢委奴国王印はこの宮あたりに大事に祭られていた可能性も見える。志賀島出土は怪しい。

（8）息長氏の本貫地は、平田博義氏のおかげで、舞鶴市行永（古は息長）の大森神社の地であることが分かった。

第二章　「天満倭」考——「やまと」の源流

はじめに

歌謡が歴史事実を語る。万葉集・記紀歌謡を、万葉仮名や原表記に注意し、先入観に捕われずにあるがままに解釈することから、わが国の古代史の実像を抽出しつつある。例えば、

お佐嘉の大室屋に　人多に入り居りとも　人多に来入り居りとも　みつみつし来目の子らが　頭椎い石椎いもち撃ちてし止まむ（神武前紀戊午年冬十月）からは、肥前国風土記「佐嘉郡」の記事との深い関連を見出し、吉野ヶ里遺跡の前期環濠集落に起きた、紀元一世紀頃の天神族対荒神族の興亡の跡を抽出した。また、

大王は　神にし座せば　水鳥の　多集く水沼を　皇都と成しつ（万葉集四二六一）から、「水沼の皇都」を福岡県久留米市とその周辺に比定し直し、『後漢書』に謂う「邪馬台国」が四世紀後半に東鯷国（大型銅鐸圏、古代丹波王国）から挙兵した神功皇后により創始された革命王朝であることを突き止めた。『三国志』に謂う「邪馬壱国」を併合したのだ。その六代、倭武天皇（倭王武）の行宮跡と思われる「常陸の皇都」（茨城県那珂郡桂村御前山）を飯岡由紀雄氏が再発見し、『隋書』「俀国伝」に謂う「東西五月行」を領した「倭の五王」の統一王朝が再確認できた。

今回は、同様の手法を駆使して、「倭《やまと》」の源流を追究する。

あきつしまやまと

「やまと」の枕詞としては、「あきつしま」「しきしまの」「そらみつ」の三語がよく知られている。

このうち、「あきつしま　やまと」は、蜻嶋　八間跡能國者（二）、蜻嶋　倭之國者（三二五〇）、秋津嶋　倭雄過而（三三三三）、蜻嶋　山跡國乎（四二五四）、安吉豆之萬　夜万登能久尓乃（四四六五）の五例に過ぎない。作歌年代の最古はおそらく二番で、他は巻十三以降となり、倭《やまと》の源流を探るには二番歌が最も有力な手掛かりとなる。

山跡には群山あれど　取りよろふ天の香具山　のぼり立ち國見をすれば　國原は煙立ち立つ　海原はかまめ立ち立つ　うまし國そ蜻嶋八間跡の國は（二）

この歌については、藤原定家の「長歌短歌之説」の信憑性を確認した時点で長歌とみなした。その場合、末尾が「**豊**蜻嶋　八間跡能國者」の七・七の音数律であったものを故意にカットした疑いがあると述べた。そして、わたつみの**豊**旗雲に入日射し今夜の月夜さやに照りこそ（一五）を反歌に復した。これらの仮定に立てば、ここのヤマトは豊国（豊前・豊後）を指し、同歌の天乃香具山は別府の鶴見岳に比定することになった（拙論「万葉集の軌跡」参照、新・古代学第四集所収）。

続いて、古事記の景行記の次の歌謡が、鶴見岳の由来を証明していたことに気づいた。

ひさかたの天の香山《かぐやま》　利鎌《とかま》にさ渡る鵠《くひ》　弱細手弱腕《ひはほそたわやかひなを》　枕《ま》かむとは吾はすれど　さ寝むとは吾は思

鵠（白鶴）の神紋

へど　汝が著《け》せる襲《おすひ》の襴《すそ》に月立ちにけり

キーワードは「鵠《くひ》」であった。意外なことに、対馬の伊奈久比神社社伝からほぐれた。

「上古、八幡尊神を伊豆山に祭る時、大空に奇しき声あり、仰ぎ見れば白鶴稲穂を銜《くは》え来り、これを沢の辺に落し、たちまち大歳神となる。その霊を祭りて稲作神となし、新に田を開きて落穂を植え、神饌を得てこれを祭る。これ本州（対馬）稲作の始めにして、伊奈の地名は稲に由来す。（後略）」。…「イナは稲にちがいないとして、クヒの解釈には通説がない。」（『日本の神々』神社と聖地Ⅰ　九州　谷川健一編　白水社　※対馬・壱岐は永留久恵執筆）

クヒは、「くぐい【鵠】クグヒ（ククヒとも）ハクチョウの古称。」であり、伊奈久比神社では明らかに「白鶴」を云い、大歳神の化身である。先の歌は、倭建命が美夜受比売に呼び掛けた歌であり、「ひさかたの天の香山《かぐやま》　利鎌《とかま》に　さ渡る鵠《くひ》」の利鎌に以下は、鋭い鎌のような細く美しいクヒの首のような（美夜受比売の）腕の形容だったのである。クヒ（白鶴）が「ひさかたの天の香山」への空を渡っている。その実景描写から女性の美しい腕の修飾に使われていた。倭建命は、天の香具山とそこに渡るクヒと美夜受比売の腕とを見ているのである。この歌の故事から、「天の香具山」に「鶴見岳」という優美な別称が付けられたのであろう。また、倭建命が死して白鳥と化したことや、豊後に伝わる朝日長者の餅的伝説など、いわゆる『白鳥伝説』（谷川健一　集英社）の内容とも見事に一致する。

なお、鶴見岳には「火男《ほのを》」＝火之迦具土神が祀ってあり、天乃香具山が活火山であったことがわかる。危険地帯に貴人は立ち入らない。そこから、筆者は二番歌の詠歌場所を国東半島東端の奈多八幡宮の神体山、見立山に比定し直したのである。そここそ、豊秋津嶋らしい。現在も大分県国東郡安岐町である。

以上から、倭建命の「倭《やまと》」も豊国を指しているようである。古事記に最初に「倭」が出現するのも、国生み神話の「大倭豊秋津嶋」の箇所だ。ヤマトの源流は奈良県にはない。この段階で早くも、大芝英雄のとなえた「古事記は豊前王朝史である」とのテーマと、筆者の唱える「万葉集・記紀歌謡の『倭《やまと》』は豊国を指す」との主題は、一致する。これは、両者がヤマトの源流と、これに関わる歴史事実を相当のところ言い当てているからであろう。

上図は対馬の島大国魂御子神社（祭神は大己貴命）の神紋である。そっくりの神紋が、福岡県鞍手郡宮田町の天照宮（祭神は饒速日命）、同小竹町の亀山神社（大歳社、祭神は大歳神）に伝わる。

しきしまのやまと

次に、「しきしまの　やまと」がある。礒城嶋能　日本國乃（一七八七）、式嶋之　山跡之土丹（三二四八）、式嶋乃　山跡乃土丹（三二四九）、志貴嶋　倭國者（三二五四）、礒城嶋之　日本國尓（三二六）、之奇志麻乃　夜末等能久尓尓（四四六六）の六例だ。これらは、巻九以降に出る歌であり、筆者の「巻一巻二は九州王朝の天子万葉集ではないか」とする立場から言えば、「倭の源流」を追究する手掛かりになりにくい。「日本」を「やまと」と訓じてある例に至っては、万葉集の中でもごく新しい例、少なくとも和銅日本紀の成立と同じ頃かまたはそれ以降の歌と見るよりほかはない。いずれも、八世紀以降の日本国全土を表す、拡大した「やまと」の用例である。ただ、三二五四番の歌は直前の長歌と合せて読むと、ほんのわずかだが「倭の源流」を偲ばせるものがありそうだ。

柿本朝臣人麻呂が歌集の歌に曰く

葦原の水穂の國は　神ながら言挙せぬ國　しかれども言挙ぞ吾がする　言幸く真幸くませと　恙無く幸くいまさば　荒磯浪ありても見むと　百重浪千重浪しきに言挙す吾は（三二五三）

反歌

しき島の　倭の國は　言霊の　助くる國ぞ　ま幸くありこそ（三二五四）

人麻呂歌集にあること、また、長歌の出だし「葦原の水穂の國」は古事記に謂う「豊葦原の水穂の國」を連想させることから、あるいは「豊国の倭」を指している可能性を捨てきれない。

しかし、現段階では「しきしまのやまと」からは「倭の源流」を尋ねがたい。

そらみつやまと

「そらみつ」という枕詞は、端から特異である。四音であり、五七調確立前の古形を留めているようだ。虚見津　山跡乃國者（一）、虚見　倭乎置（二九）、虚見通　倭國者（八九四）、空見津　倭國（三二三六）、虚見都　山跡乃國（四二四五）、虚見都　山跡乃國波（四二六四）と万葉集にある。ヤマトの表記が、「倭」もしくは「山跡」の二通りで、これも古形を保っている感がする。「あきつしまやまと」とも近いが、「そらみつやまと」の方が「倭の源流」を探るのに最適のようである。

なお、付言しておかなくてはならない。万葉集・記紀歌謡に見る限り、「倭」には「やまと」の訓しかない。平安時代の古今和歌集の真名序・仮名序の冒頭部も、「和歌」と「やまとうた」が対応する。本稿は、「倭」を「やまと」と訓む伝統に則りながら、敢えて「倭の源流」を探るものである。

「そらみつやまと」には、その語源を説明したかのような記事がある。『旧事本紀』の天神本紀に残された天磐船の件である。

　饒速日尊、天神の御祖の詔を享け、天磐船に乗りて、河内国の河上の哮峰に天降り坐し、即ち大倭国の鳥見の白庭山に遷り坐す。いわゆる天磐船に乗りて、大虚空《おほぞら》を翔行《かけめぐ》り、この郷《くに》を巡り睨《み》て、天降り坐す。いわゆる虚空《そら》見つ日本国《やまとのくに》というは是か。

饒速日尊《にぎはやひのみこと》の天降り坐した所を、「虚空《そら》見つ日本国《やまとのくに》」と呼んだ事実が述べられていよう。ただ、語源と天降りした地については疑問が残る。また、「日本」の表記についても「しきしまのやまと」で述べたとおり新しい。しかし、万葉集の表記とは異なるが「そらみつやまとのくに」の訓が一致する以上、「虚見つ倭（山跡）の国」の「源流」は「饒速日尊の天降り」すなわち「天神降臨」にあると言わざるを得ない。

右と同様の記事が、『旧事本紀』の天孫本紀にもある。記紀に名高い「天孫降臨」の天孫すなわち瓊瓊杵尊《ににぎのみこと》の本紀にあるのだ。天神饒速日尊（記では天火明命、紀では神代第九段一書第八に天照国照彦火明命）と天孫瓊瓊杵尊（記は迩迩藝命）は兄弟である。記紀には弟の天孫降臨のみが記されているが、饒速日尊を追究した結果、確かに「天神降臨」と呼ぶべき歴史事実があったようだ。その降臨地こそが「そらみつやまと」の「源流」に他ならない。次に、天神降臨の歴史事実を述べる。

天神降臨＝そらみつ倭国の草創

中国の史書にはわが国の古代の王国が記録されている。その名を「倭国」と云う。

建武中元二年、倭奴国、奉賀朝貢す。使人自ら大夫を称す。倭国、南海を極むるなり。光武賜ふに印綬を以ってす（後漢書倭伝）。（根崎勇夫氏の訓読に拠る。）

紀元五十七年の記録である。このとき、後漢の光武帝から下賜された印綬こそが、福岡県志賀島から出土したとされる「漢委奴国王」の金印であることは間違いない。倭奴国と委奴国は表記の違いはあるが、同一の王国であり、また倭国でもある。後の『旧唐書』東夷伝にも、「倭国は古の倭奴国なり。」とあり、『漢書』地理志に「楽浪海中倭人有り、分かれて百余国を為す、歳時を以って来りて献見すと云ふ。」ともあるから、倭国は前漢代から始まったようである。したがって、金印の証明するもの、それは倭国が現在の福岡県に興ったという事実である。また、「倭」（後に和と書き換えられた）の訓が「やまと」であるかぎり、最も古い「やまとの国」も福岡県内に興ったことになる。

前章に述べた「天神降臨」が歴史事実であることは、人類学の分野で検証されたと思われる。次の図がそれを示す。これは、土井ヶ浜人類学ミュージアムの松下孝幸氏が、弥生時代の人骨を調査された結果を示す分布図である。身長と顔つきに顕著な違いがあるとのことである。福岡県を中心とする背の高い人骨が渡来型弥生人、長崎県を中心とする背の低い人骨が在来型弥生人となっている。つまり、渡来型弥生人の北からの侵入が歴史的事実であることを物語り、記紀にいう「天孫降臨」がそれに当たると考えざるを得ない。

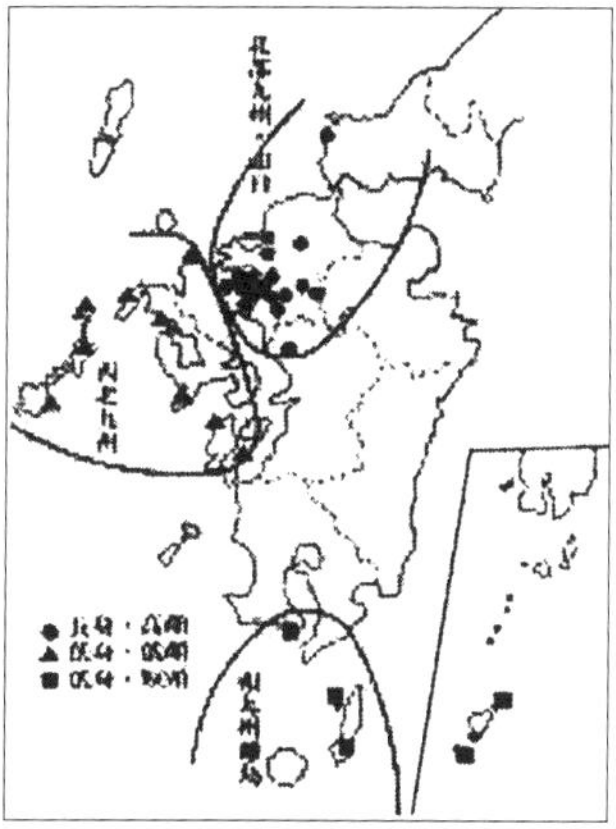
在来型・渡来型弥生人骨出土図

次に、天孫降臨（天神降臨）はその名のごとく、「迩迩藝《ににぎ》の命《みこと》」一代の事業でなく、数代にわたる大事業であったことが挙げられる。各説話をまとめよう。

①「天照大御神《あまてらすおおみかみ》」のお言葉で、豊葦原水穂の国（豊国）は、我が御子「天《あま》の忍穂耳《おしほみみ》の命《みこと》」のお治めになる国と仰せられて、天降《あまくだ》しなさった。（記）

②水穂の国がひどくさわいでいると、忍穂耳の命がお還りになり、ちはやぶる荒ぶる国つ神どもを言趣《ことむ》けするため、葦原の中つ国（出雲か）へ「天《あま》の菩比《ほひ》の神」が派遣される。が、大国主の神に媚びつきて三年経っても復奏しなかった。（記）

③そこで、天津国玉の神の子「天若日子《あまのわかひこ》」が派遣される。が、大国主の娘の下照姫《したてるひめ》を妻とし、またその国を得ようとして、八年経っても復奏しなかった。邪心を抱いたた

め、ついに天国からの還矢に中って絶命する。（記）
④次に派遣されたのが、「伊都《いつ》の尾羽張《おははり》の神」の子「建御雷《たけみかづち》の男の神」である。やっと、葦原の中つ国を平定した。国譲りである。（記）
⑤葦原の中つ国を平定したので、再び豊葦原の水穂の国に「天の忍穂耳の命」を天降しなさろうとする（記）。天の忍穂耳の命は英彦山（日子山）に降臨、「瓊瓊杵命《ににぎのみこと》」の建国の偉業に助力された。（英彦山神宮由緒、英彦山神宮の上宮は福岡県田川郡添田町英彦山の頂上に鎮座する）
⑥次いで、天の忍穂耳の命の長男、「天照国照彦天火明櫛玉饒速日尊《あまてらすくにてらすひこあまのほあかりくしみたまにぎはやひのみこと》」が三十二将・天物部《あまのもののべ》等二十五部族を率いて豊葦原の水穂の国に降臨。（天神本紀）
垂仁天皇十六年（紀元前十四年）、天照大神こと饒速日尊が笠置山（四二五m）に降臨。（天照宮社記等、天照宮は福岡県鞍手郡宮田町磯光に鎮座する）
次男、「迩迩藝の命」が（長男天の火明の命と別に）五伴の緒（五つの部族）を率い、竺紫《ちくしの》日向之《ひむかの》高千穂之久士布流多気《たかちほのくしふるたけ》に降臨した。（記）
これらのまとめに見事に合致するのが、立岩式石包丁の流通を示した、左の図である。
この図は、先の渡来型弥生人の人骨の分布図とも重なり、天孫降臨が歴史事実であることを裏付けるだけでなく、さらに具体的に、饒速日尊の笠置山降臨（天神降臨）の事実をも裏付けてくれそうだ。
立岩遺跡についてこうある。
《福岡県の考古学の研究に大きな足跡を残した中山平次郎氏は、一九三四（昭和九）年「飯塚市立岩字焼ノ正の石庖丁製造所址」を書き、立岩丘陵での石包丁製作遺跡に注目した（四二年に森貞次郎

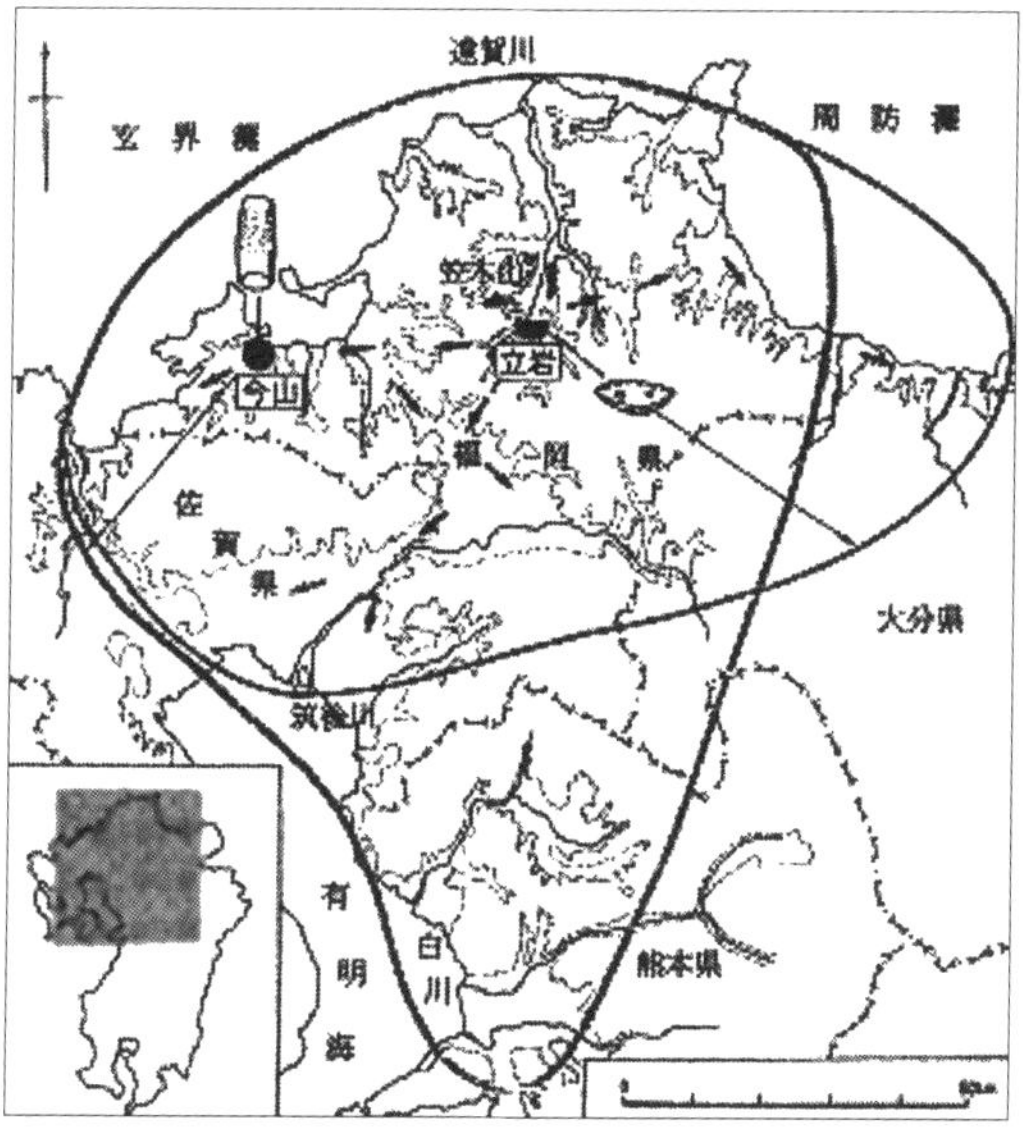

「発掘『倭人伝』」下條信行氏原画より

氏が「焼ノ正」を「下方」に訂正。「下方」は「下ノ方遺跡」)。立岩の近くにある笠置山から輝緑凝灰岩がとれ、それが丈夫な石包丁を作るのに好適だった。弥生時代前期末から、立岩での石包丁製作がはじまり、中期前半になると遠賀川流域、また周防灘沿岸にまで流通していく。中期後半には、福岡、朝倉など北部九州の平野部へ、また筑後・佐賀平野から日田盆地（大分県）にまで製品が流通している。

つまり立岩丘陵では、前記末から後期初頭までのおよそ三百年間、稲作作業に欠かせない穂摘み道具である石包丁の製作・流通を盛んに行い、そのことによって他に対する優位を誇っていたにちがいない。立岩丘陵の盛衰を考えるとき、この石包丁は大きな意味をもっている。》（「戦後五〇年古代史発掘総まくり」『アサヒグラフ』別冊一九九六年四月一日号、上川敏美氏提供）

傍線部は筆者が施したが、考古学の一報告と、筆者が文献と現地伝承から抽出した「天神降臨」の歴史事実とが、特に年代と場所とが見事に一致していると思われてならない。また、後半は、中国史書に云う「倭奴国」の盛衰をも言い当てている気がする。「天神降臨」＝「そらみつ倭国」の草創は歴史事実と見てよいだろう。最初の「倭《やまと》王朝」はここから始まった。

記紀に書かれた「迩迩藝の命（瓊瓊杵命）」の天孫降臨も歴史事実だが、それは今山の石斧の地のことであり、饒速日尊ら本体の別働隊として、板付水田や菜畑水田を侵略したものであろうと思われる。それに対して、饒速日尊の笠置山降臨（天神降臨）すなわち古遠賀湾岸制圧（遠賀川流域は弥生時代には樹枝状の深い入り江であった。天照宮が磯光に鎮座するのも偶然ではない。後述する。）を天孫降臨の中心に据え直すと、日中の文献と、遠賀川流域の古伝承と、弥生人骨の分布と、立岩式石包丁に関する考古学の報告とのすべてが、重なり始めるのである。

天神降臨の地は、ほぼ笠置山でよかろう。古事記の《「此地は韓国に向ひ笠紗の御前にま来通りて、朝日の直刺す国、夕日の日照る国なり。かれ此地ぞいと吉き地」と詔りたまひて、底つ岩根に宮柱太しり、高天の原に氷椽しりてましましき。》の記事が、実は、饒速日尊の笠置山頂での詔（傍線部は、天照国照の称号と呼応すると考えている）であるなら、ここが倭奴国発祥の宮であり、新・高天原なのである。そして、立岩式石包丁の流通に見られるように、豊（豊前・豊後）・筑（筑前・筑後）・火（肥前・肥後）と領土が拡がっていったのは、ごく当然のなりゆきと思われる。

筆者はここに、旧唐書にいう「古の倭奴国」、万葉集に詠う「そらみつ倭《やまと》」の源流を、笠置山とその周辺（福岡県鞍手郡を中心とする遠賀川流域、いわゆる筑豊地方）に比定する。

（筑豊地方は、天神の領域であり、降臨後の「豊日別」に属する。豊日別神社の分布から見ると、今日の豊前豊後よりも大きな豊国であったようだ。一方、天孫の領域は「白日別」であり、筑紫国は現在の筑前よりも小国であった。後の築後はもとは火国の領域であったようだ。なお、すでに室伏志畔は「筑豊王朝」の語を用いている。）

「そらみつ」の語源

そらみつ倭が饒速日尊の降臨地であることを、日本書紀も記している。

三十有一年の夏四月の乙酉の朔に、皇輿巡幸す。因りて腋上の嗛間丘《ほほまのをか》に登りて、国の状を廻らし望みて曰く、「妍《あな》にや、国を獲つること。内木綿の真迮《まさ》き国と雖も、猶ほ蜻蛉《あきづ》の臀呫《臀呫》の如きかな。」と。是に由りて、始めて秋津洲の号有り。昔、伊奘諾尊、此の国を目《なづ》けて曰く、「日本は浦安の国、細戈の千足る国、磯輪上の秀真国《ほつまくに》。」と。復た大己貴《おおなむち》大神、目けて曰く、「玉牆《たまがき》の内つ国。」と。饒速日命、天磐船に乗りて、太虚《おほぞら》を翔行《かけめぐ》り、この郷《くに》を睨《み》て天降るに及至りて、故、因りて目けて曰く、「虚空《そら》見つ日本国《やまとのくに》。」と。（神武天皇三十一年四月）

筆者は、すでに「倭国易姓革命論」（『越境としての古代』所収）を提示しているが、神武紀には「天神降臨前後の倭国の詳細な国号の変遷」が記録されている。

秀真国…伊奘諾尊が名づけた。浦安の国は風浪の少ない古遠賀湾を想起させ、細戈の千足る国は筑紫戈の出土状況と一致する。秀真国は後に倭建命が詠んだ「倭は　国の秀真《まほろば》…」歌の概念と繋がる。（『秀真伝』との関係は今は言及できない。）

玉牆の内つ国…大己貴大神が名づけた。倭建命の右の歌の続き「たたなづく　青垣　山隠れる　倭しうるはし」（畳み重なったようにくっついて、国の周囲をめぐっている青々とした垣のような山の内に籠っている倭は美しい）の表現によく合っている。同じく、古遠賀湾岸の国を想起させる。

虚見つ倭国…葦原の中つ国（出雲王朝か）を倒し、玉牆の内つ国に天神降臨して倭奴国を創始した饒速日命が名づけた。これが日中の文献に見られる倭《やまと》の源流である。立岩式石包丁の流通図に重なる国であろう。

秋津島倭国…神武天皇が名づけた。後述するが、神武の東征の結果、大倭豊秋津島または豊秋津島倭国、万葉集に詠まれた「あきつしまやまと」と呼称が変化した。このヤマトは今山石斧の流通図に見られるように、「そらみつやまと」より拡大した版図のほうに合致するのではないかと思われる。神武東征の発進地を糸島とする説（古田武彦）とも一致する。

それでは、倭の源流を形容する「そらみつ」とは一体どういう意味なのか。

実は、万葉集二九番「近江の荒れたる都を過ぐる時、柿本朝臣人麿の作る歌」に重大な鍵がある。先に、同歌の**虚見**　**倭乎置**を挙げてあるが、これは或云の割注にある表記であり、本文は**天尓満**　**倭乎置而**と表記してある。通例、「天《そら》にみつ　大和を置きて」と書き下される。原表記をそのまま用いるなら「天に満つ　倭を置きて」となる。「そらにみつ」の五音の枕詞はここ一箇所だけであり、「そらみつ」の四音に直せば「『天満』倭」というこれも唯一の表記である。これは周知の「天満宮」に共通する。祭神も周知の「天神」である。祭神とされる菅原道真公は平安時代に合祀されたのだから、天満宮の本来の祭神＝天神は天神本紀の「饒速日尊」を指すと考えてよい。先にやや詳しく述べた天神降臨記事を凝視すると、そこには、天の忍穂耳の命から始まり、天の菩比《ほひ》の神、天津国玉の神、天若日子と続き、最後に、天照国照彦天火明櫛玉饒速日尊《あまてらすくにてらすひこあまのほあかりくしみたまにぎはやひのみこと》が三十二将・天物部《あまのもののべ》等二十五部族を率いて豊葦原の水穂の国に降臨したのであった。「天〜」という名の神々が数多連続している。天物部等二十五部族については、『白鳥伝説』によっても、次の各地に住まいして、その遺称地が幾つかある。前半にそれを記し、後半に筆者が現地で拾った例を挙げる。

二田物部（筑前　鞍手郡・二田郷）、馬見物部（筑前　嘉穂郡・馬見郷）、嶋戸物部（筑前　遠賀郡・島門）、赤間物部（筑前　宗像郡・赤間）、筑紫物部聞物部（豊前　企救郡）、筑紫贄田物部（筑前　鞍手郡・新分郷）。

十市物部（鞍手郡若宮町・都地）、芹田物部（鞍手郡若宮町・芹田）、弦田物部（鞍手郡宮田町・鶴田）、狭竹物部（鞍手郡小竹町）。

これら天の物部一族の居住地を一本に繋ぐ線が存在する。古遠賀湾の海岸線である。

左図（高見大地氏作成）は、「古遠賀湾の縄文時代と弥生時代の海岸線」（九州大学　山崎光夫の原図を大幅に縮小し、新たに大正期の地名の書込みを施した）を示したものである。山崎光夫は昭和三十八年にボーリング調査に基いてこの図を描いた。当時は『白鳥伝説』も出版されていなかったし、『旧事本紀』も偽書扱いされていた頃である。したがって、それらと全く関係なく純粋に地質学から作られた図が見事に天神降臨説話と一致するのである。天神降臨は、ここでも歴史事実であることが知られる。

天の物部一族は古遠賀湾沿岸と内海の島々に住んだ。古遠賀湾は、山崎光夫の図のさらに奥、現在の遠賀川・西川・彦山川・犬鳴川などの上流まで樹枝状に海が入っていたようだ。饒速日尊は、犬鳴川上流（当時は入り江）にある笠置山上に宮を建てた。これらの様子が中国側に的確かつ簡潔に記されている。

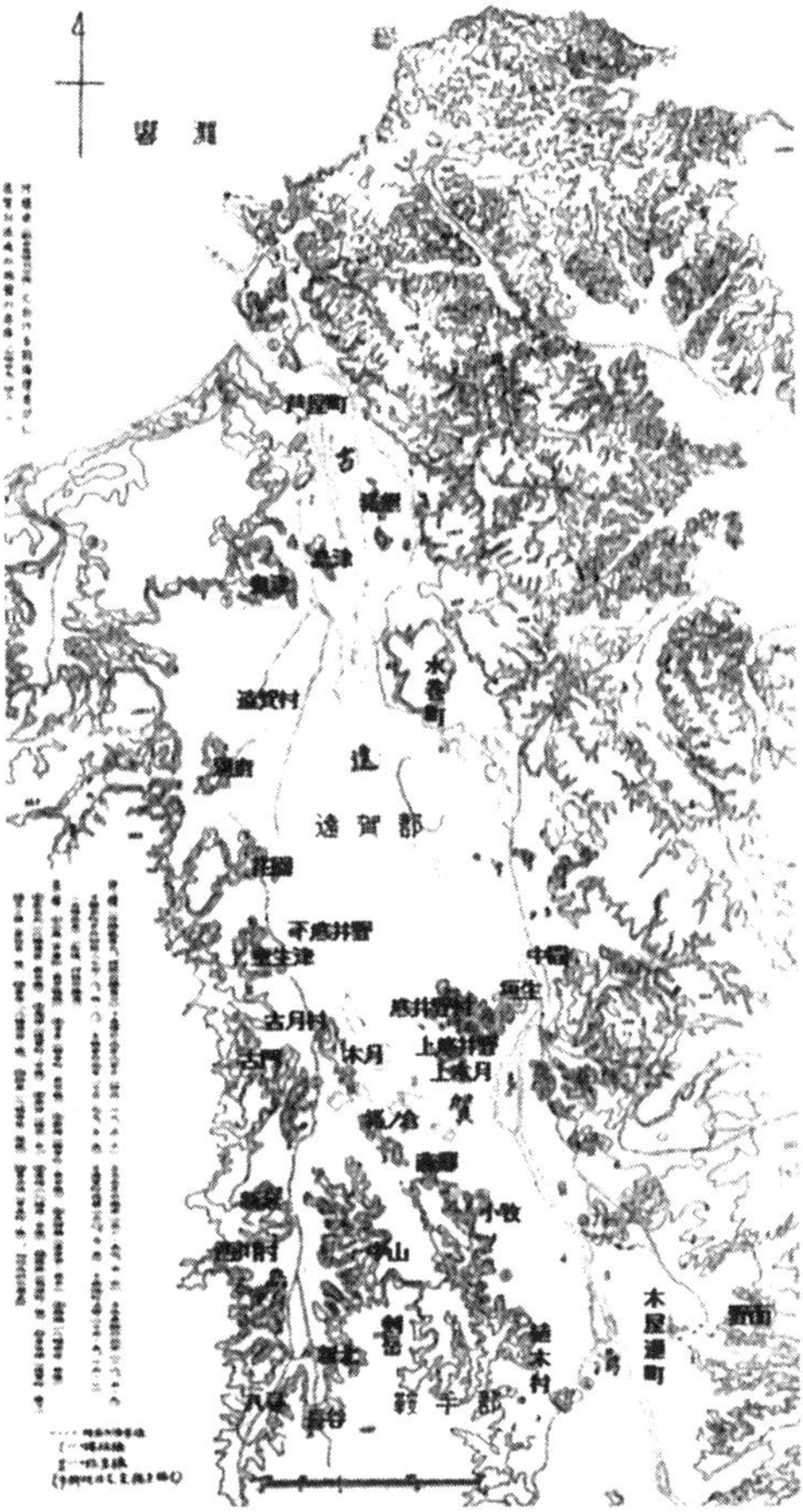

魏略に云ふ、倭は帯方東南の大海の中に在り、**山島**に依りて国を為す。（漢書地理志・顔師古注）
「天満倭」が「山島に依りて国を為す」様は、山崎光夫の描いた古遠賀湾図とぴたりと重なる。魏志倭人伝もほぼ同文だから、三世紀卑弥呼の時代の倭すなわち邪馬壱国も古遠賀湾沿岸の国となる。

「そらみつやまと」は倭奴国の和名、「あきつしまやまと」は神武から卑弥呼にかけての倭国の和名ということが判明したようだ。「倭」には「やまと」の訓しかないのである。

もはや、断言できる。「そらみつやまと（のくに）」と号し、「天満倭（国）」と表記されていたのだ。そして、「天満倭（国）」とは「天族の満ちる倭（の国）」の意に他ならない。天が海人を意味することは古くから知られている。七世紀の大海人皇子（後の天武天皇）の例が著名である。海洋民の意だ。

「やまと」の語源については今回、軽く触れさせていただく。広辞苑などにもあるように、「山処」説が最有力である。出典は古事記。大国主神が、出雲より倭国の胸形（宗像）の奥津宮に坐す神、多紀理毘売に求婚しに上るときの歌の中に、「山処《やまと》の　一本薄《ひともとすすき》」とある。「倭国の多紀理毘売」を指していることが明らかだ。この時、大国主神の嫡后須勢理毘売の詠んだ歌にも、「豊御酒　奉らせ」とあり、多紀理毘売の地には「豊」の御酒があるのである。

また、筆者は「東鯷国」の「鯷」字を追究し、「鮭」であることを明らかにした。その鮭を追究したところ、次のような副産物とも言うべき見解に至った。

《サケと推測される「年魚」を風土記や風土記逸文から抜いた結果、次が再確認された。

豊前の国の風土記に曰はく、田河の郡。香春の郷。此の郷の中に河あり。年魚あり。（略）（宇佐宮託宣集）

右の河は、彦山川の支流、清瀬川（金辺川とも）とあり、遠賀川の支流でもある。「アイヌにとって川は鮭がのぼってくる道であり、また野獣を山の方へ追うときの道にほかならなかった。川は海洋から山を目指すというのがアイヌの心の中にある川の観念であるという（更科源蔵『アイヌの神話』）。」

天孫降臨（実質は天神降臨）の中心地は遠賀川流域（縄文遠賀湾～弥生遠賀潟）の地であり、そここそが「天満倭《あまみつやまと》」の地であり、ヤマト（山門）と呼ばれた地である。アイヌの観念がもし反映されているなら、この地こそ確かに「海洋から英彦山を目指す」山門の地に当たる。

女王国もまた倭《やまと》国であった。》（なお、筑豊には日本唯一の「鮭神社」がある。）

ここで筆者は、「山門」説を提唱している訳だが、肝心なのは「英彦山」の指摘である。本稿の天神降臨説話のまとめ⑤にあるとおり、倭国にとって、「日子山」は「聖なる御山」なのである。したがって、「山処」説においても「日子山のある処の国」の意味であることが分かる。（このことは、後の「日出処天子」や「日本国」の号とも深く関わるようだが、機会を改めて詳述したい。）

天満倭の変遷

天満倭国が確認されると、直ちに解明される万葉歌がある。

大王の　遠の朝庭と　蟻通ふ　嶋門を見れば　神代し念ほゆ（三〇四）

柿本朝臣人麿、筑紫国に下りし時、海路にて作る歌二首、の一である。通説（日本古典文学大系）は、「都から遠く離れた朝廷であるとして、人々が常に往来する瀬戸内海の島門を見ると、この島々の生み出された神代の国土創成の頃のことが思われることである。」と解する。ただし、「遠の朝廷」は「九州の役所」と解説されている。九州王朝論側は、「遠の朝廷」をそのまま「大宰府にあった古の朝廷」とし、「島門」を「志賀島と能古島との間」と解した。両者の解釈は一知半解の域を出ていない。これまで述べてきた「天満倭国」の追究の結果から言えば、「遠の朝廷」は明らかに「天神饒速日尊」の創始した「天満倭国」を指していよう。そうであれば、人麻呂の認識では、「私のお仕えする大王にとって遠い時代の遠賀の朝廷」となるのではないか。一種の掛詞と思われる。遠い時代の「遠賀の朝廷」と蟻通ふ歴史事実は、歌中の「嶋門」がそれを裏付けよう。「嶋門物部（筑前　遠賀郡・島門）」の島門である。島門は、平安・鎌倉の記録にも「島門駅」とあり、現在の遠賀町島津に比定されている。人麻呂の時代に交通の要衝として人々の往来があったことは確かだろう。人麻呂は島門を実際に見ながら、天神降臨の神代を思ったのである。（大王は倭武大王を指すと考えているが機会を改めて詳述したい。）

「遠賀の朝廷」すなわち「をかのみかど」を考えたら、次の歌の五句の部分が明らかになった。

　ちはやぶる　金の三埼を　過ぎぬとも　吾は忘れじ　牡鹿の皇神（一二三〇）

吉田東伍の『大日本地名辞書』の「崗水門《ヲカノミナト》」の項の末尾に、次のような行文がある。

按にこの歌の牡鹿《ヲカ》は諸家シカと訓みて、志賀海神に引きあてたり、然れとも牡鹿の牡の字の添へてあるからには、ヲカと訓むべきにあらずや、即此岡の湊の神を祈る心なるべし。

この「ヲカ（遠賀、崗）の皇神」もあるいは饒速日尊を指すかも知れない、と前回は記したが、今回は断定に至った。その途端に、前の歌の「蟻通ふ嶋門」と「崗水門」がほぼ同一の場所だということとが判明した。響灘から天満倭（古遠賀湾）に入る場所は、天然の「細長い水門」なのである。ここを多数の大型船が通過するときは、「蟻の行列」のように繋がって航行するしかない。だから、「蟻（の行列）のように船が往来する島門＝遠賀の水門」と詠われたことは疑いようがない。古歌は歴史事実を的確に詠っている。（なお、「神功皇后紀を読む会」の上川敏美氏が「蟻通明神」を追究されている。）

源流の「天満倭国」が「虚見倭国」に替えられた。改名者は誰か。神武か神功のどちらかであろう。先に見たように、王朝交替の際に国名・地名が変わる。全世界の歴史に共通することだ。わが国の古代においても、記紀・風土記にその例を見出すことは容易である。例えば、神功皇后紀に、羽白熊鷲の拠った地を「層増岐野」と呼んだが、熊鷲を滅ぼし、神功が「我が心即ち安し」と言ったから「安（野）」と曰ったとある。肥前国風土記では主に景行天皇が荒神を征伐しながら地名を付けてゆくし、常陸国風土記では倭武天皇が東夷を巡守するなかで地名をつけてゆく。記紀も例外ではない。

「天満倭」が「虚見倭」に替えられた背景を有する例が記紀に残されている。実は、大倭豊秋津島が生まれたときに、すでに「亦の名は天御虚空《あまつみそら》豊秋津根別と謂ふ」と記されている。これは倭《やまと》に掛かる枕詞の変遷を一つにまとめたものと解される。天満・虚空見・秋津洲の集合体である。山幸彦説話では、「亦の名は天津日高《あまつひこ》日子穂穂手見命」と云いながら、兄海幸彦に本の鉤を返せと言われ海辺に居たとき、塩椎神が「何ぞ虚空津日高《そらつひこ》の泣き患ひたまふ所由は」と問い掛けている。岩波文庫（倉野憲司校注）では虚空津日高にわざわざ「皇太子に相当する日の御子の尊称」とまで注している。日本書紀では神功皇后紀の冒頭部、斎宮で、ある神が自らを「天事代虚事代玉籤入彦厳之事代神有り」と答えている。これは事代主の形容の変遷と見るべきだろう。ここでも天が虚に替えられていると考えられる。

王朝交替によって国名・地名も替えられる。地名の移動と併せて、上代文学と古代史を探求する上で欠かせない重要なテーマであろう。

倭の源流の追究は、筆者の倭国易姓革命論を補強することになってきた。また同時に、大芝英雄の「古事記は豊前王朝史」説、室伏志畔の「神武は筑豊を東征した」とする説、昭和九年発行の『鞍手郡誌』が収める現地の詳細な「神武東征伝承」、平松幸一の見出した『神代帝都考』等の全てが、「天満倭」に帰一し始めたと思われる。

「そらみつ」の語義

「そらみつ」の原表記は「天満」であることが分かったが、それでは、「そらみつ」の言い換えが何を意味し、「虚」「虚空」の表記が何を意味するのか。少しだけ観ておきたい。

おおかたの国語辞典や古語辞典、記紀の解説書は当てに出来ない。先の岩波文庫の「虚空津日高」の注を見ても分かるとおりだ。はたして、本当に「虚空」は尊称なのであろうか。数々の辞書を当たった中では、白川静の「字訓」の解説が最も示唆に富んでいるようだ。

空《くう》は工声《こう》。工は左右にわたってゆるく彎曲するものをいう。たとえば虹のような形のものである。

〔説文〕七下に「窽《あな》なり」、また前条の窽字条に「空なり」と互訓し、空窽の意とする。〔詩、小雅、白駒〕「彼の空谷に在り」、〔荀子、解蔽〕「空石の中に人あり」など、穴の深いものをいう字であるが、その義を拡大して、天地の間をドームの形とみて天空という。「そら」が「反《そ》り」を意味するように、空もまた工のような反りのある空間をいう。蒼空をまた蒼穹《そうきゅう》といい、弓《きゅう》もまたそりのあるものの形である。

虚《きょ》は虍《こ》声。下部は丘の古い形で墳丘。〔説文〕八上に「大丘なり」とし、「崑崙丘、これを崑崙の虚といふ」と〔山海経〕の崑崙虚の説を引く。崑崙の遺構と伝えるものによって考えると、それはジグラット型式の神殿であったらしく、地の西極にあって魂の赴くところとされた。のちそのような聖所のあとを虚・墟という。虚址の意よりして現実に存しないもの、虚偽・虚構の意となり、空虚・虚無の意となる。国語の「そら」が「そらごと」となるのと同じ過程である。枕詞に用いる「そらみつ」「そらにみつ」は「虚見津大和」〔万一〕、「虚空見つ日本の國」〔神武紀三十一年〕、「天尓満倭」〔万二九〕のように、「見つ」「満つ」といずれも甲類音を用い、大和・山につづくが、その語義はなお明らかでない。

右を参考にすると、「そらみつ」に尊称が残されているなら、「天神の聖所のあとを見る」の意であろうし、もしも蔑称であるなら、「現実に存在しない虚址を見る」の意に取れよう。両者とも、万葉集に見られる「山跡」の表記が緊密に繋がる。「虚空見つ」は、毀誉褒貶の半ばする微妙な枕詞である。〔飯沢史生は『鬼の日本史』で、広島方言の「そらみつ」が「何もない」という意だと紹介している。

岡由紀雄氏から教示していただいた。）筆者の故郷でもある筑豊地方には、人の失敗を嘲るのに「そら見ろ」の慣用句があり、「そら」が「それは」に置き換わらない表現が残されている。毀誉褒貶のいずれにしろ、「天満」が「虚空見」に替えられた事実だけが残されているとしか、今は言い様がない。ただし、一つだけ述べておきたい推理がある。それは、「（彎曲せる）遠賀湾の見える倭」の意である。『鞍手郡誌』の「神武東征伝承」の中に、「日子山は天神天忍穂耳尊のお降りになった国見山であり、神武天皇も先ずこの山頂に於いて『国覓』を遊ばした。同山の水精石の由来にも神武五年七月云々の文字がある。」という記述が見られる。英彦山頂上からは遠賀川流域が一望でき、神武の時代に古遠賀湾が一望できたことは想像に難くない。「古遠賀湾の見える倭国」の意であるなら、神武東征の歴史も事実であるし、神武が「天満倭」を「虚空見倭」に改名した可能性も高い。『字訓』の解説は実に含蓄に富む。

あふみの荒れたる都

倭の源流を探求するのに、貴重この上ない「天満倭」の表記を残していた万葉集二九番歌は、歌自体が王朝交替の悲劇を詠った叙事詩である。この歌の新解釈を試みたい。それはそのまま倭国史の事実を抽出することになるからである。

近江の荒れたる都を過ぐる時、柿本朝臣人麿の作る歌

玉手次畝火の山の　橿原の日知の宮ゆ　阿礼座しし神の尽　樛の木の弥継ぎ嗣ぎに　天の下知らしめしける　虚見つ倭を置き　青丹よし平山越えて　何方を思ほしけめか　天離る夷には有れど　石走る淡海の国の　楽浪の大津の宮に　天の下知らしめしけむ　天皇の神の御言の　大宮は此処と聞けども　大殿は此処と言へども　霞立ち春日か霧れる　夏草か繁くなりぬる　百磯城の大宮処見れば淋しも（二九）

反歌

楽浪の　思賀の辛碕　幸くあれど　大宮人の　船待ちかねつ（三〇）

ささなみの　比良の大わだ　よどむとも　昔の人に　会はむと思へや（三一）

右の訓読は、「或は云ふ」の割注を採用し、なるべく原表記の漢字を活かしたものである。まず、全体の解釈を示し、その後、語句解説をしながら詳細を検証する。

【解釈】玉手次畝火の山の橿原の日知（神武天皇）の宮以来、出現された皇神の尽《ことごと》くが、（樛《つが》の木の）いよいよ（日知の位を）継ぎ嗣ぎして、天の下をお治めになったところの、虚見つ倭（天見つ倭、古遠賀湾沿岸）をさしおき、青丹よし平山を越えて、何方をお思いになったのだろうか、天離る東方ではあるけれど、石走る淡海の国の、楽浪《ささなみ》の大津の宮に、天の下をお治めになったという、天皇（景行天皇）の皇神のお言葉の、大宮は此処と聞くけれども、大殿は此処と言うけれども、霞立ち春日がかすんでいるからか、夏草か繁くなっているからか、（実は涙でぼんやりとかすむ）百磯城の大宮処を見ると荒廃していることだ。

反歌（をさめの歌）

楽浪の思賀の辛碕は、昔に変らずにあるけれど、ここを出たままの大宮人の船を再びここに待ちうけることはできない。

さざなみの比良の大わだは水が淀んで（大宮人を待って）いても、昔の人に会おうと思うことであろうか。いやそんなことはない。

【新考】日本書紀の神功皇后摂政元年二月三月の記事、神功皇后軍が忍熊王を滅ぼし入水自殺に追い込んだ戦記を念頭に置き、忍熊王の拠った百磯城の大宮処の跡を実際に訪れ、その荒廃を嘆き、併せて忍熊王の悲劇的な最期を傷んだ。そこは虚見つ倭の東方、豊国の淡海に展開された事変であった。武力革命による王朝交替のもたらす悲劇を詠んだ、優れた叙事詩である。

【訓釈】**玉手次**—玉たすきと訓む。「畝火」の「うね」を導き出す枕詞。語義未詳。

畝火の山—本稿の「天満つ倭」の源流論から云えば、この山も古遠賀湾の周囲にある。記紀に明らかなように、天孫瓊瓊杵命の子孫の神武（博多湾岸の分王家）は、天神饒速日尊の子孫の治める「天満つ倭」（古遠賀湾沿岸の本王家）を簒奪し、本王家を追い出した。記紀の神武東征記事は、「神武の天満倭侵略譚」とそれに起因する「天満倭本王家の瀬戸内東遷及び近畿侵略譚」との合成であろう。近畿に「東の天満倭」が成立、地名の移動が起きたと考えられる。

神武は、本家を追い出した天満倭のあとに都して国号を「秋津洲倭」と改名した。都は「畝火の白檮原宮」（記）である。この直後に皇后選定の記事があり、宮がどこにあったかが暗示されている。后に選ばれたのは、伊須気余理比売《いすけよりひめ》。「倭の狭井《さい》川の上《ほとり》に住む美和の大物主神の御子」である。この美和（三輪）の神は、大国主神の共同統治者として出現している。「『吾をば倭の青垣の東の山の上に

昭和十年の香春岳

斎き奉れ』と答へ言りたまひき。こは御諸山の上に坐す神なり。」とある。本稿が明らかにした「倭の源流」からすると美和（三輪・御諸）山は、田川郡香春町の香春岳三山を指す。（御諸の諸には「は」の訓があり、すべて本来は「ミハ」である。ミモロは後代の新訓である。）その近くには犀川（現在の今川）も流れている。神武の宮は、倭の三輪山すなわち香春岳の直近にある。

先に、王朝交替によって国名・地名も替えられるとのテーゼを打ち出した。神武の東征は、同族であっても武力革命だから、やはり地名の多くが替えられた可能性がある。すると、三輪山（三山）の名が、雲根火・耳梨・高山に替えられた可能性がないか。万葉集一三番、中大兄三山歌を大和三山歌と疑わないが、これは（天満）倭三山歌の記憶があるからこそではないのか。香春一ノ岳が畝火山、二ノ岳が耳成山、三ノ岳が高山に当たるようだ。三輪山が倭三山の名に替えられた。神武記の皇后選定記事の後、神武が崩御し、庶兄当芸志美美命が三人の弟（伊須気余理比売の御子）を殺そうとする。その危機を知らせる歌が残されている。

　狭井河よ　雲立ちわたり　畝火山　木の葉騒ぎぬ　風吹かむとす

狭井河と畝火山が近い。狭井川と美和山も近い。それに先のすべての新知見を加えると、畝火山は三輪山（今日の香春岳一ノ岳）であると比定せざるを得ない。

なお、付言するなら、天満倭本王家が近畿の大和に侵入した時、そこの三山に最初は三輪山の名を付けたと思われる。後に、神武系の一族が再び大和に侵入して、畝傍・耳成・香山に替えられ、三輪山はその東の一山に追われたと考えられる。また、高山から香山への表記の変更は、天乃香（具）山の表記への拡大、あるいは甘木の香山や豊国の天乃香具山へと山名が移動した跡を見ることができる。このように、地名の改名と地名の移動には、必ず歴史的背景があり、それらを追究しないと、記紀も万葉集も読み誤ったままとなろう。すべての再検証が必要である。

下図は、「三つ鱗」紋である。豊後国発祥の三輪氏族の尾形氏、その三つ鱗にまつわる伝承も豊国の三輪山に淵源のあることが知れた。源平合戦に活躍した尾形三郎惟義の腋の下に三枚の鱗形のあざがあった。「蛇の子の末を継ぐべき験にやありけん。後に身に蛇の尾の形と鱗とのありければ、尾形の三郎という」と『源平盛衰記』にある。

古事記の崇神天皇記にある三輪山伝説は「蛇婿入」説話でもある。このことと、尾形や緒方の姓は、深く三輪山伝承と関わっていた。ヲガタ（緒方・緒形・尾形・尾方）という姓は、万葉集一九の「綜麻形《へそがた》」の謂いなのである。「綜麻」は績みヲ（麻・緒・苧）であるから、最も短く言えばヲ（撚糸）である。つまり、「綜麻形」と「緒形」とは同義・同語源である。ヲガタ氏は「三角形の三輪山」より出た三輪一族の綜麻形氏であったのだ。したがって、豊後のヲガタ氏の三つ鱗の紋は、もともと「豊国の綜麻形の三輪山」を図案化したものであったと考えられる。ここにも「豊国

の三輪山」が証明されていたのである。（なお、万葉集一九の「綜麻形」は「みはやま」と訓じるべきであることを証明した。）

橿原の日知の宮ゆ―神武の宮。歌では初代とされている。神武紀によれば、畝傍山東南橿原地とあるから、現在の香春町高野のあたりか。

阿礼座しし神の尽―通説は、「生れましし」と訓じる。神武の次は早くも兄弟が殺しあっている。そこで語弊を避けて、出現したと解釈する。

樛の木の弥継ぎ嗣ぎに―「樛の木の」は「つぎつぎ」にかかる枕詞。「継ぎ嗣ぎに」は表記に注意すると、神武朝が不安定な王権であることが分かる。崇神天皇記や垂仁天皇記も反逆の記事に埋まる。崇神天皇記には大物主大神を祭って疫病を鎮めた説話があり、三輪山伝説までが語られている。また、魏志倭人伝の「其の国、本亦男子を以って王と為し、住まること七八十年。倭国乱れ、相攻伐すること歴年、乃ち一女子を立てて王と為す。」の記事とあわせても、これらは、この歌の中に含まれる。神武や卑弥呼の即位は「継」に当たり、女王の都も「倭」にあった。

虚見つ倭を置き―「そらみつやまと」は既出。天神降臨以来、歴代の帝都のあった天満倭（古遠賀湾）をさしおいて、の意。三輪山の近辺（秋津洲倭国）から遷都をすることになったが、神武以前の旧都に戻ろうとしなかったようである。歌の前半で、天満倭国内の遷宮、神武の遷都、秋津洲倭国内の遷宮が詠われ、次の遷都の候補地を考えていることを指すのではなかろうか。「おく」は「後に残しおく」、「捨ておく」、「除いて」という意味にも用いられるようになった。

青丹よし平山越えて―「青丹よし」は「なら」の枕詞。「平山」も「ならやま」と訓じる。天満倭から香春に遷都したと仮定すると、当時の通過点に該当するところに、室伏志畔が田川市の「奈良」を見出し、平らな低い丘陵のあることを挙げている。

何方を思ほしけめか―通説は「いかさまに」と訓じるが、「いづかたを」と訓じた。秋津洲倭国からの遷都の方角を思ったのではなかろうか。

天離る夷には有れど―「天離る」は「ひな」の枕詞。東夷の「夷」が用いられているので、「東方の鄙」を指すと考えられる。前の句「何方」と呼応する。

石走る淡海の国の―「石走る」は「あふみ」「垂水」「たき」にかかる枕詞。「あふみ」の場合は、石の上を溢れて走る溢水《あふみ》の意とする説がある。「淡海の国」については、一五三番歌に「鯨魚取り淡海の海を」の例があり、他の「いさなとり（鯨取り）」はすべて「海」にかかる枕詞であるから、三輪山より東の河川水の流れ込む海の国を想定するのが自然である。ここは、豊前の海を指す。ただし、古遠賀湾も自然環境から言えば、淡海である。このことが反歌に関係する。いずれにしろ、題詞の「近江」は万葉集編者の間違いか偽作である。この歌の淡海は、近畿の淡水の琵琶湖を指さない。したがって、この段階で柿本人麻呂が、壬申の乱の悲劇を詠っていないことが分かる。

楽浪の大津の宮に―仲哀記や神功紀に、忍熊王を滅ぼした後に「酒楽《さかくら》の歌」が詠われている。「…少名御神の…豊寿き　寿き廻し　献り来し御酒ぞ　あさずをせ　ささ」とある。「神楽声」をササと訓じ、それを略して「神楽浪」と書き、さらに略して「楽浪」と書いた（澤潟久孝）。恐ろしい因縁の表記である。楽浪の大津の宮は現在の豊津町のあたりが所在地と推定される。この宮は、次項と併せて考えると、景行紀十二年九月条の次の宮でもあるようだ。「豊前国の長峡《ながを》県に到りて、行宮を興てて居します。故、其の処を号けて京《みやこ》と曰ふ」。現在の京都郡である。長峡川もありその河口がもっと内陸部に入ったあたりである。行宮を京とは呼ばない。先の「淡海」（大芝英雄の云う豊前の難波）の条件にも当てはまる。筆者はここを豊前の平城京と考えている。

天の下知らしめしけむ　天皇の神の御言の――この天皇は神武から数えて十二代の景行天皇と考えられる。秋津洲倭からさらに東に遷都した天皇であるようだ。人麻呂が詠った時点では神である。景行・成務・仲哀と続き、忍熊王の時、神功軍に滅ぼされた。「御言」は通例「命」と書き換える。原表記を重視して、「御言」のまま考えると、例えば、旧事本紀の「皇孫本紀にある」の意と解することができるのではないか。前項と緊密に繋がっていよう。

大宮は此処と聞けども　大殿は此処と言へども――互文法と呼ばれる表現を用いた対句である。大宮殿はここと言い聞くけれども。

霞立ち春日か霧れる　夏草か繁くなりぬる――原表現とすれば、唐詩にも見られる「景を詠うに全力を尽くし、情を言外に漂わせる手法」（松浦友久『唐詩』教養文庫）に通じるものを感じ取る。実は、哀しみの涙にかすむのを言う。「国破れて山河在り　城春にして草木深し」（杜甫）より早い時代の、深い哀情を湛えた、優れた表現の叙景歌であろう。

百磯城の大宮処見れば淋しも――大津の宮を平城京とした時、その山城京として御所ヶ谷神籠石（旧京都郡、現行橋市）が挙げられる。周囲三キロメートルに及ぶ列石の城壁は吉備の鬼ノ城と双璧を為し、筆者の主張する「山城宮」にふさわしい。文字通り、百磯城そのものである。山頂には建物の礎石跡もある。御所ヶ谷の礎石跡には「景行社」が鎮座する。現地伝承の正しさを思わせるに十分だ。

御所ヶ谷神籠石

「見れば」は、学校文法に云う「(已然形につく)順接の確定条件を示す」用法である。人麻呂は実際に大宮処を見て詠んでいるのだ。「淋しも」は前の句の流れから、あくまで叙景歌としての解釈を一貫させて口訳した。長歌は、徹底して豊前淡海の国都の荒廃を嘆いた。

この長歌の新解釈を通して、筆者は、「磯城洲の倭」＝「しきしまのやまと」の成立をこの廃墟に見ている。倭国(現在の福岡県・佐賀県)には、御所ヶ谷・鹿毛馬・高良大社・女山・おつぼ山等、神籠石の遺跡が集中する。それらが磯城であるなら、最大級の御所ヶ谷神籠石こそ「百磯城の大宮処」と言えよう。これらは、四世紀後半ことごとく神功皇后に滅ぼされたのである。人麻呂の長歌には、天満倭・秋津洲倭・磯城洲倭の三朝の衰退もしくは滅亡が詠み込まれていたのである。

反歌二首――人麻呂は反歌で、一転して、忍熊王の入水自殺を悼む。思賀の辛碕と比良とは現在不明。豊津の海側に下りたか。神功紀にはこの事件が詳細に記されている。次は、その一節である。

是に、其の屍を探れども得ず。然して後に、日数て菟道《うぢ》河に出づ。武内宿禰、亦歌ひて曰く、

淡海の海　齋多の濟《わたり》に　潜く鳥　田上過ぎて　菟道に捕へつ

忍熊王は「淡海の海の齋多《せた》の濟」で入水自殺を遂げた。そこ

は海である。王の死を確認するため武内宿禰は屍を探索する。その屍は菟道河に上がった。菟道河はやはり人麻呂の歌から分かる。

物乃部の　八十氏河の　網代木に　いさよふ浪の　去辺《ゆくへ》知らずも（二六四）

天の物部二十五部の居住したところの八十氏河と言えば、古遠賀湾に注ぐ、現代の相当上流に当たる遠賀川の支流を指すようだ。例えば今日の飯塚市近辺が河口になるあたりか。そこは古代田河道、すなわち菟狭（宇佐）に至る古道の近くでもある。菟道河の表記に合う。齋多の濟が頴田町勢田（鹿毛馬神籠石の近く）と仮定すると、この淡海に沈んでも満潮時には逆流して氏河（彦山川か）に押し戻されることも起こりうる。人麻呂はさらに次の歌も詠んでいる。

淡海の海　夕浪千鳥　汝が鳴けば　情もしのに　古念ほゆ（二六六）

これらの歌が、二九～三一番歌と関わるなら、人麻呂は豊津の淡海も古遠賀湾の淡海も逍遥し、「大津の宮」と「百磯城の大宮処」の両京の荒廃を詠い、「忍熊王らの死」を哀傷したことになろう。

おわりに

「そらみつやまと」を徹底的に追究して、遂に万葉集や記紀の地名を再考証しないことには、文学も史書も解読できないことを明らかにし得たようだ。すでにこの視点で、「飛ぶ鳥の明日香」さえも香春岳の南にあったことを確認しつつある。熱田津も天満倭の内にあった。倭奴国も女王国も当然のことだが、倭国だった。その「倭国の歌」すなわち「倭歌」も、この地を源流とする。

倭の源流と、移動した倭とを取り違えないかぎり、記紀に書かれた歴史は必ず正しく復元できよう。また、万葉集の多数の歌も解釈が根本的に変わるであろう。今後の心躍る大テーマである。

最後に、現段階で分かり得る「あきつしまやまと」を解説しておこう。三輪山（香春岳）の東南に宮を置いた神武は、「豊葦原の千秋の長五百秋の水穂の国」を応用して「秋津洲倭《みのりのくにやまと》」とも名づけたようだ。同音の「蜻蛉」の表記があるのは、赤蜻蛉の群れて飛ぶ秋を連想したものであろう。

天満倭《あまみつやまと》・虚見倭《そらみつやまと》・秋津洲倭《あきつしまやまと》・磯城洲倭《しきしまのやまと》、人の世の王朝と枕詞は交替し、その都度国土を拡張し、倭は終に東方の大和に遷ったけれども、倭の源流すなわち倭の山河は、二十一世紀の筑豊の地に今も麗しい。

倭は　国の秀真　畳な付く　青垣　山隠れる　倭し愛はし

（平成十六年如月朔記了）

第三章　東西五月行（統一倭国）の成立

はじめに

戦前に、津田左右吉が初代神武天皇から十四代仲哀天皇に至るまでの実在は疑わしいと書いて有罪となった。戦後は一転して、これが古代史の定説となり、神功皇后も架空とされ、今日に至っている。万世一系の大和王朝が悠久の昔から近畿の地にあったとする史観である。これに対し、一九七〇年代に古田武彦が近畿大和王朝に先行して「九州王朝」が存在したとの論を提唱した。その中には、神武天皇実在説も現れた。が、神武を九州王朝の傍系としながらも、結局、記紀の記述どおり近畿の地に東征させ、分王朝としての大和王朝を樹立させた。

皇国史観は端から統一（大和）王朝であり、九州王朝論は筆者の見る限り、終に統一（九州）王朝が出現しない。そこで、筆者は神功皇后紀を手がかりにして、倭国易姓革命論を立ち上げ、前々号に記した。そこでは、すでに出雲王朝が東西に分裂し、西が倭国、東が東鯷国となり、四世紀後半に東鯷国が倭国を併合して大倭国となったとする、一読破天荒の仮説を著した。前号では、西の倭国についていささか詳しく述べ直した。今号では、東の東鯷国について詳述し、併せて『隋書』俀国伝にいう「東西五月行」の領土の成立について述べてみたい。

一、「鯷」字考

古代史を解く鍵「鯷」

「鯷」字には中国での字義の変遷、わが国での訓の変遷が、それぞれにあり、さらに日中の文化交流史の上でも長年にわたる変遷があった。結果、双方においてその指し示すものが失われてしまった。これはその回復の軌跡である。

漢字・漢文の分野では、動植物を表す漢字の見直しが盛んである。

例えば、「歳寒くして、然る後に松柏の彫《しぼ》むに後《おく》るるを知る。」（論語・子罕）の「柏」は「松」と同じ常緑樹であり、そこから人の節操の固いのをいうとされる。ところが、訓の「かしわ」はぶな科の落葉高木。そこで、柏は「このてがしわ」とされる。北京でその常緑樹を見た。樅のようだ。「このてがしわ」の訓はどうにもなじまない。

魚偏の漢字については、音と訓、すなわち漢語と和語には相当のずれがある。筆者の方でも、既に「鰐」について小論を行なった。中国では、明らかに「四足」の水生獣を指す。「揚子江鰐」も生息する。だが、「わに」は現代の出雲方言に残るとおり、わが国の神代には「さめ」を表わしたようだ。

「鯷」字に、変遷・相違があるなら、『漢書』に東鯷人の記述があり、その国が日本列島にあったとされる以上、鯷の正体を突き止めない限り、東鯷国の地を比定することは、もとより覚束ない。

「ひしこ」は最新の訓

筆者は前々号で、東鯷国を銅鐸圏に、その中心を丹波に比定した。

「鯷」に「しこ・ひしこ」の訓があることを、東鯷国の比定を考えた後に再確認することになった。『倭名類聚抄』に「鯷比師古」とある。九三〇年代成立のわが国の百科辞書だから、ヒシコの訓はずいぶん新しい。元はシコであり、干して食することが多いから干《ひ》シコとなったと考えられる。カタクチイワシ（片口鰯）を指す。確かに、『漢書』に記された「鯷」の字の古訓ではなさそうだ。『漢書』は、紀元一〇〇年前後の成立で、前漢の歴史が記してある。この頃の倭国の辞書などはもちろん存在しないが、中国では紀元一二〇年頃に許慎の『説文解字』が成っている。が、「鯷」字は採られていない。紀元一〇〇年は『論衡』を著した王充の没年でもある。「倭人鬯草を献ず」を記録した学者である。倭人（委奴国）と東鯷人が、深く交錯する年代であるが、このときの「鯷」が少なくとも後漢の側で何を指したかは、同時代の史料からは直ちに判明しない。東鯷人の認識も探りようがない。それでもいろいろの辞書を繰っていく中で、次第に「鯷」が見え始めた。

「なまづ」と「ひしこ」

現代の辞典は、「鯷」を「なまづ」と「ひしこ」の二種の魚とする。

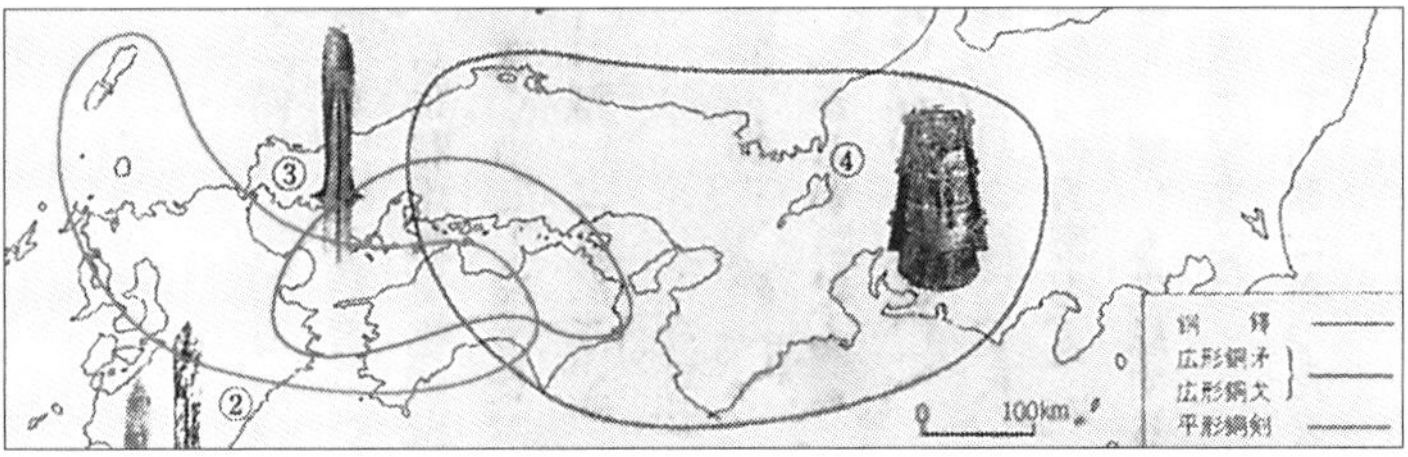

【鯷】
46290

[一] テイ ダイ　〔集韻〕田黎切　[齊]
[二] シ ジ　〔集韻〕是義切　[寘]
[三] テイ ダイ　〔集韻〕大計切　[霽]
[四] シ ジ　〔集韻〕上紙切　[紙]

[一][二][三][四]**なまづ。おほなまづ。**鮧（**12－46122**）・鮷（**12－46152**）に同じ。〔廣雅、釋魚〕鯷、鮎也。〔集韻〕鮷、魚名、說文、大鮎也、或作レ鯷。〔正字通〕鮧鯷並同。〔戰國、趙策〕鯷冠秫縫。〔注〕鯷、大鮎、以二其皮一爲レ冠。[邦]**ひしこ。**鰯に似て小さい魚。

【鯷海《テイカイ》】1　鯷人の住む海外の國。〔謝朓、永明樂〕化洽鯷海君、恩變龍庭長。〔沈約、從軍行〕浮レ天出二鯷海一、束レ馬渡二交河一。

【鯷魚《テイギョ》】2　魚の名。大なまづ。〔本草、鮧魚〕釋名、鯷魚、集解、弘景曰、鯷卽鮎也。〔搜神記〕子路引レ之、沒レ手仆二於地一、乃是大鯷魚也、長九尺餘。

【鯷鮈《テイコウ》】3　魚の名。〔集韻〕鮈、魚名。

【鯷冠秫縫《テイクワンジュツポウ》】4　女工の拙いものをいふ。〔戰國、趙策〕黑齒雕題、鯷冠秫縫、大吳之國也。

『大漢和辞典』
鯷　なまづ。おほなまづ。鮧・鮷に同じ。鯷、鮎也。
[邦]　ひしこ。

『漢語大詞典』
鯷　①大鮎。②魚綱鯷科。③我国古代東方海中種族名。

日中の代表的な辞典から抄出した。漢語大詞典は簡体字で書かれた中国の辞典であるが、日本の大漢和辞典が語彙の一部にしか取り上げていない東鯷人のことをしっかり記述してあることが注目に値する。大漢和は東鯷人を積極的に認めないのである。

一方、漢語大詞典の②は、明らかに倭名類聚抄以来のわが国の解釈を取り入れたものである。したがって、中国には本来①と③の理解しかなかったことが知られる。

では、東鯷人は「なまづ」の人なのであろうか。これもどうやら当たらない。なぜなら、鯷を大鮎とするのは、明の李時珍の『本草綱目』で確定した理解のようだからだ。かなり後代の理解なのである。問題は、漢代の鯷が果たして鮎と同じであったかどうかにかかる。「鯷」の字の出現を確認しておこう。

説文解字に鯷はない。中国最古の辞典『爾雅』は紀元前一〇〇年頃の成立であるが、これにも鯷は出現していないようだ。司馬遷の『史記』にはなく、当然、東鯷人記事もない。前漢末の劉向の編とされる『戦国策』に「鯷冠」の語が見える。『漢書』は間違いない。根本史料だ。「鯷」字は、どうやら前漢から後漢にかけての出現と推定される。一方の鮎字が、説文解字にある。つくり（旁）に注目して頂きたい。

篆文から見ても、鮎はなまづの可能性が高い。もう一字、鯷と同義とされる「鮷」が採られている。これが鯷＝「大《おほ》鮎《なまづ》」説の原点となったようだ。鯷と鮷が同じであるか否かは少し後に検証しよう。

「なまづ」と「あゆ」

これまで、鯷が鮎との説明が多くあることは認められた。中国で、鮎がなまづであることは、漢から現代まで一貫している。ところが、「鯷、鮎也。」とする『広雅』は魏の張

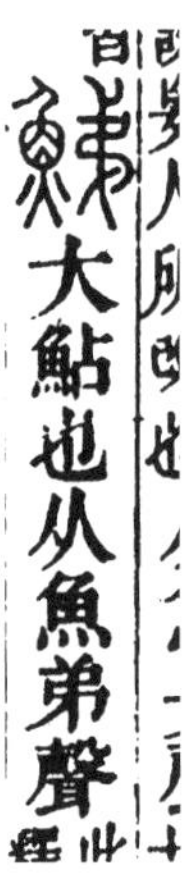

鯷 [tí ‹广韵›杜奚切，平齊，定。又特計切，去霽，定。又是義切，去寘，禪。] ❶大鮎。明李时珍‹本草纲目·鳞四·鮧鱼›〔集解〕引陶弘景曰：“鯷即鮎也。”明黄省曾‹鱼经·法›：“鮎魚者，鮧魚也，即鯷魚也，大首方口，背青黑而無鱗，是多涎。”❷鱼纲鯷科。又名黑背鰛。体长三寸到四寸，侧扁，银灰色，体侧有一显明银白色纵带，无侧线。腹部呈圆柱形，眼和口都大。为群集于浅海的小型鱼类。我国东海、黄海盛产。幼鯷多加工制成鱼干，通称海蜒。❸我国古代东方海中种族名。‹汉书·地理志下›：“會稽海外有東鯷人，分爲二十餘國，以歲時來獻見云。”晋左思‹魏都赋›：“於是東鯷即序，西傾順軌，荆南懷憓，朔北思韙。”宋乐史‹太平寰宇记·江南道三·苏州›：“海外鯷人歲時來見。”清黄宗羲‹钱退山诗文序›：“退山飄零鯨背，與蜑户鯷人共夫煙火。”清方履籛‹宫保尚书制府孙公锡寿恩荣记›：“務使鮫户嬉歌於珠穴，鯷人潛處於菰汀。”

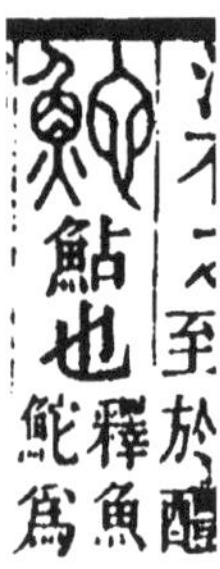

揖の編で、『三国志』に東鯷人記事のない以上、意外に論拠に乏しいのである。漢代の鯷は依然不明である。

それよりも不明なのは、鮎がわが国ではどうして「あゆ」に当てられたかということのほうだろう。江戸中期の『和漢三才図会』はなまづとされている。平安の『和名類聚抄』には、「鮎、…倭名安由。楊氏漢語抄云…細鱗魚」とあり、すでに「あゆ」の訓が当たっている。なまづのほうは「鯰」の訓だ。ここに引用されている「楊氏漢語抄」は養老年間の書とされているので、上代から「鮎」は「あゆ」であったようだ。

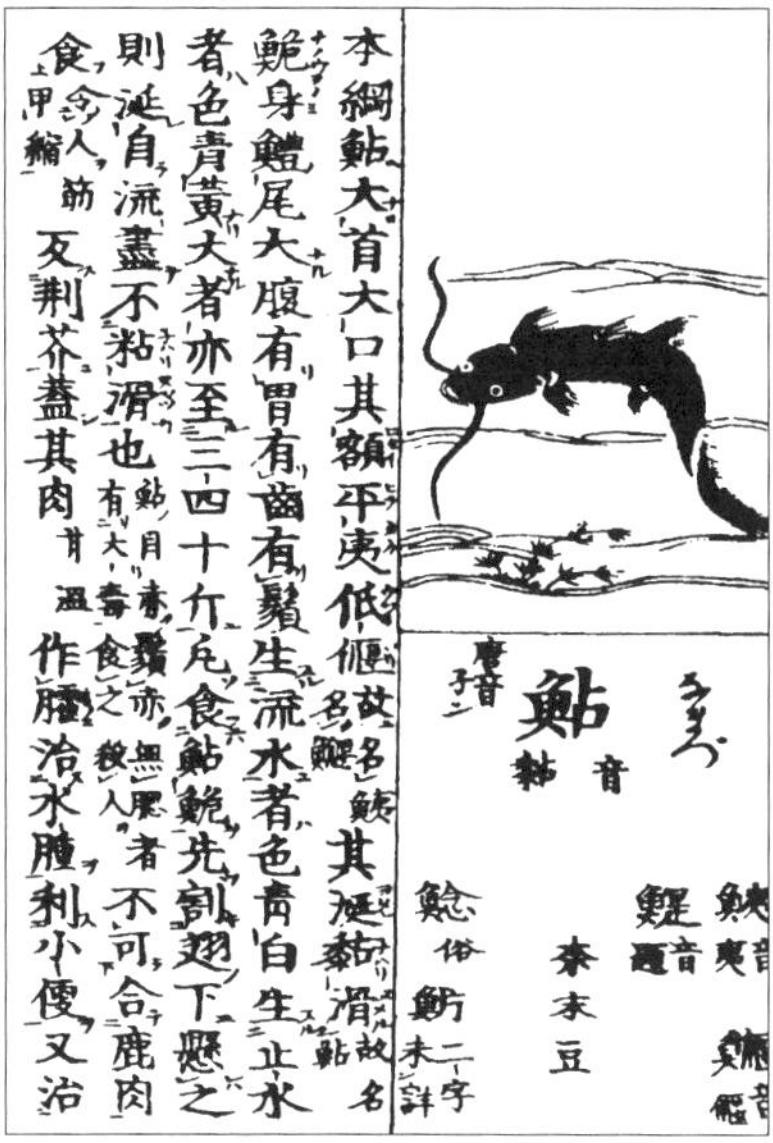

見逃せないのは、「細鱗魚」であろう。これも「あゆ」だが、神功皇后紀に松浦県玉島里での鮎釣りの話があり、「細鱗魚を獲つ」と出て来る。その後に、「其の国の女人、…年魚を捕ること、今に絶えず。」との記録がある。「年魚」もまた「あゆ」である。注意を要するのは、「細鱗魚」・「年魚」が果たして、「あゆ」であったかどうかという問題である。「釈日本紀」の存在が示すとおり、平安の貴族らは『日本書紀』の漢文・漢語をどう訓読するかに腐心した。彼らの苦労が今の『日本書紀』の訓読に活かされているほどだ。した

がって、厳密には、『日本書紀』の「細鱗魚」・「年魚」がどの魚を指すかも未詳である。
「年魚」については、気がかりな説話がある。「肥前国風土記」佐嘉の郡の条である。

又、此の川上に石神あり、名を世田姫といふ。海の神鰐《わに》魚を謂ふ。年常《としごと》に、流れに逆ひて潜《くぐ》り上り、此の神の所に到るに、海の底の小魚多《さは》に相従ふ。或は、人、其の魚を畏《かしこ》めば殃《まが》なく、或は、人、捕り食へば死ぬることあり。凡て、此の魚等、二三日住《とど》まり、還りて海に入る。

この一文の後に、神功紀と同じ説話が並んでいる。佐嘉の郡の説話中の「年常」に注目すると、両説話の「年魚」とはこの魚のことではないかと思われる。佐嘉郡説話では、捕ることがタブーになっている。神功は肥前の地でタブーになっている「海の神」であるところの年魚を釣り上げるという暴挙を為したのではないか。海神族平定の暗喩ではないかと考えられる。こんな考えが、まさか「鯷」の解明に繋がるとは、この時点では気づかなかった。ただ、「細鱗魚」・「年魚」の表記が、決して、ぬるぬるの結構長生きのあの「なまづ」を指していないことには気づかされた。

「鯷」と「鮧」

鯷をおほなまづとするのも怪しい。「鮧、魚名、説文、大鮎也、或作鯷。」とするのは、『集韻』だ。宋の仁宗（十一世紀）のとき、司馬光らが編集した音韻書であるから、やはり、漢代の「鯷」を言い当てているとは思われない。『本草綱目』はこの後に現れる。『和漢三才図会』は『本草綱目』から採り、大漢和等もこの系列に属する。

したがって、「鯷」が「鮷」であるとの根拠も実に乏しく、漢代の「鯷」は「おほなまづ」でもなさそうだ。

「鯷」の正体

結局、「鯷」字にもう一度戻ることにした。そこに「鯷海」の語があった。「鯷人の住む海外の国」とある。東鯷国のことだ。すると、鯷は海魚ではないか。淡水魚ではない。

「鯷冠秫縫」の語もある。「女工の拙いものをいふ。」との解説だ。問題は「鯷の冠」とは何かということだ。『大字源』（角川書店）の「鯷」の字義、「魚の名、おほなまず。…この皮で冠を作った」との説明と一致するわけだが、「鯷」が淡水魚のなまずでなく海魚であるなら、冠を作ることのできそうな種類は、次だ。

《鮭》（サケ）。

この魚に逢着した。下は、その補証となる図である。

この縫製を見た瞬間、「【鯷冠秫縫】　女工の拙いものをいふ。」が了解できた。絹の縫製から見れば稚拙きわまりない。

また、靴は中国語の場合、鞋が用いられる。材質がサケ皮なら、

チェㇷ゚ケㇾ／チェㇷ゚ケリ（ヒ）
【cep-ker／cep-keri (hi)】
サケ皮の靴。
▷チェㇷ゚＝魚　ケㇾ＝履物

［チェㇷ゚ケㇾ］

（萱野茂のアイヌ語辞典より）

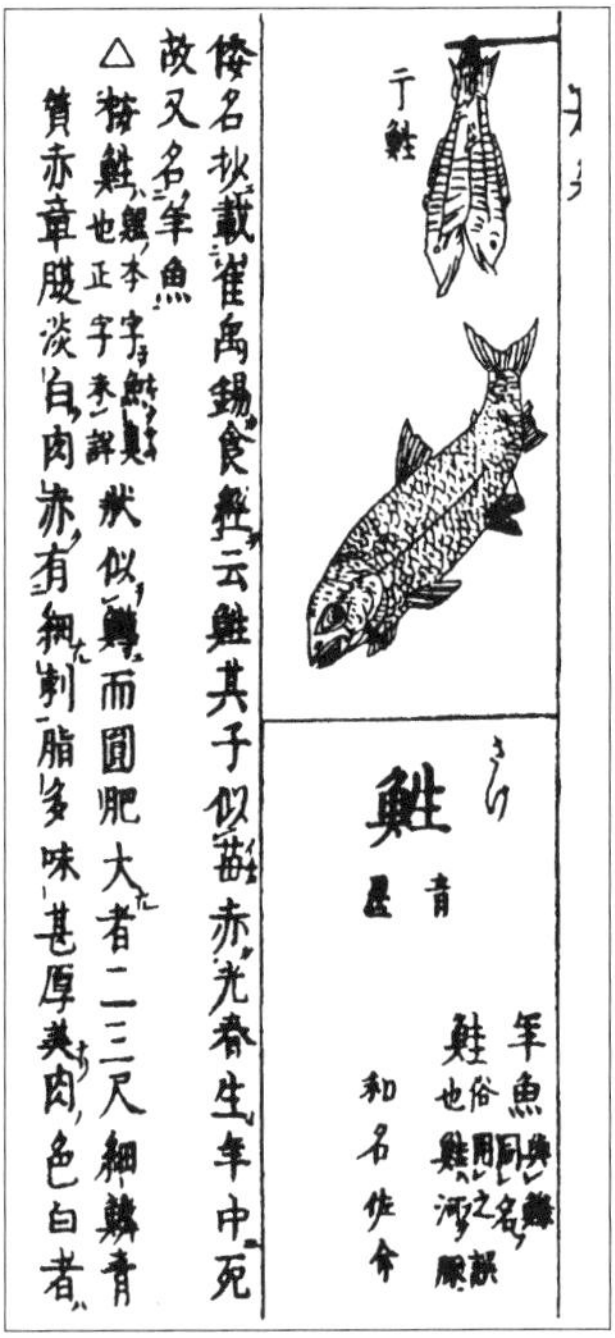

「鮭」一字で、見事に「サケ皮の靴」を意味していたのだ。サケ皮の冠は終に見出せなかったが、サケ皮の服は現存している。

「鯷」がサケなら、これまで述べてきた全ての疑問も解明できそうだ。和漢三才図会には「鮭」と出ている。その解説の中に、「年魚」「細鱗」の語が見える。肥前国風土記の「年魚」もやはりサケであったようだ。「年常《としごと》に、流れに逆ひて潜《くぐ》り上」る魚はサケであり、これを年魚と呼んだのだ。「年」とは、本字「季」が示すとおり、「イネが実る周期」を意味する。「みのる」が第一義だ。稲の実りの時季に溯上するサケこそが「年魚」の首座だったのである。

神功が年魚を釣り上げて、「希見《めづらし》」と言ったのもようやく分った。夏四月に釣り上げたからである。アユもサケも魚自体は珍しくない。また、

豊前の国の風土記に曰はく、田河の郡。香春の郷。此の郷の中に河あり。年魚あり。（略）

（宇佐宮託宣集）

右の河は、彦山川の支流、清瀬川（金辺川とも）とあり、遠賀川の支流でもある。福岡県田川郡香春町の現人神社の鎮座する所に「鮎返し」という字名が今日も存する。香春町郷土史会会長柳井秀

清氏から教えていただいた。豊前国風土記の「年魚」も字名の「鮎」も元はサケであろう。それでは、風土記の時代に、豊前国・肥前国にサケが溯上したのかを確認しよう。これについては、次の福岡県の伝承が全てを証明しよう。

福岡県嘉穂町上大隈に、鮭神社がある。部落内の民家の裏に俎〔まないた〕石という山形の大石があり、その前に古井戸が残っている。この神社には昔は毎年十一月十三日の祭りの前後に鮭が嘉麻川（遠賀川の上流）にのぼって来て俎石に拝礼するとの伝えがあり、また、嘉麻川の岸のあたりにも石があって、のぼって来た鮭がこの石に鱗をすりつけてしるしとしたともいう。鮭は龍神の使であって、これが河口から四八キロメートルもあるこの地まで無事にのぼって来た年は豊作だが、もしこれを捕って食うことがあれば、かならず災禍にあうと言い伝えた。鮭塚はその鮭を埋めたところで、記録によると、明治七年には二度も来たのを拾い上げて神前に供え、この塚に埋めたという。古老の話に、ある年には飯塚で鮭が捕獲され、魚市場に出されたが、大隈の鮭神社に参るはずの鮭だといって買い手がなく、ついにこれを神社に献じ、そのあと塚に埋めた。近年は洗炭などのために遠賀川が汚濁し、鮭ものぼらなくなったと嘆く。

（豊国筑紫路の伝説　第一法規）

二〇〇四年の師走に、筆者の中学校の恩師、春田博實先生に聞いたところ、昭和初期、氏の義父が鞍手郡宮田町生見《ぬくみ》の犬鳴川にかかる橋の上から、毎秋鮭の大群の溯上するのを見たとの話を得た。また、最近、地元に鮭を呼び戻す運動があり稚魚を放流しているが、遡上してくる鮭の一部は、遠賀川支流の西川に上ってくることが報告されている。

風土記の世界は今日まで続いていた。弥生期の福岡県・佐賀県に鮭が遡上していたとしても不思議はない。

そうすると、福岡県・佐賀県と同じく、日本海に面したと思われる東鯷人が中国にもたらしたものは、『和漢三才図会』中の「干鮭」や、「サケ皮の冠や靴」が考えられる。説文解字の「鮷」も「干鮭」の象形のように見える。

「鯷」と「しこ」

ここで「しこ」に戻ろう。「しこ」もひょっとすると、元はサケを指した可能性があるからだ。思いがけぬところから、サケとシコイワシの並んだ図が出現した。「藤原京展」で展示されたパネルの一部分である。藤原京や平城京の跡から多数の木簡が出土した。その中には各地から都に納められた税に相当する産物が記されている。荷札が多数出土したのだ。それらの荷札を整理したら、当時の日本各地の産物が分るのである。

奈良時代においても、丹波からはサケが献上され、同時にシコイワシが納められているのである。藤原京のトイレ遺構からはカタクチイワシの骨まで出土している。丹波・丹後は、後の延喜式記載の貢納品の中に鮭を出している。

「鯷」がサケであっても、東鯷国の中心はなお、丹波の地をさすのである。

「鯷」字の音に注意してみよう。大漢和辞典には細かくは四種の音が掲げられている。テイの次には、「シ・ジ」の音がある。これに従うなら、「鯷魚」とした場合に「しこ」という、音とも訓ともつかない読みが現れる。古代丹波の地から出土する三角縁神獣鏡の文字の中に、「陳是作鏡」がある。この「是」が「氏」であることは有名だ。漢代の「鯷」は「シ」と発音されていた可能性が高い。また、「魚」は「雑魚」の語において音「コ」とある。はるか昔の「しこ」はサケを指していたと推測される。さけ皮の靴の図にあるように、アイヌ語の「チャプ」も古代の「鯷」の中国音と繋がっているのではなかろうか。

さらに、シコイワシ（カタクチイワシ）を観察すると、その口はサケによく似ている。上の口が下の口より長い。「サケの口」をしたイワシ。東鯷人の命名かも知れない。長い間に「しこ」の本義が忘れられ、カタクチイワシそのものを指すようになったと思われるのである。

ここに、漢字「鯷《シ》」と和訓とされる「しこ」ははるか昔に日中双方において「サケ」を指したとする帰結を得たようである。

二、東鯷国の実像

東鯷国の出現（前漢代の東鯷国）

『漢書』（紀元一〇〇年前後の成立）に日本列島上の種族と国が、二種記録してある。

呉地「会稽海外、東鯷人有り。分かれて二十余国を為す。歳時を以って来り献見すと云う。」

燕地「楽浪海中、倭人有り。分かれて百余国を為す。歳時を以って来り献見すと云う。」

「東鯷人」は『史記』（紀元前九七年成立）に出現しない。「鯷」字が『史記』成立後から、『漢書』成立の頃に出現したことの先の考証は、倭国（倭人）の出現（紀元前十四年の倭奴国の成立）と東鯷国（東鯷人）の出現とがほぼ同時期であることを裏付ける。東鯷国が丹波を中心とする銅鐸圏であり、倭国（倭奴国）が銅矛圏であるとするとき、両国が漢王朝に献見したことを証明する遺物がわが国に出土している。いわゆる漢式鏡である。漢式鏡は、前漢式鏡と後漢式鏡（「王莽」鏡を含む）に大別され、右記と関連する前漢式鏡はほとんど大部分が北九州に分布し、中心は福岡県にある。倭国の中心と考えるべきであろう。

一方の東鯷国の領域には、ごくわずかの前漢式鏡しか出土していない。例えば、大阪府瓜破北の鏡片は前漢式鏡の一部だが重圏銘帯鏡か連弧文銘帯鏡かのいずれかとされ弥生後期の包含層から出土したと報告されている。また、和歌山県瀧ヶ峯の弥生後期の遺跡から虺龍文鏡（四虺鏡）と呼ばれる前漢式鏡が出土している。

丹後一ノ宮である籠神社に出土ではない前漢式鏡が伝わる。次は、籠神社のサイトからの写しである。

昭和六十二年十月三十一日（旧暦九月九日・重陽の節句）に二千年の沈黙を破って突如発表されて世に衝撃を与えた之の二鏡は、元伊勢の祀職たる海部直の神殿の奥深くに無二の神宝として安置されて、當主から次の當主へと八十二代二千年に亘って厳重に伝世され來ったものである。

日本最古の伝世鏡たる二鏡の内、邊津鏡は前漢時代、今から二〇五〇年位前のものである。又、息津鏡は後漢時代で今から一九五〇年位前のものである。そしてこの神宝はその由緒が国宝海部氏勘注系図に記載されており、又當主の代替り毎に、口伝を以っても厳重に伝世されたものである。

籠神社の邊津鏡の意味するものは、あまりに大きい。大阪と和歌山の前漢式鏡の出土とあわせて、東鯷国が漢代に出現し、漢に「歳時を以って来り献見」した歴史事実がうかがわれるからである。

後漢代の東鯷国ⅰ

降って『後漢書』（紀元四四〇年前後の成立）「倭伝」に東鯷国の記事がある。

　会稽海外に、東鯷人あり、分かれて二十余国を為す。また、夷州および澶州あり。伝え言う、「秦の始皇、方士徐福を遣わし、童男女数千人を将いて海に入り、蓬莱の神仙を求めしむれども得ず。徐福、誅を畏れて還らず。遂にこの州に止まる」と。世世相承け、数万家あり。人民時に会稽に至りて市す。会稽の東冶の県人、海に入りて行き風に遭いて流移し澶州に至る者あり。所在絶遠にして往来すべからず。

前漢に出現した東鯷《とうし》国が後漢の時代にも依然として倭国と並存していたようだ。「夷《イ》州」が「倭《イ》国」を指し、「澶《タン》州」が「丹《タン》波」を中心とする「東鯷国」を指すなら、『漢書』の記事が継承されていることになろう。秦時の徐福が蓬莱に出航したことは、『史記』に記された歴史事実であり、その到着先と思われる「夷州および澶州」には徐福の渡来伝説の残る地が各所にある。吉野ヶ里、熊野、富士山を初めとして、確実に銅矛圏・銅鐸圏に渡来の跡が残されている。中国側が歴史事実と認めているのに、日本側がいつまでも伝説として済ませるわけにはいかないだろう。

今度は、後漢式鏡の出土分布を見てみよう。『日本歴史地図』（柏書房）の解説には次のようにある。

後漢式鏡は方格規矩鏡・内行花文鏡が多いほか、獣帯鏡・夔鳳鏡などがある。（中略）やはり福岡県を中心とする北九州に集中するが、岐阜県から兵庫県にかけての近畿方面にも少数ながら発見されている。岐阜県瑞龍寺山例は舶載中国鏡の東限を示す。（後略）

少数の出土とは言え、銅鐸圏と後漢、「澶《タン》州」と「呉地の会稽」との交流があったことを示す。先の籠神社には後漢時代の息津鏡も伝世している。

後漢代の東鯷国ⅱ　二十余国

二〇〇二年八月二三日、ＮＨＫ・ＢＳ２で「古代幻視紀行―謎の円形神殿」が放映された。古代史最前線の発行人である飯岡由紀雄氏が偶然、ビデオに録画していた。次はそのキャプションの中から、伊勢遺構（滋賀県守山市）の写真である。

放送では円形に配された神殿を三十棟と数え、しきりに「邪馬台国三十余国に合う」と繰り返していたが、飯岡氏が数えたところ二十三棟、東鯷国の二十余国にむしろ合うと気づかれた。この遺跡に隣接するのが、野洲町の銅鐸博物館（野洲町立歴史民俗資料館）である。明治一四年（一八八一）に十四個、昭和三七年（一九六二）に十個、計二十四個の銅鐸が大岩山から発見された。博物案はその地に建てられ、当の銅鐸と関連資料とが展示してある。しかも、耳飾のある大型銅鐸（近畿式）と耳飾のない大型銅鐸（三遠式）とが混在して出土したのである。神殿の数と銅鐸の数が、東鯷国の二十余国にちょうど一致するとき、筆者はこれを偶然の一致とは思わない。これこそ、中国側の記録と日本側の該当する遺跡の必然の一致と考える。

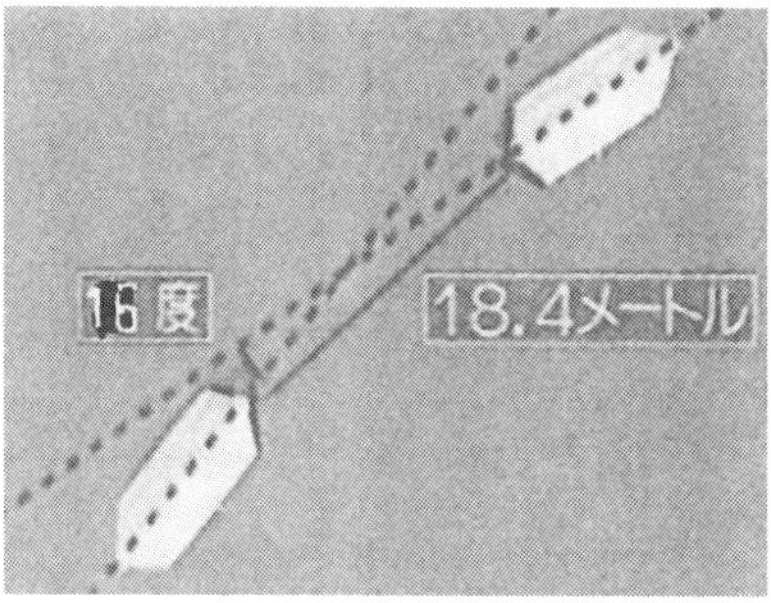

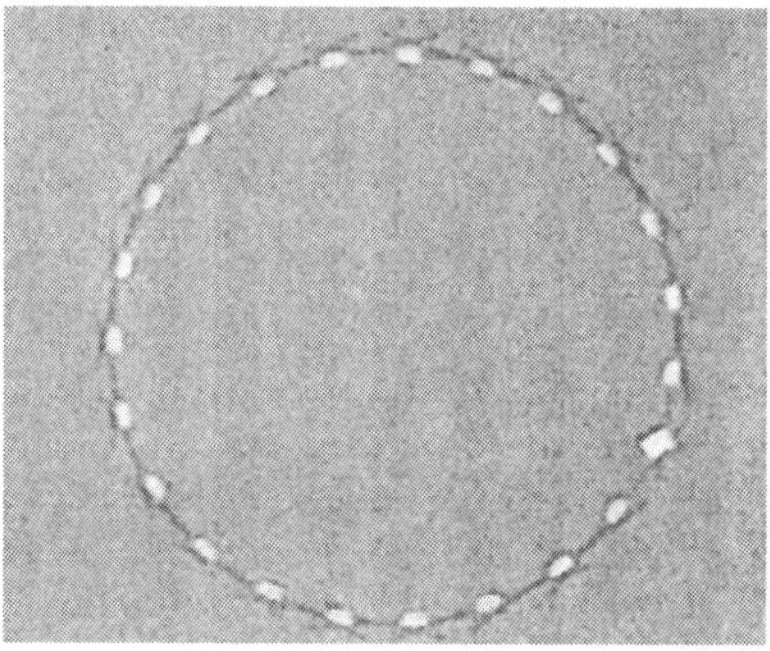

　この銅鐸出土地の至近に、三上山を神体山として御上神社が鎮祭されている。十月十三日に飯岡氏と参詣した。御祭神は天之《あまの》御影《みかげ》神。平田博義氏に導かれて見出した、舞鶴市行永（旧息長）の大森神社（弥伽宜神社）の御祭神と同じなのである。

　湖東平野は、従来の歴史学が製鉄の一族息長氏の本貫地としたところでもある。三上山は、別名御影山、近江富士、または俵藤太の百足退治の伝説に因んで百足山とも呼ばれている。天之御影神は天目一箇神《あめのまひとつの》と同神であり、金工鍛冶の祖神である。古代製鉄の地であること必定だ。

古事記開花天皇の条に「日子坐王《ひこいます》は天之御影神の女《むすめ》息長水依比売《おきながみずよりひめ》を娶り水穂真若王をお産みになった。この真若王の子孫は安直《やすのあたひ》即ち野洲国の地方長官となられた」とある記述は、ほぼ歴史事実と思われる。

銅鐸と製鉄と息長氏と丹波の地と古事記の記事が、すべて深い繋がりを有している。そして、これらの銅鐸が丁寧に埋納された直後に、東鯷国に重大な変化が訪れる。三角縁神獣鏡が出現するのであるが、後述する。

後漢代の東鯷国ⅲ　銅鐸と鮭

十月十六日、帰京して銅鐸博物館の常設展示図録を繰っていたら、三上のずいき（里芋茎）祭りのことが書かれてあった。祭りは十月十四日であるが、九日の甘酒神事（献江鮭祭）から始まると記されている。献江鮭祭《けんこうさけさい》とはどんな祭りか。鮭は本当に鮭なのか。即座に御上神社に電話した。当直の氏子の方が出られて、

「ああ、アメノウオのことです。神様に献上します。神官の三上さんのほうが詳しいですよ。」

後日、三上さんに電話でお聞きした。

「琵琶鱒ですよ。今は、苦労して大きな琵琶鱒を入手して神様に供えるんです。」

「氏子の人たちは琵琶鱒を食べますか。」

「昔は食べなかったようです。今は、神様に献上した後、氏子で分けて食べます。」

ここ湖東平野の地にも神の魚として、鮭の一種「琵琶鱒」別名アメノウオを神に献上する祭りが伝承されていたのである。丹波の地と、鮭を介しても繋がりのある地だったのだ。

筆者の東鯷国丹波中心説は、鮭という新たな観点から、東鯷国＝銅鐸圏であるとの帰結を強化するようだ。

後漢代の東鯷国ⅳ　丹波王国と呉の往来

『後漢書』「倭伝」にはまた、「（東鯷国の）人民時に会稽に至りて市す」の一文が記されている。人民は、勿論、徐福の一行の子孫である。中国側が会稽に来たと記してあるとき、日本側すなわち東鯷国から中国に行ったという国内伝承はないのか。

やはり丹波の地にあると思われる。浦嶼子伝承だ。浦島太郎のおとぎ話が有名だが、丹後国風土記、雄略紀二十二年七月の条、万葉集と、正史や著名な古典に出て来る歴とした伝承である。

出身地が、与謝の郡。日置の里（宮津市）、筒川（伊根町）、水の江（網野地方）と微妙な違いはあるが、すべて与謝半

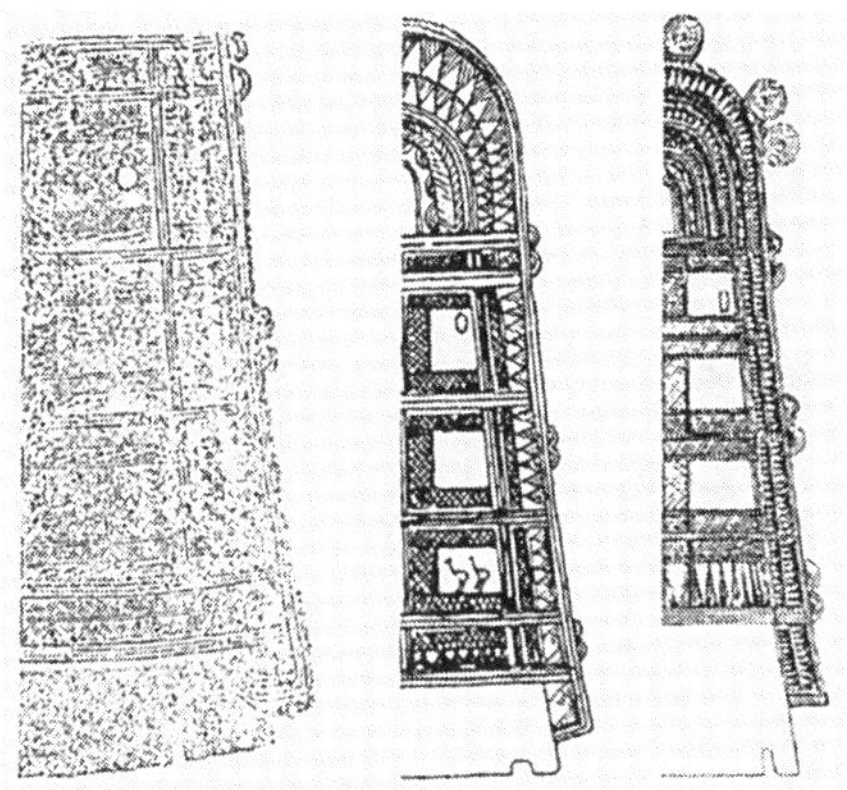

昭和37年 大岩山9号鐸　静岡県悪ヶ谷鐸　明治14年 大岩山1号鐸

島の地である。浦嶼子は日下部首らの先祖とあるから、日子坐王に限りなく近い存在である。実在性の高い人物が、はるかかなたの海の向こうに渡ったようであるから、浦嶼子が呉地に行った東鯷人の一人と考えても大過なかろう。因みに、籠神社四代目の倭宿禰の像が境内にあるが、亀の背に座している。

次に、田道間守の伝承が見られる。記紀には新羅王子天日槍が但馬（丹波から分かれた）にとどまったと伝え、その子が田道間守という。彼は、垂仁天皇（倭国王ではなく、東鯷国王と考えるべきであろう）の命で常世国に行き、非時香果《ときじくのかくのみ》を求めたが、帰国時に垂仁は没しており、悲しみのため、陵前で死んだという。

先の浦嶼子の伝承地の一、網野銚子山古墳の脇に浦嶼子の住居跡があり、古墳の被葬者を悼んだ故事が伝承され、万葉集の作者もここを訪れたらしいことが歌から読み取られる。

非時香果が橘であるなら、恐らくザボン（朱欒・香欒）を指すのではないかと思われる。ザボンはアジア南部の原産で、果皮が厚く果肉は二ヶ月も新鮮なままの香り高い柑橘である。この実を採りに行ったのなら、呉地もしくはさらに南方に行った可能性がある。視点さえ変えれば、記紀には東鯷国の記事も書かれているのである。

以上、数々の視点から、改めて東鯷国を、丹波を中心とする銅鐸圏に比定する次第である。

三国時代の東鯷国 i

『三国志』（紀元二九〇年代の成立か）の魏書・蜀書・呉書に「東鯷国」は直写されていないようだ。

そこで、東鯷国の存在を認める人々の間にも、東鯷国は後漢代に衰退・消滅したのではないかとの推測がある。この推測を否定し、三国時代にも東鯷国が依然倭国と並存していた可能性を示す文学作品が存在した。先の「鯷」字考で挙げた大漢和辞典の熟語の中に、「鯷海」の語があった。「鯷人の住む海外の国」すなわち「東鯷国」を意味する。この「鯷海」の出典の一が、沈約の「従軍行」という五言詩である。次はその一節である。

天に浮かび鯷海に出づ　馬を束ねて交河を渡る

韻律の制約上、「東鯷の海」と詠っていないだけなのである。対句の他方が、西の内陸部の方を詠っていることからも明らかだ。中国の兵は、東の海中の国や西の奥地にまで従軍したのである。沈約（四四一～五一三）は、梁の学者。『晋書』『宋書』『斉紀』『梁武紀』などを編集した。それまでの「正史」である『史記』・『漢書』・『後漢書』・『三国志』を誰よりも熟知している存在だ。とすると、彼は、『漢書』・『後漢書』に記された「東鯷国」を知ってはいるが、そこに従軍した記録はないから、「(将兵が)天に浮かび鯷海に出づ」の句はここからは得られない。沈約が知り得た「東鯷国派兵記事」といえば、『三国志』の次の一節であろう。この記事を基に「従軍行」が詠まれたと推測される。

将軍衛温・諸葛直を遣わし、甲士万人を率いて海に浮び、夷州および亶州を求む、亶州は海中にあり　三国志呉書「孫権伝」黄竜二年（二三〇）

この記事には、将軍と甲士万人が「海に浮び」、『後漢書』に記された「澶《タン》州」＝亶州すなわち「東鯷国」に出かけたことが書かれているとしか考えようがない。

当時、中国は魏と呉の戦闘状態が続いている。倭国内では、狗奴国との交戦が続いていた。その状況下に、呉兵が倭国と並立する「狗奴国」(夷州か)と「東鯷国」(亶州か)に派遣されたと考えて不思議はない。目的は、兵士狩りであろうか。藤田友治氏は次のように推量している。

三世紀の東アジアの国際情勢は風雲急を告げていた。魏と覇権を争う呉の孫権は、黄龍二年(二三〇)に将軍の衛温と諸葛直とを派遣し、武装兵一万をもって、夷州と亶州を捜させた。かの徐福が童子童女数千人を蓬莱に連れて行って帰らず、その子孫が栄えていた。そこに兵士狩りをさせた。だが、平和な丹波に上陸した彼らの多くは亡命し、夷州から数千人を連れ帰っただけに終わり、衛温らは獄に下された。

三国時代の東鯷国ii　三角縁神獣鏡の誕生

藤田氏は、右の記事から三角縁神獣鏡の出現までの過程を、「卑弥呼の鏡と三角縁神獣鏡」(新・古代学第4集)において、次のように分析した。(筆者の要約による。)

第一段階

中国で製作された鏡を輸入した段階。舶載鏡の段階。前漢鏡・後漢鏡、魏鏡・呉鏡の別がある。

第二段階

舶載鏡に魅せられた倭人たちが先達の技術を持った渡来人と合作して製作した段階。神仙思想や宗教観を表現した神獣鏡、画像鏡は呉から亡命し渡来した呉の工匠と一緒に鏡作神社などの拠点地で倭人と合作した鏡である。倭人の好みで、本国(中国)にはない傘松文様などの意匠を入れたりした。

この段階を従来説は認めず、舶載鏡として魏鏡の中に入れ「卑弥呼の鏡」として扱ったため、百枚をはるかに超える枚数となり、説明不能の謎となってしまった。

第三段階

呉の工人の二世・三世による鋳造の段階。水準が低下した。従来説は、この段階の鏡を仿製鏡といい、国内産とした。

以上の三段階を、藤田氏は具体的には、石切神社の穂積殿の宝物である鏡群に適用され、見事な証明を得られたのである。藤田氏は、第二段階のいわゆる三角縁神獣鏡を「倭呉合作鏡」と表現された。

筆者は、自己の仮説の流れから、これを「鯷呉合作鏡」と置換せざるを得なかった。

三国時代の東鯷国iii　三角縁神獣鏡の注文主

石切神社。大阪府東大阪市東石切町一―一にある式内社の正式名が石切剣箭《つるぎや》神社であり、その祭神こそ、物部氏の祖の饒速日命《ニギハヤヒ》と可美真手命《ウマシマデ》なのである。ニギハヤヒについては、前々号で述べたとおり、倭奴国の建国の祖であり、天神降臨の偉業を成就した神である。しかも、この神は古遠賀湾沿岸に都を定めたことも述べた。前漢代、紀元前一四年のことである。

後漢代の桓・霊の間、倭奴国に大乱が起こる。その原因を筆者は、ニニギの命の子孫神武の東征、倭奴本国すなわち古遠賀湾沿岸の侵略にあったとした。この時、天神本流の一族が、東に逃れた。それ以前にもいわゆる物部氏の東遷があったと思われる。『先代旧事本紀』「天神本紀」や神武記の近畿侵入譚の部分は、その記録であろう。銅鐸圏の一角に、ニギハヤヒの子孫物部氏が共存していたと思われる。谷川健一氏たちも「遠賀川流域から東遷あるいは東侵してきた筑紫物部氏の末裔」と言われる。

筆者は、この東遷した物部氏の末裔が代々、呉の工人に発注して作らせた鏡こそ、藤田氏の言う第二段階の「倭呉合作鏡」であり、筆者の言う「鯷呉合作鏡」であり、これが、三角縁神獣鏡の実体と思われるのである。

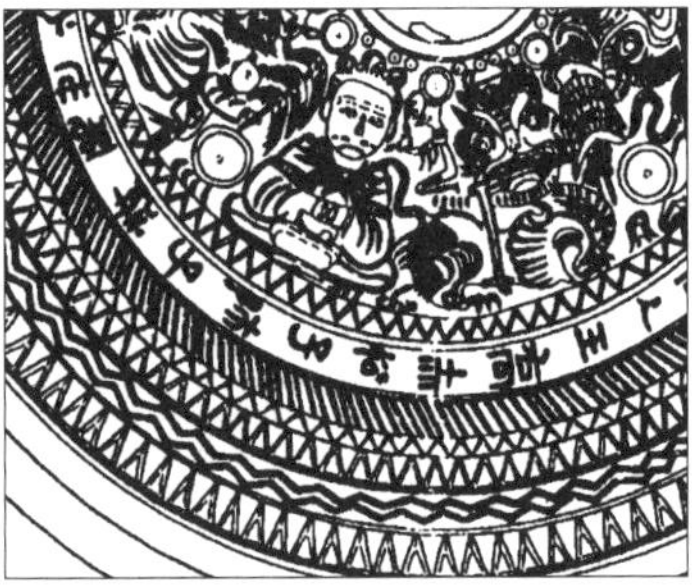
権現山五一号墳二号鏡写影部分

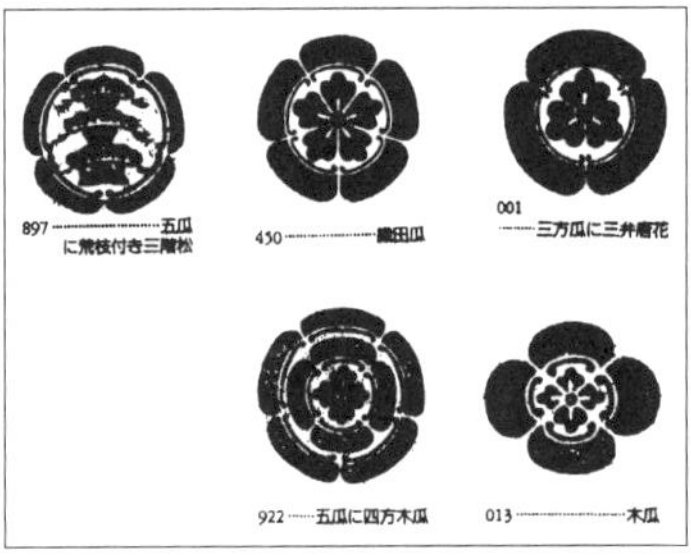

三角縁神獣鏡の中に、日本考古学界において「笠松文様」と呼ばれる文様が、厳然とある。上図の場合、左側には、従者が主人と思しき人物（東王父、仙人説等あり）に、「松傘」を捧げているように見える。右側には、巨（矩、さしがね）を銜えた神獣が、その脚に「松笠」を捧げ持っている。三角縁神獣鏡の研究史の新しい方から云えば、例えば、小野山節氏「三角縁神獣鏡の傘松形に節・塔二つの系譜」に云う「傘松形」であり、藤田友治氏「卑弥呼の鏡と三角縁神獣鏡」（新・古代学第4集）に云う「旗飾の笠松文」である。

三角縁神獣鏡が中国から一枚も出土しないことは有名な事実だ。鋳型の破片も見つからない。また、奥野正男氏の研究によれば、中国鏡には笠松文がないとのことだから、松笠紋のある三角縁神獣鏡は日本国内の製作鏡ということにならざるを得ない。

筆者は、「松ぼっくりがあったトサ」の小論において、木瓜《もっこ》紋が松の球果の断面を写したものと仮説を立てた（ヒントは飯岡由紀雄氏提供）。呉音モッコが漢音ボックヮとなり、松ぼっくりの語ができたとした。その上で、同じ末から松笠紋も生じたことを証明した。共に、物部氏の家紋のようである。松笠紋で注目すべきは、福岡県の宮地獄神社の神紋であろう。磐井の乱（五三一年）に活躍した物部麁鹿火と関係が深く、谷川健一氏らは、麁鹿火を新筑紫物部氏と分類している。『日本家紋総鑑』（角川書店）から、各「木瓜紋」と「木瓜に松笠紋」とを掲げておく。

三国時代の東鯷国iv　親魏倭王と親呉倭王

以上のような緊張した国際情勢下に、倭国の卑弥呼は魏の景初二年（二三八）末に、帯方郡に使を送り、翌々正始元年（二四〇）、魏使を伴い、数々の絹織物・五尺刀二口・銅鏡百枚とを携え、使は洛陽の都から帯方郡経由で帰着した。魏志倭人伝の里程記事はこのときのものである。卑弥呼が下賜された「銅鏡百枚」はおそらく後漢式鏡と思われる。出土分布から判断しても、福岡県内に女王国はあったと推測される。

魏の武帝とされる曹操は、後漢朝の丞相であった。子の曹丕が後漢の献帝を廃し、洛陽に都し、国号を魏といった。黄初元年（紀元二二〇年）のことである。したがって、卑弥呼が下賜された銅鏡百枚は、後漢式鏡であっておかしくはない。季刊『邪馬台国』二〇〇一年夏号に、「銅鏡百枚」について高島忠平（佐賀女子短期大学教授）の書いた文章が掲載されている。

卑弥呼が魏の皇帝から下賜されたとされる百枚の銅鏡

＊方格規矩鏡・内行花文鏡・盤龍鏡など後漢の官営工房系の、確実な舶載鏡である。

＊三角縁神獣鏡は卑弥呼の銅鏡の主役にはなれない。

＊画文帯神獣鏡・三角縁神獣鏡は、中国南部、主として呉の国の地域で製作された「神獣鏡」の系統に属する。したがって、画文帯神獣鏡・三角縁神獣鏡の主たる分布領域である近畿は、呉の国との結びつきが強い地域と見るのが最も自然である。

＊それに対し、方格規矩鏡・内行花文鏡・盤龍鏡など後漢の官営工房系の鏡が、多く分布する北部九州は、中国北部、魏の国との結びつきが強い地域といえる。もうひとつの鏡、方角T字鏡（簡化規矩鏡）の北部九州を中心とした分布状況が、これに加わる。

＊中国では、後漢・三国・晋代にかけて、こうした銅鏡の南北の地域差が明瞭になってくることが指摘されている。銅鏡において、中国における「南」と「北」とが、日本列島の「東」と「西」とに対応しているのである。

右の分析と筆者の仮説を合成すると、三世紀の日本列島の西に後漢式鏡の分布する、銅矛圏と重なる倭国があり、そこが親魏倭王の領土であるなら、東に三角縁神獣鏡の分布する、銅鐸圏と重なる東鯷国があり、そこが親呉倭王の領土となる。

　これを裏付けるように、東鯷国の領域において、呉の赤烏元年（二三八）銘神獣鏡が山梨県西八代郡三珠町鳥居原・狐塚古墳から、赤烏七年（二四四）銘神獣鏡が兵庫県宝塚市安倉古墳から出土している。

三国時代の東鯷国Ｖ　景初三年鏡

　卑弥呼が魏の皇帝から下賜された銅鏡百枚とは別のものと思われるが、景初三年銘画文帯神獣鏡が大阪府和泉市黄金塚古墳から、景初三年銘三角縁神獣鏡が島根県大原郡加茂町神原神社古墳から、正始元年銘三角縁神獣鏡が群馬県高崎市芝崎蟹沢古墳と兵庫県豊岡市森尾古墳から、それぞれ出土している。これもまた、東鯷国の領域からの出土となる。だが、この景初と正始は、魏の年号である。だからこそ、三角縁神獣鏡が長らく魏鏡とされてきたのであり、いわゆる邪馬台国近畿説の根拠の一となっていたようである。

　ところが、この景初三年銘三角縁神獣鏡こそが、逆に東鯷人が魏と往来した記念に、呉の工人に作らせた「鯷呉合作鏡」である可能性が強まった。一般に、歴史学者は「正史」を見ても文学を史料と見ないようだが、三国時代を描いた有名な作品に、三国時代に倭国と並存したらしい東鯷国が、事もあろうに、魏の都を訪れていた様子が描かれている。歴史学では一度も取り挙げられなかったようである。

「洛陽の紙価を貴くす」との故事がある。晋の左思が「三都の賦」を作ったところ、たいへんな評判になり、洛陽の人が争って書き写したので、紙の値段が高くなった。『晋書』「文苑伝」にある。ここから、「書物の評判がよく、盛んに売れる。」意に使われるようになった。その「三都の賦」のうちに「魏都の賦」がある。

魏都とは曹操の都した鄴を指す。西蜀公子と東呉王孫の自慢話を聞いていた魏国先生が感想を述べ、「魏都の賦」が始まる。魏都が蜀都・呉都に比べて優れていることを述べ、武帝曹操の建国、都造り、宮殿の様子、城外の様子が綴られてゆく。そうして、武帝の征討の様子が述べられ、続いて武帝の招来した太平の世のありさまが述べられる。そこに次の一節がある。

時に東鯷序に即き、西傾軌に順ふ。荊南憓を懐き、朔北韙を思ふ。綿綿たる迥塗、山に驟し水に驟す。賚贄を襁負し、訳を重ねて篚を貢す。髽首の豪、鐻耳の傑。其の荒服を服し、衽を魏闕に斂む。

【通釈】ここに東鯷や西戎の人々は、秩序正しくなり規範に従い、荊南の蛮族、朔北の狄人も帰順し、邪悪な心を懐かず、綿綿と続く遥かな道を通り、幾度となく山を越え海を渡り、土地の産物を背に負い、通訳を重ねて箱に入れた礼物を献上しに来ます。麻で髪を束ねたり、黄金作りの耳飾りをした酋長たちが、荒服をまとい魏の宮殿に敬意を表するためやって来ます。（全釈漢文大系「文選」集英社に基づく）

問題点を要約すれば、東鯷人が帰順し、遥かに海を渡り、魏の宮殿に敬意を表するためやって来た、ということである。東鯷人は主に呉地と往来したが、魏都も訪れていた。文学作品であるからといって、これを虚妄と片付けられようか。「三都の賦」が洛陽の士人によって書き写されたことが史実であるなら、当時（西晋）の洛陽の士人は東鯷人の魏都来貢を史実として疑っていなかったと見るべきであろう。年表で確認すると、三国時代に東鯷国がなお倭国と並存していたことが理解しやすい。

一九六　曹操、献帝を戴き、屯田制を施く（この後、東鯷人、魏都来貢）
二〇五　遼東の公孫氏、朝鮮に帯方郡をおく
二〇八　赤壁の戦、中国三分の形勢となる
二二〇　魏、九品中正をおく、曹丕（文帝）献帝を廃し、魏の帝位につき、漢滅ぶ
二二一　蜀の劉備、帝位につき、蜀漢と号す
二二九　呉王孫権、呉の帝位につき、建業に都す
二三〇　孫権、将軍衛温・諸葛直を夷州・亶州（東鯷国）に遣わす
二三八　魏、遼東の公孫氏を亡ぼす（呉の赤烏元年銘神獣鏡が山梨県に出土）
　　　　倭国（邪馬壱国）の卑弥呼、魏に朝貢
二四〇　魏、倭国の卑弥呼に「親魏倭王」印を仮授す（東鯷国と断交か）
二四四　（呉の赤烏七年銘神獣鏡が兵庫県に出土）
二六三　魏、蜀漢を亡ぼす
二六五　司馬炎（武帝）晋をおこす、魏亡ぶ

二六六　倭国（邪馬壱国）の壱与、晋に朝貢
二八〇　晋、呉を亡ぼして中国を統一す
二九七　史家陳寿没（『三国志』「魏志倭人伝」を編む）
三〇五　左思このころ没（「三都賦」を作り、「東鯷」を記した）

倭国の卑弥呼は魏の景初二年（二三八）に、帯方郡に使を送り、翌々正始元年（二四〇）、魏使を伴い、数々の絹織物・五尺刀二口・銅鏡百枚とを携え、使は洛陽の都から帯方郡経由で帰着した。二三八年は実に微妙な年である。以後、魏は親魏倭王を認め、東鯷国を正式の朝貢国と認めなかったようだ。『三国志』が魏朝を正統とする「正史」である限り、大義名分の上から東鯷国の名は出現しないことになる。一方、ほぼ同時代の同じ洛陽で「三都賦」が流行し、「東鯷」の名が記されている。文学作品は大義名分の制限を受けない。

国分神社（大阪府）蔵の「徐州・洛陽鏡」という三角縁神獣鏡が存在する。その銘文中に「銅は徐州に出で師は洛陽に出づ」とある。これも右が事実なら、「鯷呉合作鏡」として何の不思議もないし、東鯷国の領域に残ることもおかしくない。三角縁神獣鏡は魏とも交流のあった東鯷国において作製されたのである。

魏と国交断絶に陥った東鯷国は、景初三年銘三角縁神獣鏡もどういうわけか作製し、残した。翌年の改元を知らなかったからこそ、景初四年銘三角縁神獣鏡（福知山市の広峯一五号墳出土）も残してしまったと推測されるし、魏の洛陽では決して製作されることのない鏡であることが明白だ。洛陽にあっては景初四年の無いことは誰にでも分かることだからだ。三角縁神獣鏡は断じて魏鏡ではない。

東鯷国の産物である。

思えば、玄界灘は、魏―倭国ラインと呉―東鯷国ラインの十字路であったようだ。

以上をまとめると、東鯷国の実像はおよそ次のようになる。

《東鯷人の国は、丹波を中心とする銅鐸圏の二十余国の国であり、秦時に徐福が渡来し、漢代に「鯷（しこ、実はサケ）」を呉地にもたらし、三国時代に呉兵が亡命し「鯷呉合作鏡」たる三角縁神獣鏡を作った地である。また、一時期魏にも朝貢したが国交は樹立できなかった。その後も「親魏倭王」の倭国に属することなく、晋代に至るまで倭国と並存もしくは対立した独立国であった。》

三、統一倭国の成立　東鯷国の倭国併合

鯷倭《しわ》の興亡

四世紀後半、遂に東鯷国が挙兵した。すでに饒速日尊の本流と融合したと推測される東の三角縁神獣鏡圏を形成する強国が、征西を開始した。気比の宮を発した神功天皇（神功皇后）は、海人族を従え、播磨の国を南下、瀬戸内の海に出る。牛窓で新羅の王子を退治し、吉備の鬼の城の温羅《うら》を滅ぼし、西進する。遂に穴門豊浦宮（赤間神宮および隣の亀山八幡社）を落し入城。邪馬壱国の王の一人、岡県主の祖熊鰐《くまわに》が帰順。続いて伊都《いつ》県主の祖五十迹手《いそて》が帰順。橿日宮に進軍。仲哀戦死。神功即位。穴門豊浦宮に帰還。淡海の大津の宮（豊津町）を滅ぼし、御所ヶ谷（神籠石、旧京都郡、現行橋市）に

拠る忍熊王を殲滅。遠賀の地で物部氏を招集し、ニギタ津（鞍手町新北）を出航。橿日宮を経て、松浦県の熊襲を滅ぼす。渡海して倭地を確保。筑紫に帰って応神を出産。穴門豊浦宮に帰還。相当の期間を経て、美奈宜神社や平塚川添遺跡などに拠った羽白熊鷲を殲滅。若桜宮（宝満山、竈山神社）に入る。数年後、筑後川を渡って三潴を攻撃、桜桃沈輪《ゆすらちんりん》を滅ぼす。女山《ぞやま》神籠石に拠る田油津《たぶらつ》姫を討伐。豊・筑・火の三国（三韓）を征伐する。邪馬壱国滅亡。三六九年、水沼の皇都を建設。筑後遷都が行われた。

右は、東鯷国が倭国を武力で併合したとする、筆者の破天荒の仮説である。だが、日本書紀や中国の史書などをあるがままに読めば、こうならざるを得ない。

紀元三六九年、一気に、銅鐸圏と銅矛圏との統一が成ったのである。事実、三角縁神獣鏡は銅矛圏に進出するのであり、魏鏡と目される後漢式鏡は終に銅鐸圏に広がらなかった。また、四世紀後半に遠賀川流域に畿内の土器が大量に流入していることが報告されている（福岡県飯塚市川島遺跡他）。

海部氏勘注系図と古事記

先に漢式鏡の所で挙げた、丹後一ノ宮籠神社に伝わる海部氏勘注系図の中に、気比の宮を発した神功天皇（神功皇后）が海人族を従えたことと関連する記事が残されている。籠神社第十八代建振熊命の勘注に、「神功皇后が海人族二百人を従え、熊襲征伐に出かけた」という主旨が記されている。前項に見られるように、神功皇后に帰順したり、滅ぼされたりした相手の名の中に「熊」字が共通する。熊鰐、忍熊王、羽白熊鷲らである。この三者は明らかに今日の福岡県に拠った前権力者（卑弥呼の系譜の王朝）と思われるから、彼らが熊襲であるらしい。筆者が、神功皇后の武力革命を唱える所以である。

古事記仲哀記に、海部氏勘注系図中の建振熊命と同名の人物が出現している。やはり、神功皇后軍の将軍となって、忍熊王の軍勢を欺き、潰走させ、最後は忍熊王を入水自殺に追い込んだ人物として記録されている。同一人物と見るべきであろう。すなわち、東鯷国の海人族が倭国の王族と思われる熊襲を屠ったと、ここでも考えられるのである。そう考えるとき、建振熊命の名は寓意的である。建（たけく＝力強く）、熊襲を、振った（神霊の活力を鎮めた）意と見るのは牽強付会であろうか。少なくとも建振熊命は熊襲の一族ではなく、明らかに熊襲をほふった側である。視点を変えさえすれば、「東鯷国内の古記録」と「古事記の記述」は一致しているのである。

内外の史料と遺物の出土状況とを客観的かつ合理的に考えると、東鯷国が倭国を併合し、統一倭国が成立したと言わざるを得ない。

四、東西五月行の成立

水沼の皇都と倭の五王

『宋史』に云う「第十五代神功天皇」が、邪馬壱国の王族と思われる「豊国の忍熊王」や「羽白熊鷲」や「火の君桜桃沈輪」等を征伐し、邪馬壱国を滅ぼした。三六九年、新たに「水沼の皇都」を建設し、邪馬台国を創始。三九一年（辛卯）、応神天皇（『宋書』に云う倭讃）が高句麗を攻撃（広開土王碑）。爾後、讃・珍・済・興・武といういわゆる「倭の五王」が君臨し、倭国・韓半島に強大を誇り、中国南朝と外交した。『後漢書』では「大倭王」と云い、わが国では「水沼の君」・「大王」・「玉垂命」という呼称が考えられ、いずれも今日の福岡県久留米市とその周辺に都を置いた、筑紫王朝歴代の天皇とも考えられる。

「水沼（間）の君」については、『日本書紀』雄略記に呉との往来に関する記録がある。「水沼の皇都」は『万葉集』に埋もれていた。歌は『万葉集』鶴久・森山隆 編 桜風社による。

壬申年之乱平定以後歌二首

四二六〇 皇者《おほきみは》 神《かみ》尓《に》之《し》座者《ませば》 赤駒《あかごま》之《の》 腹《はら》婆《ば》布《ふ》田《た》為《ゐ》乎《を》 京師《みやこ》跡《と》奈《な》之《し》都《つ》

右一首大将軍贈右大臣大伴卿作

四二六一 大王者《おほきみは》 神《かみ》尓《に》之《し》座者《ませば》 水鳥《みづとり》乃《の》 須《す》太《だ》久《く》水《み》奴《ぬ》麻《ま》乎《を》 皇都《みやこ》常《と》成《なし》通《つ》

作者未レ詳

右件二首天平勝寳四年二月二日聞レ之 即載二於茲一也

皇は神にし坐せば赤駒の匍匐ふ田居を京師となしつ

大王は神にし坐せば水鳥の多集く水沼を皇都となしつ

歌中の「水奴麻」の一語にこだわりぬいて、筑後国三潴《みづま》郡に「水沼の皇都」を比定した。その三潴郡にある大善寺玉垂宮（現久留米市）に伝わる『吉山旧記』の「仁徳天皇七十八年（三九〇）三月十一日薨去」の記事が、神功皇后の没年と推測された。そこから、倭の五王の王朝は神功皇后に始まる王朝との仮説を立て、同時に右万葉歌の題詞の偽作性を指摘した。

そうであるなら、倭の五王の史料が神功皇后没後の王朝の記事として考えられるし、両者の時空が一致する。

四一三（晋　安帝　義熙　九年）　倭国方物を献ず（『晋書』本紀）
晋安帝の時、倭王讃あり、使を遣わして朝貢す（『南史』列伝）
四二一（宋　武帝　永初　二年）　倭讃万里貢を修む、除授を賜うべし（『宋書』列伝）
四二五（宋　文帝　元嘉　二年）　讃また司馬曹達を遣わし表を奉り方物を献ず（『宋書』列伝）
四三〇（宋　文帝　元嘉　七年）　倭国王使を遣わして方物を献ず（『宋書』本紀）
四三八（宋　文帝　元嘉一五年）　倭国王珍を以って安東将軍と為す（『宋書』本紀）
讃死し、弟珍立つ、使を遣わして貢献、安東将軍倭国王に除す。
珍また倭隋ら十三人を平西・征虜・冠軍・輔国将軍の号に除正せんことを求む。詔してならびに聴《ゆる》す（『宋書』列伝）
四四三（宋　文帝　元嘉二〇年）　倭国使を遣わして方物を献ず（『宋書』本紀）
倭国王済、使を遣わして奉献す。復た以って安東将軍倭国王となす（『宋書』列伝）
四五一（宋　文帝　元嘉二八年）　安東将軍倭王倭済進号（『宋書』本紀）
使持節都督倭・新羅・任那・加羅・秦韓・慕韓六国諸軍事を加う、安東将軍は故の如し、並びに上《たてまつ》る所の二十三人を軍郡に

除す（『宋書』列伝）
四六〇（宋　孝武帝　大明四年）倭国使を遣わして方物を献ず（『宋書』本紀）
四六一（宋　孝武帝　大明六年）倭国王世子興を以って安東将軍となす（『宋書』本紀）
済死し、世子興使を遣わして貢献す。安東将軍倭国王とすべし（『宋書』列伝）
四七七（宋　順帝　昇明　元年）倭国使を遣わして方物を献ず（『宋書』本紀）
四七八（宋　順帝　昇明　二年）倭国王武使を遣わして方物を献ず。武を以って安東大将軍となす（『宋書』本紀）
興死し、武立つ。使を遣わして上表し、武を使持節都督倭・新羅・任那・加羅・秦韓・慕韓六国諸軍事安東大将軍倭王に除す（『宋書』列伝）
四七九（斉　高帝　建元　元年）使持節都督倭・新羅・任那・加羅・秦韓・慕韓六国将軍安東代将軍倭王武に新除し、号を鎮東大将軍と為す（『南斉書』列伝）
五〇二（梁　武帝　天監　元年）武、進号征東将軍（『梁書』本紀・列伝）
武、進号征東大将軍（『南史』列伝）

倭の五王の記録は、各王の没年や在位期間等が『日本書紀』の該当する天皇の記録と合わない。江戸の国学以来、未だに解決を見ない。この内外の史料の矛盾の奥には、これまでの歴史認識を覆すような重大な事実が横たわっているようである。例えば、兼川晋氏の説く、沸流系百済（旧多羅）の水沼王朝への深い関わり。『隋書』「俀国伝」に云う「兄弟統治」と「竹斯国」「秦王国」の関係と実態。大芝英雄氏の説く、「古事記は豊前王朝史」論。

これらの問題は今後の課題として、機会を改めて詳述させていただきたい。今回は、『隋書』「俀国伝」に云う「東西五月行」の成立を述べるに当たって、次のような仮定を設けておく。

神功王朝は筑紫物部氏との共同によって武力革命に成功した王朝である。神功（初代玉垂命）没後、「高良社大祝旧記抜書」に見られるように、長男（斯礼賀志命）は「竹斯国」（筑紫王朝、室伏志畔氏の云う倭国本朝）を統治し、弟（朝日豊盛命）は「秦王国」（大芝英雄氏の云う豊前王朝、室伏志畔氏の云う倭国東朝）を治めた。（豊国に残る「朝日長者」伝説と関わる。）『宋書』の「讃死し、弟珍立つ」の記事が、この兄弟間のことを指すなら、「竹斯国」は弟珍（朝日豊盛命）の系譜が継承したことになる。（肥前国福母八幡社境内に「朝日天皇」の石碑が残されている。なお、讃・珍の継承については、古賀達也氏に若干の先行論があるが、彼は筑後王朝一元論に立つ。）しかしながら、「秦王国」にも珍の後継者が存続したのではないか。こう考えるとき、豊前王朝論（倭国東朝論）は、筑紫王朝（倭国本朝）の存在と矛盾することなく、むしろ合理的である。統帥権は筑紫王朝（倭国本朝）側にあったとすると、倭の五王の系譜はあくまで「水沼の皇都」に続いたと見るべきである。倭の五王の没年や在位期間等が『日本書紀』の該当する天皇の記録と合わない理由も、大芝英雄氏の「豊前王朝史」論からすれば、解決の糸口が現れる。すなわち、『日本書紀』の天皇の系譜は、倭国東朝（豊前王朝）側のそれであり、そこに倭国本朝（筑紫王朝）の歴史事実を無理に当てはめた結果と考えられる。筆者が、五二七年の「磐井の乱」の実態を、倭国東朝側の物部麁鹿火が、筑紫君磐井に対して起こしたクーデターと捉えるのは、以上の仮説に基づいている。

しばらく、倭の五王の歴史を倭国本朝（筑紫王朝、水沼の皇都に拠る）の歴史と仮定し、「東西五月行」の成立を考えよう。

常陸の皇都

二〇〇三年十月三十一日、「常陸に皇都《こうど》あり。」との一報が入った。発信者は飯岡由紀雄氏。所は茨城県東茨城郡、御前山村と桂村の境の桂村側にある。那珂川の支流、その名も皇都川の流域というから驚きである。もっとも、筆者から「水沼の皇都」説を聞かされ続けた飯岡氏のほうこそ強い衝撃を受けたようだが。少なくとも、両人には歴史のかなたから、それが忽然と現れた感がしてならなかった。

翌週の土曜、孝謙天皇の伝承からその名がついたといわれる「御前山」に登った。神籠石こそ無いが「朝鮮式山城」と直観した。そうであれば、御前山は孝謙天皇に由来するのでなく、むしろ『常陸国風土記』に名高い「倭武天皇」に由来するのではないか。そう考えられてならなかった。

帰宅して数日、常陸国風土記を読み直したら、大きな謎に当たった。

那賀の都　東は大海、南は香島・茨城の郡、西は新治の郡と下野の国との堺なる大き山、北は久慈の都なり。

岩波の日本古典文学大系には、「那賀の郡」と割注の「大き山」に次のような頭注が施してある。

一六　和名抄の郡名に那賀とある。およそ那珂郡及び東茨城郡北半の地域にあたる。那珂郡家の遺蹟は明らかでないが、水戸市の西方、赤塚村河和田附近に擬せられている。

一七　東茨城郡の西北境、御前山村伊勢畑の山を指す。山名ではなく大きい山の意。

熟読すると、結局、那賀の郡の記事は無きに等しいのだ。那珂川の河口に近い「平津の駅家」を除いては、郡家の記録はもとより、「古老曰へらく」とか「倭武天皇云々」とかで始まる地名起源説話も無い。那賀郡の北、久慈郡にも倭武天皇が久慈と名づけた記事がある。それなのに、那賀郡のみ倭武天皇巡守の記事が無い。付録の常陸国風土記地図を見ると、那賀郡が「空白の郡」であることはより明瞭である。

この空白の地域に、「皇都」と「御前山」がある。偶然でないなら、これは故意の削除と見るより外は無さそうだ。倭武天皇の常陸の国巡守の際の「行宮」は、ここ「御前山」すなわち「常陸の皇都」にこそあったのではないか。

これを裏付ける記事も、常陸国風土記冒頭部の国名起

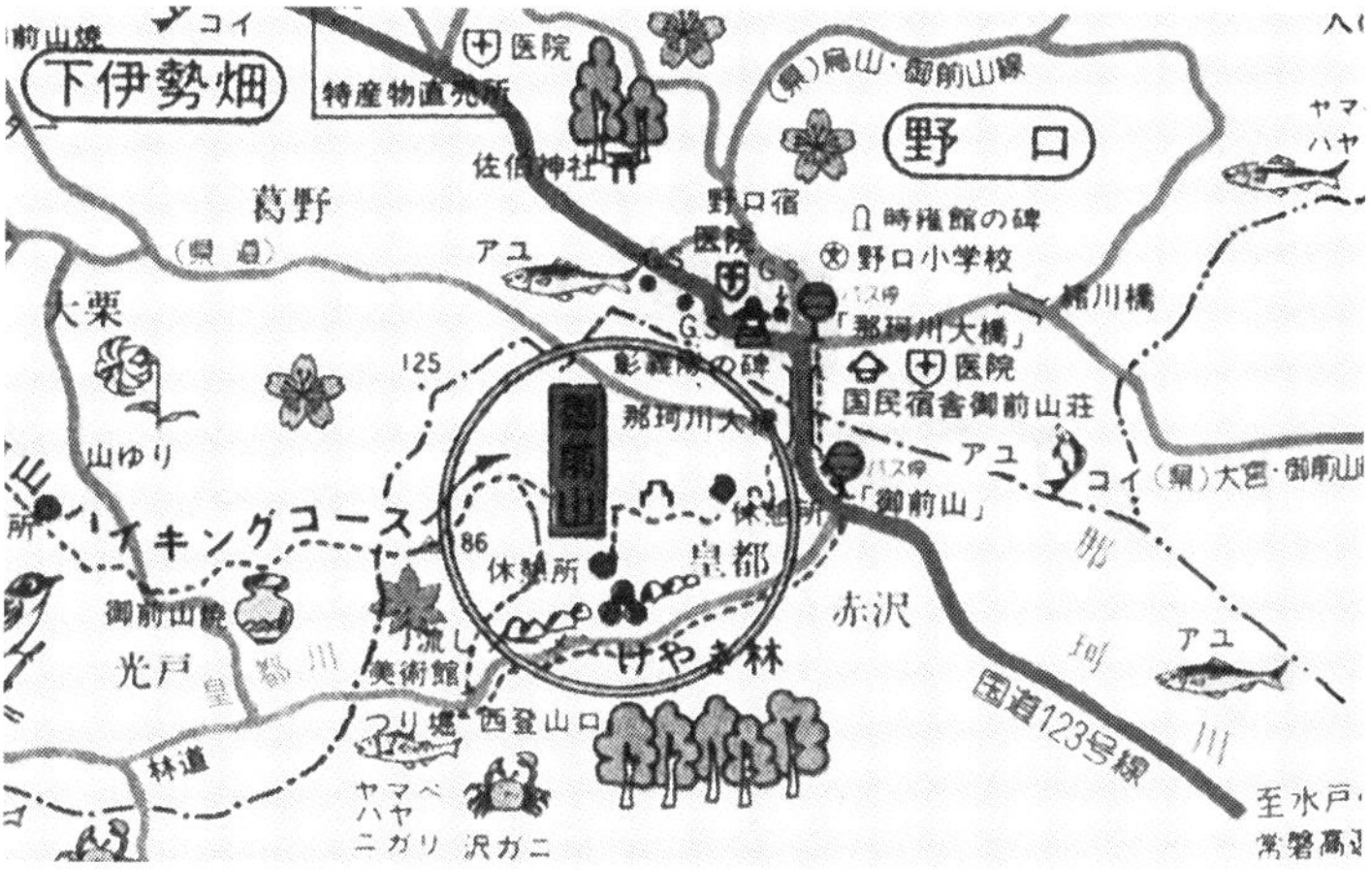

源譚の一にある。

然号くる所以は、往来の道路、江海の津済を隔てず、郡郷の境界、山河の峯谷に相続ければ、直《ひた》通《みち》の義を取りて、名称と為せり。或るひと曰へらく、倭武天皇、東夷の国を巡守して、新治の県を幸過せしに、（後略）

倭武天皇は、陸路を通って、下野国から新治の県を幸過したとあるから、その次に訪れるのは那賀郡以外にないのである。その那賀郡の記事が風土記ではカットされているが、御前山の現地伝承には、「孝謙天皇が下野宇都宮を経て、烏山から船に乗って那珂川を下り、上伊勢畑、下伊勢畑に伝説を残して、那珂川のほとり山水の景色の優れているこの山に宮殿を置いて、しばらく滞在された」（御前山村文化協会会長　青木喜久夫氏編集）という、偶然にしては出来すぎた話が残されているのである。この孝謙天皇を倭武天皇に置き換えれば、カットされた那賀郡の記事が甦るかのような感すらある。

以上から、常陸の皇都の御前山は、倭武天皇の行宮である可能性が高い。では一体、倭武天皇とは、いつ、どこに本宮を置いた天皇であるのか。倭国史上、不可避の問である。

東西の皇都

倭武天皇の本宮の候補地は「西なる皇都」すなわち「水沼の皇都」を措いてないと思われる。倭の五王の中で、倭王讃が『宋書』中に「倭讃」と表記されている以上、倭王武が「倭武」と称されたこともたやすく類推できる。すると、倭武天皇が倭王武であることも類推可能である。倭王武がいつごろの王であるかは、先の『宋書』『梁書』等に明らかである。武の即位が四七八年（昇明二年）、梁の武帝が倭武に「征東将軍」の号を授けたのが五〇二年（天監五）のこととある。

この在位期間に相当する国内の記事として、筆者が最も注目するのが、賢宗紀の三次の「曲水の宴」である。特に二回目（四八六年）の「群臣を集めての宴」が、『古今和歌集』真名序に云う、「古の天子は良辰美景毎に、侍臣の宴筵に預かる者に詔して和歌を献ぜしむ。」に当たり、「天子」は「倭王武」、開催場所は朝妻町曲水の宴遺跡ではないかと推測している。勿論、そこは「水沼の皇都」域内である。

以上から、『宋書』に曰う「倭王武」が「西の水沼の皇都」に君臨し、『常陸国風土記』に曰う「倭武天皇」が「東夷国」を巡守し「東の常陸の皇都」に滞在したとなれば、『隋書・俀国伝』に曰う「東西五月行」の領土（六世紀末）は、「倭武」の時代（五世紀後半）に成立していたと言えよう。梁の武帝に授けられた「征東将軍」の号は、あるいは、わが国の後の「征夷大将軍」の謂いであろうか。

関東に大王なし

古代史の通説に、「邪馬台国の東遷」があるが、やはり、それはなかったと思われる。邪馬台国に限って言うなら、あったのは、「五世紀邪馬台国（筑紫王朝）の征東（征夷）」であり、「倭武大王の東夷国巡守」であったと考えられるからである。

また、多元史観に云う『関東に大王あり』（古田武彦）説も、前節の「五世紀倭武天皇の東西五月行」が成立し得るなら、甚だしい矛盾に陥る。従来の九州王朝説では、「倭の五王」はもとより、「磐井の乱（五二七年）」の頃においても近畿大和王朝あり、関東王朝ありで、統一王朝の形跡が見当たらない。それが、「日出処天子」の代（六世紀末）にいきなり東西五月行の領土が出現する有り様で、領土拡張の年数が極端に短く、反比例して領土は、「三世紀倭国の周旋五千余里（およそ福岡県がすっぽり入るくらいの円周の長さに相当）」から極端に拡張されたことになる。つまり、九州王朝発展史が欠落している。しかも、大和王朝も関東王朝もいつのまにか消滅してしまう。

これらの点から考えると、『常陸国風土記』の「倭武天皇」は、万世一系を採る九州王朝からも、また「倭の五王」時に存在すら疑わしい近畿大和王朝からも、終には浮遊したままの存在となってしまうのだ。従来の九州王朝説は、九州王朝の存在自体をも危うくする矛盾を内包していると筆者には思われてならない。

東西の鉄剣再考

「倭武の東西五月行」を証明するかのように出現したのが、東はさきたま古墳群稲荷山古墳出土の金錯銘鉄剣であり、西は江田船山古墳出土の銀象嵌銘鉄刀である。

西の銀象嵌銘鉄刀の銘文は、大王の名の所に、腐食による欠字部分があり、推測が困難であった。主要部分は次のとおりである。

治天下獲□□□鹵大王世奉事典曹人名无利弖……八十錬

天の下治らしめしし獲□□□鹵大王の世、典曹に奉事せし人、名は无利弖、……八十たび錬り（東野治之）

一八七三年に発掘された江田船山古墳の鉄刀に対し、東の稲荷山古墳出土の鉄剣は一九六八年に出土し、一九七八年に銘文が発見された。

辛亥年七月中記……乎獲居臣世〃為杖刀人首奉事来至今獲加多支鹵大王寺在斯鬼宮時吾左治天下令作此百練利刀記吾奉事根原也

辛亥の年の七月中、記す。……乎獲居の臣。世々杖刀人の首と為り、奉事し来り今に至る。獲加多支鹵大王の寺、斯鬼の宮に在る時、吾天下を左治し、此の百練の利刀を作らしめ、吾が奉事の根原を記すなり。（岸俊男、田中稔、狩野久）

約百年を隔てて出土した東西の鉄剣の銘文には驚くほどの共通点・対応点が見られる。

①獲加多支鹵大王―獲□□□鹵大王
②杖刀人―典曹人
③百練―八十錬
④奉事―奉事

銘文のある鉄剣・太刀は次のように分布する。

稲荷山古墳の鉄剣の「辛亥年」を四七一年に当たると考え、獲加多支鹵をワカタケルと読み、倭王武を指すとした、古代史学の主流の解読はある程度、穏当と思われる。ただ、次に倭王武が雄略に当たるとし、全国の豪族が五世紀に、すでに畿内大和王朝に服属していたとした点のみが誤りであったようだ。

ワカタケルの読みは正しいようである。なぜなら、「加」の音価について、筆者はすでに、「お佐賀

埼玉県立さいたま資料館「ガイドブックさいたま」より

なるエミシ」説を提唱しているからだ。佐賀は古く佐嘉といった。サガとサカは同じ音価と考えられる。常陸国の那賀と那珂にいたっては、両者ナカである。これはいわゆるズウズウ弁の音価でもある。北奥方言、雲伯方言、肥筑方言に共通する（東條操説による）。

そうすると、ワカタケルも古くはワガタケルの音価の可能性があり、「倭が武」すなわち「倭武」の訓読にほかならないことになる。また、五文字目が「鹵」であっても、ワガタケシとなり、同じく「倭武」の訓読になり得る。決して強引な訓みとは思われないのだ。

東西の鉄剣の出土は、やはり倭武の東西五月行の領域を示すのではないか。すると、典曹人（宮廷に仕えた者か）は「水沼の皇都」に近く眠り、杖刀人（征東の事業に携わった物部氏か）は遠征先の「常陸の皇都」近くに眠っているわけが理解できる。両人はやはり同じ「獲加多支鹵大王」に仕えたと考えてよい。

なお、稲荷山古墳は鉄剣の出た礫槨（船形に掘った竪穴に河原石を貼り付けて並べた上に棺を置いたもの）と

盗掘にあった粘土槨（素掘りの竪穴で粘土を敷いた上に棺を置いたもの）の二基の埋葬施設が確認された古墳である。礫槨上には稲荷社があったため、稲荷山と呼ばれた。粘土槨に「関東の大王」が眠っていたかどうかは判断する材料がない。筆者は少なくとも否定的な立場にある。

それよりも鉄剣とともに出土した「画文帯環状乳神獣鏡」の同笵鏡の分布（上図）が「関東の大王」を否定するのではなかろうか。

大王寺在斯鬼宮時

多元史観が、さきたま古墳群に近い栃木県藤岡町にある大前神社（旧称「磯城《しき》宮」）こそ稲荷山鉄剣銘文中の「斯鬼宮」と比定したことの意義は計り知れないものがある。

だが、獲加多支鹵大王は「斯鬼宮」で天の下を治らしめしたのではない。銘文にあるとおり、《大王の寺（役所）が「斯鬼宮」に在った時》があっ

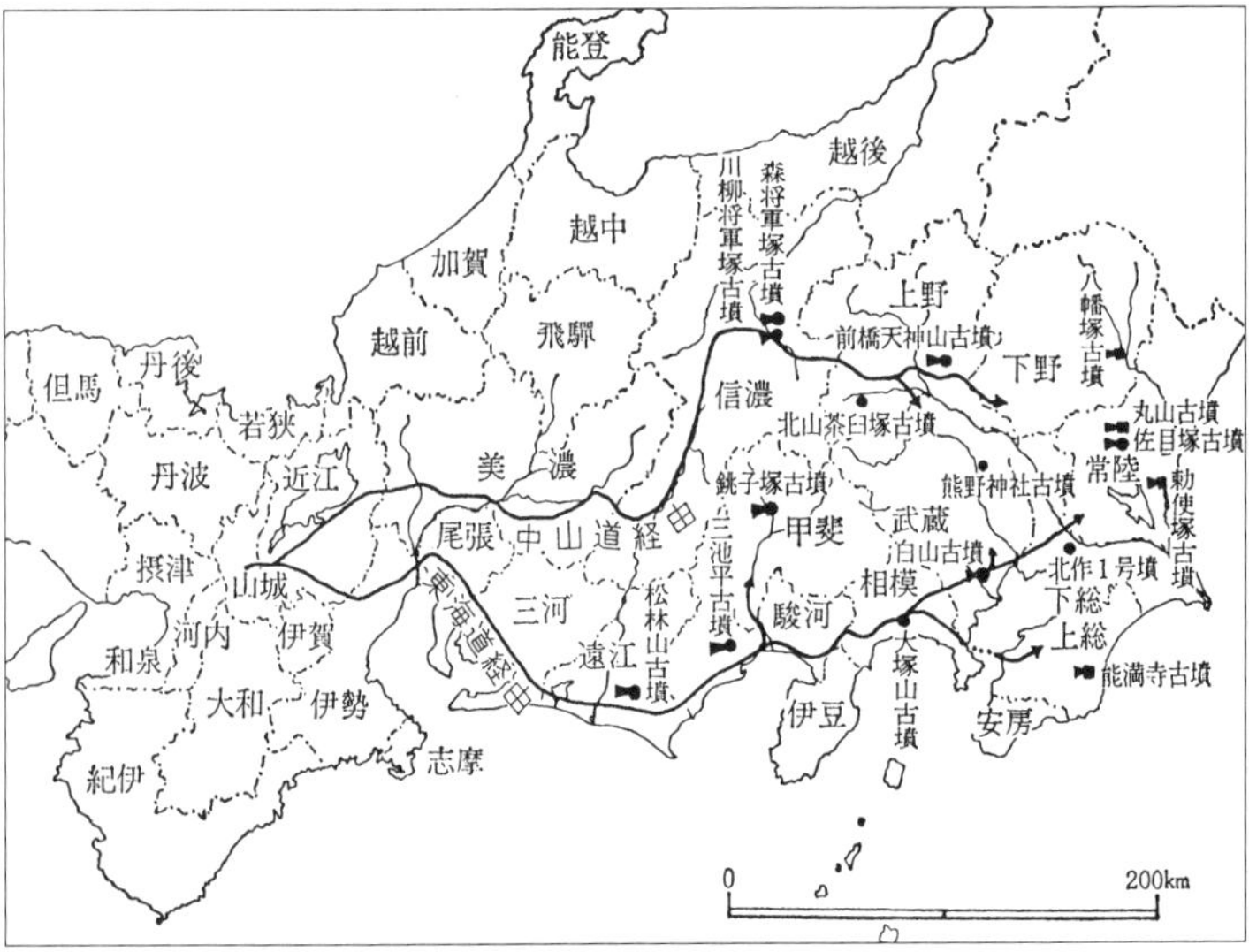

第１図　古墳文化伝播経路と関東周辺の古式古墳

たに過ぎない。倭武天皇が常陸の皇都に巡守する際、立ち寄られた行宮ではあった。御前山の現地伝承、「孝謙天皇（実は倭武天皇）が下野宇都宮を経て、烏山から船に乗って那珂川を下り、上伊勢畑、下伊勢畑に伝説を残して、那珂川のほとり山水の景色の優れているこの山に宮殿を置いて、しばらく滞在された」を逆行すると、「斯鬼宮」は正しく宇都宮への経由地に該当するのである。そこは征東の途路でもあるから、杖刀人らの征服する前は、岡山県の「鬼の城」のように或いは「鬼（前権力者）」の住む宮であった可能性も考えられる。したがって、「斯鬼宮」は決して、雄略の宮（通説）ではなく、水沼の皇都域内の宮（佃収説）でもない。まして、鉄剣製作時は断じて、関東の大王の宮（古田武彦説）でもなかったと言わざるを得ない。

さきたま古墳群の歴史的意義を再検討しよ

うと試みた好著がある。『鉄剣を出した国』（学生社、昭和五五年刊）である。「あとがき」の一部にこうある。

四　北武蔵と上毛野の古墳（菅谷浩之　埼玉県立浦和第一女子高等学校教諭）は、埼玉県北部と群馬県の主な古墳をとりあげ、両者の間にきわめて密接な関わりがあることを論じて、古代の毛野と北武蔵のつながりの重要性を明白にしている。そして、

五　房総と南武蔵の主要古墳（坂本和俊　埼玉県立本庄高等学校教諭）は、多摩川流域と房総半島の主な古墳を、河川水系別にくわしく紹介しながら、南北武蔵両勢力が争ったという学説をきびしく批判して、みずからの新見を提起している。

この両学究の研究成果は、右の同書中の図に集約されている感がする。つまり、「杖刀人ら」一定の勢力が東山道と東海道のコースを伝って東漸あるいは東征していった様が如実に現れているのである。それこそが同時に、古墳伝播経路でもある。最終的には、常陸国までを安定した領土に加えることになるコースでもある。常陸国の装飾古墳と北九州の装飾古墳が相似する所以でもあろう。前方後円墳は、確かに、八世紀の東北の地に達し、その地で終焉する。ここでも、前方後円墳という動かぬ証拠が、統一倭国の「東西五月行」の領土を示すのであり、「関東の大王」説を完全に否定するのである。

倭武と辛亥年

稲荷山古墳の鉄剣の「辛亥年」は四七一年に当たると考えられてきた。だが、獲加多支鹵大王を倭武とするとき、「興死し、武立つ。使を遣わして上表し、武を使持節都督倭・新羅・任那・加羅・秦韓・慕韓六国諸軍事安東大将軍倭王に除す」(『宋書』列伝)が四七八年であるなら、鉄剣銘の「辛亥年」は五三八年と考えざるを得ない。(一九七九年正月号の『歴史と人物』一一九頁に坂本義種氏の指摘がある。)

再度、稲荷山古墳鉄剣銘の訓読例を掲げておこう。

辛亥の年七月中、記す。ヲワケの臣。上祖、名はオホヒコ。其の児、タカリのスクネ。其の児、名はテヨカリワケ。其の児、名はタカヒシワケ。其の児、名はハテヒ。其の児、名はカサヒヨ。其の児、名はヲワケの臣。世々、杖刀人の首と為り、奉事し来り今に至る。ワカタケル大王の寺、シキの宮に在りし時、吾、天下を左治せり。此の百練の利刀を作らしめ、吾が奉事の根原を記すなり。

鉄剣製作が五三八年であっても、ヲワケの臣がワカタケル大王(倭武天皇)の「東西五月行」の天下を左治したのは、倭武の寺が磯城宮に在った時のことであるから、四七八年以降の近い年代であってもおかしくはない。また、オホヒコ以来、世々杖刀人の首であったから、「東西五月行」は案外、五世紀初頭に成立していた可能性もある。確かなところで、常陸国風土記に見える倭武天皇東夷巡幸の記事の年代を以って、「東西五月行」の成立としたいところだが、それも定かでない。ひとまず、五世紀後半、倭武の常陸巡幸の頃を「東西五月行」の成立と考えたい。

おわりに

『漢書』に記された「東鯷国」を追究して、今日まで顔を見ない「倭国史」を描出した。この「倭国史」が決して荒唐無稽のものでないことを知っていただくため、最後に、『隋書』「俀国伝」の前半部の訓読を掲げる。本稿と照合していただきたい。筆者は、左記の傍線部を詳述したに過ぎない。

俀国は百済・新羅の東南に在り。水陸三千里。大海の中に於て山島に依りて居す。魏の時、訳の中国に通ずるもの、三十余国。皆自ら王と称す。夷人、里数を知らず、但だ計るに、日を以てす。其（俀国）の国境、東西五月行、南北三月行、各々海に至る。其の地勢、東高く、西下り、邪摩堆《やまたい》に都す。則ち、魏志に謂わゆる邪馬臺なる者なり。

古に云う。楽浪郡境及び帯方郡を去ること、並びに一万二千里。会稽の東に在り、儋耳と相近し、と。漢の光武の時、使を遣わして入朝し、自ら大夫と称す。安帝の時、又使を遣わして朝貢す。之を俀奴国と謂う。桓霊の間、其の国大いに乱れ、逓《たが》いに相攻伐して歴年主無し。女子有り、卑弥呼と名づく。鬼道を以て衆を惑わす。是に於て、国人共立して王と為す。男弟有りて卑弥を佐《たす》け、国を理《おさ》む。其の王、侍婢千人有り、罕《まれ》に其の面を見る有る者、唯だ男子二人有り。王に飲食を給し、通じて言語を其の王に伝う。宮室・楼観・城柵有り。皆兵を持して守衛し、法を為すこと、甚だ厳なり。

魏より斉・梁代に至り、中国と相通ず。

開皇二十年（六〇〇）、俀王、姓は阿毎《あま》、字は多利思北孤、阿輩難弥と号す。使を遣わして闕に詣《いた》る。上、所司をして其の風俗を訪《と》わしむ。使者言う。俀王天を以て兄と為し、日を以て弟と為す。天未だ明けざる時、出でて政を聴くに跏趺して坐す。日出ずれば便《すなわ》ち理務を停《とど》め、云う「我が弟に委ねん」と。高祖曰く「此れ、太《はなは》だ義理無し」と。是に於て訓令して之を改めしむ。

第四章　魏志倭人伝と記紀の史実

――「伊都能知和岐知和岐弖」考

はじめに

『邪馬台国』研究は、およそ江戸期に本格化した。江戸幕府の儒官新井白石（一七二五年死去）がその著書『古史通或問』で、倭人伝の地名を考証し、「末盧」を肥前国松浦郡、「伊都」を筑前国怡土郡、「奴」を同国那珂郡、「邪馬台国」を大和国に当てた。（その後、晩年の白石は「邪馬台国」を筑後国山門郡とする九州説に転じた。）一般的には本居宣長の比定がよく知られているが、このころ以後、邪馬台国の畿内説と九州説を問わず、「伊都」を「イト」と読んで筑前国怡土郡に当てることについて異を唱える者は皆無であった。昭和四八年、高木彬光が初めて「末盧」を福岡県宗像郡の「神湊《こうのみなと》」に当て（私は三・四番手のようだ）、「伊都」を北九州市到津《いとうづ》を含む北九州市から豊後市の辺りに当て、邪馬台国を宇佐市に当てた。だが、「伊都」の読みは依然として「イト」のままのようである。また、これより数年前、三国志版本には「邪馬壹国」とあると提言し、そこは博多湾岸の国とする古田武彦説があったが、依然「伊都」は「イト」の読みで筑前国怡土郡に当てることに変わりはないまま、邪馬台国九州説の一を論じたに止まるものであった。

右のように、新井白石以降今日までの約三百年にわたる文献史学には、基本的かつ重大な方法が欠如していた。それは文献を構成する要素である「漢字」の「音訓」に関する研究であり、ごく平たく言えば、日中間における漢字の具体的且つ歴史的な読み方そのものである。だが、文献史学においては、意外なほど漢字・漢文が丁寧には読まれていないのである。

私は、高校の国語科の教員の立場から、今一度「伊都国」を筆頭に、魏志倭人伝の女王国に至る行程の主な国名を丁寧に読み直すことによって、邪馬台国論争に新たな視点を提案してみたい。

呉音と漢音

この項に関して、『新字源』（角川書店）の付録にかなり詳細な漢字音についての説明がある。必要最小限をまず引用したい。引用に際して書き換えや省略を行った。

一、中国での漢字音の歴史

中国語の歴史は、スウェーデンの学者カールグレン氏に従えば、大約四期に分かれる。「上古漢語」、「中古漢語」、「近古漢語」、「老官話」。**上古とは、およそ紀元前六世紀およびそれ以後、中古とは紀元後六世紀末の言語をさす。**近古は十一世紀、「老官話」（早期官話ともいう）は十四世紀の言語である。カールグレン氏自身は上古と中古の字音研究に全力をそそいだので、あとの二つの時期の研究は他の学者たちにゆだねられた。

カールグレン氏の音韻史研究の出発点は、**中古**すなわち隋の仁寿元年（六〇一）に著わされた「切韻」が代表する音の体系である。しかしかれが資料として利用できたのは、北宋の初め（一〇〇七）

に重編された**「広韻」**五巻であった。切韻と広韻の内容にわずかな違いがあるけれど、実質的には同一の音体系をもつから、後者をもって前者に代用できる。「切韻」以来、韻分けの字書（韻書）もその他の字書も、おおむね「反切」を用いて字音を書きわける。反切とは、一字（つまり一つづり）の音を二字の組み合わせによって表わす方法である。たとえば、広韻に「開　苦哀切、看　苦寒切、掲　苦局切」とあるのは、開がkai、看がkan、掲がkatと発音されたことを示す。苦哀の二字で開の一字の音を表わすのだが、反切の上字、苦がk-の子音を、下字、哀が-aiの母音を表わす。このような、つづりの初めの子音を「声母」といい、下字の母音を「韻母」という。

二、韻書の変遷

韻書の起原は晋（三世紀）にあるが、そののち**南北朝までに作られた書物は今すべて伝わらない。**さきに中古音の資料としてあげた「切韻」はそれらの集大成であり、「広韻」はさらにそれを増補してできた。韻書の本来の用途は詩や賦などの韻文を作るときの参考書であった。この目的には、切韻などは韻の区別が細かすぎ、一韻の収める字が少なくて不便であったから、唐代から「通用」あるいは「同用」することが定められた。文官任用試験に詩や賦の制作を課したため、政府において許容規定を設けたのである。よって二つあるいは二つ以上の韻を一つの韻として使う結果となり、**宋刊本「広韻」**の目録に注記されている。この許容規定である「通用」は変遷を経て、南宋末一二五二年（壬子）に金の平陽県で刊行された「韻略」は通用できる韻を合併して百七韻とし、この韻書は刊行地名をとって「平水韻」とよばれた。元の時代（十四世紀）には、さらに一韻減少して百六韻となった。

この分けかたを、やはり平水韻と称する。平声では三十韻になる。唐代以来の律詩や絶句すなわち近体詩はほとんどこの百六韻と実質的には同じ押韻をしたのであって、今日まで作詩家に用いられている。しかし、当時の実際の発音を直接反映してはいない。要するにわが国の歴史的かなづかいに似た性質を有する。

三、日本の漢字音（呉音と漢音と唐音）

日本人が漢字とその音を学び始めたのはきわめて古い。しかし漢字の知識が広まったのはおそらく奈良朝であろう。しかもその発音の実際は平安朝にはいって考案されたカナによって知られるのみであって、中国語に比べ単純な日本語の音体系に合うように作られたカナは中国音の細かい区別を完全に表わしてはいない。多数の漢籍と仏典の古写本につけられた訓点が存し、重要な資料となっている。

ずっと後世まで漢字のふりがな（特に音読字の）はだいたい二系統に分かれる。呉音と漢音である。漢音は時代からいえば、日本が隋・唐の政府と交通し、外交使節や留学生を派遣した結果、当時の首都長安および洛陽において直接に学んだ中国語の発音、その日本化した変形である。この漢音を正規の字音と定める命令が延暦十二年（七九三）に発せられ、唐の貞元九年にあたる。ただしその学習と伝来はおそらくこの年より早くから開始されたに違いない。これに対しその以前から日本で行なわれていた発音を「呉音」という。つまり**漢音は八世紀末ごろの中国音**を表わし、**呉音は七世紀以前**から伝わっていた。儒学の経書は無論のこと、歴史書や詩文集も漢音でよむのが正則となり、明経博士と文章博士がこれを伝えて後世に及んだ。仏教は奈良朝以前から広まっていたため、経典の読誦にはあいかわらず呉音が用いられた。

隋以前の五―六世紀に日本は主として南朝の政府と貿易していたことおよび朝鮮半島の南部との関係が密接であったことの結果として、呉音には今の南京を中心とする地域の中国語の影響が強い。呉音という名称自体が、北方（洛陽を中心とする）地域の中国人からのよびかたであった。しかし**呉音と漢音の違い**は地域（方言）の相違よりは**時代の差異**によるところが大きい。また日本では仏教の勢力が久しく強固であったため、漢音は完全に呉音に取って代わることができず、一つ一つの漢字についていえば、漢音でよまれる字が多いけれども、呉音でよむのが習慣になってしまった字もある。たとえば情や城のジョウ（ジャウ）は呉音で、漢音セイはほとんど用いられない。また熟語では漢呉音を併用したり混用したりする場合はたいそう多い。

呉音の特色は、まず声母において**中古の濁音を保持**する点にある。**漢音では**中古の濁音が**清音**となった。群クン・定テイ・並ヘイなど。これは八世紀までに唐の長安で起こった中国語の音変化に対応する。

「唐音」は十一世紀以後に伝えられた字音の総称である。近古以後の中国語の音変化は大きかったが、漢音のように体系的に採り入れられたことがない。中国から来た禅僧や商人から中国の口語を学んだ人々があったため、個個の単語や熟語においてこの種の音のよみかたが、いろいろな時期に日本語に入りこんだ。それは宋から清までにわたるが、来朝した中国人は江蘇・浙江・福建などの出身者が多かったため、それらの地域の方言の影響が強く、現代の北京語音とも異なることがある。たとえば饅頭マンジュウ（ヂウ）・炭団タドン・暖簾ノレン・行灯アンドンなど。特に頭のヂウや行のアンは江浙の方言音であろう。唐音の一貫した特色の一つは喉内音 -ng がンとなることである。行灯のトンもその一例で、南京ナンキン・明ミン・清シンなど、みな漢呉音ではイかウで終わったものである。

右を要約すると、

①上古漢語とは、およそ紀元前六世紀およびそれ以後の中国語で、わが国に七世紀以前から伝わっていた「呉音」に相当する。
②中古漢語とは、紀元後六世紀末の中国語を指し、わが国の遣唐使がもたらした「漢音」に相当する。
③南北朝までに作られた「韻書」は今すべて伝わらない。北宋の初め（一〇〇七）に重編された「広韻」五巻を通して、「呉音」「漢音」を推測することができる。

ということがわかる。残念ながら、「呉音」の同時代資料（韻書）は現存しないのである。今日、「呉音」も「漢音」も中国側の資料からいえば後代資料で推測するしかない。

魏志倭人伝の主要行程の国々の読み方

倭人は、帯方の東南、大海の中に在り。

倭人（の国）は、帯方郡の東南、大海の中に在る。

冒頭の一文に「東南」の方位が明記され、これが大前提となっている。およそ山口県から福岡県の

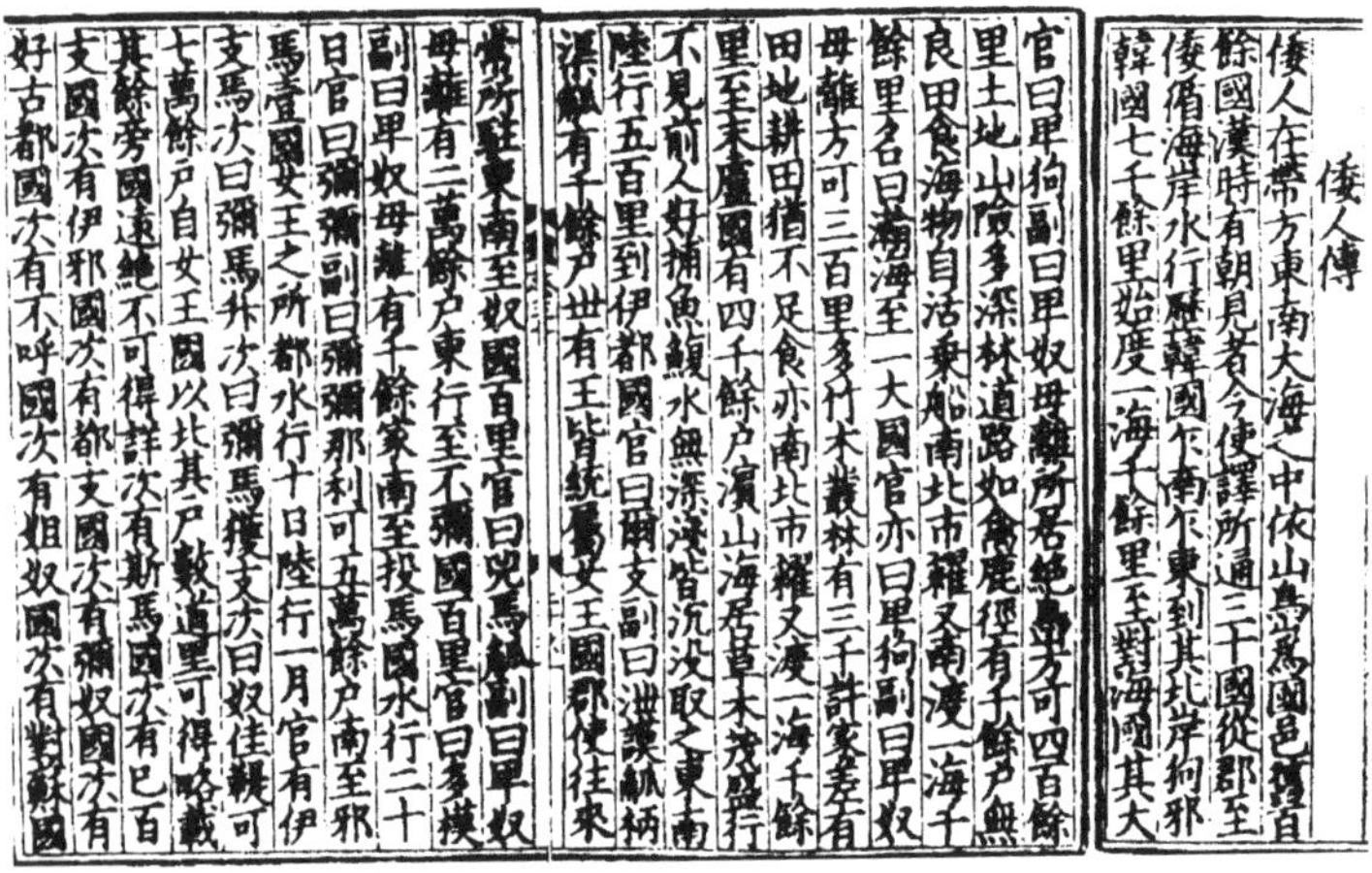
倭人傳
倭人在帶方東南大海之中依山島爲國邑舊百
餘國漢時有朝見者今使譯所通三十國從郡至
倭循海岸水行歴韓國乍南乍東到其北岸狗邪
韓國七千餘里始度一海千餘里至對海國其大
官曰卑狗副曰卑奴母離所居絶島方可四百餘
里土地山險多深林道路如禽鹿徑有千餘戸無
良田食海物自活乗船南北市糴又南渡一海千
餘里名曰瀚海至一大國官亦曰卑狗副曰卑奴
母離方可三百里多竹木叢林有三千許家差有
田地耕田猶不足食亦南北市糴又渡一海千餘
里至末盧國有四千餘戸濵山海居草木茂盛行
不見前人好捕魚鰒水無深淺皆沈没取之東南
陸行五百里到伊都國官曰爾支副曰泄謨觚柄
渠觚有千餘戸世有王皆統屬女王國郡使往來
常所駐東南至奴國百里官曰兕馬觚副曰卑奴
母離有二萬餘戸東行至不彌國百里官曰多模
副曰卑奴母離有千餘家南至投馬國水行二十
日官曰彌彌副曰彌彌那利可五萬餘戸南至邪
馬壹國女王之所都水行十日陸行一月官有伊
支馬次曰彌馬升次曰彌馬獲支次曰奴佳鞮可
七萬餘戸自女王國以北其戸數道里可得略載
其餘旁國遠絶不可得詳次有斯馬國次有已百
支國次有伊邪國次有都支國次有彌奴國次有
好古都國次有不呼國次有姐奴國次有對蘇國

範疇に倭国はある。したがって、女王国に至るまで、以下には「南北に市糴す」を除くと「東南」「南」「東」の方位しか現れない。倭人伝に、近畿への方位は最初から認識されていない。

倭人《わじん》は、後に倭国《わこく》とも謂われるが、ワジンの読み自体がすこぶる怪しい。呉音に徹するなら、ヰニンであり、ヰコクである。「倭」は「玉篇」「唐韻」に、「於為切」とあり、wo/wi の声母と韻母を合わせると wi（ヰ）となる。また、「広韻」「集韻」等には「烏禾切」とあり、なじみの wa（ワ）の音が得られる。どちらが三世紀の呉音に当たるかは、「漢委奴国王印」が証明してくれる。

山島に依りて国邑を為す。旧百余国。漢の時朝見する者有り。今、使訳通ずる所三十国なり。

「漢の時の朝見」とは、漢委奴国王印に代表されるように、天孫（天神）降臨時に成立した「委奴国」からの朝見を指すことになる。委奴国の乱後に共立された女王国の領域と委奴国の領域はほぼ同じ所、同じ方位にあるはずだ。

金印の「委奴国」は中国の正史に「倭奴国」と記されているから、金印の時代には「委」と「倭」の音が同じと推定される。その「委」は「広韻」に「於詭切」とあり、wi（ヰ）の音であることが明らかだ。「広韻」（文献）から中古音（漢音）と上古音（呉音）を推定する上で、金印の事実（金文）を重ねるなら、「倭」は呉音ヰ・漢音ワと考えるべきであろう。ワジンは二字とも漢音読みと言わざるを得ない。

したがって、三世紀倭国《ゐこく》の女王の都は、音韻上も、大和《だいわ》には存在しなかったようである。なぜなら、大和は大倭の書き換えであり、推定中古音ワの時代のそれだからである（ただし、「和」は呉音ワ・漢音クヮ）。むしろ、漢代から三世紀魏を含め、隋の統一の時代まで、倭奴国や倭国（の都）は金印の出土地の周辺にあったようである。

郡より倭に至るには、海岸に循《したが》ひて水行し、韓国を歴《ふ》るに、乍《たちま》ち南し乍ち東す。其の北岸狗邪韓国に至るには七千余里なり。

帯方郡から倭国に至るには、海岸に沿ってだんだんと水行し、韓国を経由するときは、南に行ったと思うと東に行く。倭の北岸狗邪韓国に至るには七千余里である。

ここには明らかに「水行」とあり、後の「水行十日陸行一月」の総日程と呼応する。「循」字は解釈のとおり。「歴」字は、後の「相攻伐すること歴年」に見られるように、すでに抽象的な意義になっており、「経る」と同様の意であり、必ずしも「陸行」を意味しない。山有り谷ありの実際の韓国内を階段式に、道無き道を魏使が自ら歩くのはほとんど不可能である。古代の韓半島の山中には虎も生

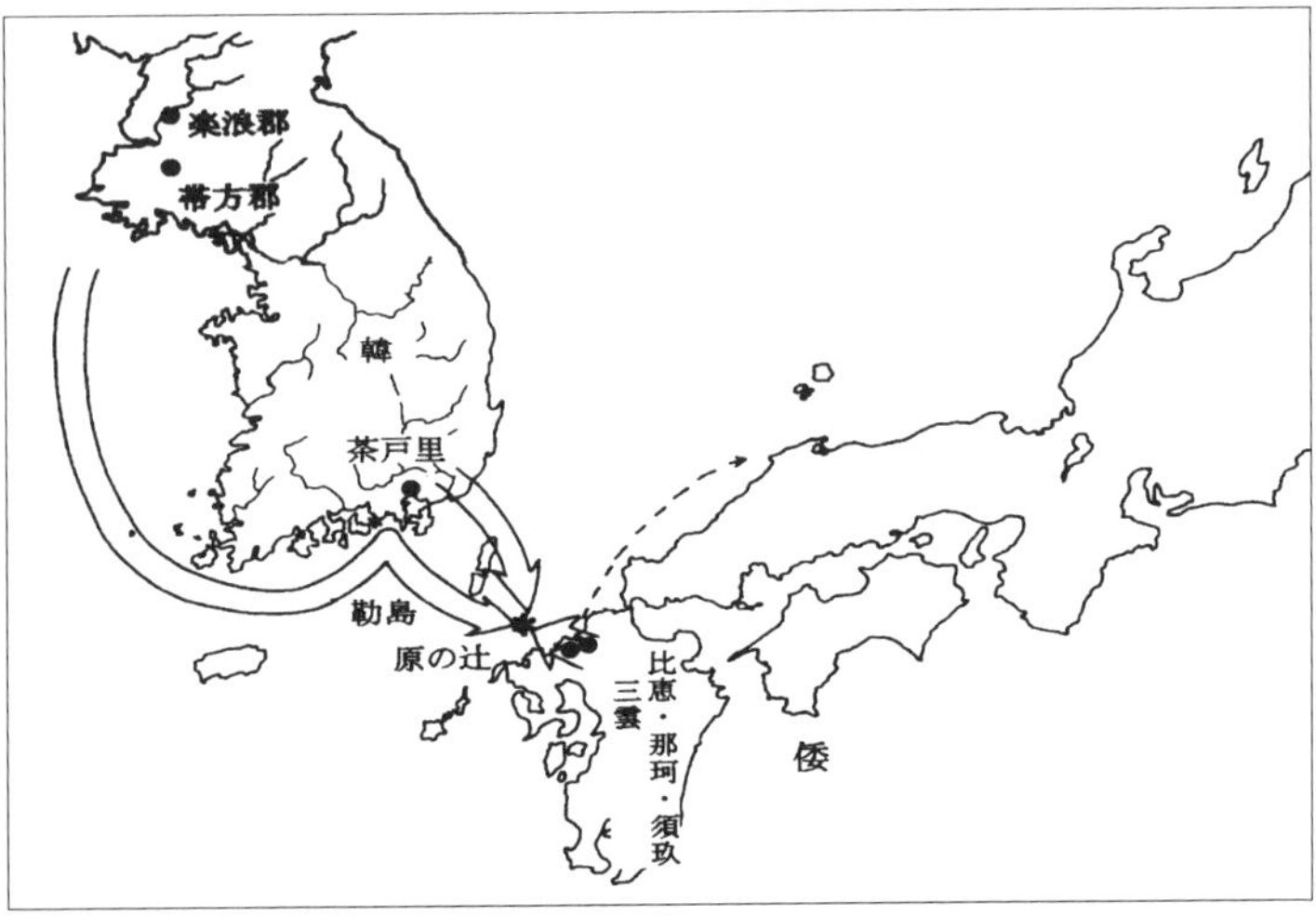

原の辻貿易（弥生中期後半の交易活動）〔発掘「倭人伝」白井克也氏作図より〕

息していた（万葉集にまで詠われているほどだ）。階段式陸行説はもはや机上の空論と言わざるを得ない。また、韓伝には「里程」記事のないことが決定的に韓国陸行を否定する。陸地の歩測を得意とする魏使が、韓国内を陸行したなら、それを記さないわけがないと考えられるからである。「乍」字も解釈のとおり、辞書の助辞解説にあり、南に水行し東に水行したと読み取れる。

　冒頭の一文の「東南」の方位が大前提であるなら、ここの「乍南乍東」は「倭」に至るにあたって、韓半島が横たわるから、水行において、「東南に真っ直ぐに」行けないからこそ、きわめて必然的な行程であり、重要な中前提となる。

　また、「韓伝」に「方四千里」とあるから、韓半島を半周水行すると八千里となるが、東端まで行かず、ほぼ半周より一千里短い辺りの海岸に停泊したとすると、「七千余里」は「東夷伝」を一貫しての的確な距離となる。

上の図は「原の辻遺跡国特別史跡指定記念シンポジウム」のレジメから写した図であり、三韓土器や楽浪土器等の分布に基いた弥生中期後半の交易活動を表したものである。（上川敏美氏からいただいた。）この図にはちょうど釜山金辺よりも西寄りのルート、「勒島」から「原の辻」までの交易がいみじくも示されている。魏使が「勒島」近辺から次の「対海国」に渡ったのなら、まさしく、「倭人伝」の行程にぴったり重なるものがあろう。

ここに現れる「狗邪韓国」の「狗」は呉音「ク」・漢音「コウ」、「邪」は「邪馬台国」の表記にもあるように呉音「ヤ」であるから、「クヤ韓国」と読むべきである。

始めて一海を度る千余里、対海国に至る。

狗邪韓国の港から初めて千余里の一（面の）海を渡り、対海国の港に到着する。

「度・渡」は、「浅い深い、徒歩、船に限らず水をわたる、また水をわたす。ずっと通って先へ行く意。」と辞書の同訓異義にある。「海岸に循ひて水行」するのと「一海を度る」水行とが区別されていよう。だからこそ「始めて」の表現に意味がある。

「渡る」の原義は、「一方の端から他方の端まで行き着くこと」である。ここの対海国が今日の対馬であることには異論がないし、私にもない。本稿の問題は「対海国」の読みである。通常「タイカイコク」と読まれる。これも実は漢音（中古音）読みであり、三世紀魏、あるいは魏志倭人伝の編集された四世紀西晋朝の漢字音ではない。反切を用いるまでもなく、「対」の呉音は「ツイ」である。「ツイカイコク」が当時の読みに近い。中国の詩文の修辞法に「対句」がある。相当に古い時代にわが国に伝わったようで、日本人の大多数が今も「ツイク」と読む。通説と日本の正史の表記の「対馬」も呉音で読むなら「ツイマ」である。「タイバ」ではない。古事記に同国が「津島」とあるから、およそ奈良の昔から「対馬」を「つしま」と読む。因みに、魏使の訪れたツイカイコクは豊玉町の和多都美神社辺りに比定してよいかと思われる。海幸彦を初めとする豊富な海神の伝承と、豊富な弥生期の遺跡がそれを物語る。

ここの行文の持つもう一つの重要点は、当時の「一千里」の実数が明らかになっていることである。およそ七五キロメートルの数値が得られる。したがって、一里＝七五メートルとなり、いわゆる「短里」説と合う。秦漢の一里＝四五〇メートルとは決定的に合わない。本稿は、この里数値に則って進められる。

又、南一海を渡る千余里、名づけて瀚海と曰ふ。一大国に至る。

また、南一海を渡ること千余里、名づけて瀚海という。一大国に至る。

現代のフェリー・ジェットフォイルの航路も対馬厳原港から壱岐郷ノ浦港まで七三キロメートルである。ここでも里程は正しく千余里に近い。一大国が壱岐であることには誰にも異論が無い。版本どおりであれば、呉音で「イチダイ国」である。ここから「原の辻遺跡」の出たことは貴重この上ない。本稿もこのおかげを蒙っている。魏使が原の辻に寄港したことを私は疑わない。外洋船の船着場の跡も確認された。倭人伝当時、対海国（和多都美神社辺り）から浅茅湾を東行し、現在の小船越を抜け、南のかた一大国（原の辻遺跡）に至ったとすれば、現在の航路よりも長くなり、「千余里」の距離が見事に復元されよう。この「一大国」（原の辻遺跡）を倭人伝行程の肝要点とするとき、次の「末盧国」が大きく変動してくる。

又、一海を渡る千余里、末盧国に至る。

また、一海を渡ること千余里、末盧国に至る。

従来説ではほとんど東松浦郡を末盧国としてきた。ところが、例えば呼子町では、壱岐石田町から航路で二九・五キロメートルしかなく、一里＝七五メートル説でも四百里にも満たないのである。魏使と倭人の里数値がほぼ一致するなら、魏使は呼子に上陸していない。また、呼子では南に水行したことになり、単純に六百余里が失われてしまっただけには終わらない。

ここで「東南」という方位の大前提に戻れば、対海国から「南に千里」とあるから、「乍ち南し乍ち東す」を中前提と考えるなら、一大国からは「東に千里」の針路をとるのが順当であろう。「千余里の一海を渡る」能力を有する倭人の船なら、「東南の女王国」に向ってもう「千余里」するほうが合理的でさえある。もし、この仮定に一理あるとすれば、東松浦郡説には「東千余里」の里程が決定的にまるまる欠けているのである。

さらに、魏使が呼子に上陸しなかった理由もおぼろげに見えて来た。

呼子はもしかすると、拙論「お佐賀なるエミシ」の末裔の国であり、女王国に属しなかった「狗奴国」の一角かも知れないのである。

左図は、「天満倭考」にも載せた、土井ヶ浜人類学ミュージアムの松下孝幸氏の作図で、低身・低

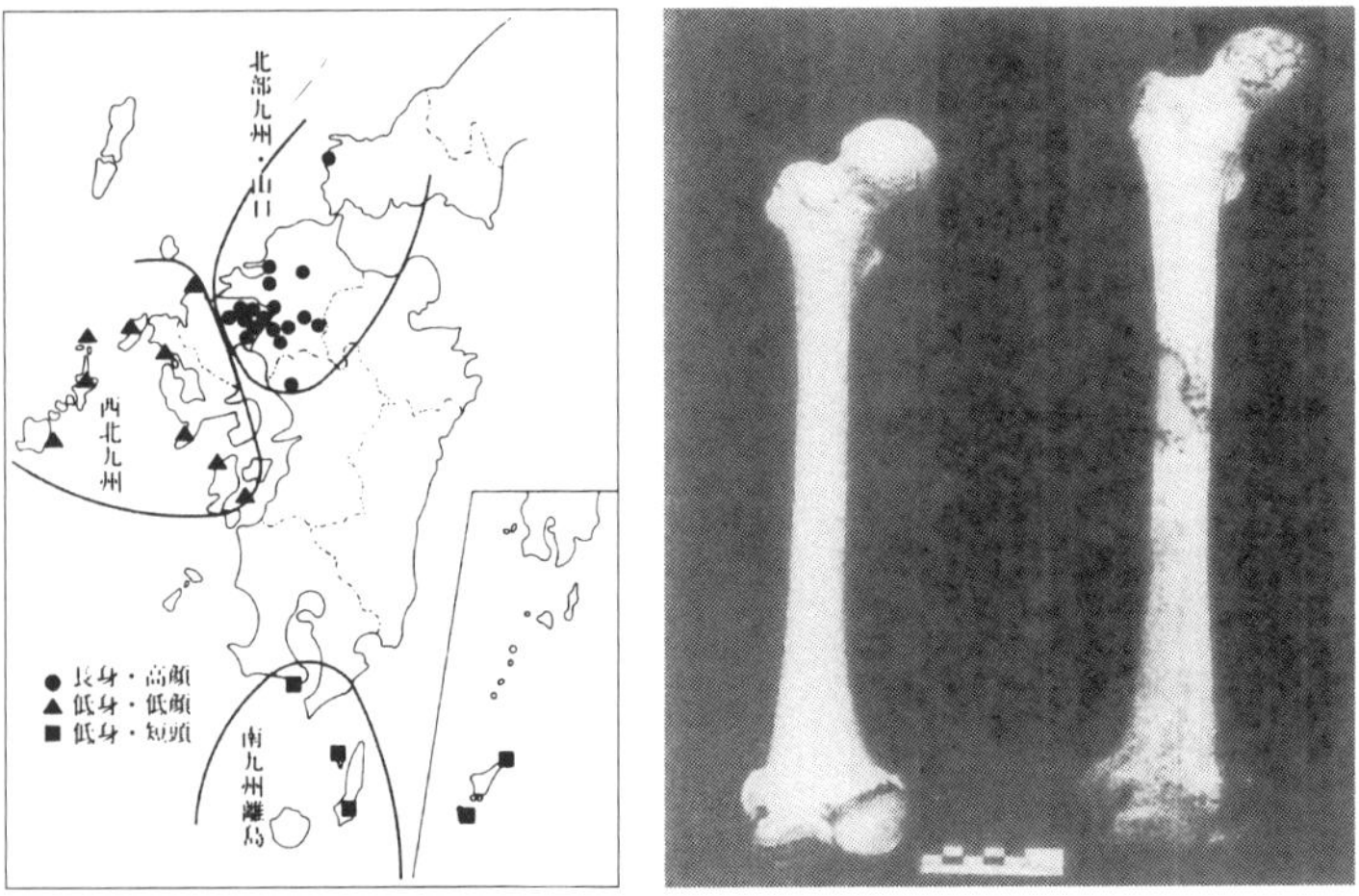

土着型・渡来型弥生人骨出土図

顔を特徴とする土着型の弥生人骨を出土する地域と、長身・高顔を特徴とする渡来型の弥生人骨を出土する地域とを示したものだ。縄文人や西北九州の弥生人は低身で、佐賀平野を含む北部九州・山口の弥生人は長身である。

身長は大腿骨の長さから計算した推定値が比較的正確とのことである。前者は「お佐賀なるエミシ」を、後者は「長脛彦」を連想させ、また、両者の分布は天孫降臨が歴史事実であることを証明するかのようでもある。委奴国・倭国がどちらの地域にあるかは言を待たない。そして「原の辻」遺跡から出た弥生人骨は、渡来型の長身のものであった。天国(壱岐・対馬)から天孫族が天降ったとの仮説はここでも証明されよう。

他方の低身・低顔の在来弥生人の地域、西北九州は肥前の国でもある。肥後の熊本県はまだ弥生人骨が収集されていないが、火の国一国を想定するとき、筆者はここに「狗奴国」を見ているのである。委奴国が乱れたとき、被征服地の火の国が独立し、卑弥呼共立時にも属しなかったとしたら、魏使は南の呼子ではなく、東に針路を取らざるを得ない。

（なお、弥生人骨分布図と大腿骨の比較写真は飯岡由紀雄氏の提供による。）

では、「東一海を渡る千余里の末盧国」とはどこか。

宗像大社（辺津宮）に近い「神湊《こうのみなと》」が、方位・距離ともに的中する。

一に、筑前大島・地島・玄海町の海岸の三方に囲まれた内海のような所で、方位を間違わなければ実に目標のはっきりした港である。

二に、最も有名な海上神幸の「みあれ祭」の神事が伝えられている。沖津宮の田心姫神と中津宮の湍津姫神の御神霊を載せた二隻の御座船を先頭に、宗像七浦の漁船がこぞって大島から神湊までパレードする。そうして辺津宮の市杵島姫神のところで三女神がご一緒になられる。

三に、宗像三女神、あるいは「道主貴《みちぬしのむち》」とは神話時代からの航海守護の神としてあまりにも有名だ。

ここで、「末盧国」の音を確認してみよう。「末」は『唐韻』『集韻』に「莫撥切」とあるから、呉音「マツ」・漢音「バツ」が推定される。「盧」は『唐韻』に「洛乎切」とあり、「乎」は『広韻』に「戸呉切」とあるから、呉音・漢音ともに「ロ」と推定される。「末盧国」は呉音「マツロ国」であるようだ。

すると、音の上でも「松浦《マツラ》」に近いが、必ずしも直結するわけではなさそうだ。

以上から、末盧国を改めて宗像大社とその周辺に比定したのである。

東南陸行五百里、伊都国に到る。（中略）世王《よよ》有るも皆女王国に統属す。郡使往来するに常に駐《とど》ま

る所なり。

東南に陸行すること五百里、伊都国に到る。（後略）

陸行は神湊上陸後に始まる。宗像大社とその周辺が末盧国だとすると、その東南の方位に在ると思われる女王国の位置は、依然として「倭人は、帯方の東南、大海の中に在り。」の大前提と全く矛盾しない。それどころか、従来の東松浦郡（あるいは唐津湾）から伊都国（糸島郡）までの方位と里程に見られた、従来説の無理や付会が一切生じない。道なりだろうが直線だろうがあるいは階段式であろうが、東南陸行五百里（三七キロメートル強）が成立する。

この東南陸行の場合、唯一問題となるのが、東に一山越えたところに弥生遠賀湾が同じ東南の方向に入り江となっていることだろう。

左図は、鞍手町教育委員会が「古月横穴」の解説（二〇〇四年）に用いた古遠賀湾図である（新北は私が追加、後述）。元図は、山崎光夫「沖積世（新石器時代）以降における洞海湾並びに遠賀川流域の地盤の昇降」九州大学教養部研究報告2、（一九五六年）のもので、縄文・弥生時代の古遠賀湾が推定されている。鞍手町教育委員会は今回、古月横穴の造成時（古墳時代）も海だったとの見解に立った。私は、これらの図に「万葉集八番歌」の「熟田津」（四世紀後半）を見ており、同時に「倭人伝」行程記事に現れない「末盧国東南の遠賀湾」（三世紀前半）を見続けてきた。

そうすると、末盧国からあと少し東に進めば遠賀湾の入り口に達し、水行一日足らずで現在の直方あたりまで、しかも「東南」の方位に行けるにも関わらず、倭国は魏使をなぜ、神湊に上陸させたのであろうか。

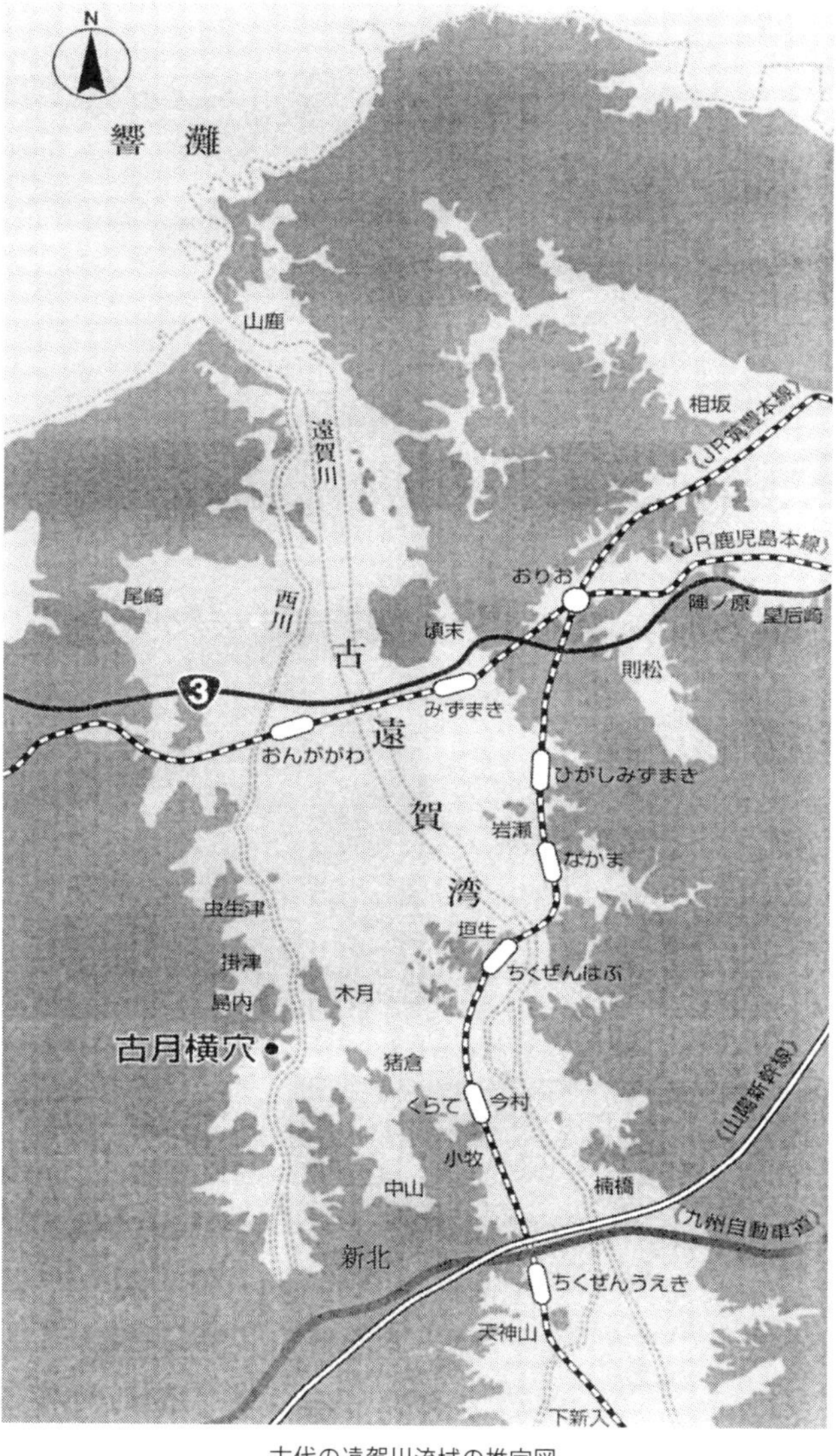

古代の遠賀川流域の推定図

それは、魏朝に朝貢した立場の倭国といえども、外国の使者をダイレクトに都に迎えるわけにはいかなかったのではないか。常識的には護衛（武官）抜きの使者とは思われない。

当時、中国は魏と呉の戦闘状態が続いている。国内では、狗奴国との交戦が続いていた。その状況下に、呉兵が倭国と並立する「狗奴国」（夷州か）と「東鯷国」（亶州か）に派遣された形跡がある。

「将軍衛温・諸葛直を遣わし、甲士万人を率いて海に浮び、夷州および亶州を求む、亶州は海中にあり」三国志呉書「孫権伝」黄竜二年（二三〇）

魏が倭国（女王国）の後ろ盾になってくれるか否かは、この魏の使者の返礼如何に懸かっていよう。まだ親魏倭王仮授の直前なのだ。したがってその確認が済むまで、首都圏への水行を無条件に許すことはできなかった。そう推測される。

通説の邪馬台国九州説や邪馬壹国博多湾岸説は、呼子近辺から陸行するとしたら、左手にほとんど海が見えており、首都への水行が魏使に知られてしまうことになろう。私はこのことに疑問を禁じ得ない。

東南陸行五百里、伊都国に到る。官を爾支《にき》と曰ひ、副を泄謨觚《せまこ》・柄渠觚《へここ》と曰ふ。千余戸有り。世《よよ》王有るも皆統べて女王国に属す。郡使往来するに常に駐《とど》まる所なり。

東南に陸行すること五百里、伊都国に到る。長官をニキといい、副官をセマコ・ヘココという。千余戸がある。代々、王がいたけれども、皆すべて女王国に属する。郡使が往来するときに常に留まる所である。

それでは、すでに定説と化した倭人伝の中心国の一、「伊都」は三世紀当時にどう読まれたか。もはや「呉音」で発音されたことは明らかである。断じて、六世紀末以後の「漢音」で読まれたわけはない。私はすでに随所でこのことを述べて来た。

まず、「都」字から再確認する。次は、角川新字源の「都」字の見出しの部分である（新字源等参照）。

呉音がツで漢音がトである。新字源の漢字音の歴史にあったように、漢音を正規の字音と定める命令が延暦十二年（七九三）に発せられ、今日では、一つ一つの漢字についていえば、漢音でよまれる字が多くなっているが、現代日本語にも「都合《つごう》」「都度《つど》」などの語に、呉音が残されている。したがって、倭人伝の「伊都」は「イツ」であって、この段階で、新井白石以来、「伊都」を「イト」と読んで筑前国怡土郡に当ててきた古代史学は全て成立しないおそれがある。たとえ、わが国で漢音が正規の字音になったからといって、「伊都」が「イト」と変わって遺称地となった可能性は極めて少ない。

例えば、古事記に現れる「都奴賀」は「ツヌガ」と読み、今日の「敦賀《つるが》」の地であることはよく知られている。山梨県の都留市も正倉院文書に残された「都留郡」の中心地であり、「鶴郡」とも書かれるから、今も昔も「ツル」と読む。他にも、古代から現代に伝わる地名に、都宇郡（岡山県）、都家郷（埼玉県）、都志郷（兵庫県）、都筑郡（神奈川県）、都梨郷（岡山県）、都濃郡（山口県）、都麻郷（島根県）などがあり、すべて「都」字が「ツ」と読まれている。このように、記紀や万葉などの呉音で書かれた地名の多くは、すべて呉音のまま伝わっていると言っても過言ではない。

一方、大阪府八尾市の「阿都《あと》」の例も確かにある。日本書紀に「阿斗」と出てくる地で、用明紀に「阿都」が出てくる。ただ、日本書紀に出現する万葉仮名は、古事記の万葉仮名が全て呉音であるのに対し、漢音が一部に混在する。この漢音万葉仮名がいつ、どの巻に混入したかについては今後詳細な研究が必要であろう。日本書紀の最終編纂が、どうやら延暦十二年（七九三）以後であることは大体見えてきたようである。ただ、漢音が「日本が隋・唐の政府と交通し、外交使節や留学生を派遣した結果、当時の首都長安および洛陽において直接に学んだ中国語の発音」であるとするとき、「都《と》」は実に微妙な音である。なぜなら、『隋書』俀国伝において、「都斯麻」の表記があり、「対馬《つしま》」を表していることが明らかだからである。少なくとも、大業四年（六〇八）には隋の首都においても、「都」字は「ツ」音であった。

また、わが国中古の仮名の成立のころ、幾多の万葉仮名から幾多の仮名が生じた。一音に一字の仮名ではなく、一音に複数の仮名があった（この事実は後に重要な意味を持つ）。明治時代の統一まで仮名は五〇音の数倍の種類が使われていたのである。カタカナ「ツ」は、「州・川」から生じたとされるが、そのほかに「ナ」「ア」という仮名もあった。これらは「都」から生じた仮名で、もちろん「つ」と読む。これほどに、「都」字を「ツ」と読んだ歴史は深いのである。

いずれにしろ、三世紀「伊都」の表記の地名が残っていないのが事実であるから、「イツ」が「イト」に変わって残った証はないと言わざるを得ない。「伊都国」の表記は、ひとまず魏志倭人伝の中にしか存在しない。

倭人伝の伊都国は、どこか。私の推測では、先の古月横穴の西方、鞍手郡若宮町から宮田町の辺りとなる。詳細については、後述する。

東南して奴国に至るまで百里。官を兕馬觚《しまこ》と曰ひ、副を卑奴母離《ひのもり》と曰ふ。二万余戸有り。

東南に陸行して奴国に至るまで百里。（後略）

まず、奴国の読みであるが、「奴」は呉音「ヌ」・漢音「ド」である。『広韻』の「奴」項には「乃都切」とある。nai と tu の切であるなら、nu の呉音が現れる。通説どおりに、dai と to の切であるなら、do の漢音が現れることは現れる。

ところが、漢音「ド」にははなはだ強い疑念がある。カールグレンを始めとする漢語音韻学の研究では、「奴」字に終に声母「d-」音は現れない。上古から現代漢語に至るまで一貫して「n-」音が挙げられている。現代漢語でも「奴」は nu の三声である。つまり、わが国に伝わる「奴」の漢音「ド」は歴史上出自不明の漢字音なのである。

わが国でも、万葉仮名「奴」からいわゆるひらがな「ぬ」・カタカナ「ヌ」が出たので、「ぬ」の読みが筆頭候補であることは疑えない。前後するが、漢代の「倭奴国」、倭人伝の「狗奴国」もそれぞれ「ヰヌ国」「クヌ国」と読むべきである。

ところが、万葉記紀の万葉仮名「奴」をすべてまとめると、日本書紀に「の」・「ど」の読みが現れる。岩波古典文学大系『万葉集一』の解説には次のように分類されている。

ど do（甲）	土度渡（記・万葉） 奴怒（紀）
ぬ nu	奴農濃・沼宿寐（記・万葉） 奴努怒農濃（紀）
の no（甲）	努怒弩（記・万葉） 奴努怒弩（紀）

上の分類から、紀の「ど」（甲類）を除くと、「奴」を始めとして「怒」「努」の同音字に「ぬ」・「の」

の音が容易に通音していることが分かる。これは、故灰塚照明氏の指摘にもあるとおり、現在も北九州に多い例である。「手ぬぐい」が「手のごい」と云われるのである。

万葉集に次の歌（長歌の一部）の例もある。万葉仮名で書かれている。

ま袖もち涙をのごひ（能其比）（四三九八）

「奴」字は古事記ではすべて「ぬ」と読まれているが、日本書紀では「ぬ」と「の」の両方に読まれている。例えば、「篠は小竹なり。此をば斯奴と云ふ。」（神代上第八段第一書）のようである。

同音符の「怒」字は、古事記においても「ぬ」と「の」両用に読まれている。例えば、「都怒郎女《つののいらつめ》」がある。日本国語大辞典の万葉仮名の項には「奴・怒・努」の三字は「ぬ」・「の」に用いられたとあるが、私の読んだ範囲内の『古事記』の版本にはいまだに「奴」字のみ、「の」と読まれた例が見つからないのである。『新字源』の他の漢和辞典にも「奴」の呉音として「ヌ・ノ」が掲載されているにも関わらずである。

また、日本国語大辞典にはよく読むと奇妙な解説がある。抄出する。

の　今日の「の」を含んでいる語は、上代のかな書きでは、「能、廼、乃、努、怒」等の字がもちいられている。そのうち、「能、廼、乃」の類は、「後、園、残る」などや助詞の「の」に用いられ、「努、怒」の類は、「野、篠、凌ぐ、楽し」などに用いられるというように、両者それぞれ用法が定まっていて、互いに混用されることがほとんどない。

見事なまでに、「奴」の「篠」に用いられている例が省かれているのである。このように万葉仮名

「奴」は国語学の分野においても特別の仮名である。これらのことから、私はひそかに、古事記にも「奴《の》」と読むべき例があるのではないかと調査している。

一候補として再び「都奴賀」の地名を挙げておく。日本書紀の地名起原説話と、気比神宮内の摂社「角鹿神社」の存在から考えても「ツノガ」の読みがあり得る。

したがって、「奴国」は「ヌ国」と「ノ国」の読みを考えるべきではなかろうか。すでに、私は倭奴国も「ゐぬこく」「ゐのこく」と読んできた。私が奇異に感じるのは、むしろ「奴」を「な」と読む例である。これは断じて万葉記紀に一例も存在しないのである。歴史学は上代文学と国語学と漢語音韻学とは無縁の世界にあるようだ。東京高師教授三宅米吉の「漢の委の奴《な》の国王」印の読みは最初から成立していない（根崎勇夫氏を始め各先行論あり）し、と同時に、当然のことながら、博多湾岸那珂川流域や儺県《なのあがた》に「奴国」は存在しないし、まして女王国も存在しない。通説も九州王朝論も、「末盧国」「伊都国」「奴国」の比定においては、里程は勿論、漢字の読みの点からも誤ってきたと言っても過言ではない。「マツラ」「イト」「ナ」という漢語音韻学や国語学上該当しない読みをした上での比定は、もとより無効と言わざるを得ない。

それでは、国語学上確実な「ノコク」「ヌコク」の読みに限定した場合、その遺称地が残されているかを探ってみたい。その前に、里程から奴国を比定しておこう。

日中の史料と現地伝承との再分析（拙論「天満倭」考　越境としての古代2）から、伊都国をほぼ鞍手郡に、その中心地を宮田町の笠置山北麓に比定し得た私には、そこから東南百里の奴国は、ほぼ小竹町亀山神社（大歳社）から頴田《かいた》町鹿毛馬《かけのうま》神籠石の辺りとなる。そこが奴国の中心地と仮定すると、

「筑豊―修験道文化と香春岳」の史跡

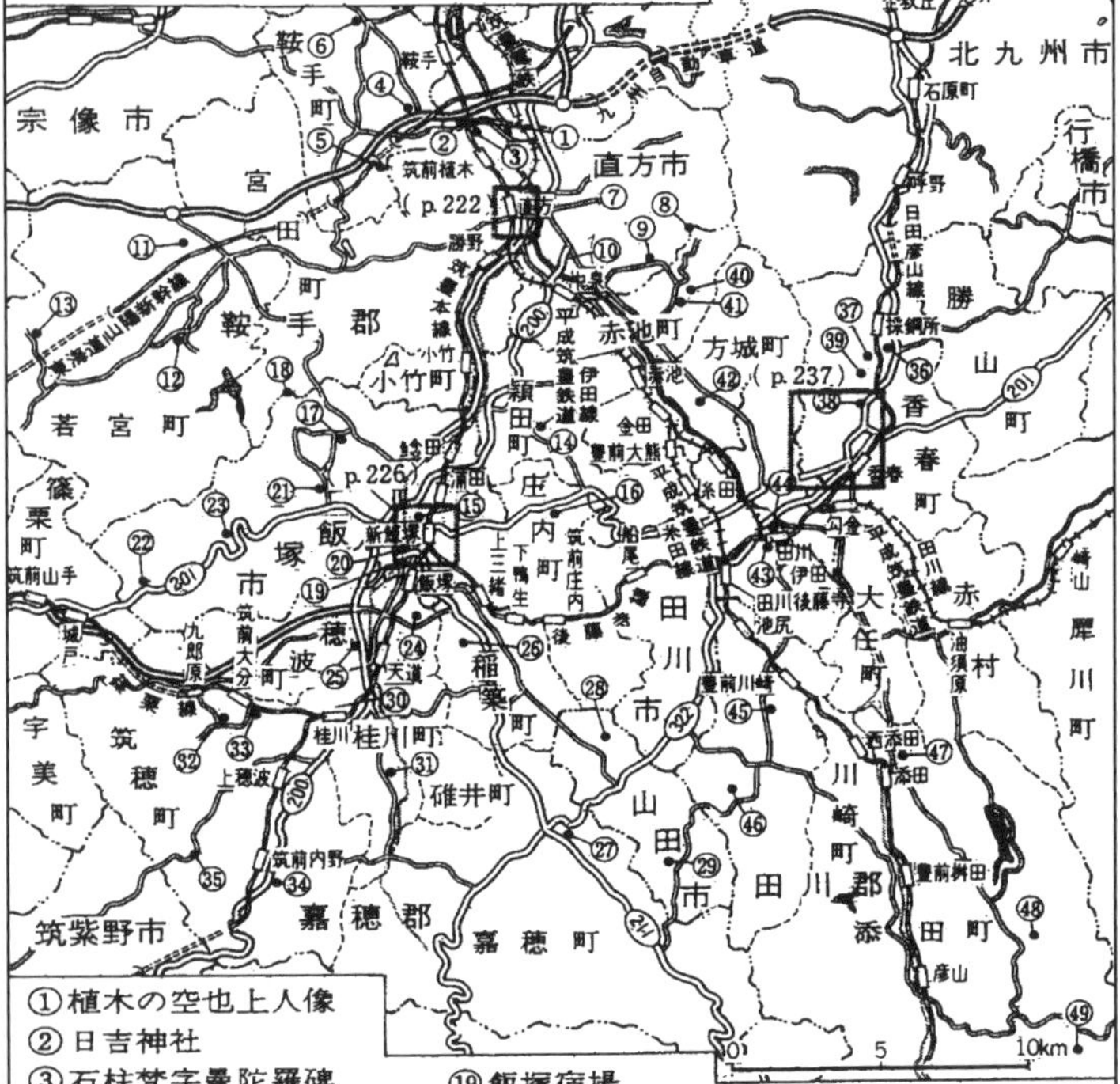

①植木の空也上人像
②日吉神社
③石柱梵字曼陀羅碑
④円清寺
⑤長谷寺
⑥古月百穴
⑦多賀神社
⑧鷹取城跡
⑨高取焼
⑩建武の板碑
⑪竹原古墳
⑫東禅寺
⑬御別館

⑭鹿毛馬神籠石
⑮立岩遺跡
⑯多田妙見宮
⑰本誓寺
⑱笠木城跡
⑲飯塚宿場
⑳納祖八幡宮
㉑宝幢寺
㉒千人塚
㉓八木山展望台
㉔忠隈古墳
㉕椿八幡
㉖山野の石像群
㉗麟翁寺
㉘安国寺
㉙長教寺
㉚王塚古墳
㉛土師の獅子舞
㉜大分八幡宮
㉝大分廃寺塔跡
㉞内野宿
㉟米山官道

㊱古宮八幡宮
㊲清祀跡
㊳神宮院
㊴香春岳
㊵興国寺
㊶上野焼
㊷定禅寺
㊸田川市石炭資料館
㊹風治八幡神社
㊺光蓮寺
㊻藤江氏魚楽園
㊼中島家住宅
㊽旧数山家住宅
㊾英彦山

その南に「立岩甕棺遺跡」や「焼《やけ》の正《しょう》の石包丁製造所跡」の出た飯塚市を始め、弥生文化の跡の広がる地域が確かに存在する。二万余戸の奴国にふさわしい。（図「福岡県の歴史散歩」参照）

「末盧国」「伊都国」の遺称地は、新比定の地に探し出すことができなかったが、「奴国」に関しては、思わぬところからそれらしき地名が浮かんできた。

直方《のおがた》である。これもまた、決して単なる思い付きではない。私一流の直観（直接的・瞬間的に、物事の本質をとらえること）によるものである。

直方の地名の由来は、角川地名大辞典にこうある。

「新入村のうちの小村の名によったと伝えられるが（続風土記）、ほかにも易断による方角に基づいて近隣の直方村の名を採り、その直方村は中泉村と改称させられたとか（直方旧考）、南北朝期に遠賀川を境にして東の足利尊氏の兵と西の懐良親王の兵が対峙して合戦した時に川西側を天皇方・親王方といい、これが皇方・王方と訛って直方となったとか（多賀神社古文書）、諸説がある。」

これに対して、私が現地調査で多く聞かされたのは、「野潟」説であった。昔、遠浅の潟で潮が引くと野のようであったという。現地の郷土史家の方もカタが潟であったことは間違いないと異口同音に言われる。

「野潟《のがた》」は現在、新潟県村上市に実際にある地名だ。

それよりも驚きは、福岡市の「野潟《のがた》」の地名の由来のほうである。角川地名大辞典にこうある。

「地名は古代の額田【ぬかた】郷・額田駅に由来する（続風土記拾遺）。」

また、野方村の項に、「『太宰管内志』に『青柳主云、早良郡野方村是古の額田郷の地ときこえたり』

とあるように、野方は額田の転訛したものであろう。」ともある。

つまり、「奴国の潟」すなわち「奴潟」が北九州の地にあればこそノカタあるいはヌカタと呼ばれ、それが直方の由来ではないかと直観したのである。直方の地名がどれくらいに溯ることができるかは今のところ証明の仕様がない。

現在の直方を、もしも三世紀奴国（ヌコク・ノコク）の遺称地とするなら、位置的には三世紀の推定地（小竹町近辺）よりは、遠賀湾の海退のためか、やや北上したと推測される。

なお、魏志倭人伝には「奴国」が二箇所にあったように書かれているが、あるいは、直方と野方なのかも知れない。女王国に至る行程上の「奴国」は直方であろう。今後の課題である。

東行して不弥国に至るまで百里。官を多模と曰ひ、副を卑奴母離と曰ふ。千余家有り。

南のかた邪馬壱国に至る、女王の都する所にして、水行十日陸行一月。官に伊支馬有り。次を弥馬升と曰ひ、次を弥馬獲支と曰ひ、次を奴佳鞮と曰ふ。七万余戸可り。

南のかた投馬国に至る、水行二十日。官を弥弥と曰ひ、副を弥弥那利と曰ふ。五万余戸可り。

女王国より以北は、其の戸数・道里、得て略載すべきも、其の余の旁国は遠絶にして、得て詳らかにすべからず。

其の南に狗奴国有り、男子を王と為す。其の官に狗古智卑狗有り。女王に属せず。

郡より女王国に至るまで、万二千余里。

投馬国と邪馬壱国の記述を入れ替えてみると、実にすっきりとした行文になる。原文を改定したわけではない。「南のかた」で始まる文の整序の問題ではないかと考えられる。

右の順だと、すべての部分里程の書かれた直後に終点の邪馬壹国に到着し、総日程が付されるという、ごく整然とした構成となる。また、投馬国が遠絶の旁国の一国であり、それを除くと「女王国より以北の道里」を略載すべきこともよく分かる。しかも、水行二十日は、女王国↓投馬国間の日程となる。

奴国まで東南陸行してきた魏使は、どうやら、古遠賀湾の最奥部と推測される「奴国の潟」から東行し、邪馬壹国の玄関に当たる不弥国に至る。

「不」は意外に複雑で、『広韻』に「分物切」「甫救切」「甫鳩切」とあり、『新字源』の解説にも、漢音フツ（＝弗）、呉音フ、漢音フウ、慣用音ブ、と数種の音が記されている。「弥」は呉音ミ・漢音ビといずれの辞書にも相違がない。フミ国であろうか。ここも遺称地がすぐには見当たらない。意訳だとすれば、「（都に）遠からざる国」の意を兼ね備えていようか。換言すれば「近つ国」か。私は、当時の都からの「近つ淡海の国」と捉えている。現在の直方市東部に「近津川」「近津神社」があり、同市「多賀神社」の祭神伊耶那岐大神は、古事記に「坐二淡海之多賀一也」とある。先に述べたように、現在よりも南のほうにあったと仮定すると、卑弥呼の時代の不弥国は、「近つ淡海の国」であろうとなかろうと、ほぼ現在の田川郡方城町の低地の辺りであろうかと思われる。もしも「近つ淡海の国」であるなら、大芝英雄氏の唱える豊前王朝論にある「近つ淡海＝田川」説との重なりを見ることになる。

里程記事が不弥国で終わっている以上、南のかた邪馬壹国は、その戸数から見ても、彦山川流域から宇佐八幡宮周辺にかけての「周旋五千里」の国となろうか。

女王の都する所は、拙論「『天満倭』考」（越境としての古代2 所収）において考察した。そこは倭三山の一、畝傍山（香春岳の一の岳）の東南、神武の即位した橿原宮（田川郡香春町高野）に程近いところと考えられる。

「投馬国」は従来説でも「ツマ国」と不思議な読みが施されている。「投」は『唐韻』に「度侯切」とあり、度が呉音ド・漢音ト、侯が呉音グ・漢音コウなので、「呉音ヅ・漢音トウ」となる。中国語のトーンを無視すれば、「豆」や「頭」と同じ音である。「馬」は反切を引くまでもなく、呉音マ・漢音バで差し支えない。そうであるなら、「投馬国」は「ヅマ国」と読むべきであろう。呉音には濁音の特色が認められるから、ヅマ国のままでよいはずだ。ツマ国の読みが始まったのは、おそらく、本居宣長が投馬国を日向児湯郡都萬《つま》神社に当てた時からであろうか（伊都国の例と合わせると本居宣長はかなり恣意的な読みを施している。）。以後の邪馬台国九州説でも多く薩摩《さつま》や筑後上妻・下妻・三潴《みづま》に当てたりしてきた。これらに清音ツマが共通するからと思われる。また、日本書紀の割注に図ヅをツと読ませている例もある。

したがって、私の方法論では直ちにヅマ国の遺称地はないことになる。魏志倭人伝の記述から推測するには、「方角」と「里程と日程」とから計るよりほかはない。

魏志倭人伝を巡る「里程と日程」の考え方について、私のそれを最終的に確認したい。

古田武彦氏の「里程・日程」論を批判する形で確認してみよう。

まず、氏の韓国七千里陸行説。これを採ると、帯方から倭までの水行は全体で、三千余里／十日となり、折角の短里説があだとなる。一日に約三百里（古田説で二二・五キロメートル）の船足となり、茂在寅男氏の「海はハイウエー」説などと相反する。陸の「千里（七五キロメートル／日）の馬」（名馬のたとえ）よりのろいのである。私は、すでに弥生時代の楽浪式土器の伝播図も紹介した。そのルートも海岸もしくは島伝いであった。

また、水行二十日の投馬国も不弥国あるいは女王国から約六千里（四五〇キロメートル）となり、必ずしも「遠絶の旁国」とは言い難い。私はすでに、水行一万里／十日説を採ることになるから、投馬国を二万里（一五〇〇キロメートル）遠絶した沖縄島に比定することになった。

次に、「一海を渡ること千余里」の意味合いが薄れ、一海を渡る（一方の側から他方の側に達する）ことにならない。韓国陸行説による船足では、三百里ごとに島を見つけ、そこの浅瀬に碇をおろさないと、あれほど各書で強調された対馬海流に流されてしまう。狗邪韓国から対海国、対海国から一大国の間には、三百里ごとの島か浅瀬が見当たらない。今日の動力船のようなノンストップの航行でなく、「真梶しじ貫き」（万葉集）と詠われたように風力と人力による航行には、「碇をおろす（停泊する）」ことも航行に必要な行程であったはずだ。碇をおろすことのできない航法では、到底、倭に至ることができそうもない。

同様に、投馬国を沖縄島に比定するとき、「千里（七五キロメートル／日）」の船足であってこそ、初めて南西諸島の島伝いの、すなわち「一海を渡る」、玄界灘と同じ「海の道」が可能となるのではないか。私はそう考える。

また、古田氏は、「部分里程の総和が、総里程に一致する」を基本のルールと定め、帯方郡から女王の都する所までを、次のように計算している。

①七千余里	帯方郡治→狗邪韓国	
②千余里	狗邪韓国→対海国	
③方四百余里	対海国の面積	
④千余里	対海国→一大国	
⑤方三百里	一大国の面積	
⑥千余里	一大国→末盧国	
⑦五百余里	末盧国→伊都国	
⑧百里	伊都国→奴国	（傍線行程）
⑨百里	伊都国→不弥国	〈従来はこれを「奴国→不弥国」間とみなす〉
⑩水行二十日	不弥国→投馬国	（傍線行程）
⑪水行十日・陸行一月	帯方郡治→女王の都する所	〈従来はこれを「投馬国→邪馬台国」間とする〉

古田氏は、⑧と⑩を傍線行程とし、⑧の百里を減じ、③⑤の半周の里程を加算して、総里程「万二千余里」との整合を見た。これも、魏志倭人伝研究史上、初の知見であった。

③⑤の半周里程は、確かに陳寿の計算方法であったろう。彼の脳裏には、「韓半島半周水行」の前提があったからこそ、対海国・一大国の半周を計算に入れたものと思われる。韓半島陸行説は、この点においても、矛盾すると思われる。「海岸に循ひて水行す」の大前提があったから、陳寿は島の部

分も、同様に水行したと考えたようだ。

だが、これは畢竟、部分里程のダブルカウントであるようだ。

内陸蜀の人、陳寿にとって「一海を渡る」行程が「海岸に循ひて水行する」行程と異なることに気づかなかったらしい。それに対して、現代人には明瞭に、狗邪韓国↓対海国、対海国↓一大国の各千余里（七五キロメートル余り）が「津から津までの実測の距離」と一致することが判っている。したがって、魏使と倭人は「島の海岸に循ひて水行」していない。それを理解できなかった陳寿は半周里程を加算し、古田氏はそのダブルカウントを指摘・証明したに過ぎない。

つまり、対海国・一大国の半周、八百余里と六百里可りとは、加算してはならない里程であったと思われる。狗邪韓国↓対海国、対海国↓一大国間は、あくまで二千余里の里程であって、三千四百余里としてはならなかったのだ。陳寿の勘違いであろうと思われる。

もう一点、一大国↓末盧国間の千余里は魏使の報告と陳寿の方が正しく、四百里足らずの呼子への上陸は、通説も古田説も見当違いである。特に、短里を採る古田説の側において、四百里を千里と見なす事はごく不当と思われる。決して「五十歩百歩」程度の差ではない。

逆に、呼子への上陸は、先の基本ルールに自ら背くものと言わざるを得ない。折角算出した総里程に新たな不足を生じてしまっている。残念だがやはり自家撞着に陥っていよう。

陳寿の計算に、水行の勘違いからくるダブルカウントはあったが、総里程の計算法には、意外な精密さも秘められていた。そこから、ある日本語の語源も解明でき、奴国が主線行程であったことまで検証し得たように思われる。

魏志倭人伝の里程記事に頻出する「余里」と少ない「ばかり（可・許）」とは、実は対となる概念であった。

『万葉集』に、山上憶良の詠んだいわゆる「鎮懐石の歌」がある。その序文に、「子負の原　海に臨める丘の上に二石あり　深江の駅家を去ること二十**許里**」（抄出）という文句が見える。従来は、二十許里を「二十**里ばかり**」と訓読してきた。（深江は現在の福岡県二丈町深江）

実は、この「**許里**」の訓読こそが本来「**ばかり**（湯桶読みと思われる）」なのである。二十許里はそのまま「二十**ばかり**」と訓むべきだったのだ。

漢文に、「幾**許**（幾何）ゾ」とあると、「いく**ばく**ぞ」と訓読し、「どれくらいか」と口語訳する。「**許**」の訓が「**ばく**」である。距離を尋ねる疑問詞として「幾**許里**ゾ」があり得る。この訓みが「いく**ばくりぞ**」となる。この時、連想されるのが、「いかばかり」という古語である。

いかばかり【如何ばかり】〔副〕（「ばかり」は副助詞）程度についての疑問の意を表す。どれくらい。どれほど。どんなに。（後略）（全訳古語例解辞典　小学館）

右の例のように、疑問詞「幾許里」から来たと説明する古語辞典は一点もない。しかし、万葉集の「二十許里」の例を軽視しない限り、筆者の「『いかばかり』が『幾許里《いくばくり》』の転」とする考え方は、割と合理的と考えるが、どうであろうか。

後世、「許・可」一字も「ばかり」と訓読することになった。これらが、「余里（これも『～あまり』の語源と考えられる）」すなわち「～里以上」・「～里あまり」と対になる概念とすれば、例えば「二十許里」は「二十里以内」もしくは「二十里未満」ということになる。これは非常に重要な概念であ

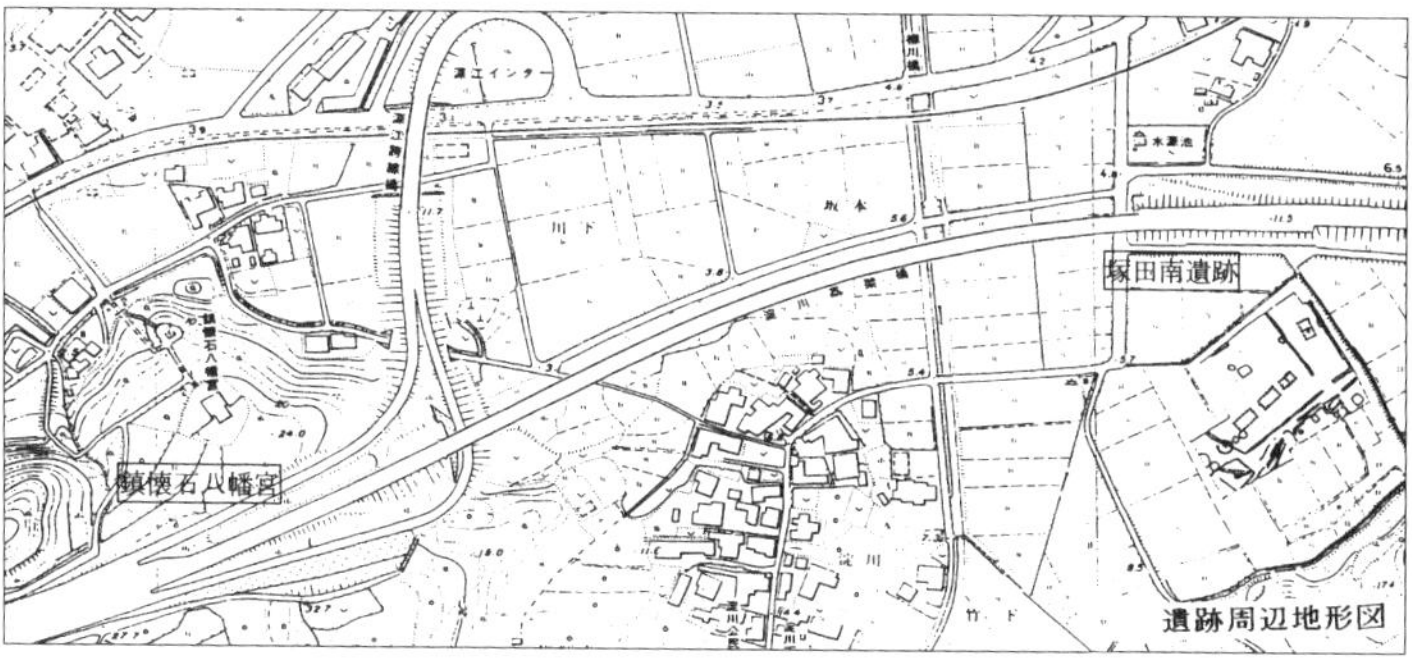

遺跡周辺地形図

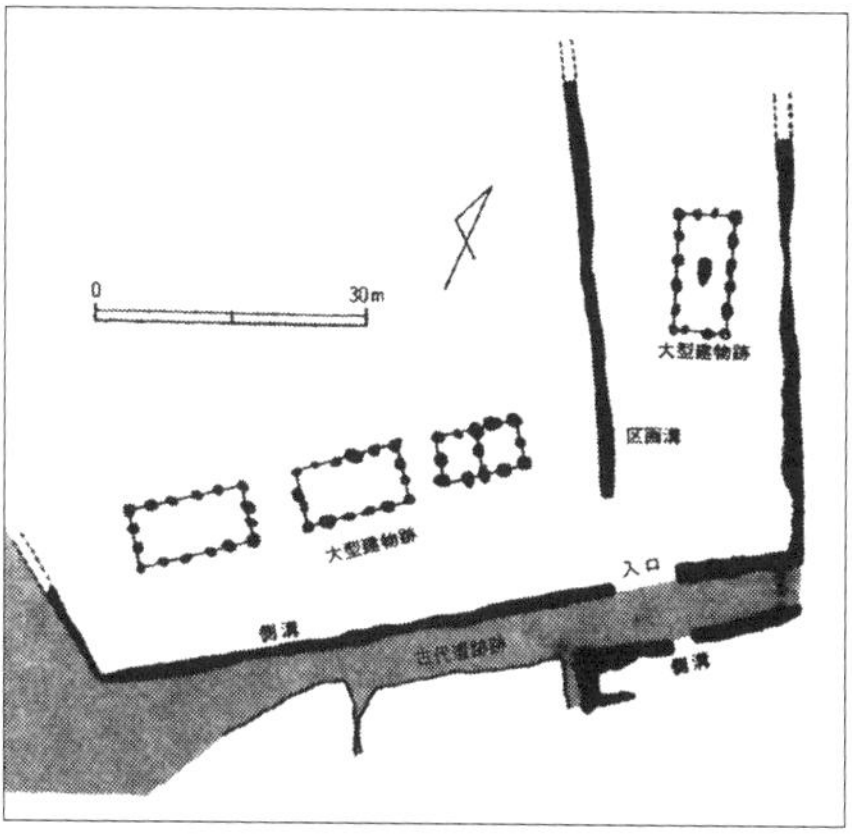

塚田南遺跡平面図

る。「許可」という熟語も、法律では「一般に禁止されている行為を、特定の人に法律の範囲で許すこと」（岩波国語辞典）とあるから、「許り・可り」が距離に使われた場合は、「その距離の範囲内」を示していたことが、漢字の用法からも明らかだ。

万葉集の例にあった「子負の原（現在の鎮懐石八幡宮）」と「深江の駅家（現在の塚田南遺跡と推定される）」とは、直線で八〇〇メートル、古代の入り江沿いを想定してもやっと一二〇〇メートル前後離れているに過ぎない。この距離を山上憶良は筑紫の古老の言に随って「去ること二十許里」と記録した。それは、短里説と併せると「一五〇〇メートル未満」を表していた。伝聞ながらもかなり正確であったのだ。

魏志倭人伝の里程に戻ろう。

一大国の面積は、「方三百里可り」と記してあった。だからこそ、陳寿は、一大国の半周を単純に六百里と計算しなかったようだ。「ばかり」の二倍に注意して、近似値と思われる「五百余里」を加算した。対海国も「七百余里」が加算され、総距離は「一万千九百余里」となる。したがって、伊都国―奴国間の百里は決して傍線行程ではなく、これを足して初めて「万二千余里」が成立するのである。そう仮定すると、陳寿はやはり部分里程をすべて足していたと考えられるのだ。

したがって、陳寿自身は、「奴国への行程」を傍線行程とは端から考えていなかった。むしろ、女王国に至る主線行程の重要な一国と認識していたはずだ。これが、私の得た結論の一である。

陳寿は、対海国・一大国の半周をダブルカウントはしたが、帯方郡治から女王国までの主線行程のすべての部分里程を足し、正確に総里程を算出していたと考えてよい。

右をまとめると、魏志倭人伝行程記事は、「水行一万余里／十日、陸行七百余里／一月」になると、私は読み解いた。「ヅマ国」はどうやら沖縄島のようである。

陸行一月については、私は次の例を掲げてきた。

『邪馬台国』（朝日文庫）のあとがきに次の文章がある。

《このシンポジウムで、茂在氏は倭人伝記載の一里を約九十三メートルと規定し、倭人伝の方位と距離の記載通りに伊都国はじめいろんな国々の位置を推定すると、大体どのあたりになるかを、きわめて実証的に話したが、一九八三（昭和五十八）年八月、東海大学の学生を連れて、魏使が九州へ一歩を印したと見られる佐賀県の呼子港から、実地に海岸を歩き始めた。真夏の暑い季節で、茂在氏より学生の方がへばってしまったため、三日間で打ち切らざるを得なかったが、茂在氏はこの体験から重要なことを発見した。それは「魏志倭人伝」の「草木茂盛し、行くに前の人を見ず」という記述から、当時は、人の通れるような道はほとんどなかったと想定して、リアス式の海岸伝いに歩くと、至るところ難所だらけで、一日の行程は七キロがやっと、ということである。この年は三日間で呼子町から、東松浦半島の西側の肥前町星賀までしか到達できなかった。翌年の同じころ、今度は地元の人々も協力して、星賀を出発したが、海に迫った岡を越えたりして、行程は難渋を極め、二日間で直線距離で約五キロしか離れていない同町高串までたどりつけたに過ぎなかった。茂在氏のこの実地踏査は、勤務の都合から夏休みしか行えず、一九八五年は他の研究のため実施が不可能だったが、今夏以後も引き続き続けていきたいという。そして「このペースなら、三十日歩いて佐世保市あたりまでしか達しないのではないか。従って倭人伝の陸行一月というのは、直線距離にすれば大した距離でない可能性が大きい。それを地図上の計測だけで考えていた、これまでの推論に、大きな誤りがあったのではなかろうか」と指摘している。》

陸行七百里説を採る私には、方角の違いはあるが、この茂在寅男氏（邪馬台国佐世保説）の実践記録が大いに有効である。

倭人伝行程記事の終点、「女王国」も通説の「ジョオウ国」は誤りである。呉音では「ニョワウ国」すなわち「ニョオウ国」と読むべきである。魏使はニョオウ国に到着した。

以上のように、倭人伝の国名を漢和辞典で追究するだけでも、歴史学がいかにその漢字音をおろそかにしてきたか、または実に恣意的に読んできたかがお分かりいただけたであろうか。

『古事記』中の「伊都」

先に、「伊都国の表記は、ひとまず魏志倭人伝の中にしか存在しない。」と述べた。ところが、わが国の『古事記』の中に地名あるいは国名と思われる「伊都」が残されている。もちろん、「イツ」と呉音で読む。国内の史料が、もともと魏志倭人伝の「伊都」を「イツ」と読むべく示唆していたのである。

次が、古事記の中の「伊都」の組み合わせの語のすべてである。比較的長い箇所は傍線部の読みだけを掲げた。

①伊都之尾羽張―イツのおはばり（上巻　伊耶那岐命と伊耶那美命　伊耶那美命の死）
②阿曇連等之祖神以伊都久神也―もちイツく（上巻　伊耶那岐命と伊耶那美命　みそぎ）
③所取佩伊都之竹鞆而―イツのたかとも（上巻　天照大御神と須佐之男命　須佐之男命の昇天）
④伊都之男建―イツのをとたけぶ（上巻　天照大御神と須佐之男命　須佐之男命の昇天）
⑤以伊都久三前大神者也―もちイツく（上巻　天照大御神と須佐之男命　うけい）
⑥伊都岐奉于倭之青垣東山上―イツきたてまつれ（上巻　大国主神　大国主神の国造り）
⑦伊都之尾羽張神―イツのおはばりの神（上巻　忍穂耳命と邇々芸命　建御雷神の派遣）

⑧伊都岐奉―イツきたてまつれ（上巻　忍穂耳命と邇々芸命　天孫降臨）
⑨伊都能知和岐知和岐弖―イツのちわきちわきて（上巻　忍穂耳命と邇々芸命　天孫降臨）
⑩近淡海之御上祝以伊都久天之御影神―もちイツく（中巻　開化天皇）
⑪葦原色男大神以伊都久之祝大庭手―もちイツく（中巻　垂仁天皇　本牟智和気の御子）

右の何例かは、「伊都二字は音を以《もち》いよ」などとの割注がついている。すなわち、わざわざ「イツ」と読めとあるのである。

右のうち、②⑤⑥⑧⑩⑪は、カ行四段動詞【斎《いつ》く】（身を清めて神に奉仕する意）の活用形の違いと複合動詞であるかないかの違いだけで、ほぼ同一の語である。このことからも、「伊都」が「イツ」と読まれていることが否が応でも明らかである。「イトく」という動詞は聞いたことがない。

①③④⑦⑨はすべて格助詞「の」に接続しているから、「伊都」は文法上「体言（名詞）」と考えてよい。しかも固有名詞の可能性が高い。

①を少し詳しく見ると次のようである。

伊耶那岐命が伽具土神を斬る所の刀の亦の名こそ、「伊都之尾羽張《いつのをははり》」と謂う、とある。私は先に、直方市「多賀神社」の祭神伊耶那岐大神が、古事記に「坐二淡海之多賀一也」とあるのを指摘している。「伊都」が地名である可能性がここにある。

③④は天照大御神が須佐之男命を高天原に迎え待つときの軍装と雄叫びを上げる箇所に出てくる。ここの「伊都」も固有名詞と考えられる。

⑦は国譲りの初めに出てくる。

《ここに天照大御神の詔りたまはく、「またいづれの神を遣はさば吉けむ」とのりたまひき。ここに思金の神また諸の神の白さく、「天の安の河の河上の天の石屋にます、名は伊都の尾羽張の神、これ遣はすべし。もしまたこの神ならずは、その神の子建御雷の男の神、これ遣はすべし。（後略）」とまをしき。》とあり、「伊都の尾羽張の神」が出現する。①との関連が深く、「伊都」が地名である可能性がいよいよ高い。

⑨は天孫降臨の主要部分に現れる。天降《あも》りの状況を表した言葉の一つで『日本書紀』の表記に合わせて「稜威《いつ》の道《ち》別き道別きて」と訓読されているが、『古事記』の原文こそが「伊都能知和岐知和岐弖」である。

太安万侶の教養を推し量るとき、彼は『日本書紀』の編纂にも関与しているから、魏志倭人伝中の「伊都国」を認識していたことが知られる。そうすると、一方の古事記に著した①③④⑦の「伊都」を同じ地名・国名として認識していたのではなかろうか。しかも「古事記の伊都」はほとんど「天孫降臨」以前に出現している。この重要性に私は気づいていなかった。

倭奴国と伊都国

すでに、私は「天満倭」考（越境としての古代2）において、

《「天照国照彦天火明櫛玉饒速日尊《あまてらすくにてらすひこあまのほあかりくしたまにぎはやひのみこと》」が三十二将・天物部《あまのもののべ》等二十五部族を率いて豊葦原の水穂

の国に降臨。（天神本紀）
　垂仁天皇十六年（紀元前十四年）、天照大神こと饒速日尊が笠置山（四二五ｍ）に降臨。（天照宮社記等、天照宮は福岡県鞍手郡宮田町磯光に鎮座する）》
　を掲げ、天孫降臨ではなく、天神降臨こそが「倭奴国」の起源であるとした。そうして、卑弥呼を共立したときに「伊都国」となったとも記した。魏志倭人伝には、行程記事の後に、さらに伊都国の記事がある。

　女王国より以北には、特に一大率を置き、諸国を検察せしむ。諸国、之を畏れ憚る。常に伊都国に治し、国中に於いて刺史の如き有り。王使を遣はして京都・帯方郡・諸韓国に詣らしめ、及び郡の倭国に使するや、皆津に臨みて捜露し、文書・賜遺の物を伝送して女王に詣らしめ、差錯するを得ず。

（中略）

　其の国、本亦た男子を以って王と為し、住まること七八十年。倭国乱れ、相攻伐すること歴年、乃ち共に一女子を立てて王と為す。名づけて卑弥呼と曰ふ。


　ここには、冷静に見るかぎり、伊都国の現状と特別の地位が記され、卑弥呼即位前の倭国すなわち倭奴国の歴史とが連続して記してあるとしか考えられない。現状とは、魏使が倭国に来た魏の正始元年（二四〇）の頃を云い、倭国の乱は、『後漢書』には、後漢の桓帝と霊帝の間（一四七〜一八八）のことと記してあって、魏志倭人伝の「七八十年」が二倍年暦であるなら、ぴったり四十年間の歴史事実として重なる。卑弥呼の即位は一八八年か。卑弥呼は二四八年に没している。

　魏志倭人伝の行程記事が最初の魏使の報告に基づくものなら、右の記事はあるいは少帝の八年（二四七年）に倭国に派遣された塞曹掾使張政等の報告であろうか。倭国の内情が克明に述べられている。「一大率」の記事が、「一大国」の軍勢を意味するなら、「饒速日尊が三十二将・天物部等二十五部族を率いて豊葦原の水穂の国に降臨」したことに直結しよう。その上、「国中の刺史」のようである様は、『旧事本紀』中の「国造本紀」すなわち物部氏の統治組織を思わしめるのに十分である。

さらに、最初の魏使が通行することのできなかった「伊都国の津」が記録されている。伊都国の中心地が鞍手郡宮田町の笠置山北麓を八木山川沿いに下った平野部にあったとするなら、津は鞍手町新北《にぎた》にあったとするのが私の仮説である。万葉集八番歌の「熟田津《にぎたつ》」こそ「新北津《にぎたつ》」であり、「伊都国の津」であるとする大胆な仮説を提示している（先の古遠賀湾図参照）。

これらの観点から、伊都国は元倭奴国としてきた。

漢字音から再点検してみよう。

「伊」は『唐韻』於脂切『集韻』於夷切

「倭」は『唐韻』於為切『広韻』烏禾切

紛れもない事実だが、両字は声母「於」が同じであるから、呉音であれ、漢音であれ、「ヰ」である。トーンも同じであるから、全く同一の音と言わざるを得ない。「伊」の音価について、《殷の賢人に、湯王を助けて夏の桀王を討ち、殷の開国の政治に大功のあった「伊尹」なる人物がいる。この人の名が「イヰン」。「伊（イ）」の音符「尹（ヰン）」はワ行の仮名であり、「伊（ただ、これ）」と同義語とされる「惟」・「維」も歴史的仮名遣いでの音はワ行の「ヰ」なのである。》ことも論じた。

国語学の方面では、万葉仮名「伊」からカタカナ「イ」が、「於」からカタカナ「オ」が生じたとされている。ア行の仮名とされているのだ。ところが「倭」字と並べるとき、国語学の定説もまた怪しい。「イ」・「オ」・「伊」・「倭」はすべてワ行なのではないか。漢和辞典の字音もまたいささか頼りない。

少なくとも中国の韻書に基づく限りは、「伊《ゐ》都《つ》国」であり、「倭《ゐ》奴《ぬ》国」である蓋然性が強い。漢字音の上からも、伊都国が元倭奴国との私の仮説は決して荒唐無稽とはならないだろう。

しかし、『古事記』の「伊都」は私の仮説を厳然と否定する。

①伊都之尾羽張―イツのおはばり（上巻　伊耶那岐命と伊耶那美命　伊耶那美命の死）

伊耶那岐命の時代に「伊都」の地が存在した。

③所取佩伊都之竹鞆而―イツのたかとも（上巻　天照大御神と須佐之男命　須佐之男命の昇天）

④伊都之男建―イツのをとたけぶ（上巻　天照大御神と須佐之男命　須佐之男命の昇天）

天照大御神と須佐之男命の時代、高天原に「伊都」の地が存在した。

⑨伊都能知和岐知和岐弖―イツのちわきちわきて（上巻　忍穂耳命と邇々芸命　天孫降臨）

天神饒速日尊が古遠賀湾に侵入したことが天神降臨の史実であるなら、天神はまさしく《「伊都」の地別き道別きて》突入したことが分る。優れて天神降臨の史実を描写していたと言えよう。『日本書紀』「稜《い》威《つ》の道《ち》別き道別きて」の表記には「伊都」隠しの意図が覗いて見える。

魏志倭人伝と古事記の比較の中に見出した史実。それは紀元前から古遠賀湾沿岸に「伊都国」が存在し、天神の侵入後、中国側に「倭奴国」と表記され、『三国志』魏書東夷伝倭人の項いわゆる魏志倭人伝に再び「伊都国」と表記されたということであろう。

『日本書紀』中の「伊都」国

『古事記』《「伊都」の地別き道別きて》が『日本書紀』《「稜威《いつ》」の道《ち》別き道別きて》に書き換えられた可能性を見出したら、神武紀にも「伊都」国の隠されていることが判明した。古事記にない記事であるため、今日まで気づかれずにいたようだ。

（即位前紀戊午年）九月の甲子の朔戊辰に、天皇、彼の菟田の高倉山の巓《いただき》に陟《のぼ》りて、域《くに》の中を瞻《お》望《せ》りたまふ。時に、国見丘の上に則ち八十梟帥《やそたける》梟帥、此をば多稽屢と云ふ。有り。（中略）賊虜の拠る所は、皆是要害の地なり。故、道路絶え塞がりて、通らむに処無し。天皇悪みたまふ。是夜、自ら祈《うけ》ひて寝ませり。夢に天神有りて訓へまつりて曰く、「天香山《あまのかぐやま》の社の中の土を取りて、香山、此をば介遇夜摩と云ふ。天平甍《あまのひらか》八十枚を造り、平甍、此をば毘邏介と云ふ。并せて厳甍《いつへ》を造りて、天神地祇を敬ひ祭れ。厳甍、此をば怡途背と云ふ。亦厳呪詛《いつかしり》をせよ。此くの如くせば、虜自づからに平き伏ひなむ。」とのたまふ。厳呪詛、此をば怡途伽辞離と云ふ。（中略）

天皇大きに喜びたまひて、乃ち丹生の川上の五百箇の真坂樹を抜取《ねこじ》にして、諸神を祭りたまふ。此より始めて厳甍の置《おきもの》有り。時に道臣命に勅《みことのり》すらく、「今高皇産霊尊を以て、朕親ら顕斎《うつしいはひ》顕斎、此をば于図詩怡破毘と云ふ。を作さむ。汝を用て斎主《いはひのうし》として、授くるに厳姫《いつひめ》の号を以てせむ。其の置ける埴甍を名けて、厳甍とす。又火の名をば厳香来雷《いつのかぐつち》とす。水の名をば厳罔象女《いつのみつはのめ》罔象女、此をば、瀰菟破廼迷と云ふ。とす。粮《くらひもの》の名をば厳稲魂女《いつのうかめ》稲魂女、此をば、于伽能迷と云ふ。とす。薪の名をば厳山雷《いつのやまつち》とす。草の名をば厳野椎《いつののづち》とす。」とのたまふ。

神武東征譚の一節である。私は神武の東征先を古遠賀湾沿岸とした。したがって、ここに記された「天香山」は記紀に度々現れる「銅を産出する天香山」であるから、「香春岳」が最有力候補と言わざるを得ない。右の中略部には「銅の八十梟帥」も登場する。近畿奈良県は銅を産しない。また、天神饒速日尊は古遠賀湾西岸の笠置山に宮を構えた後、古遠賀湾東岸の制圧に乗り出したと見られる。ここではその天神が夢で神武に「天香山」の地の攻略法を教えるのである。そこの中心地「天香山」こそ、「『吾は倭の青垣の東の山上に伊都き奉れ』と答へ言らしき。此は御諸山の上に坐す神ぞ。」と古事記にあるように、「大物主神の坐す三輪山」に他ならない。天神降臨前の古遠賀湾沿岸のかなり広域の大物主神の王統の領地こそが「伊都」国であったと推測される。そうすると、次の語群は重要な意味を帯びてくる。

厳甍《いつへ》
厳呪詛《いつかしり》
厳姫《いつひめ》
厳香来雷《いつのかぐつち》
厳罔象女《いつのみつはのめ》
厳稲魂女《いつのうかめ》
厳山雷《いつのやまつち》

厳野椎《いつののづち》
「怡途」の音仮名が不可解である。「怡」は例の「筑前国怡土郡」のイであり、「途」は呉音ヅ・漢音トである。この二字でイツと読めとある。『日本書紀』《「稜威《いつ》」の道《ち》別き道別きて》の表記しか残されていなかったら、『古事記』《「伊都」の地別き道別きて》の表記は何人にも想像すらできなかったであろう。同様に「厳」の表記と「怡途」の音仮名しか残されていなかったら、到底「伊都」の原表記など類推不可能であったろう。確かな証拠はないが、この段の「厳」が元は「伊都」と表記されていた可能性が類推できるなら、ここには「伊都」国の象徴、「伊都」国の呪詛、「伊都」国の神々が述べられていることになる。

中でも、厳香来雷《いつのかぐつち》はどう考えても、「火之伽具土神」と同一神と思われる。その亦の名があるいは「伊都のカグツチ」でもあるなら、「火之伽具土神」は「伊都国」の輝ける主神であったということになる（上川敏美氏が早くに主張されている）。そうすると、この神を殺した伊耶那岐命もまた、天神降臨以前の「伊都」国に侵入し、主神「火之伽具土神」を倒して覇権を奪取した王である可能性を考えざるを得ない。「国生み」は実に「外来者の侵略」に始まったのである。

したがって、伊耶那岐命も伊都之尾羽張神も、そして天神饒速日尊もすべて紀元前の「伊都国」（古遠賀湾沿岸）を侵略した覇王であったと思われるのである。さらには、神武も「伊都国」を侵略し、初代天皇となったのである。換言すれば、「伊都国」（古遠賀湾沿岸）は古来、覇を競って戦乱の絶えない地であったようだ。そこは、後世「豊国」と称された。豊かな国なればこその必然の歴史だったのである。

『日本書紀』にはもう一箇所、何と「伊都国王」が出現している。垂仁二年の記事の分注に出てくる。まず、日本古典文学大系の該当箇所の補注を掲げる。

二　蘇那曷叱智伝説と天日槍伝説（二五八頁注二〇）　蘇那曷叱智伝説は、書紀の本文では、明確に「来朝貢献」記事であり、それに対して天日槍伝説は「渡来帰化」記事であって、前者が「任那国」の使人、後者が「新羅国王子」とされ、どこまでも割り切られている。けれども伝説としてみるとき、両者は同時にそして一括して考える必要がある。

まず蘇那曷叱将は、崇神六十五年に来朝して、垂仁二年に帰国した。書紀は垂仁二年紀帰国の記事に付けて、二つの異伝を分注としてあげている。その一は「意富加羅国王」の子「都怒我阿羅斯等」（またの名は「于斯岐阿利叱智干岐」）の「帰化」の次第と、その本国の国名を「弥摩那国」とするいわれと、その国と新羅国と相怨む起りとの説明であり、その二は、都怒我阿羅斯等が国に在るとき、黄牛を失って白石を得、その白石が童女になり、その童女が東方に向ったのを追い求めて日本に入ったこと、童女は難波及び豊国の比売語曾社の神となってまつられていることを語る。（後略）

その異伝の一には次のようにある。

一に云はく、御間城天皇の世に、額に角有ひたる人、一つの船に乗りて、越国の笥飯浦に泊まれり。故、其処を号けて角鹿と曰ふ。問ひて曰く、「何れの国の人ぞ」といふ。対へて曰く、「意富加羅国の王の子、名は都怒我阿羅斯等《つのがあらしと》。亦の名は于斯岐阿利叱智干岐《うしきありしちかんき》と曰ふ。伝《つて》に日本国《やまとのくに》に聖 皇《ひじりのきみ》有すと聞きて、帰化す。穴門に到る時に、其の国に人有り。名は伊都都比古《いつつひこ》。臣に謂ひて曰く、『吾は是の国の王なり。吾を除きて復二の王無し。故、他処にな往にそ』といふ。然れども臣、究《つらつら》其の為人を見るに、必ず王に非ずといふことを知りぬ。即ち更に還りぬ。道路を知らずして、嶋浦に留連《つたよ》ひつつ、北海より廻りて、出雲国を経て此間に至れり。」とまうす。（後略）

都怒我阿羅斯等が最初に到った国の王の名が伊都都比古なのであるから、組み合わせれば「伊都国王」が明らかに出現している。そこは、「穴門」すなわち今日の関門海峡を領有する国＝豊国である。事実、豊前国香春には今も都怒我阿羅斯等を祀る「現人神社」が鎮座する（香春町の柳井秀清氏に教わった）。ここを辞した都怒我阿羅斯等の行った先が、本稿で詳述した「都怒我＝角鹿→敦賀」の地である。これは都怒我阿羅斯等が最初に倭国に到り、次いで東鯷国にいたった記事と私は確信している（拙論「東西五月行（統一倭国）の成立」越境としての古代3）。なぜなら、都怒我阿羅斯等の渡来期は書紀紀年によれば崇神六十五年（紀元前三六年）のこととなるが、古事記の崇神崩御年干支から推測すると西暦三一八年前後のころと考えられるからである。神功皇后による統一倭国の成立前夜の一史実として、東鯷国を主体とする記述になっていると考えられる。私の仮説ではこの半世紀後に東鯷国が倭国＝旧伊都国を併呑するのである。都怒我阿羅斯等はあるいは豊国よりも強大な勢いを見せ始めた東鯷国の中心部に身を落ち着けたと見るべきかも知れない。

もう一つの異伝の結びには、

求ぐ所の童女は、難波に詣りて比売語曾社の神と為る。且《また》は豊国の国前郡に至りて、復比売語曾社の神と為りぬ。並に二処に祭ひまつられたまふといふ。

とあり、童女が「豊国国前郡《くにさき》」すなわち大分県東国東郡姫島村の社に今も祀られている事実の由来が記されている。その童女を追ってきたのだから、都怒我阿羅斯等が豊国（伊都国）の中心地「香春」の辺りを訪れたことはやはり史実と見てよい。

そこは、魏志倭人伝に記された「伊都国」のかつての領有地でもあろう。

おわりに

邪馬台国論争に新たな一視点を投じようと企てた結果は、魏志倭人伝と記紀の内容が一致するという、ごく平凡なものに到達した。しかしながら、「倭国の初めに伊都国ありき」とする見方は、およそ我国初の解読と自負する。

顧みれば、国学の時代には「漢意」が排され、戦後史学では中国正史を中心に「倭の五王」などが喧伝され、記紀の最も古い部分が一律に架空とされた。共に偏見でしかない。外国の史書と我国の史書が同じ時空間の出来事を記してある以上、必ず共通点が存在するはずだ。その一念で中国の正史と万葉・記紀を一字一字丹念に追究してきたつもりである。先人の権威を畏れず、記述してあるとおりに読む。いわば、「無為自然」の境地に立つよう努めた結果、誤謬も多いかも知れぬが、誰も気づかなかった史実に辿り着いたようである。乞う、ご批判。

（平成十八年如月の望月の頃）

第五章

神武東征の史実

——倭奴国滅び邪馬台国成る

はじめに

また建国記念の日が巡ってくる。『日本書紀』の成立以来、江戸の国学、明治政府、戦後史学、と史実・架空の両説を含め、幾星霜を重ねても初代神武天皇が大和（奈良県）の橿原の地に宮を建てた時を以て、大日本帝国の紀元節もしくは日本国の建国記念の日とする誤解は改まらない。

私は、この『越境としての古代』にシリーズを書き続けて、一貫して《神武は二世紀半ば、天神ニギハヤヒ王朝（『後漢書』に云う「倭奴国」、私の云う「天満倭国」）を侵略し、福岡県田川郡香春岳一ノ岳（記紀に云う畝傍山）の東南麓に都を建て、同じく畝傍山（香春一ノ岳）の東北の陵に葬られた、初代「豊秋津洲倭」王である。》としてきた。

これを冷静に振り返った時、神武の「豊秋津洲倭国」の建国こそが、『後漢書』にいう「邪馬台国」の建国であり、後に倭国大乱を経て、後漢末に卑弥呼を共立するに至る倭国の歴史と合致することに気づかされた。

拙論「倭国易姓革命論」・「天満倭考」・「魏志倭人伝と記紀の史実」を結んで、終に現れた「邪馬台国の成立」を論じる。

一、魏志倭人伝再読

倭人は、帯方の東南、大海の中に在り。

郡より倭に至るには、海岸に循《したが》ひて水行し、韓国を歴《ふ》るに、乍《たちま》ち南し乍ら東す。其の北岸狗邪韓国に至るには七千余里なり。

始めて一海を度る千余里、対海国に至る。

又、南一海を渡る千余里、名づけて瀚海と曰ふ。一大国に至る。

又、一海を渡る千余里、末盧国に至る。

東南陸行五百里、伊都国に到る。官を爾支《にき》と曰ひ、副を泄謨觚《せまこ》・柄渠觚《へここ》と曰ふ。千余戸有り。世《よよ》王有るも皆統べて女王国に属す。郡使往来するに常に駐《とど》まる所なり。

東南して奴《の》国に至るまで百里。官を兕馬觚《しまこ》と曰ひ、副を卑奴母離と曰ふ。二万余戸有り。

東行して不弥国に至るまで百里。官を多模と曰ひ、副を卑奴母離と曰ふ。千余家有り。

南のかた邪馬壱国に至る、女王の都する所にして、水行十日陸行一月。官に伊支馬有り。次を弥馬升と曰ひ、次を弥馬獲支と曰ひ、次を奴佳鞮と曰ふ。七万余戸可り。

南のかた投馬国に至る、水行二十日。官を弥弥と曰ひ、副を弥弥那利と曰ふ。五万余戸可り。

女王国より以北は、其の戸数・道里、得て略載すべきも、其の余の旁国は遠絶にして、得て詳らかにすべからず。

（中略）

郡より女王国に至るまで、万二千余里。

行程だけをまとめた。不弥国の南のかた邪馬壱国は、彦山川流域から宇佐八幡宮周辺にかけての国となろうか。図は、白名一雄氏から紹介されたアレックス・ティングル氏の「世界水没地図」のシー・レベル・ライズ七mのものである。魏志倭人伝の頃の海岸線を想定したもので、山崎光夫氏の古遠賀湾図とほぼ一致する。「末盧国」「伊都国」「奴国」「不弥国」をそれぞれ黒丸で示した。不弥国の東には、もうまもなく香春一ノ岳、私の言う天香山の畝尾（山）が見えてくる。その南麓辺りを女王国の都と推定したのである。

二、古田仮説「邪馬壱国」への疑義

古田武彦氏の九州王朝説は『「邪馬台国」はなかっ

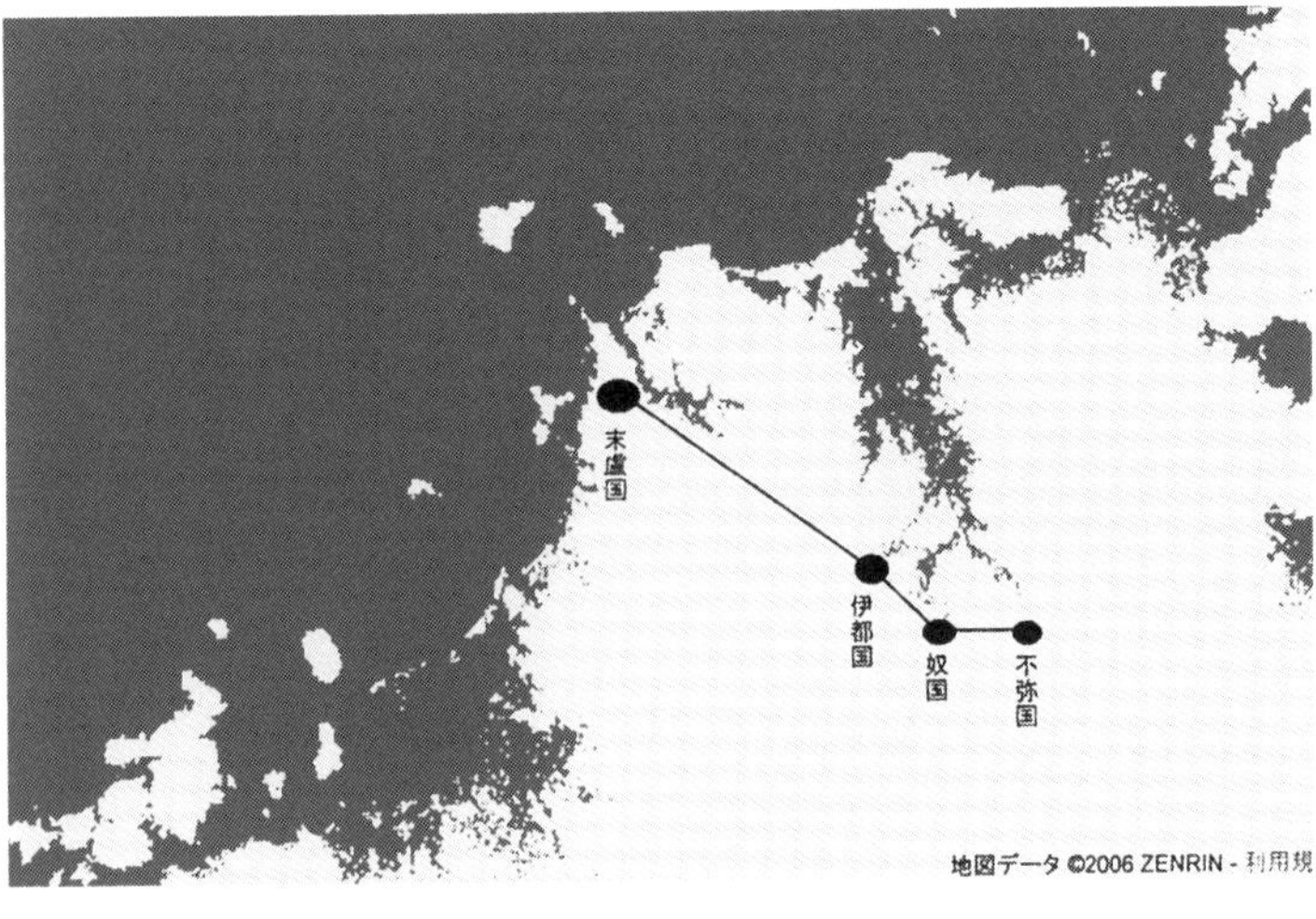

た』の書がその嚆矢となった。その書中、『三国志』には全て「邪馬壱国」とあるから、三世紀に「邪馬台国」はなかった、とする論がある。私も、市民の古代会員の頃から、三世紀は『三国志』の「邪馬壹國」、五世紀は『後漢書』の「邪馬臺國」とする古田仮説に随ってきた。数篇の小論もそう倣って書いてきた。

だが、魏志倭人伝を再読する過程で、「末盧国」「伊都国」「奴国」「不弥国」の比定が、里程と漢語音韻学の再検討から、すべて古田仮説と異なる結果に至った。「論理の赴くところに」忠実に随った結果、倭国の中心国の女王国すら博多湾岸に無かったのである。

私がこれまで述べてきた魏志倭人伝再読の観点からすると、古田仮説の最も根幹を成す「『三国志』原本には邪馬壹國とある」ことを冷静に検証するときが訪れたように思われる。

三、『三国志』と『後漢書』の比較

古田氏は、およそ次のような主張を長年繰り返してきた。

倭奴国が一世紀後漢の名称で、中心国名など現れていない。『三国志』の「邪馬壹国」を「邪馬臺国」と改文したのは、范曄だ。また「臺」字使用は、五世紀なら問題はなく、「邪馬臺国」は〝五世紀当時の呼称〟としてならば、一応認められよう。「邪馬臺（ヤマタイ）国」をもって一世紀（後漢）

や三世紀（魏）の時点の呼称と見なすべき根拠は全くない。（邪馬一国の証明）

これが、逆に「邪馬壹国」こそが三世紀魏の時点の倭国の呼称であるとしてきた古田氏の根拠であろう。実は、これこそが粗雑極まりない仮説であったと言わざるを得ない。

論より証拠、次の「日本建国史（曲学の徒）」というホームページからの「後漢書倭伝に対応する魏志倭人伝の文」を参考にするとただちに解明できることが数点ある。

Aが後漢書倭伝、Bが魏志倭人伝の文である。

（1A）倭在韓東南大海中依山嶋為居　凡百余國　自武帝滅朝鮮　使譯通於漢者三十許國
（1B）倭人在帯方東南大海之中依山島為国邑　旧百余国　漢時有朝見者　今使訳所通三十国
（2A）國皆称王世世傳統其大倭王居邪馬臺國
（魏志倭人伝に対応する文なし。）
（3A）楽浪郡徼去其國萬二千里
（3B）自郡至女王国万二千余里
（4A）去其西北界狗邪韓國七千余里
（4B）到其北岸狗邪韓国七千余里
（5A）其地大較在稽東冶之東
（5B）計其道里当在会稽東冶之東

（6A）土宜禾稲麻紵蠶桑知織績為縑布
（6B）種禾稲紵麻蚕桑緝績出細紵縑綿緜
（7A）出白珠青玉其山有丹
（7B）出真珠青玉其山有丹
（8A）土氣温腝冬夏生菜茹
（8B）倭地温暖冬夏食生菜
（9A）無牛馬虎豹羊鵲
（9B）其地無牛馬虎豹羊鵲
（10A）其兵有矛楯木弓竹矢　或以骨為鏃
（10B）兵用矛楯木弓木弓短下長上竹箭或鉄鏃或骨鏃
（11A）男子皆黥面文身以其文左右大小別尊之差
（11B）諸国文身各異或左或右或大或小尊卑有差
（12A）其男衣皆横幅結束相連　女人被髪屈紒　衣如單被貫頭而著之
（12B）其衣横幅但結束相連略無縫　婦人被髪屈紒　作衣如単被穿其中央貫頭衣之
（13A）並以丹朱坋身如中國之用粉也
（13B）以朱丹塗其身体如中国用粉也。
（14A）有城屋室　父母兄弟異處
（14B）有屋室　父母兄弟臥息異処

（15Ａ）唯会同男女無別
（15Ｂ）其会同坐起父子男女無別
（16Ａ）食飲以手而用籩豆
（16Ｂ）食飲用籩豆手食
（17Ａ）多壽考至百余歳者甚衆
（17Ｂ）其人寿考或百年或八九十年
（18Ａ）國多女子大人皆有四五妻其余或兩或三　女人不淫不妬忌
（18Ｂ）其俗国大人皆四五婦　下戸或二三婦　婦人不淫不忌
（19Ａ）又俗不盗竊少争訟　犯法者没其妻子　重者滅其門族
（19Ｂ）不盗竊少諍訟　其犯法軽者没其妻子　重者没其門戸及宗族
（20Ａ）其死停喪十余日　家人哭泣不進酒食　而等類就歌舞為楽
（20Ｂ）始死停喪十余日　当時不食肉　喪主哭泣　他人就歌舞飲酒
（21Ａ）灼骨以卜用決吉凶
（21Ｂ）輙輒灼骨而卜以占吉凶
（22Ａ）行來度海令　一人不櫛沐不食肉不近婦人名曰持衰　若在塗吉利則雇以財物　如病疾遭害　以為持衰　不謹便共殺之
（22Ｂ）其行来渡海中国詣恒使　一人不梳頭不去幾蝨衣服垢汚不肉食不近婦人如喪人名之為持衰　若行者吉善共顧其生口財物　若有疾病遭暴害便欲殺之　謂其持衰謹

（23A）建武中元二年倭奴國奉貢朝賀　使人自稱大夫　倭國之極南界也　光武賜以印綬安帝永初元年倭國王帥升等獻生口百六十人願請見

（魏志倭人伝に対応する文なし）

（24A）桓霊間倭國大亂更相攻伐歴年無主

（24B）倭国乱相攻伐歴年

（25A）有一女子名曰卑彌呼　年長不嫁　事鬼神道能以妖惑衆　於是共立為王

（25B）乃共立一女子為王　名曰卑弥呼　事鬼道能惑衆　年已長大無夫壻

（26A）侍婢千人少有見者　唯有男子一人給飲食傳辭語　居處宮室樓觀城柵　皆持兵守衛法俗嚴峻

（26B）有男弟佐治国　自為王以来少有見者　以婢千人自侍唯　有男子一人給飲食伝辞出入　居処宮室楼観城柵厳設　常有人持兵守衛

（27A）自女王國東度海千余里　至狗奴國　雖皆倭種而不屬女王

（27B）女王国東渡海千余里　復有国　皆倭種

（28A）自女王國南四千余里至侏儒國　人長三四尺

（28B）又有株儒国在其南人長三四尺　去女王四千余里

（29A）自侏儒東南船行一年　至裸國黒齒國　使譯所傳極於此矣

（29B）又有裸国　黒歯国　復在其東南　船行一年可至

（30A）会稽海外有東鯷人　分二十國　又有夷洲澶洲　傳言秦始皇遣方士徐福将　童男女數千人入海求蓬莱神仙不得　徐福畏誅不敢還　遂止此洲　丗丗相承有數萬家人民時至稽市会稽東冶縣人

有入海行遭風流移至洲者　所在絶遠不可往來

（魏志倭人伝に対応する文なし。ただし、呉書「孫権」伝にほぼ同文あり）

右の対照表を掲げて、「曲学の徒」氏は次のような意見を述べている。

二つの史書を読み比べて極めて興味深い事実が読み取れる。

そのひとつはこれだけ良く似た文章でありながら、完全に一致する文章はひとつも無いことである。『後漢書』倭伝が『魏志倭人伝』を参照して書かれたという説に疑問を投げかける。

二つ目は『後漢書』倭伝に対応する文が『魏志倭人伝』に九割以上存在することである。このことは『後漢書』倭伝の参照した資料が多くはないことを意味する。おそらく最後（30Ａ）の一文を除いて他は、『魏志倭人伝』と共通する資料に基づくと推測される。

さらに別のページで次のように述べている。

范曄が『後漢書』倭伝を撰述した頃には、陳寿の『三国志』は、すでに史書として高い評価を得ている。

もし范曄が『魏志倭人伝』の記述を、何の根拠もなく意訳したり、改変したとしたら、『三国志』を知る人から、范曄の史家としての資質を疑われることになる。

先行する、評価の高い史書と異なる記述を成すには、相応の確証を持っての記述である。

范曄は『魏志倭人伝』の、原典となった史書を参照した可能性が高いのである。范曄の時代であれば、『魏志倭人伝』の原典となる史書が、存在した可能性は否定できない。


「曲学の徒」氏の推測の評価はひとまず措くとしても、先の対照表には、重要な事実が横たわる。
①『後漢書』倭伝には、後漢時代（西暦二五から二二〇年）の倭国が記録されている。したがって、一世紀の倭奴国も二世紀の倭国大乱も三世紀卑弥呼のことも当然書かれている。卑弥呼は後漢から魏の王朝交替期に存在した女王である。
②『魏志倭人伝』には、三国時代（西暦二二〇から二八〇年）の倭国が主に記録されている。『三国志』自体が、後漢末の史実から書き出しているように、『魏志倭人伝』も後漢時代の倭国から継続して記している。
③『後漢書』倭伝は、明らかに魏朝の倭国記事（遅くとも二四〇年の倭国遣使以降）を載せていない。したがって、范曄の『後漢書』倭伝は用意でき得るだけの史料を集め、陳寿の『三国志』倭人の条を確認した上で、後漢代の倭国を記録したと考えるのが穏当である。『後漢書』倭伝が『魏志倭人伝』を改文したとする根拠は特に無い。

（2A）國皆称王世世傳統其大倭王居邪馬臺國
（魏志倭人伝に対応する文なし。）

の部分も、五世紀の倭国の呼称とするのは拙速であって、范曄は「倭国大乱から卑弥呼共立の頃の倭国」、すなわち二〜三世紀の倭国の呼称を「邪馬臺國」と考えて記録したと思われる。決して五世紀の呼称ではない。古田氏の《「邪馬臺《ヤマタイ》国」をもって一世紀（後漢）や三世紀（魏）の時点の呼称と見なすべき根拠は全くない。》ことこそ、その根拠はなかったのである。（傍点部は福永による）

また、古田仮説には次のような奇妙な説がある。

『三国志』

…邪馬臺國女王之所都…可七萬餘戸…

…邪馬一国は女王の都するところ…戸は七万余戸なるべし…

『三国志』は、女王の都する所を言っている。戸数七万戸という、たいへんな広がりでしょう。そのたいへんな広がりの国を邪馬臺国と呼んでいる。都全体である。

『後漢書』

…其大倭王居邪馬臺國…

…その大倭王、邪馬台国に居す…

ところが『後漢書』では、そうではない。つまり倭国の中心、代々の大倭王の住んでいるところは「邪馬台国」というところだと言っている。大倭王一人がいるところが主語となっているのです。その場所を「邪馬臺國」だと言っている。

（一九九八年九月二六日（土）大阪　豊中解放会館）

范曄は、二四〇年の倭国遣使以降の魏朝の倭国記事を採っていないから、「…邪馬臺國女王之所都…可七萬餘戸…」を記録するわけがない。それを以て「国」の大きさが違うなどという説はあまりにも頓珍漢に過ぎる。このおかしい点を追究して、私は後に、五世紀まで続いていた「邪馬台国」を、万葉集から見出し、「水沼の皇都」遷都論を唱えて、福岡県三潴郡にその皇都を比定し得たのである。

（その契機となった万葉集二四六〇・二四六一番歌を問題提起した最初の人は故高田かつ子氏ではなく、長井敬二氏であったことをここに明言する。）

また、古田氏は同じ講演で次のようにも述べた。

何かというと、中国の王朝にはA、B、C、D、Eと次々時代によって王朝の歴史書が作られている。その王朝の真ん中で作られたものもあるし、直後に作られたものもある。大体その王朝が終わってから、その直後の王朝に作られるようですが、『史記』『漢書』はその王朝の最中に作られる。『三国志』は（曹）魏がおわって後の（西）晋の王朝で作られた。ですから王朝が終わって次の王朝に作られるというルールは、『三国志』から始まったと言っても良いようですが。いずれにしても皇帝が承認した正史。個人が勝手に書いたものではなくて、これは間違いないですよと、「王朝としてそれを承知します」と、決定済みであるものが「正史」と呼ばれる。

正史ですから、正史Bは以前に書かれた正史Aを無視して書くことは許されない。当然正史Aを土台にして、前提にして、それにないプラスを書き加えるのがルールである。以前の正史を、そんなものは私は知らんよ。私が書いたものではないのだから、勝手に書くよというものではない。そういう書き方はしない。当然といえば当然である。そういうルールが成立している。言葉でいえば「承前叙述・継史書」である。わたしはそういう名前で呼んでおきます。

この中国正史に対する見方はおおむね肯定できよう。この見方からしても、范曄は陳寿の『三国志』倭人の条を継いで、「邪馬臺國」と記録したことになり、改文はしていないはずである。では、どうして現存する『三国志』の版本（中国では、六世紀から木版による印刷が行われていた）は、すべて「邪馬臺國」なのか。むしろ論理はそう進行すべきであった。

四、『隋書』俀国伝の証明

俀國在百濟新羅東南。水陸三千里。於大海之中依山島而居。魏時、譯通中國、三十餘國。皆自稱王。夷人、不知里數、但計以日。其國境東西五月行、南北三月行、各至於海。其地勢、東高西下、都於邪靡堆。則、魏志所謂邪馬臺者也。

俀国は百済・新羅の東南に在り。水陸三千里。大海の中に於て山島に依りて居す。魏の時、訳の中国に通ずるもの、三十余国。皆自ら王と称す。夷人、里数を知らず、但だ計るに、日を以てす。其（俀国）の国境、東西五月行、南北三月行、各々海に至る。其の地勢、東高く、西下り、邪靡堆に都す。則ち、魏志に謂わゆる邪馬臺なる者なり。

『後漢書』から『隋書』に至るまでの各正史の倭伝には、すべて「邪馬臺國」が現れる。「邪馬壹國」は一切現れない。

私は、「東西五月行（統一倭国）の成立」を著したころに、呉音・漢音問題に深入りし、記紀と中国正史の関わりを私なりに深く考えていた。その時から、「都於邪靡堆。則魏志所謂邪馬臺者也。」の一句は、私の頭から離れたことがない。

魏志が『三国志』のうちの「魏志」を指すことは明らかであり、さらに倭人の条を引いていることも明らかである。『隋書』は唐の魏徴らが太宗の勅を奉じて編集した正史である。七世紀半ばごろに成立した。つまり、『隋書』の編者はその当時（唐）に存在した正史『三国志』の版本から「邪馬臺」の表記を得たか、または、隋朝の史官の史料をそのまま採用したかであり、それ以外は考えられない。

隋・唐代には「邪馬臺」と記す『三国志』の版本があったことを疑いがたい。

また、「邪馬臺」の呉音は「ヤマダイ」であり、漢音は「ジャバタイ」である。漢音とは、我が国の遣唐使が唐の長安の都からもたらした中古音とされているから、『隋書』の編者らは『三国志』の版本の「邪馬臺」を「ジャバタイ」と発音したらしい。

ところが、隋に遣使した頃の倭人は、まだ呉音を用いていたようだ。「邪馬臺」を「ヤマダイ」と発音したことは想像に難くない。なぜなら、奈良朝に編纂された『古事記』はすべて呉音で書かれ、平安朝になって「漢音を用いよ」との勅が出された事実があるからである。

この日中間の隋・唐初の発音の違いが、
都於邪靡堆（邪靡堆に都す、ジャバタイにみやこす）
の一句を追加する要因であったと私には考えられる。
「邪靡堆」のうち、「靡」字には「ビ・ミ」の音があり、これを論ずる学者が多いが、「ビ・ミ」はすべての漢和辞典にも「慣用音」とあり、当たらない。むしろ、「邪馬臺」の「馬」字の音を示しているのだから、『集韻』にある「眉波切」「謨加切」を採用すべきで、呉音「マ」、漢音「バ」である。「ーa」の母音はおよそ上古から現代まで変化していない。

当時の日中間の発音が同じであれば、この一句は必要なく、ただ「都於邪馬臺」と記録すれば十分だったはずである。

しかし、隋・唐の史官は仕事が丁寧だった。皇帝や士大夫が読み誤ることのないように、「邪靡堆」、すなわち漢音「ジャバタイ」を示したと考えられる。その上で、「則魏志所謂邪馬臺者也」の元表記を添えたと思われる。

もう一つの可能性は、隋に遣使してきた倭人が漢音を話した場合である。その場合でも、先ず音を写し、それから表記を添えたと見られる。

いずれにしろ、隋・唐に存在した『三国志』の版本には「邪馬臺國」とあったことが、音韻上証明されていよう。

倭人も国号を「邪馬壹國」と名乗った形跡がなさそうだ。もしあったとしたら、その表記が併記され、例えば「都於邪靡一」の併記があってもおかしくない。

正史Bは正史Aを継ぐはずだが、事実は共にない。

では、なぜ「邪馬壹國」と表記する『三国志』の版本が現存するのか。

五、「邪馬壹國」の出自

古田仮説に対して、何人かの学者が反論している。その中に、尾崎雄二郎氏の貴重な反論があった。古田氏は次のように再反論している。（『邪馬壹國の論理』一七三～一七七頁から抄出する。）

(4) 犬臺宮と太壹宮について

尾崎氏はつぎのように言われる。

「犬臺宮が太壹宮と書かれた例（漢・江充伝。これは字形の類似の上に、さらに「太一」が存在することによってそれにも引かれたのであろう）などもあって、漢土のことなら何でも、というわけには行かないことがわかる。要はそれらの文字を含むことばの、一般的な『知られ』の程度に、かかわるであろう。」

尾崎氏は中国内においても「壹―臺」のあやまりの存する例として右のように論じられた。

ところがこれは、『漢書』において、顔師古註の中に、つぎのような形で出現している例である。

〈本文〉初、充召見二犬臺宮一。

〈註記〉晋灼曰、黄図上林有二犬臺宮一。外有二走狗観一也。
　　師古曰、今書本、犬臺有レ作二太壹字一者誤也。漢無二太壹宮一也。
　　　　（『漢書』第十五、蒯伍江息夫伝、廿四史百衲本所収、北宋景祐刊本）

右の註記にあらわれた状況はつぎのようである。

（イ）晋の晋灼は、「黄図上林」によって、「犬臺宮」を解説し、外に小犬が走るのが見える宮殿であるから、その名がある、と説いた。

（ロ）唐の顔師古は、当時（唐代）の本に、この「犬臺宮」を「太壹宮」としているものがあることを指摘した上、これはあやまりだ、と判断した。なぜなら、漢代には「太壹宮」というものは存在しなかったから、というのである。

　右において、問題の焦点は「太壹宮」という字面をもつ「今書本」である。この「今の書本」（あるいは、他では「今の流俗の書本」ともいう。左例参照）という表現は、顔師古の註記にしばしば出現する慣例表現である。その用法をしらべよう。

　以上のような「今書本」「今流俗書本」の用法は、顔師古註に頻出する。要するに、当代（唐）には、〝後代の知識をもって安易に原文面を改定した改定刊本、輯書の類〟が流布していた状況がうかがえる。顔師古註の一つの重要なねらいは、これら後代の改定をしりぞけ、「古形を復元する」ことだったのである。そして、この北宋景祐本『漢書』（廿四史百衲本所収）は、よくその原形を保っている刊本なのである。

このように検してくれれば、問題の「犬臺宮→太壹宮」という改定を行なった「今の書本」の史料性格も明らかとなろう。「犬臺宮」という字面を奇異とし、（とくに、「臺」は「宮」を指すこととなったため、後代からはこの両字は重複と見えるようになった。また「犬」字も宮殿名につかわしくない。）これを「太壹宮」と「改定」しているのである。

さらに論をすすめれば、この「犬臺宮→太壹宮」の改定は、「邪馬壹国→邪馬臺国」という改定とも、同じ心理にささえられていることを指摘せねばならぬ。すなわち、

①「邪馬壹」の字面を怪しむ。

②「壹―臺」は字形が似ているから、あやまったのだろう、と推断して「改定」する。

この二点である。

したがってこの例は、〃『三国志』以外ではあるけれども、「壹と臺」と両字面の錯誤が存在した〃という屈強の事例として、尾崎氏によって提出されたのであるが、その実は、〃原文の「臺」を軽々しく後代の知見をもって「壹」と改めた〃という悪例だったのである。

よって、尾崎氏はわたしの論証に反論せんとして、かえってわたしのために、このように意義深き用例を摘出して下さることとなったのである。

先ず、尾崎氏の《犬臺宮が太壹宮と書かれた例》の指摘ははなはだ鋭い。次に古田氏がそれに対して《唐の顔師古は、当時（唐代）の本に、この「犬臺宮」と「太壹宮」としているものがあることを指摘した上、これはあやまりだ、と判断した。なぜなら、漢代には「太壹宮」というものは存在しな

かったから、というのである。》や《以上のような「今書本」「今流俗書本」の用法は、顔師古註に頻出する。要するに、当代（唐）には〝後代の知識をもって安易に原文面を改定した改定刊本、輯書の類〟が流布していた状況がうかがえる。》とした点はいよいよ優れた指摘である。

両者は、結局、「唐代に臺→壹の改定がある」ことを共に指摘しているのである。

換言すれば、

「臺→壹の改定は唐代に始まった」

と言っても過言ではなかろう。

古田氏は《『三国志』の版本にはすべて「邪馬壹国」とあるから、『三国志』原本も「邪馬壹国」であろう》と主張し続けたが、その版本こそ**十二世紀南宋の紹興本・紹熙本**ではなかったか。したがって、三世紀の『三国志』原本にもやはり「邪馬臺國」とあったと見るほうが合理的であると、私には推理される。古田氏の推理は、畢竟、牽強付会にしか過ぎない。

右の尾崎氏への再反論の後半において、あろうことか、古田氏は「論のすり替え」まで行っている。

さらに論をすすめれば、この「犬臺宮→太壹宮」の改定は、「邪馬**臺**国→邪馬**壹**国」という改定とも、同じ心理にささえられていることを指摘せねばならぬ。すなわち、

①「邪馬**臺**」の字面を怪しむ。

②「**臺**―**壹**」は字形が似ているから、あやまったのだろう、と推断して「改定」する。

この二点である。

太字で示した部分が私の推理で修正したものである。この部分に明らかに古田氏の「論のすり替え」、いわば「我田引水」の手法が現れている。私の推理のようにあってこそ、初めて、古田氏の再反論の《その実は、〝原文の「臺」を軽々しく後代の知見をもって「壹」と改めた〟という悪例だったのである。》という結びと首尾一貫するのである。

この結びも「悪例」どころか、全面的に学問上正しい「最適の実例」である。この尾崎氏の《〝原文の「臺」を軽々しく後代の知見をもって「壹」と改めた〟という「最適の実例」》を率直に真摯に受け容れ、「南宋代の版本も同じ轍を踏んだのであろう」と推理するのが、「論理の赴く」ところであって、決してその逆ではあるまい。

すでに、私は唐代王維の詩中の「九州何処遠」の一句一字にこだわり、狂おしいまでの中華思想を打ち立てた宋の儒学者が「九州何処所」を改定したらしいことを明らかにした。（拙論「九州の発見」『九州王朝の論理』所収）その点も考慮すれば、中華思想の宋儒が「天子の居所」たる「臺」が東夷の国名にあることを怪しみ、「邪馬壹国」と改定したと思われてならない。いわば、「邪馬壹国」こそ、宋儒による「邪馬臺国」の改定だったようだ。

「邪馬壹国」を「邪馬臺国」の誤りとしてきた通説も、三世紀は「邪馬壹国」だったと主張する古田仮説も、共に誤りであった。

六、平安朝写本の証明

傍証となるかどうかは確かでないが、三国志を認識していた『日本書紀』の編者が、次の歌謡を書き記している。

夜摩苔波　區珥能摩保邏摩　多々儺豆久　阿烏伽枳　夜摩許莽例屢　夜摩苔之于屢破試

倭《やまと》は　國のまほらま　畳《たたな》づく　青垣　山籠《こも》れる　倭し麗《うるは》し

初句を「ヤマタイハ」と訓読できるなら、書紀の編者の見た三国志も「邪馬臺」と記してあったのではないか。そして、「邪馬臺」と倭《やまと》を連結する意図があったのではないかと、『古代史最前線』紙上で述べた。

次は確実な史料である。

倭國

憑山負海鎮馬臺以建都　後漢書曰倭在朝東南大海中依山島居凡百餘國自武帝滅朝鮮使譯通漢於者卅餘國稱王其大倭王治邦臺樂浪郡徼去其国万二千里甚地大較在會稽東冶之東与珠崖儋耳相近魏志曰倭人在帶方東南参問倭地絶在海中洲島之山或絶或連周旋可五千餘里

九世紀初めに書写され我国にだけ残された天下の孤本『翰苑』の倭国の冒頭部である。中国は唐の時代にもたらされたものの写本であるから、前段の証明に成り得よう。

山に憑り海を負ひ、馬臺に鎮して、以て都を建つ

馬**臺**はもちろん「邪馬臺國」の謂いである。割注に『後漢書』や『魏志』が引かれているから、両

書とも「邪馬臺國」と記してあったことが推測される。張楚金もそれ故にこそ「馬臺」と表現したに相違なかろう。九世紀初の唐には未だ「邪馬壹國」と記した『三国志』の写本・版本は出ていなかったようである。

卑弥呼は固より三世紀「邪馬臺國」の女王であった。十二世紀南宋の版本『三国志』の「邪馬壹國」は結局、その版本の中にのみ存在し、三世紀の倭国には実在しなかったのである。

七、神武東征の史実

『三国志』も『後漢書』も「邪馬臺國」であったとする時、拙論「天満倭考」で述べたとおり、《神武は二世紀半ば「倭国大乱」のころ、天神ニギハヤヒ王朝（『後漢書』にいう「倭奴国」、私のいう「天満倭国」）を侵略し、福岡県田川郡香春岳一ノ岳（記紀にいう畝傍山）の東南麓に都を建て、同じく畝傍山（香春一ノ岳）の東北の陵に葬られた、初代「豊秋津洲倭」王である》としてきたのであるから、神武は《「倭奴国」を滅ぼし、「邪馬台国」を建国した》初代「豊秋津洲倭国」王となる。実に、神武東征の結果こそが「邪馬台国」建国であった。

倭奴国のほとんど最後の王に当たると思われるのが、

安帝永初元年、倭國王帥升等生口百六十人を獻じ、請見を願ふ。

倭國王帥升と目される。紀元一〇七年に在位した「倭奴国」王である。『後漢書』は
桓霊の間、倭國大いに亂れ、更も相攻伐し、歴年主無し。
一女子有り、名を卑彌呼と曰ふ。年長じて嫁せず、鬼神道に事へ能く妖を以て衆を惑はす。是に於
いて共立されて王と為る。
と続くが、この「倭国大乱」時に神武東征があったのであれば、そこで「倭奴国」が滅び、「邪馬
台国」が成立したと見るべきだったのである。「歴年主無し」が、記紀のいわゆる「欠史八代」に相
当し、卑弥呼は「邪馬台国大乱」の後、崇神天皇紀の頃に共立されたのであった。事実、神武朝（邪
馬台国）は終に「後漢」に遣使することなく、「魏」に交替して初めて遣使したのである。故に、范
曄は『後漢書』倭伝に、邪馬台国の女王卑弥呼の共立までを載せ、魏朝の倭国記事（二四〇年の倭国
遣使）を載せていないのである。
中国の正史と記紀は、大義名分上も合致していたのである。

おわりに

『三国志』原本も「邪馬台国」であったと推理できたことによって、神武東征が史実である可能性
が非常に強まった。それと同時に、神武東征が古遠賀湾沿岸の「天満倭国」の侵略であることが明ら
かになり、必然的に「邪馬台国」も「倭奴国」の地に建国されたことが明らかになってきた。ここで

も「邪馬台国」近畿説は成立しないし、博多湾岸説も成立しないのである。

次回、神武東征が古遠賀湾沿岸で繰り広げられたことを、現地伝承を基にしつつ検証し、神武天皇紀を史実として復元してみたい。

第六章

神武は筑豊に東征した——

「神武天皇紀」復元の一試行

はじめに

現在、二月十一日に建国記念の日が制定されている。『日本書紀』の成立以来、江戸の国学、明治政府、戦後史学、と史実・架空の両説を綯い交ぜ、幾星霜を重ねても初代神武天皇が大和（奈良県）の橿原の地に宮を建て即位した時を以て、大日本帝国の紀元節もしくは日本国の建国記念の日とする誤解は改まらない。

『越境としての古代』に「倭国易姓革命論」「天満倭考」「魏志倭人伝と記紀の史実」等を書き続けて、一貫して《神武は二世紀半ば、天神ニギハヤヒ王朝（『後漢書』に云う「倭奴国」、私の云う「天満倭国」）を侵略し、福岡県田川郡香春岳一ノ岳（記紀に云う畝傍山）の東南麓に都を建て、同じく畝傍山（香春一ノ岳）の東北の陵に葬られた、初代「豊秋津洲倭」王である。》としてきた。すなわち、神武は筑豊に東征したのである。

最近、「豊秋津洲倭」は、『後漢書』に云う「邪馬台国」であり、卑弥呼を共立するに至る系譜と考えられるようになった。南宋『三国志』版本に現れる「邪馬壹国」の名称が二・三世紀から少なくとも九世紀までの日中の写本・版本には全く見られないことから、「邪馬壹国」はなかったことを明らかにし、結局、「豊秋津洲倭」の成立がそのまま「邪馬台国」の成立であることを再確認した。

さらに、『日本書紀』「神武天皇紀」には、天神ニギハヤヒの降臨譚、奈良県大和に東征したニギハヤヒ直系の王族の大和東征譚（銅鐸文化圏侵入譚）、そして歴史事実としての神武筑豊東征譚とが合成されていると分析し、その仮定に立って神武紀を解読してきた。

今、ようやく「史実としての神武東征」をまとめて述べるとともに、未だ誰も挑んだことのない「神武天皇紀」復元の試みをなす時がきたように思う。

一　東征謀議

神日本磐余彦天皇《かむやまといわれひこのすめらみこと》、諱《いみな》は彦火々出見《ひこほほでみ》。彦波瀲武鸕鷀草葺不合尊《ひこなぎさたけうがやふきあへずのみこと》の第四子也。母は玉依姫《たまよりひめ》と曰ひ、海童《わたつみ》の少女《むすめ》也。天皇生まれながらにして明達。意礭如《こころかた》し。年十五にして立ちて太子《ひつぎのみこ》と爲る。長じて日向國吾田邑《あたのむら》の吾平津媛《あひらつひめ》を娶りて妃と爲し、手研耳命《たぎしみみのみこと》を生む。年四十五歳に及びて、諸の兄及び子等に謂ひて曰く、「昔我が天神、高皇産靈尊《たかみむすひのみこと》・大日孁尊《おほひるめのみこと》、此の豊葦原瑞穗國を擧《ことあげ》して、我が天祖彦火瓊々杵尊《ひこほのににぎのみこと》に授けき。是に、火瓊々杵尊、天關《あまのいはくら》闢《ひきひら》き、雲路披《おしわ》け、仙蹕《みさきはらい》駈《お》ひて以ちて戻《いた》り止まる。是の時に、運は鴻荒《あらき》に屬《あた》り、時は草昧《くら》きに鍾《あた》る。故、蒙《くら》きを以ちて正しきを養ひ、此の西の偏《ほとり》を治《しら》す。皇祖皇考《みおや》、乃神乃聖《かみひじり》にして慶《よろこび》を積み、暉《ひかり》を重ねて、多《さは》に年所《とし》を歴《へ》たり。天祖の降跡《あまくだ》りしより以逮《このかた》、今、一百七十九萬二千四百七十餘歳。而るに遼邈《とほくはるか》なる地は、猶未だ王澤《わうたく》に霑《うるほ》はず。遂に邑《むら》に君有り、村に長《おさ》有り、各自《おのおの》疆《さかひ》を分かち、用《も》て相い凌《しの》ぎ躒《きしろ》はしむ。抑又《はたまた》盬土老翁《しおつちのおぢ》に聞くに、曰く、『東に美《うま》し地《くに》有り。青き山四《よも》に周《めぐ》り、其の中に亦天磐船《あまのいはふね》に乗りて飛び降《くだ》る者有り』と。

余、謂《おも》ふに、彼の地は、必《かなら》ず以ちて大いなる業《わざ》を恢《ひら》き弘《の》べて、天下《あめのした》に光り宅《を》るに足るべし。蓋《けだ》し六合《くに》の中心《もなか》か。厥《そ》の飛び降る者は、是饒速日《これにぎはやひ》と謂ふか。何ぞ就《ゆ》きて都なさざらん」。諸《もろもろ》の皇子對《こた》へて曰く、「理實灼然《ことわりいやちこ》なり。我も亦恆《つね》に以ちて念《おもひ》と爲す。宜《よろ》しく早《すみやか》に行ふべし」。是の年、太歳甲寅。

この神武即位前紀の東征謀議にすべての歴史事実がもともとは述べられていたようだ。

①昔我が天神、高皇産靈尊・大日孁尊、此の豊葦原瑞穂國を擧して、我が天祖彦火瓊々杵尊に授けき。是に、火瓊々杵尊、天關闢き、雲路披け、仙蹕駈いて以ちて戻り止まる。

これは、記紀のイデオロギーであり、実際に、三十二将・天物部等二十五部族を率いて豊葦原の水穂の国（古遠賀湾沿岸＝今日の遠賀川流域）に降臨（侵入）したのは、天の忍穂耳の命の長男、天照国照彦天火明櫛玉饒速日尊である。「豊」は通説のように美称と解してはならず、「豊国」を示す実辞であったのだ。これらは、拙論「天満倭考」で、『先代旧事本紀』「天神本紀」と『古事記』「天孫降臨」と現地伝承とから復元した。饒速日尊の「天神降臨」を、神代から一貫して、天祖彦火瓊々杵尊の「天孫降臨」に摩り替えた記述である。

冒頭の「天神」は、高皇産靈尊（＝高木神）・大日孁尊（＝女性神の天照大神）・天祖彦火瓊々杵尊の共通の祖としての天神である。「仙蹕」とは、「神仙の通る時の先払い。転じて、天子の行列」を謂う。『懐風藻』序にも「襲山降蹕之世」の語句が見え、日本古典文学大系は、「日向の襲の高千穂の峰に天孫が降臨した時。蹕は車のさきばらい、行幸をいう。降蹕は御車（天孫）が天上より降ること、天孫降臨の意。」と注している。共に史実は、「垂仁天皇十六年（紀元前十四年）、天照大神（天神）こと饒速日尊が笠置山（四二五ｍ）に降臨（天照宮社記等、天照宮は福岡県鞍手郡宮田町〈現宮若市〉磯光に鎮座する）」したことを指すようだ。天照宮の神紋が「御車（天神）」であることは、偶然の一致とは考えにくい。

この短い章句の中で、天神の直系にして天照大神でもあった男性神「饒速日尊」の大事業「天神降臨」を、傍系の天祖彦火瓊々杵尊の「天孫降臨」に切り替えたのである。

②是の時に、運は鴻荒に屬り、時は草昧きに鍾る。故、蒙きを以ちて正しきを養い、此の西の偏を治す。

御車の神紋（天照宮）

ここは、摩り替えがなく、瓊々杵尊が「中央の天神の国（古遠賀湾沿岸地域）」に対して「西の偏（博多湾岸）」を治めたことが語られている。この地は、天の忍穂耳の命の次男たる迩迩藝の命（＝瓊々杵尊）が（長男天の火明の命〈＝饒速日尊〉とは別に）五伴の緒（五つの部族）を率い、竺紫日向之高千穂之久士布流多気に降臨した（記）、いわゆる天孫降臨の地である。今日の糸島半島とその周辺である。

東征謀議の前に記された、十五歳の立太子の件は初代天皇の大義名分に合わず、長じての婚姻相手の日向国も合わない。「吾田邑の吾平津媛」については、神代第九段一書（第六）に、瓊々杵尊と婚姻した木花開耶姫の亦の号が「豊吾田津姫」となっていることに留意しなくてはならないだろう。「吾田邑の吾平津

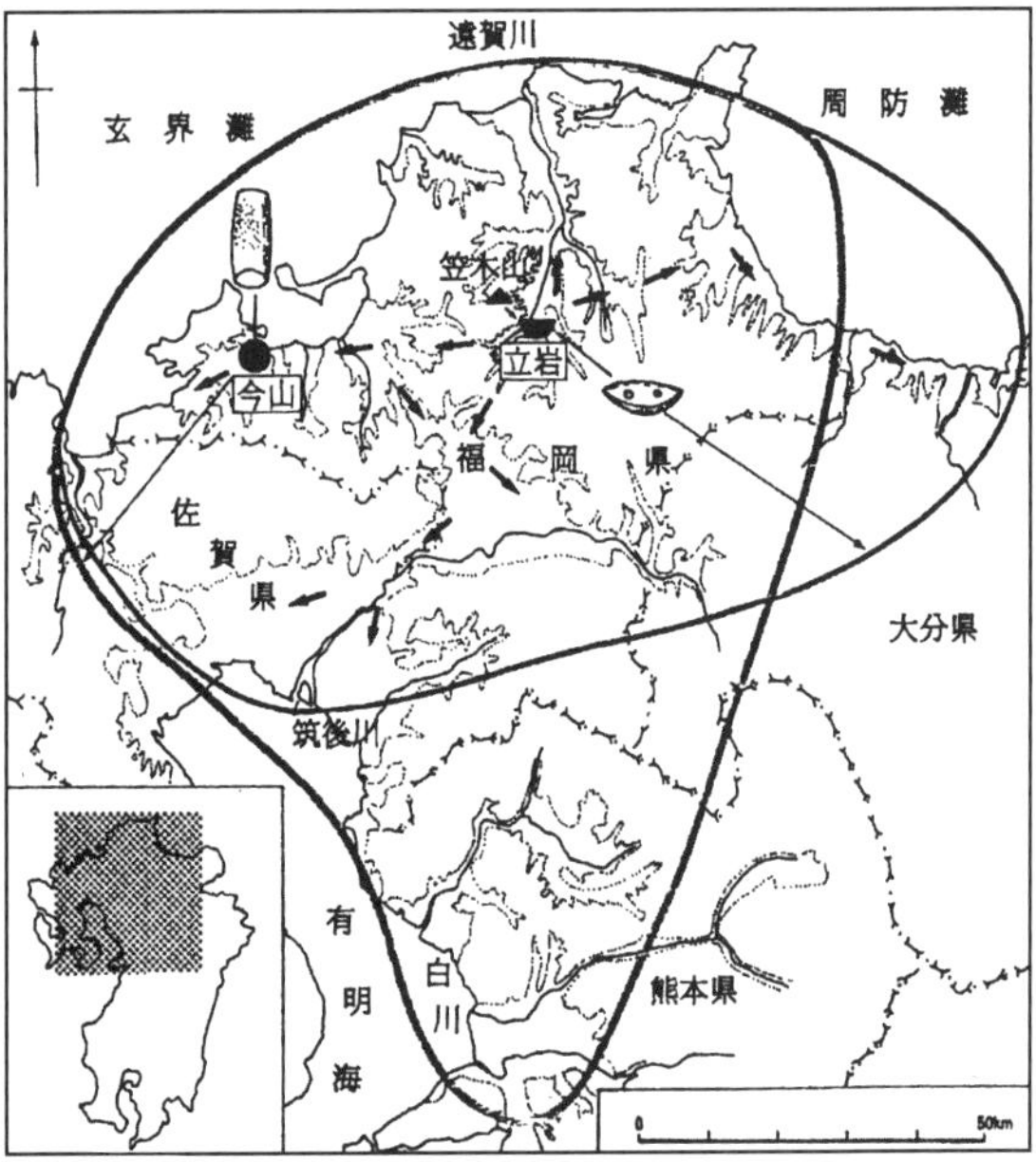

「発掘『倭人伝』」下條信行氏原図より

媛」が「豊吾田津姫」の系譜であるなら、ここでも「豊」の実字が生きる。また、『古事記』ではかなり後半の段で、「日向に座す時」とのみ記してあるから、神武の出生と成長は「日向」であって、「日向国」ではない。もっとも、通念の宮崎県を指す「日向国」は奈良朝以後の「日向国」であり、二世紀のころの「日向国」が筑前の「日向（国）」であってもおかしくはない。いずれにしろ、天孫と神武とは狭域の筑紫の人である。

瓊々杵尊を祀る神社として前原市高祖山の高祖《たかす》神社があるが、この宮がおそらく『古事記』に云う「高千穂宮」と推測される。貝原益軒の『続風土記』には、「中世の頃、怡土の庄一の宮として、中座に日向二代の神、彦火々出見尊を、右座に神功皇后（気長足姫）、左座に日向三代の玉依姫を祭る」と記されている。彦火々出見尊（瓊々杵尊）から玉依姫までの「日向三代」が祭られている以上、「日向の神武」

も高祖神社に祭られていたと推測される。この宮とその周辺が神武の出生の地であり、また、東征の謀議の地としても歴史的・地理的（西の偏）にふさわしい。なお、近くの産宮神社には、神武の后とされる「奈留多姫命」が祭られ、神武東征の前に皇子神淳名川耳命（第二代綏靖天皇）を安産されたとの記紀に合わない伝承が残されている。昭和十九年発行の「福岡県神社誌」によれば、糸島の地には各天降天神社を始め、瓊々杵尊を祀る神社が濃密に分布する。他方、饒速日尊を祀る神社は全くと言っていいほど見られない。

右のように、神武の東征宣言には「史実の反映」と「イデオロギーによる改竄」とが混在している。

③皇祖皇考、乃神乃聖にして慶を積み、暉を重ねて、多に年所を歴たり。天祖の降跡りしより以逮、今、一百七十九萬二千四百七十餘歲。而るに遼邈なる地は、猶未だ王澤に霑はず。

この宣言は、神武のものというよりは、天神饒速日尊の直系で神武東征前に在位した倭奴国王（天満倭王）のものと推測される。「慶を積み、暉を重ね」とは、「善事を重ね、恩沢が行きわたる。即ち代々の王が賢くて善政をしいたの意。」と日本古典文学大系にも注がある。「而るに遼邈なる地は、猶未だ王澤に霑はず。」と続くのは、天満倭国王の東征の勅としてふさわしい。私は、神武東征以前に天満倭国の東征、すなわち銅矛文化圏による銅鐸文化圏への侵略があったと考えている。それが、『先代旧事本紀』の「天神本紀」に記された「**饒速日尊、天神の御祖の詔を享け、天磐船に乗りて、河内国の河上の哮峰に天降り坐し、即ち大倭国の鳥見の白庭山に遷り坐す。いはゆる天磐船に乗りて、大虚空《おほぞら》を翔行《かけめぐ》り、この郷《くに》を巡り睨みて、天降り坐す。いはゆる虚空《そら》見つ日本国《やまとのくに》というは是か。**」の一節を生ぜしめ、やがては記紀の神武東征に組み合わされたものと考えられる。このことは、直後の神武の宣言自体が証明してくれている（後述）。

なお、付言するなら、銅鐸文化圏への侵略を実行した天満倭王の候補として、『後漢書』に謂う「倭国王師升」を挙げる。紀元一〇七年、倭国王師升らが、後漢の安帝に生口一六〇人を献じて請見を願った。生口は中国皇帝に食用人肉として献上されたらしい。このことは、「煮て食おうと焼いて食おうと好きにしろ」の慣用句の起源を考えて推察できた。食うのは「人肉」に他ならない。中国の食人の記録は枚挙に暇がないほどだが、倭人も人肉を食した。『梁書』倭伝に、倭人の食用として狩られた南方部族の記録がある。以前、『後漢書』の生口について、私は次の戦闘の捕虜と考えた。

天満倭国の領土拡張の際の戦闘の記録が、神武歌謡に残されていた。

神武前紀戊午年冬十月、八十梟帥征討戦の歌謡の新解釈

お佐嘉の　大室屋に　人多に　入り居りとも　人多に来入り居りとも　みつみつし　来目の子らが　頭椎い　石椎いもち　撃ちてし止まむ

【口訳】お佐賀の大室屋に、人が多勢入っていようとも、人が多勢来て入っていようとも、勢いの強い来目の者たちが、頭椎・石椎でもって撃ち殺してしまおう。

【解説】佐賀は古くはサカと呼んだ。通常、奈良県の忍坂がオサカに当てられてきたが、弥生時代の「大室屋」が吉野ヶ里遺跡を措いてないことは、その復元からも推測される。（中略）吉野ヶ里遺跡から、出雲系の銅鐸が出土したことからも分かるように、肥前には出雲第三王朝「大国」の一族が、国譲りの後も、相当期間、支配を続けていたようである。天神族との衝突は不可避のものであったよう

だ。また、北九州の肥前に分布する「在来型弥生人」と福岡県に分布する「渡来型弥生人」の、その境に位置するのが吉野ヶ里遺跡である。吉野ヶ里遺跡の陥落は、日本書紀の紀年によれば、西暦八三年のことである。(「倭国易姓革命論」『越境としての古代』一号所収)

今回、この一六〇人もの生口は銅鐸文化圏への侵略途次の捕虜ではないかとも推測される。瀬戸内海中央に「生口《いくち》島」があり、現地でも、名の由来に魏志倭人伝の「生口」に因むとの説があり、弥生時代の遺物も出土している。一六〇人の最多の生口から考えると、むしろ後漢書の「生口」に因むかと思われる。「倭国王帥升」の頃、天満倭国の領土は東西に拡張されたようで、ちょうど銅矛文化圏の最大の版図に合う。(なお、「帥升」は漢風名と考えられるが、天皇の謎の漢風諡号群の中でも、二代「綏靖」は呉音読みで実は「スイショウ」となり、その一致が気になるところである。)

神武東征記事において、右の神武歌謡に関わる一連の部分は、時空間の異なる天満倭王の肥前征服譚、あるいは、天祖彦火瓊々杵尊の「天孫降臨」譚と判断して、これを保留すべきであろう。

④遂に邑に君有り、村に長有り、各自疆を分かち、用て相い凌ぎ躒はしむ。抑又鹽土老翁に聞くに、曰く、『東に美し地有り。青き山四に周り、其の中に亦天磐船に乗りて飛び降る者有り』と。余、謂ふに、彼の地は、必當ず以ちて大いなる業を恢き弘べて、天下に光り宅るに足るべし。蓋し六合の中心か。厥の飛び降る者は、是れ饒速日と謂ふか。何ぞ就きて都なさざらん」。諸の皇子對へて曰く、「理實灼然なり。我も亦恆に以ちて念と爲す。宜しく早に行ふべし」。是の年、太歳甲寅。

神武紀に「一書群」が消滅する理由は、一つに「諸家のもてる帝紀及び本辞」(古事記序)、少なくとも『先代旧事本紀』に見られる「神代本紀・神代系紀・陰陽本紀」「神祇本紀」「天神本紀」「地祇本紀」「天孫本紀」「皇孫本紀」を、神武一系に繋げる意図にあったと推測される。『先代旧事本紀』の各本紀は『日本書紀』の「本文」と「一書群」に見られるように、重複した記述が多く、且つ主語が微妙に入れ替わることが明らかである。

本文に戻ると、これが神武東征の宣言の本体である。神武東征の契機が先ず述べられている。「遂に邑に君有り、村に長有り、各自疆を分かち、用て相い凌ぎ躒はしむ。」については、鳥越憲三郎の『中国正史　倭人、倭国伝』の次の見解が興味深い。

＊ここで重要なのは「倭国大乱」のことである。それを文献でもう少し詳しくみることにしよう。『後漢書』東夷伝に左の注目すべき記事がある。

永初に逮《いた》り多難となり、始めて寇鈔《こうしょう》に入る。桓、霊失政し、漸《やや》に滋曼《じまん》。

わが国から後漢朝へ二回目の入貢をしたのは、第六代安帝が即位した年、永初元年のことであった。その永初年間から多難となり、そして初めて「寇鈔」、すなわち各地の反乱に対し攻撃しなければならなくなったという。それは安帝が十三歳で即位し、太后の臨朝が原因で、治世の乱れを起こしたのかもしれない。

さらに桓帝、霊帝の失政で、かえって「滋曼」、すなわち権勢をふるうようになって世が乱れた。しかも同じ「後漢書」東夷伝の韓の条に、

霊帝の末、韓、濊並《わいみな》盛んとなり、制すること能《あた》わず、百姓は苦《いた》く乱れ、流亡して韓に入る者多し。

とあるように、楽浪郡の太守も郡内の韓族、濊族を治め切れなくなった情勢の中で、海を隔てた倭国でも大乱が起きることになったのである。

范曄の『後漢書』に謂う、桓帝・霊帝の間（一四七年〜一八九年）の「倭国大乱」の前に、すでに「倭奴国の乱」とも呼ぶべき事態が出現していた可能性を思わせる。韓半島が安帝のころから反乱の事態にあったなら、一衣帯水の倭国（倭奴国）にも（後漢に対する）反乱が生じていた可能性は高い。さらに、前節の天満倭王による長期にわたる銅鐸文化圏への遠征（私の云う東鯷国への侵略）が国力を疲弊させたであろうことは、想像に難くない。歴史の常として、王朝の絶頂期直後に乱が起こり滅亡に至った例は少なくない。天満倭国本国（古遠賀湾沿岸）に乱が起きた。この乱が、神武東征の契機となったと推測されるなら、中国の史書と神武紀の内容はこの点でも符号しているのである。

鹽土老翁は神代紀第九段一書（第四）においても、天孫瓊々杵尊の「国在りや」の問いに「在り」と答えた神であり、その結果、天孫はそこに留住したとある。

鹽土老翁の答えの直後に、神武の一人称の発言が置かれている。明らかに、饒速日尊の「恢弘大業・光宅天下」以来の六合の中心を簒奪し、新たに都せんとする武力革命の宣言である。六合とは、天地と四方を合わせたもの、すなわち天下を意味する。大漢和辞典の「六合」の説明の第六には、「山名。㋑江蘇省六合県の西南。江浦県の界。六峯が相接してゐるから名づける。㋺安徽省和県の西北。梁の武帝が嘗て此の山に登って六合を望んだので名づける。」との興味深い記述がある。饒速日尊の降臨した笠置山の近く、饒速日尊の祭られている天照宮のすぐ側に、宗像三女神が最初に降臨した伝承

（風土記逸文）の残された「六ヶ嶽」が、六峯相接して、「恢弘大業・光宅天下以来の六合の中心」と推測される地に、今日も位置している。六嶽神社の由緒に、「宗像三女神最初降臨の地にして孝靈天皇の御宇に宗像三所に遷幸ましまし宗像大神顯れ玉ふ其の后成務天皇七年室木の里長々田彦神勅を蒙て崎門山上に神籬を建つ是れ御社の始也」とある。その上、宗像三女神は「天孫降臨」の偉業を助けたとの伝承も残されているから、歴史事実として、「天神降臨」の偉業の助成をしたことになる。「六ヶ嶽」の存在とその伝承は、「鹽土老翁の発言」の内容と一致する。これも決して偶然の一致ではあるまい。

「**理實灼然なり。**」の「いやちこ」は、岩波大系本の頭注に、「イヤは、イヨイヨの義。チコはチカ（近）の音転か。効験などのすぐさま現れる意。」とある。が、文脈がまるで通らない。久留米大学の公開講座で講演したとき、聴講の方から次を教えられた。「大分の麦焼酎の『いいちこ』）はここのイヤチコと同じだ。地元では、『もっともだ。いいことだ。』の意で使っている。」と。早速、調べてみると、大分県宇佐市の三和酒類株式会社が製造する麦焼酎の名が「いいちこ」、同社が発行する文芸雑誌が iichiko である。いいちことは、大分県の方言で「いい（よい）」を強調する言葉とある。言葉としての「いいちこ」という表現は、大分県の中でも主として北部で用いられていて、福岡県東部と合わせて「旧豊前国」の方言であることが知られ、これもまた偶然の一致とは考えにくい。

神武が北九州に実在した人物であるとき、古代北九州方言の「いやちこ」の意味は約二千年の時を隔てて、現在の大分の焼酎の名「いいちこ」に正確に伝えられていたのである。したがって、神武の皇子たちは、「東征のお考えはよいこと（もっとも）だ。」と同意したのであり、実にすっきりした文脈になる。これを疑う余地はない。

なお、留意すべきは、神武紀後半に饒速日が神武に帰順する場面があるが、断じて饒速日と神武は同時代の人間ではない。神武自身と鹽土老翁が、ここで饒速日の事跡が過去の出来事であることを明確に証言している。

「太歳甲寅」は中国で始まった干支である。日本書紀では、ここが最初の出現であることが重要だ。神武からが「人皇」と称される所以でもある。すでに、「漢委奴国王」印や飯塚市の立岩遺跡の前漢式鏡の銘文が示すとおり、紀元前後の福岡県下には漢字の輸入の跡が残されていて、当時の倭人が中国文明の暦である干支を理解し、使用していたことが推測される。「人皇」初代の事跡に干支が用いられる意義は極めて重要である。これこそ、必要以上に長くした皇紀の実年代を後世に伝えようとした工夫ではなかったのか。神代の巻に投影された歴史事実の年代は推測の域を出られないが、神武東征の最初は、金文の「漢委奴国王」印（西暦五七年）以後は確実であり、永初年間（一〇七～一一三）の倭奴国の乱直後と仮定すると、そこに最も近い「甲寅」は、西暦一一四年（後漢の安帝の元初元年）ということになり、その絶対年が出現するのである。

通説の中では、那珂通世の学説が最も優れていて、津田左右吉以下の戦後史学の学説には見るべきものが無い。次は、岩波日本古典文学大系の神武紀補注からの抄録である。

《試みに神功・応神二代の紀年を朝鮮の歴史と比較するに、両者の干支符合して、しかも書紀は彼よりも干支二巡百二十年古いこととなっている事例が多多見出される、百済の近肖古王以下の時代においては、彼の年紀に疑うべきところなく、これを古事記に記入された崇神以下各天皇の崩年干支との関係と併せ考え、この二代の書紀紀年は百二十年の延長あるものと考えざるを得ない、雄略紀以後は大体朝鮮の歴史と符合するので、紀年の延長は允恭紀以前にとどまるとみてよかろう、干支紀年法は百済の内附後に学んだものと考えられ、朝鮮との関係のない崇神以前の年代は推算の限りではないけれど、試に一世三十年の率を以て推すに、神武は崇神九世の祖に当るから、崇神までの十世の年数は三百年ばかりとなり、神武の創業は漢の元帝の頃（西暦一世紀前半頃）に当るであろう、》

中国史書に云う倭人の歴史が史実であるなら、日本書紀に書かれた同時代の出来事と推測可能の神武東征も、そのまま史実と認められてよいだろう。私はここに、神武天皇の東征は西暦一一四年、博多湾岸（西の偏）から東の方「天神王朝（古遠賀湾沿岸）＝倭奴国の中洲の皇都」を目指して開始された侵略と比定する。

二　第一次東征

『日本書紀』「神武天皇紀」には、天神ニギハヤヒの降臨譚、奈良県大和に東征したニギハヤヒ直系の王族の大和東征譚（銅鐸文化圏侵入譚）と肥前征伐譚、そして歴史事実としての神武東征譚と、時空間の異なる歴史が合成されていると分析した。その分析の結果に基づいて、神武東征の記事だけが書かれたと云っても過言ではないところの神武紀を、大胆に整序し直し、その復元を試みることにする。

其の年の冬十月《かんなづき》丁巳《ひのとみ》の朔《ついたち》辛酉《かのととり》。天皇親《みづか》ら諸の皇子・舟師《ふないくさ》を帥《ひき》いて東を征《う》つ。十有一月《しもつき》丙戌《ひのえいぬ》の朔《ついたち》甲午《きのえうま》。天皇、筑紫國《ちくしのくに》の岡水門《をかのみなと》に至る。流れを遡上《さかのぼ》りて、中洲《なかつくに》に入らんと欲す。時に長髄彦《ながすねひこ》聞きて曰く、「夫《そ》れ天神子等の來つる所以《ゆえ》は、必ず我が國を奪はんとならん」。則ち盡く屬する兵を起こして、孔舎衛坂《くさえのさか》に徼《さえぎ》り、與《とも》に會ひ戰ふ。流矢有り、五瀬命《いつせのみこと》の肱髄《ひじはぎ》に中《あた》る。皇師《みいくさ》進み戰ふこと能《あた》はず。天皇之れを憂《うれ》へ、乃ち神策《あやしきはかりごと》を沖衿《みこころのうち》に運《さだ》めて曰く、「今我は是れ日神の子孫にして日に向ひて虜《あた》を征《う》つは、此れ天道《あめのみち》に逆《さか》る也。若《し》かじ、退《しりぞ》き還りて弱きを示し、神祇を禮《いや》び祭りて、背《そびら》に日神《ひのかみ》の威《いきほひ》を負ひ、影の隨《まにま》に壓《おそ》ひ躡《ふ》まん。如此《かく》なせば、則ち嘗《かつ》て刃に血せずして、虜《あた》必ず自づと敗《やぶ》れん」。僉《みな》曰く、「然《しか》なり」。是に軍中《いくさ》に令《みことのり》して曰く、「且《しばし》は停《とど》まれ。復《また》進むこと勿《なか》れ」。乃ち軍を引きて還る。虜《あた》も亦《また》敢て逼《せ》まらず。却《かへ》りて草香之津《くさかのつ》に至り、盾を植ゑて雄誥《をたけび》爲す。因りて改め其の津を號《なづ》けて盾津《たてつ》と曰ふ。時に五瀬命《いつせのみこと》の矢瘡《やきず》の痛み甚《はなは》だし。乃ち撫劒《つるぎのたかみとりしばり》て雄誥して曰く、「慨哉《うれたきかや》、大丈夫《ますらを》虜《あた》が手に傷を被《お》ひて、報《むく》いずして死なんや」。時の人因りて其の處を號《なづ》けて、雄水門《をのみなと》と曰ふ。進みて紀國《きのくに》の竈山《かまどやま》に到りて、五瀬命《いつせのみこと》軍《みいくさ》に薨《こう》ず。因りて竈山《かまどやま》に葬《はふ》りまつる。

ニギハヤヒ直系の王族の大和東征譚（銅鐸文化圏侵入譚）と考えられる部分、すなわち、安芸国・吉備国・波速国の記事を削除し、宇佐に至る記事を第二次東征（後述）の冒頭部として後に回すと、神武は、最初に岡水門（筑紫国とあるが実は豊国であろう—後述）に至った。そこには、岡湊神社（芦屋町船頭町一二—四八）が鎮座する。そこから徒歩二十五分のところ、航空自衛隊芦屋基地の入り口附近に「神武天皇社」があり、いずれにしろ、芦屋に「岡田の宮」が存在したようだ。神武天皇社の由緒には、記紀・旧事本紀が引かれ、さらにその他に「芦屋浜の内、砂中より湧出る泉あり、里民呼て御手水池と云ふ、宮域を相去ること四丁ばかり西にあたれり、（中略）、是往古神武天皇東征乃御時此水にて盥洗し給ひ、此所より宗像三神を遥拝し給ふ。」とある。御手水池は後に「仲哀天皇神功皇后も先例に従ひ給ひ」とあるが、現在、自衛隊基地内にあり、池の位置もその跡も分からない（明治期の地図には確認される）。

糸島水道から岡水門に至る経由地としては、次の三社を見出した。

熊野神社（旧粕屋郡古賀町大字莚内字城之谷）創立社傳に曰く、神武天皇東征の時御船を海濱につなぎ此山に登らせ給ひ、石上に御腰をかけ給ふ、其石を御腰石と云ふ（後略）

神武神社（旧宗像郡神興村大字津丸字四郎丸）當社は此村の氏神なり古老説に神武天皇東征仕給はむとて日向國より官軍をひきいて岡の湊に遷り給ふ時鳳輦を假に此所に止め給布依て其跡に社を建

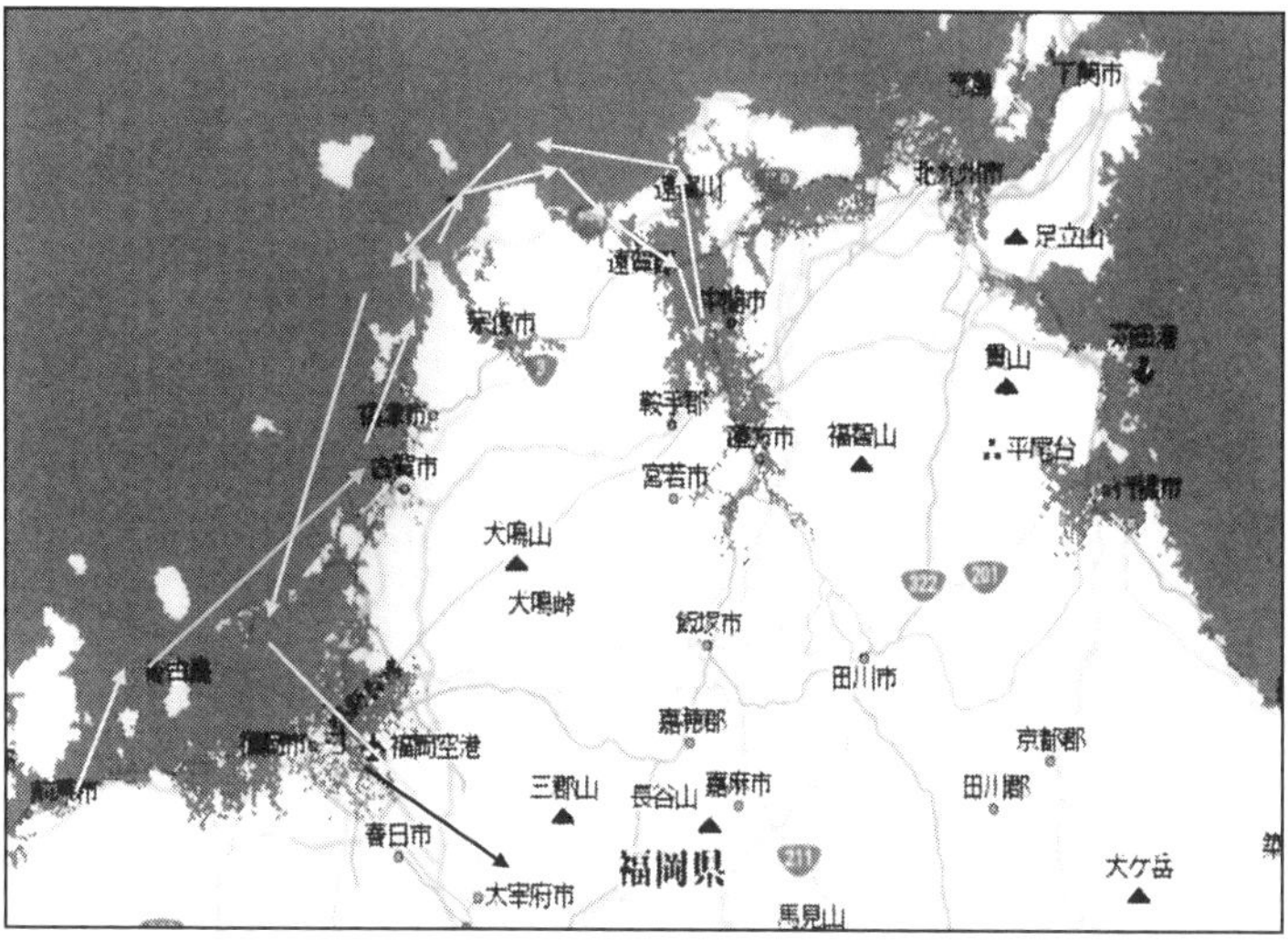

第一次東征推定図

立し天照皇大神より六世に當らせ給ふ故に六の権現と奉祝せしが明治の一新に權現の號を廢し神武神社と改稱す（後略）

八所神社（旧宗像郡吉武村大字吉留字宮尾）

神武天皇天業を恢弘せんと日向の國より舟師を帥ゐて東征し給ふ時、遠賀の郡岡の湊に暫く蹕を駐め當郡蔦岳に到給ふに當社の神赤馬に乗り形を顯して人民を指揮し皇軍に從はしめ永く當地の守護神たるべしと誓ひ給ふ。即ち其所を名付て赤馬の庄と云ふ又清淨なる地に鎭り座んとて吉き所に留り給ふ故に吉留と云へり、（後略）

この三社の伝承を見出した途端に、先の神武天皇社社伝の「御手水池」に関わる「此所より宗像三神を遥拝し給ふ」の内容が矛盾してくる。現在の宗像大社の地ならすでに通過しているし、バラバラの三神を遥拝すること自体もおかしい。芦屋の地からの遥拝を考える時、宗像三神がまとまって、かつ芦屋の地から遠くに祭られてあるとすれば、そこは「中洲の皇都」直近の「六ヶ岳」の地を指すことになる。天神にあやかって「東征」の助成を祈願したことになり、あらゆる点で、六嶽神社社伝や西海風土記等の伝承と呼応することになる。ここにも神武東征の史実が透けて見える。現地伝承の古形の方が合理的だ。

したがって、神武は、岡水門から古遠賀湾に突入し、「中洲の皇都」を直接に陥落させようと試みたようである。(「中洲の皇都」は記紀と福岡県の神社伝承とから抽出した。古遠賀湾の復元図の中に、六ヶ岳・剣岳の辺りに中洲が形成されている。剣岳の別名は「中山」であり、土地の古伝承には神武の後に出る倭建命が国見をした処とある。)「流れを遡上りて、中洲に入らんと欲す。」の句は弥生時代の古遠賀湾の地理状況に合致している。それをニギハヤヒの後裔と考えられる長髄彦に反撃され、敗走する。その長髄彦の言葉に「必ず我が國を奪はんとならん」との、神武の「何ぞ就きて都なさざらん」と対の内容が明確に呼応していることが知られる。長髄彦は古事記に登美能那賀須泥毗古とあり、トミ(鳥見)は地名である。中山(剣岳)の東方(現在の直方市)に、旧「頓野村」があり、そこに福智山(国見丘)の頂上から遷されたと伝えられる鳥野神社という古社(創建年代不明)が鎮座する。私は、この頓野《トンノ》が鳥見野の遺称地ではないかと考えている。また、神武紀後段に出てくる「鳥見山」も福智山の古称と考えている。後段で再述する。

この敗戦によって、神武は「日に向って」すなわち東に向って征討することの非をさとり、「神策」を立てる。一旦、筑紫に帰還し、軍備を再編成し、中洲の皇都を、次は「日を背にして」すなわち東に大迂回し敵を西側に置いて戦おうとの、第二次東征を企てたのである。

従来説のように、九州から出て大阪の難波に上陸して敗戦したとすると、その後の神武には帰還する場所が無く、軍備も再編成する機会がない。それなのに、兵を補充できなかったはずの神武軍は、後段において敵の大軍と堂々と会戦さえしているのである。矛盾というより他はない。いわゆる奈良県「大和の国」に神武は断じて来ていない。

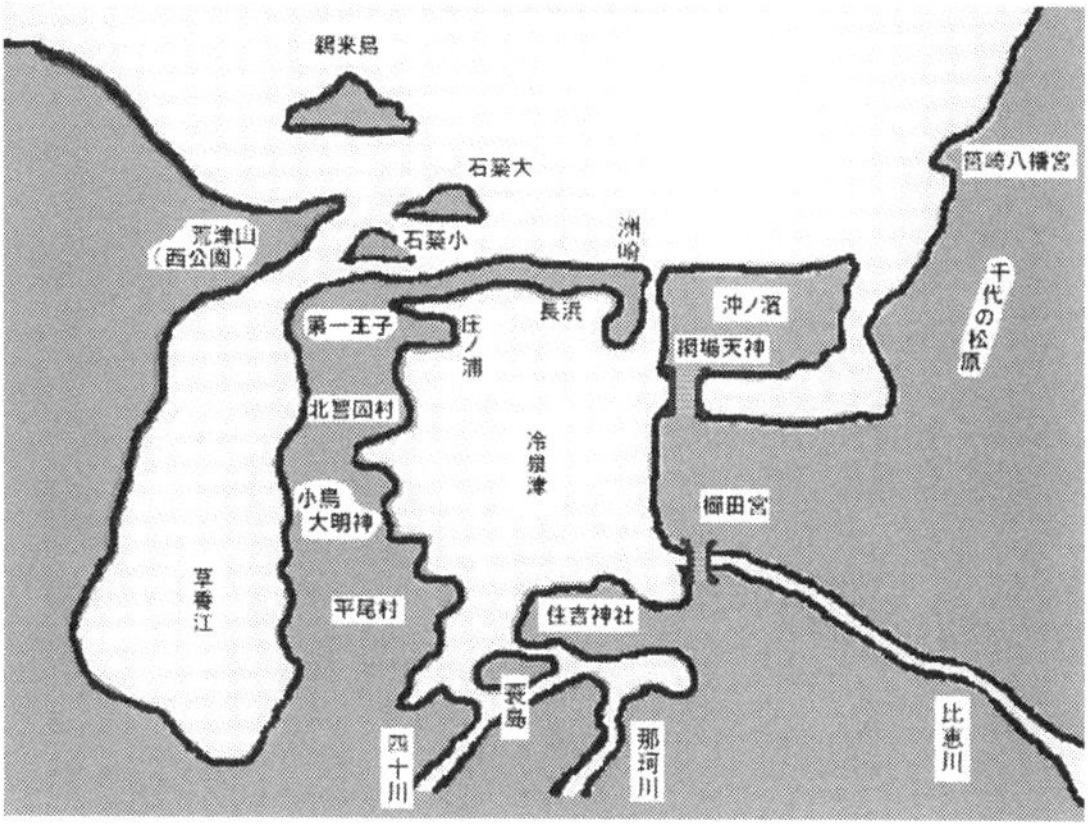

草香江（HP　福岡市西方沖地震について　より）

したがって、「乃ち軍を引きて還る。虜も亦敢て逼まらず。却りて草香之津に至り、盾を植ゑて雄誥爲す。因りて改め其の津を號けて盾津と曰ふ。」は、リアルな記述であり、この「草香之津」は、福岡市住吉神社に伝わる古図に鎌倉期まで「草香江」のあったことが示してあり、そこを指していよう。神武は正しく「草香之津」に「軍を引きて還っ」たのである。

そして、戦病死した五瀬命を紀の国の竈山に葬った。この竈山は、竈門神社の鎮座する大宰府の宝満山（三笠山、竈門山）を指すようである。「竈」は一字でも「かまど」と読む。「紀の国」も景行紀に「御木国」、神功・応神紀に「貴国」、私の抽出した「水沼の皇都」付近に「基山」もあり、「紀角宿禰」のように「紀氏」も存在したことから、筑後平野一帯と考えてよいだろう。竈門神社の由緒には「祭神玉依姫命は海神の御女であり、鸕鶿草葺不合命《うがやふきあへずのみこと》の后、そして神武天皇の母君である。」に始まり、次の神武の故事がある。

「神武天皇皇都を中州に定めんと途に上らせ給ふに及び天皇は諸皇子と共に此の山に登り給ひて、躬親から御胸鏡を榊木の枝に取り掛け嚴の太玉串を刺立て建國の大偉業を告申して御加護を御祈り給ひぬ、されば天皇の大偉業は玉依姫神の御教化に因る事大なるものなり。」

私は、ここから「中洲の皇都」を抽出し、神武がこの宮で軍備を再編成し、この宮が第二次東征の出発地となったことを直観したのである。

神武紀中の「中洲」の訓を「なかつくに」と改めた。竈門神社の由緒等に「中州」、同じ神武紀の後段に「葦原中国」と出てくるすべてが、表記は変わっても「ナカツクニ」という同一の地を指していることが明らかになったからである。この知見もすこぶる重要で、記紀以外の古伝に当る際に貴重な鍵となる。

なお、竈門神社は、後に神功紀（神功摂政三年）に書かれた「磐余に都つくる。是をば若桜宮と謂ふ。」にも該当することが分かり、逆に「神日本磐余彦」の名の由来を知ったのである（神武紀には別の由来が記されている）。因みに、竈門神社の神紋は桜、『続筑前風土記』に宝満山は「岩群れ」の山と記されていることを付記しておく。

時間的な整序を考察する。甲寅（一一四年）冬十月に糸島水道を発進。十一月に岡水門に入る。軍備を整えて、乙卯（一一五年）の春三月、古遠賀湾を遡上る。夏四月、長髄彦軍と激突、五瀬命負傷、敗北、草香津に帰還す。五月、五瀬命死去、竈山（宝満山）に葬る。

三年積る間に、舟檝を脩へて、兵食を蓄へて、将に一たび挙げて天下を平けむと欲す。

吉備の國高嶋宮ではなく、竈山の高千穂の宮に、雌伏三年。戊午（一一八年）春、神武は再び東征に趣いたようだ。私の分析した、第二次東征発向である。吉備の国の記述はすこぶる怪しいが、三年間にわたる再軍備は史実と考えられ、次に繋がる。

三　第二次東征①菟狭への大迂回

戊午年の春二月の丁酉の朔丁未に、皇師遂に東にゆく。舳艫《ともへ》相接げり。速吸之門《はやすひのと》に至る。時に一《ひとり》の漁人《あま》有り、艇《こぶね》に乗りて至る。天皇之を招《め》して、因りて問ひて曰く、「汝は誰ぞ」。對《こた》へて曰く、「臣は是れ國神。名は珍彦《うづひこ》と曰ふ。」と。又問ひて曰く、「汝は能く我を導かんや。」と。對へて曰く、「導びかん。」と。天皇、勅して漁人に椎《しひ》の檣《さを》が末を授け、執《とら》しめて皇舟《みふね》に牽《ひ》き納《い》れ、以ちて海の導者《みちびきひと》と爲す。乃ち特に名を賜ひて、椎根津彦《しひねつひこ》と爲す。

行きて筑紫國の菟狭《うさ》に至る。時に菟狭國造が祖《おや》有り。號《なづ》けて菟狭津彦・菟狭津媛と曰ふ。乃ち菟狭の川上に一柱騰宮《あしひとつあがりのみや》を造りて饗奉《みあへ》る。

「日に向って征討することの非をさとった」とすることの真偽は分らないが、神武は確かに「速吸之門」において椎根津彦の導きを得、筑紫國の菟狭に至ったらしい。この筑紫國は明らかに誤りかイデオロギーによる書き換えと思われる。正しくは、豊国とあるべきで、古事記には豊国と書かれてある。これについては狭間畏三の『神代帝都考』に詳しい考察が見られる。椎根津彦の役割は、速吸之門を導くだけではなく、菟狭津彦・菟狭津媛らとの仲介が最大のものであったと思われる。その仲介が成功して、神武軍は菟狭津彦・菟狭津媛らに迎えられる。豊国の菟狭（宇佐）からなら、古遠賀湾内の「中洲の皇都」を、「背に日神の威を負ひ、影の随に壓《おそ》ひ躡《ふ》まん。」ことになる。私の推理では「速吸之門」は必然的に「関門海峡」を指す。菟狭津彦・菟狭津媛はいち早く神武に帰順した「倭奴国（天満倭国）」の一族となろう。天満倭国側からは、裏切り者となる。

「速吸之門」から「豊国の菟狭」に到るまでの経由地も「福岡県神社誌」から見出した。

蓑島神社（旧京都郡蓑島村字村中）社説に曰く、本神社の由緒を按ずるに、其の起源遠く上古神武天皇の御世に在り、天皇筑紫日向國より豊州蓑嶋に入り給ふや、是に天照大神を齋ひ祭りぬ。後嶋民其の行在所に一祠を建て天皇を奉祀せり。（後略）

ここに「筑紫日向国」の表記のあることは留意されてよい。やはり、博多湾岸の国を指していると思われる。

岩波日本古典文学大系は、この「豊国の菟狭（宇佐）」のところで、神武天皇紀に現れる地名について次のような補注を付している。

神武天皇東征の事実性には問題があるにしても、そこに出てくる地名は現実の土地をさしたものだから、その地の比定はゆるがせにできない。古来これに関する研究で公にせられたものも二、三に止まらないが、昭和十三年から十五年にかけ文部省で行なった神武天皇聖蹟調査は、当時の学界の総力をあげて学術的調査を試みたものであり、その成果は今日においても意義を失わない。頭注にかかげた地名の比定はもっぱらそれにもとづいているが、ここに総括してそのときの調査結果を示す（昭和十七年文部省発行、神武天皇聖蹟調査報告による）。聖蹟としてとりあげたものは、書紀と古事記とに記されたものに限られるが、中でも、重要な文献や土地の状態について地点または地域を推定できるもの（聖蹟）、地点または地域について江戸時代を降らない時代に記録せられた口碑伝説をもち、価値ありと認められるもの（伝説地）、伝説はないが、価値ある学説があり、価値ある資料によって推考し得るもの（推考地）の三段階に分かち、次の諸所を定めた。

聖蹟　崗水門（福岡県遠賀郡蘆屋町）。難波之碕（大阪府大阪市）。狭野（和歌山県新宮市）。熊野神邑（和歌山県新宮市）。菟田穿邑（奈良県宇陀郡宇賀志村。今の菟田野町宇賀志付近）。丹生川上（奈良県吉野郡小川村。今の東吉野村小川）。鵄邑（奈良県生駒郡。今の生駒郡生駒町の北部から奈良市西端部の旧富雄町付近にわたる地域）。橿原宮（奈良県高市郡畝傍町。今の橿原市畝傍町）。竈山（和歌山県和歌山市）。

聖蹟伝説地　挨宮・多祁理宮（広島県安芸郡府中町）。高島宮（岡山県児島郡甲浦村。今の岡山市高島）。孔舎衛《くさゑ》坂（大阪府中河内郡孔舎衙村。今の枚岡市日下町）。雄水門（大阪府泉南郡樽井町・雄信達村。今の泉南郡泉南町樽井・男里付近）。男水門（和歌山県和歌山市）。菟田高倉山（奈良県宇陀郡政始村・神戸村。今の大陀田町守道付近）。鳥見山中霊畤（奈良県磯城郡城島村・桜井町。今の桜井市外山付近）。

聖蹟推考地　菟狭（大分県宇佐郡）。盾津（大阪府中河内郡孔舎衙村。今の枚岡市北部）。名草邑（和歌山県海草郡。和歌山市。今の和歌山市西南部）。磐余邑（奈良県磯城郡桜井町・安倍村・香久山村。

今の桜井市桜井付近から橿原市の東端部にかけての地）。狭井河之上（奈良県磯城郡三輪町・織田村。今の桜井市三輪付近）。

なお、次の諸地は調査対象としてとりあげ、広汎な区域はほぼ推測できるにしても、的確な地点地域を考究すべき十分な徴証がないものとして決定を見合わせた。

高千穂宮。速吸之門（速吸門）。一柱騰宮。岡田宮。血沼海。天磐盾。熊野荒坂津。吉野。国見丘。忍坂大室。高佐士野。腋上嗛間丘。

これらの地名について、幾つかはすでに比定し直した。残りの地名についても、この論稿の中でかなりの部分が解明されてゆくだろう。また、記紀には出てこない神武伝承地も数多述べてゆくことになる。往時の国家プロジェクトよりも現代の一個人の調査と思惟の方が格段に勝ることもあろうかと自負している。さらに、戦後史学や考古学が旧態依然とした皇国史観や神武架空説に埋没している現状では、神武紀解明に何ら期待が持てないのである。神武紀の地名を比定し直すことは、そのまま神武東征の史実を語ることにもなる。

三　第二次東征②頭八咫烏の先導

六月、天皇獨り、皇子手研耳命《たぎしみみの》と軍を帥《ひき》ゐて進む。既にして皇師中洲《みいくさなかつくに》に趣《おもむ》かんと欲す。而《しか》るに山の中嶮絶にして復た行くべき路無し。乃ち棲遑《しじま》ひて其の跋《ふ》み渉《わた》る所を知らず。頭八咫烏《やたのからす》有りて、空より翔け降る。天皇曰く、「此の烏の來ること、自づと祥《よ》き夢に叶《かな》へり。大きなる哉、赫《さかり》なるかな。我が皇祖《みおや》天照大神、以ちて基《もとい》の業《わざ》を助け成さんと欲せるか。」と。是の時に、大伴氏《おほとものうぢ》の遠祖《とほつおや》日臣命《ひのおみのみこと》、大來目《おほくめ》を帥《ひき》ゐて、元戎《おほつわもの》に督將《いくさのきみ》として、山を蹈《ふ》み啓《みちわ》け行きて、乃ち烏の向ふ所を尋ね、仰ぎ視て之を追ふ。遂に狭野《さの》を越ゆ。

※熊野の神邑《みわのむら》に到る。且《すなは》ち天磐盾《あまのいはたて》に登る。

昭和九年発行の『鞍手郡誌』に、筑豊の各神社社伝からまとめた、記紀には記されていない詳細な「神武東征」のコース（この項の末尾には、「筑紫史談及福岡日日新聞抄。福岡市史編纂主任永島芳郎氏述。」とある。）が示されている。筑豊は私の唱える「天満倭国」であり、都は、神武紀に云う「中洲」であり、竈門神社の由緒に云う「中州の皇都」である。詳細は後述するが、まず、宇佐から英彦山へのコースが示されている。

『鞍手郡誌』の編者は、「宇佐から中津に出、山国川に沿うて耶馬渓を登られ、日田付近の守實から五里余の難路を攀じさせられて英彦山の山頂を極めさせられた」と推測している。そして、「日子山は天神天忍穂耳尊のお降りになった国見山であり、神武天皇も先ずこの山頂に於いて『国覓《くにまぎ》』を遊ばした。同山の水精石の由来にも神武五年七月云々の文字がある。」という記述が見られる。管見するかぎり、一応合理的なコースである。

天皇獨り、皇子手研耳命と軍を帥ゐて進む。既にして皇師、中洲《なかつくに》に趣かんと欲す。而るに山の中嶮絶にして復た行くべき路無し。乃ち棲遑ひて其の跋み渉る所を知らず。

この表現と『鞍手郡誌』の編者の示した宇佐から英彦山へのコースとは、見事に内容が合致している。「西の偏」から宇佐へ大迂回した神武一行にとって、目指す「中洲の皇都」への最初の難路こそ英彦山越えに他ならないからだ。

この時、天照大神すなわち天神が遣わした道案内者こそが、頭八咫烏であったのだ。この頭八咫烏を数年追求した結果、英彦山の修験道圏内の別山に、神武東征を裏付ける文書が現存していた。「求菩提山縁起」である。江戸時代に書かれたものであるが、求菩提資料館に常設展示してある、その開かれたページに次の伝承が記されている。

其の濫觴を考ふるに最初人皇嶽と号す。（中略）或ひと説きて曰く、「天地開闢し、神代已に終る。神武天皇鋒端を揺し、中国を平らげ、威奴の邪神を撥《はら》はしめ、九州を政《おさ》めんとす。此の嶺に到りて天神地祇を斎祭《まつ》り、僂《つつし》みて龍駕を立てし所を狭野嶽と曰ふ。天皇の尊号の故なり。」云々（訓読及び傍線は筆者）

①求菩提山の最初の名は「人皇嶽」であった。

②神武天皇が武力を以て中国＝中洲《なかつくに》を平定し、威奴《ゐぬ》（すなわち倭奴）の邪神を払い除け、九州（天下）を治めようとした。

③この嶺に到り、龍駕（天子の車）を立てた（＝降臨した）所を狭野嶽といい、天皇の尊号のゆえんである。（②③は、或ひとの説。したがって、「狭野嶽」の称が「人皇嶽」より古いことになる。）

驚愕の伝承である。神武紀からこの伝承は作ることができない。むしろ、この伝承の元から神武紀は書かれたはずだ。神武の亦の名は確かに「狭野尊」であり、神代第十一段一書（第一）に「狭野と所称《まう》すは、是、年若くしてましまます時の号なり」と記してある。

特筆大書されるべきは、「頭八咫烏」が求菩提山には存在することである。求菩提山八天狗（カラス天狗）像がそれと思われる。これも江戸期の作であるが、求菩提山の縁起と八天狗の像が、神武東征に関っては実に古形を留めていると云わざるを得ない。そう考えたときに、初めて神武紀の「遂に狭野《さの》を越ゆ」の一句が歴史事実として蘇るのである。続きにこうある。

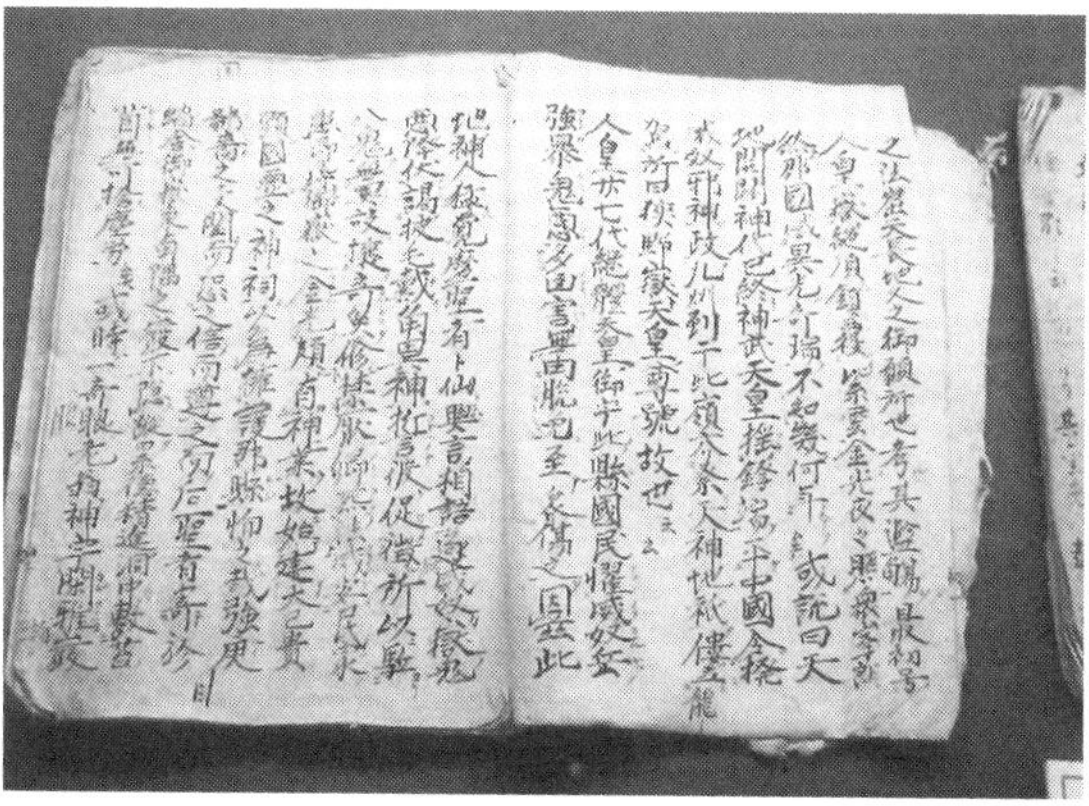

求菩提山八天狗像（木造・江戸時代）

人皇廿七代継體天皇の御宇、此の縣の國民威奴が岳の強暴なる鬼の悪《しわざ》を懼る。

④人皇二十七代継体天皇の御世に、

⑤この県（求菩提山のある県）の国の人々は

⑥威奴が岳（求菩提山の南

に「犬ヶ岳」が今日もある）の強暴な「鬼」の悪行を懼れた。

継体天皇は日本書紀のイデオロギーからすると第二十六代であるが、求菩提山縁起は二十七代としてある。これは、『宋史』「日本伝」に（第十五代）神功天皇―（第二十七代）継体天皇とあるのと軌を一にする。『宋史』「日本伝」の史料は、平安時代の東大寺の僧奝然《ちょうねん》が宋の皇帝に献上した「王年代紀」に基づくとされる。現存する『日本書紀』成立以前の系譜であろう。したがって、求菩提山縁起も「王年代紀」と同じ系譜に基づくと考えられるから、江戸期の写本ではあっても、史料としては相当に古形を保っていると言えよう。

継体天皇で想起すべきは、「磐井の乱」である。「釋日本紀巻十三」から採られた「筑後國風土記逸文」に「磐井君」の条がある。当該の箇所を示す。

古老の伝へて云へらく、雄大迹《おほど》天皇の世に当りて、筑紫君磐井、豪強暴虐にして、皇風に偃《したがは》ず。生平の時、預め此の墓を造りき。俄かに官軍動発して襲たんとする間、勢ひの勝つまじきを知り、独自《ひとり》、豊前国上善《かみつみけ》県に遁れて、南山峻嶺の曲に終はる。是に於いて、官軍、追尋するも蹤を失ひき。士、怒り泄《や》まず、石人の手を撃ち折り、石馬の頭を打ち堕《おと》しき。

岩波日本古典文学大系の頭注には、留意すべきものが多いが、中でも「南山」と「曲」の注が興味深い。「上善県」に、「福岡県築上郡の南部の地。和名抄の郡名に上毛（加牟豆美介）とある。」と注した次にこう続く。

八　豊前国の南境の山。豊前市の東南隅の求菩提山（七八二米）または犬が岳（一一三一米）に擬している。

九　隠れた所。山ひだの凹所。

実に見事なまでに、求菩提山縁起中の

「人皇廿七代継體天皇の御宇、此の縣の國民威奴が岳の強暴なる鬼の悪《しわざ》を懼る」

の一節と、筑後国風土記逸文中の

「筑紫君磐井、独自、豊前国上善県に遁れて、南山峻嶺の曲に終はる。」

の一節とは、完璧なまでに呼応していたのである。

その上善県の「威奴が岳（犬ヶ岳）の鬼」の伝承には、さらに衝撃の事実が秘められている。

②にも示したとおり、「威奴」はやはり「倭奴」と考えられ、「犬」をトーテムとする一族であったようだ。ワ行「ゐ」とア行「い」を別とする国語学の常識はここでも破られている。神武が武力で倒した相手が「倭奴の王族」であるなら、神武朝創始後、彼らは「漢の犬（倭奴）」と貶められたに相違ない。すでに、鞍手郡の「犬鳴」の地名に、私は「倭奴の王族の断末魔の悲鳴」からの由来を考えてきた。事実、紀元一〇七年の倭国王帥升以後、卑弥呼の「魏」への遣使までの間、「（後）漢」への遣使は記録されていない。神武朝（豊秋津洲倭国）は終に「漢」に遣使していないという事実が横たわっていた。

一方、倭奴国全盛時においてかの王族はあるいは「天狗《あまのいぬ》」族と称されたかも知れない。神武を先導した「頭八咫烏」も「天狗」族の系列でカラスをトーテムとした一族であろう。彼らは、神武に加勢したから、神武朝創始後も「烏天狗」として特別に遇されたことが推測される。神武即位二年春二月に「頭八咫烏、亦賞の列に入る」と記されている。

他方、あくまでも神武朝（邪馬台国）に屈服しなかったのが、卑弥呼の時代の「狗奴国」すなわち英彦山の山並から筑後の耳納連山以南に残存した「倭奴国」勢力ではなかったかとも推測される。

しかし、時移り、王朝交替する中で、神武朝に厚遇された「烏天狗」族も更なる新権力の前に、終に「鬼」と貶められる。四世紀後半の神功の武力革命を追究する過程で、新王都「水沼の皇都」の宮殿と目される久留米市の大善寺玉垂宮に伝わる「鬼夜」の祭りにおいて、「鬼」が「天狗」面を着けて登場する一幕に気づいた。神功の子の応神を祭神とする全国の八幡社の拝殿の左右には、必ず「矛に天狗面」が懸けてあるが、これこそ八幡神が退治した鬼、すなわち前権力者の生首に他ならなかったのである。

求菩提山縁起と同様の伝承が同山の國玉神社（大字求菩提字岩嶽山）にも伝わる。

「神武天皇東征ましまさんとして先づ筑紫を平げ給ふ時、此山に於て天神地祇を祭り給ひし所にして、其地を人皇が嶽と號す。蓋し天皇の龍駕し奉る地なるが故御尊號を稱し奉りたる可し。（中略）人皇二十六代継體天皇二十年丙午歳此地に大國主命を鎮座し顯國靈神と崇め祭らせ奉れりと云ふ。（後略）」

継体天皇の故事に関しては、近くの須佐神社（旧築上郡岩屋村大字篠瀬字古屋敷）に次のような伝承が残されている。春祭に奏される清明楽の由来の初めの部分である。

「抑當社田樂の由來奏尋に人皇二十七代継體天皇の御宇にあたりて、犬ヶ嶽の悪鬼四方に繁亂して諸民是がために悩まされ、時に求菩提山行善大徳丹誠をぬきでて權現に祈、かのみょうじゅつを以狗嶽のいたゞきに封じ納て鬼神と祭る事偏に白山大權現の靈驗いちじるしき所なり、貴賤伏して尊み嬉事限なし。依て廣前に於て楚村のゐいじを集、初て此樂を奏して神慮を清め奉、（後略）」

なお、佐賀県藤津郡には「火伏せの神」として「八天狗」を祀る「唐泉山八天神社」や「勝軍山八天宮」等が鎮座し、ここでも鬼と天狗が同一神として存在することを示しているようだ。

「天狗＝鬼」が前権力者を貶めたものであることを拙論「新・九州王朝の論理」以来説いてきたが、終に求菩提山縁起の一文にそれを再発見・再確認することができた。そこで述べた、佐賀県藤津郡太良町竹崎観音修正鬼会から、久留米市の大善寺玉垂宮に伝わる「鬼夜」を経由して、六郷満山（国東半島の天台宗寺院群）で行われる修正鬼会（年頭の法会、地元ではオニオとかオニヨと呼んでいる）に到るまでの「鬼のライン」もよく考えれば、英彦山の修験道コースであったのだ。

また、求菩提山縁起と神武紀を比較すると、「菟狭の川上の一柱騰宮」で神武が何を準備したかが推測できる。「既にして皇師中洲に趣かんと欲す。而るに山の中嶮絶にして復た行くべき路無し。乃ち棲遑《しじま》ひて其の跋み渉る所を知らず。」の状況を解決するためには、「中洲の皇都」への路をよく知る「頭八咫烏」一族を懐柔し、同盟を結ぶ必要があったと思われるのだ。「頭八咫烏」は古事記に「八咫烏」とあることから、岩波本の頭注に、「頭字のあるのは、頭の大きかったことを示すものかという」とのいささか間抜けた注が付されている。求菩提山八天狗像を見る限り、中央に大天狗が坐し、その周りに八天狗がいるから、彼等は天狗八部族の頭（＝長）と見るべきではなかろうか。カラスは先に述べたとおり、一族のトーテムであり、彼等はいわゆる山伏の起こりである。カラスについては、インドや東南アジアに見られるガルーダ神（頭は鷲、体は人、背に翼）がその起源ではないかと考察したことがある。神功紀に登場する「羽白熊鷲」も、神武に仕えた求菩提山八天狗の末裔とすれば、神武朝に忠実だった一族が神功に滅ぼされたと見る私の考察に適い、両者とも歴史事実として蘇る。
このカラス天狗像は、後世の人の手に成る古伝承の変形すなわち、神の偶像とそれを祭った一族の合成と考えられる。いずれにしろ、現地伝承の方が圧倒的に神武紀より合理的だ。ここに、宇佐への大迂回の理由が史実として成立し得よう。

神武を助けた「倭奴」族の菟狹津彦・菟狹津媛の系譜が新権力に滅ぼされる記述も景行紀に見られる。景行天皇十二年九月条にこうある。抄出する。

周芳の娑麼に到りたまふ。神夏磯媛参向て啓して曰く、「唯残《あ》しき賊者有り。一をば鼻垂と曰ふ。妄《みだ》りに名号を仮りて、山谷に響《おとな》ひ聚《あつま》りて、菟狹の川上に屯結《いは》めり。願はくは急に撃ちたまへ。」と。悉に捕へて誅しつ。天皇、遂に筑紫に幸して、豊前国の長峡県に到りて、行宮を興てて居します。故、其の処を号けて京《みやこ》と曰ふ。

菟狹の川上の鼻垂こそが、菟狹津彦・菟狹津媛の最後の後裔であることは疑い難い。そこは、国東半島の直近の地であり、修正鬼会の盛んな地でもある。豊前国の長峡県は今日の福岡県京都《みやこ》郡であり、その「京都」の起源が語られている。決して「行宮」などではない。そこには、私が「山城京」とする「御所ヶ谷神籠石」があり、山頂に「景行社」がある。

神武紀に戻るが、従来の訓読と違い、「遂に狹野《さの》を越ゆ。」のところで句点を置かざるを得なくなった。これは、後で詳述する『鞍手郡誌』によって解明されたものであるが、「※熊野の神邑《みわのむら》に到る。且《すなは》ち天磐盾《あまのいはたて》に登る。」との間にこそ、神武紀の主要部である「天香山争奪戦」が挿入されるべきであることが知られたからだ。

四　第二次東征③天香山争奪戦

頭八咫烏の先導（六月）によって、神武軍は英彦山を下り、彦山川水系に沿って北上し、「天香山」奪取を目論んだようだ。神武天皇即位前紀戊午年八月条の「菟田縣の血戦」については、菟田縣を比定することができないのでここでは省く。菟狹と一字共通するので、豊前内の地名とも思われるが未解決である。（菟田川の名もあるので、ウ音の脱落した「田川」が当るのかも知れない。）

重要なのは、この年が戊午年であることだ。神武東征開始の甲寅から五年後の西暦一一八年に当る。先の『鞍手郡誌』中の「日子山は天神天忍穂耳尊のお降りになった国見山であり、神武天皇も先ずこの山頂に於いて『国覔《くにまぎ》』を遊ばした。同山の水精石の由来にも神武五年七月云々の文字がある。」という記述に着目すると、同じく「甲寅から五年後の七月」に英彦山を下ったことになり、日本書紀の「神武天皇即位前紀戊午年八月条の『菟田縣の血戦』」の記事とは実に見事に繋がるのである。これもまた、偶然の一致とは片付けられないだろう。現地には確かな伝承が残されていると考えずにはいられない。

なお、「福岡県神社誌」の英彦山神社の由緒の一節にはこうある。

神倭磐余彦天皇日向皇居の時勅使天村雲命を日子の山に遣はされ皇祖天忍骨尊を祭らせ給ふに始まれり

次の同年九月条は「天香山」が現れるので比定しやすかった。

九月の甲子の朔戊辰に、天皇、彼の菟田の高倉山の巓《いただき》に陟《のぼ》りて、域《くに》の中を瞻望《おせ》りたまふ。時に、国見丘の上に則ち八十梟帥《やそたける》梟帥、此をば多稽屢と云ふ。有り。又女坂に女軍を置き、男坂に男軍を置く。墨坂に焃炭を置けり。其の女坂・男坂・墨坂の号は、此に由りて起これり。復兄磯城の軍有りて、磐余邑に布き満てり。磯、此をば志と云ふ。賊虜の拠る所は、皆是要害の地なり。故、道路絶え塞がりて、通らむに処無し。天皇悪みたまふ。是夜、自ら祈《うけ》ひて寝ませり。夢に天神有りて訓へまつりて曰く、「天香山《あまのかぐやま》の社の中の土を取りて、香山、此をば介遇夜摩と云ふ。天平瓮《あまのひらか》八十枚を造り、平瓮、此をば毘邏介と云ふ。并せて厳瓮《いつへ》を造りて、天神地祇を敬ひ祭れ。厳瓮、此をば怡途背と云ふ。亦厳呪詛《いつかしり》をせよ。此くの如くせば、虜自づからに平き伏ひなむ。」とのたまふ。厳呪詛、此をば怡途伽辞離と云ふ。天皇、祇みて夢の訓を承りて、依りて将に行はむとす。時に、弟猾又奏して曰く、「倭国の磯城邑に、磯城の八十梟帥有り。又高尾張邑　或本に云はく、葛城邑といふ。に、赤銅の八十梟帥有り。此の類皆天皇と距き戦はむとす。臣、竊に天皇の為に憂へたてまつる。今当に天香山の埴を取りて、天平瓮を造りて、天社地社の神を祭れ。然して後に、虜を撃ちたまはば、除ひ易けむ。」とまうす。

夢の教えと弟猾《おとうかし》の言を喜んだ神武天皇は、椎根津彦と弟猾を老翁と老婆に扮装させ、天香山の埴土を取ることに成功する。

「菟田縣の血戦」に兄猾《えうかし》軍を破った神武は、弟猾を軍勢に加え、「菟田の高倉山」に上り、記紀に明らかなように「赤銅を産する天香山」周辺を偵察する。天香山は拙論の数々で証明したように、田川郡香春岳三ノ岳を指すから、彦山川沿いに北上して来たと考えるなら、「菟田の高倉山」はあるいは今日の飯岳山（大坂山、五七三ｍ）であろうか。この山の頂上からは、香春岳三山が見渡せる。眼鏡を掛けた私の視力でも香春岳の麓の道路を走る乗用車が確認された。昔の人の視力なら、十分に軍勢の備えが見えたはずだ。

もう一つの候補として、一三七一年（北朝の応安四年）に、今川了俊が九州に下向し、宮方の拠った麻生山（八幡東区）・多良倉（皿倉）・鷹見嶽（八幡西区）を攻め落としたとの記録があるので、あるいは、皿倉山が高倉山として挙げられる。この場合は、かなり広範囲に及ぶ天香山包囲戦となる。

昭和十年の金辺川から見た香春岳（右が一ノ岳）

「磐余邑」の地名も重要だ。後にこの地に宮を建て天下を治めたからこそ、「神日本磐余彦天皇」の諡号が贈られたと日本書紀は主張しているからだ。また、「倭国の磯城邑」も「天香山」周辺にあったことになろう。

そして、「赤銅の八十梟帥」の存在こそが、神代紀からの「赤銅を産する天香山」と神武紀の「天香山」が同じであることを決定付け、神武が瀬戸内海を渡っていないことをも証明する。

この「天香山」奪取作戦は、頭八咫烏の先導のお蔭もあって、実に巧みである。「中洲の皇都」にある長髄彦は、福智山系を挟んで現在の直方市頓野及び六ヶ岳山麓辺りにおり、香春の北の企救半島（当時はほとんど島）は椎根津彦の恭順によりすでに神武の支配下、宇佐も彦山川上流地域も制した神武には、いよいよ倭奴国の重要拠点を奪う奇襲であり、成功すれば、長髄彦包囲網が完成することになる。

その椎根津彦と弟猾はいわば斥候である。椎根津彦と弟猾は天香山の道を熟知しているようだから、ここでも遥か東方の奈良県大和国の天之香具山に登っていないことが知られる。椎根津彦も弟猾も神武と同じく、断じて、瀬戸内海を渡っていないのである。

神武は次いで天神地祇を祭る。

天皇大きに喜びたまひて、乃ち丹生の川上の五百箇の真坂樹を抜取《ねこじ》にして、諸神を祭りたまふ。此より始めて厳甕の 置《おきもの》 有り。時に道臣命に 勅《みことのり》 すらく、「今高皇産霊尊を以て、朕親ら顕斎《うつしいはひ》、此をば于図詩怡破毘と云ふ。を作さむ。汝を用て 斎主《いはひのうし》 として、授くるに厳姫《いつひめ》の号を以てせむ。其の置ける埴甕を名けて、厳甕とす。又火の名をば厳香来雷《いつのかぐつち》とす。水の名をば厳罔象女《いつのみつはのめ》、此をば、瀰菟破廼迷と云ふ。とす。 粮《くらひもの》 の名をば厳稲魂女《いつのうかのめ》稲魂女、此をば、于伽能迷と云ふ。とす。薪の名をば厳山雷《いつのやまつち》とす。草の名をば厳野椎《いつののづち》とす。」とのたまふ。

注意すべきは、神武の祭った神々である。中でもイツノカグツチは火の神であるから、古事記の迦具土・日本書紀神代の軻遇突智であることは間違いない。カグツチもまた天香山の神々の一柱であろう。日本書紀の「厳《いつ》」が古事記の「伊都《イツ》」表記と同一であることから、この地が「伊都国」でもあるとの証明を以前に果たした。

さらに、古事記の迦具土の前後には「香山の畝尾の木本に坐す哭澤女神」が存在する。この「香山の畝尾」から「畝傍山」が派生したのなら、香春三ノ岳が本来の天香山であり、畝の尾に当たる一ノ岳が畝傍山と称されたことになる。私はこの位置関係から、後段のハイライトの橿原宮の所在を香春一ノ岳の東南麓の高野に比定したのである。そこには鶴岡八幡宮が鎮座し、香春町郷土史会会長の柳井秀清氏によれば、さらにそれ以前に古い宮が鎮座していたとの由である。

以上のように、弥生期の銅を中心とする文明に生きた神武にとって、「赤銅の天香具山」奪取は、すなわち王権奪取に半ば成功したことに他ならなかったのである。

この後に冬十月条、歌謡を交えた八十梟帥征討戦の様子が描かれる。東征謀議の項で述べたとおり、

お佐嘉の　大室屋に　人多に　入り居りとも　人多に来入り居りとも　みつみつし　来目の子らが
頭椎い　石椎いもち　撃ちてし止まむ

を始めとする一連の歌謡は、吉野ヶ里遺跡の地で繰り広げられた、神武東征よりも過去の戦闘の記録であるとの分析を施した。これらを再考するために、本稿以前の拙論を掲げる。

倭奴国領土拡張戦争その二――吉野ヶ里の攻防

先の立岩遺跡の説明に、《中期後半には、福岡、朝倉など北部九州の平野部へ、また筑後・佐賀平野から日田盆地（大分県）にまで製品が流通している。》とあった。この「流通」が「倭奴国」の発展譚、すなわち領土拡張戦争の結果によるものなら、弥生中期前半頃の佐賀平野でも戦闘のあったことが予測される。佐賀平野は、渡来型弥生人の人骨分布図の西の端に当たり、同時に立岩式石包丁流通の西端部に当たる。ここに現段階では日本最大の環濠集落、「吉野ヶ里遺跡」が現れた。環濠集落

とは「戦闘に備えたクニ」の跡と考えてよい。が、考古学は吉野ヶ里遺跡に戦闘の跡を見ようとしない。

他方、古事記・日本書紀の神武天皇の記録の中には、天神降臨後の戦闘と思われる記載が歌謡を中心に残されている。神武記には、神武を指して「神倭伊波礼毘古《かむやまといはれひこ》の命」と「天神御子《あまつかみのみこ》」の二つの呼称がある。このうちの「天神御子」が主語となる記録は、そのまま筆者の言う「天神降臨」事件の記録のようである。今日の奈良県下の事件ではなさそうだ。神武記を始め、記紀は時空間の異なる記事を組み合わせてあるらしい。その視点で、日本書紀の神武紀を分析したところ、次の一連の歌謡が、実は「吉野ヶ里」の攻防を詠ったものと判明した。ひとまず、歌を読んでいただこう。

神武即位前紀戊午年冬十月、八十梟師征討戦の歌謡の新解釈

神風の　伊勢の海の　大石に　や　い這ひ廻る《もとほる》　細螺《したたみ》の　吾子よ、細螺の　吾子よ。　細螺の　い這ひ廻り　撃ちてし止まむ。　撃ちてし止まむ。

【口訳】神風の伊勢の海の大きな石のまわりを、這いまわっているシタダミのような吾が子よ。シタダミのような兵士よ。シタダミのように這いまわって、敵を撃ち滅ぼしてしまおう。敵を撃ち滅ぼしてしまおう。

【解説】伊勢の海は、福岡県糸島半島付近の海。かつてここに上陸した天孫族の一部族が、この地方で歌った民謡のようだ。吾子は文字通り、海辺に遊ぶ吾が子を指した。その後領土拡張を続けて、佐賀県神崎の吉野ヶ里（次の歌謡の「オサカの大室屋」）の決戦に臨んだとき、兵士に呼びかける歌にアレンジされたようだ。替え歌のほうでは、城柵の上から矢を射掛けられ、濠に次々味方の兵の死体が重なってゆく。それでもなお、兵士はシタダミのように濠を這って敵陣に迫るのである。生々しい

戦闘歌だ。（この解釈については、福田健氏からヒントをいただいた。）

お佐嘉の　大室屋に　人多に　入り居りとも　人多に来入り居りとも、　みつみつし　来目の子らが　頭椎い石椎いもち　撃ちてし止まむ。

【口訳】お佐賀の大室屋に、人が多勢入っていようとも、人が多勢来て入っていようとも、勢いの強い来目の者たちが、頭椎・石椎でもって撃ち殺してしまおう。

【解説】佐賀は古くはサカと呼んだ。通常、奈良県の忍坂がオサカに当てられてきたが、弥生時代の「大室屋」が吉野ヶ里遺跡を措いてないことは、その復元からも推測される。「お佐賀の大室屋」の推測の原点は、吉野ケ里遺跡の前期環濠集落の東側に、当時の東方すなわち筑紫方面から攻めてくる敵を想定して設けられたと思われる「逆茂木」遺構のあることだった。弥生時代後期の広がった同環濠集落にはまったく意味をなさないこの遺構が、この歌の再発見につながった。

今はよ、今はよ。ああしやを。今だにも、吾子よ。今だにも、吾子よ。

【口訳】今が最後だよ、今が最後だよ。ああ奴らを（倒すのは）。今を置いてないよ、吾が子よ。今を置いてないよ、兵士等よ。

【解説】通例では、敵を倒した後、この歌が歌われ、みんなで笑ったとある。だが、歌を普通に読むなら、長期戦のあと、終に訪れた総攻撃の合図の歌ととらえるのが順当のように思われる。歌の元々は、鵜飼の鵜を捕らえるタイミングを子に教える歌とする解釈（古田武彦氏）があるが、それを使って総攻撃の合図としたとする筆者の考えとは矛盾しないだろう。この歌のみ、通例の解釈（「記紀歌謡全注釈」角川書店）をあげておこう。

「今はもう、（すっかり敵をやっつけたぞ）。わーい馬鹿者め。これでもか、ねえおまえたち。」

（お佐賀なる） 愛瀰詩を一人《ひだり》 百な人、人は言へども抵抗《たむかひ》もせず。

【口訳】お佐賀にいるエミシを一騎当千だと、人は言うけれども、（われわれには）手向かいもできなかったぞ。

【解説】初句「お佐賀なる」は、我が国最古の歌論書『歌経標式』（七七二年）にある形から採った。エミシは通例「蝦夷」と蔑称が使われるが、ここだけ、原文は「愛瀰詩」とイメージの良い字が用いられている。エミシの自称と思われる。口訳にあるとおり、この歌こそが、激戦に勝った側の勝どきの歌であろう。『日本書紀』の原文によれば、約半年にわたる攻防戦であった。これらの歌謡が、景行紀にあるべき説話であることは拙論「於佐伽那流《おさかなる》 愛瀰詩《えみし》」（『九州王朝の論理』明石書店 所収）で論じた。今は結果のみ挙げよう。吉野ヶ里陥落は、景行十三年（ＡＤ八三年）の出来事と推測された。ＡＤ一〇七年、倭国王帥升らが、後漢の安帝に生口一六〇人を献じたとある。「生口（奴隷）」とは、この前後の戦いのときの捕虜、於佐伽那流 愛瀰詩の人々らを言うのであろうか。

吉野ヶ里遺跡からは、一九九八年十一月に九州初の銅鐸が出土した。山陰で見つかった銅鐸と同じで、鳥栖市の安永田遺跡の鋳型とも同類であった。出雲系の人々の居住した遺跡だったのである。また、「肥前国風土記」の「神崎の郡」の記録には、「昔荒ぶる神があって往来の人が多く殺害された。景行天皇が巡守して、この神が和平《やはら》ぎ、殃《わざはひ》がなくなった。」とあるが、ここにこそ、弥生時代の倭奴国の領土拡張戦争すなわち天神族対荒神族の激戦が隠されていたことに思い至ったのである。

吉野ヶ里遺跡は「佐賀県神崎」に厳然とある。

右のように、神武紀の一連の歌謡を神武紀から分離しようと努めてきた。そうして、神武紀の本質に迫ろうとしたが、再分析の結果は、次のようになった。

（二〇〇三年九月一五日『社会運動』二八二号初出）

神武は、天神族の分王家の一員として、倭奴国本国より「西の偏」に生を享けた。神武紀冒頭の書き出しが正しければ、東征謀議（西暦一一四年）の時が四十五歳であるから、西暦七〇年（庚午）生まれとなる。日本書紀紀年では垂仁天皇の没年に当る。成長して、十三歳の年（西暦八二年）十二月に「お佐賀の大室屋」攻撃が開始される。父、彦波瀲武鸕鶿草葺不合尊の佐賀平野攻略戦であった。半年後の八三年五月に「お佐賀の大室屋」は陥落する。この時の主力軍こそが來目部であったと思われる。佐賀平野を一定程度攻略した後、西暦八四年、十五歳で神武は「太子」となったことになる。「西の偏」の分王家は、倭奴国本国に勝るとも劣らぬ強国となっていったようだ。神武東征前夜の歴史である。

神武紀本文に戻ると、「凡て諸の御謡をば、皆來目歌と謂ふ」の記述からすれば、一連の歌謡は、神武が少年期から馴染んだ「來目部の軍歌」であり、東征においても、戦の合間合間に歌われたり、あるいは、実戦の際の合図としても歌われたりしたものとも考えられる。こうして、來目部等の奮戦の結果、神武は天香山奪取に成功する。

冬十月の癸巳の朔に、天皇、其の嚴瓮の粮を嘗《たてまつ》りたまひ、兵を勒《ととの》へて出でたまふ。先づ八十梟帥を國見の丘に撃ちて破り斬りつ。

五　第二次東征④『鞍手郡誌』の神武東征

神武紀を分析するのに、非常に有効であったのが、昭和九年発行の『鞍手郡誌』に著された神武東征伝承に他ならない。このコースは記紀に全く採られていないことが却って興味深い。このことが、神武東征の目的地をほぼ銅鐸圏に摩り替えることに成功した原因であり、却って記紀のイデオロギーを照らし出すことになろう。次は英彦山からの続きである。（傍線は福永）

山頂から右されたか左されたか……それにはこんな古記録がある、即ち天皇方に中州に遷らんと欲し日向より發行し給ふ。（中略）陸路将に筑紫に赴かんとし給ふ時、馬見物部の裔駒主命眷族を率ゐ田川郡吾勝野に迎へて足白の駿馬を献じ、因て奏して曰く、是より應に導き奉る可し、宜しく先づ着行すべし、臣が馬は野の牧馬にして發行に奉るなり（撃鼓神社古縁起）

云々で、これによって、天皇は豊前田川郡に下られ、高羽川（彦山川）に沿うてアガノ（上野）方面に進まれたことが幻想され、それから先の御巡路は、天神、皇祖並びに天皇に御かゝはりのある神社、地名等の社傳、縁起、傳説によって面白く想察され、これを、天皇の皇子の系裔、物部氏の分布、八幡神の所在等に引き當つれば、成る程と一應の首肯を得ることは必ずしも至難でない。

「撃鼓神社古縁起」はすでに失われているらしい。現在（二〇〇七年八月）の宮司佐伯氏によれば、撃鼓神社の由来は、神社名鑑に書かれた「撃鼓《うちつづみ》神社…神功皇后三韓を平伏凱旋後、伊奘諾大神を斎き給う。征伐の砌り、志賀の浜で神楽を奏せられた。時に当祭神がその鼓笛の事を司り給うたので此の名があると云う。」の説明とほぼ同じであった。祭神は、天太玉命、天児屋根命、天鈿女命となっていて、古社ではあるが、佐伯宮司は神武天皇までは遡れないのではないかと逡巡されていた。昭和十九年発行の福岡県神社誌には、「創立年代太古にして不詳。神武天皇御東征に際し又神功皇后三韓御征討に當り祈願報賽の事舊記に載せたり。」と見える。

失われた古縁起により、神武は「遂に狭野《さの》を越ゆ」の後、彦山川に沿って、天香山を先ず攻撃し奪取したことを確認できたのである。鞍手郡誌編者の「アガノ（上野）方面への進行」には若干の誤解があるようだ。

「吾勝野」については、田川の現地に神武の後世の伝承が伝わっている。

赤村はもと上赤、下赤、山浦、大内田、小内田といった5カ村を合併したもので、上赤、下赤、本村はかつて吾勝野といっていた。太古において吾かつ山上（現在の岩石山）に天祖吾勝尊が天降ったということから起因して、この山の東麓一帯の野を吾勝野と称したのである。それが景行天皇の時、田河の川上にいた土蜘蛛麻剥の残賊を誅滅の後、この山上の吾勝尊の神社に奉賽されて遠く東麓を望みこの麓は沃土南北に連なって狭く長いため、自今二村を形成するがよかろうといわれたので、これより上を津野といい下を阿柯と称した。のち阿柯を上赤、下赤の二村に分けた。（田川産業経済大鑑、p三七三〜三七五、傍線は筆者）

赤村教育委員会が平成元年に発行した「赤村　史・誌資料」にもいくつかの古伝承が残されている。そのうち、次の我鹿屯倉跡が赤村に伝わる。

大宰管内志に曰く　安閑天皇（人皇第二七代）紀に　2年5月丙子朔　豊国我鹿屯倉を置く（我鹿此を阿柯と云）とあり　名義未だ考えず　田川郡に　上赤　下赤二村あり　山中なれども田地広き処なり云々　此の御代に此の屯倉守等　屯倉守護神として斎き祭りし　豊宇気姫命は　今　我鹿八幡神社内に座せり、屯倉の跡は　字常光に在り。

安閑天皇紀の我鹿屯倉の故事が事実と認められるなら、景行天皇の故事、神武天皇の故事と遡ることに不思議は無く、「吾勝野」の地名も疑いようがない。「赤村」と「津野村（中心部は油木ダムの底か）」は現在も確かに「南北に連なって狭く長い」のである。現地伝承はここでも記紀の記事を補うのである。

六　第二次東征⑤射手引神社社伝の証明

『鞍手郡誌』の続きを分析した結果、天香山を奪取した神武は、一旦、南に引き返し、馬見山に至る。そこから、嘉麻川（遠賀川上流）水系を北上し、いよいよ古遠賀湾沿岸の「中洲の皇都」に拠る「長髄彦」との決戦に臨んだようである。

試みに、嘉穂郡『射手引神社』の社傳を抄録し、以下諸神社の社傳、縁起もこれに准じ、それ等の古傳説が天神イザナギ神、宗像三女神、天忍穂耳尊、天孫ニニギの尊、神武天皇、景行天皇と相關聯し、おのがじゝなる社傳縁起の内容が、期せずして相關係してゐることに示唆を感じ、筑豊の山野―北九州の随所に、神武天皇を中心とする神社、地名が餘りに多く、しかも、それが天皇の御コースを語る分布を描き、神代史、古代史の時間と空間を如實に指示してゐることに注目して欲しい。文に曰く

筑紫鎌の南端、豊前田川に接する地を山田の庄といふ、庄の東北に山あり帝王山と云ふ、斯く云ふ所以は、昔神武天皇東征の時、豊國宇佐島より柯柯小野に出でて天祖吾勝尊（天忍穂耳尊）を兄弟山の中峰に祭りて後、西方に國を覔め給はんとし給ふ時（中略）山上神社あり之を射手引神社と云ふ、祭る所の神三座天照大神、手力雄命、景行天皇なり、天皇（景行天皇）の御宇筑紫全島五月蝿の皆湧くが如し、土蜘蛛と稱する者多く山川の嶮を恃み、恣に黨類を集め、朝命を奉ぜず（下略）

（射手引神社々傳）

云々とあり以下これを表記すれば左の通りである。

一、帝王越（帝王山の山の尾をいふ）

一、小野谷（現嘉穂郡宮野村）

迷路を質すべく高木の神を祭りたまふ

一、神武山（同宮野村、熊田村）

カムタケ山といひしが今は單に神山といふ

一、馬見山（同、足白村）

天孫ニニギの尊の靈跡を訪ね、降臨供奉の臣馬見物部の裔駒主命を東道役とし給ふ

一、天降八所神社（同、頴田村）
皇軍行路に惱む時、八神雲影に感現して進路を教へ給ふ

一、鳥居（同）
前記八所神社附近の地名、靈烏が『伊那和』と鳴きて皇軍を導いた土地

一、烏尾峠（同）
靈烏を烏尾明神の出現といひ、カラスは八咫烏のカラスに同じ

一、杉魂明神（同）
天皇の御惱を醫し奉ったところ祭神は天皇と駒主命と椎根津彦

一、佐與（同）
天皇の靈跡―佐與計牟の約言

一、嚴島神社（同）
天皇、宗像三女神を祭り給ふ

一、鹿毛馬（同）

一、日尾山（同幸袋町）

一、鯰田（飯塚市）
沼田といふ、天皇遠賀川を渡り惱み大迂回を行ひ給ふた所

一、勝負坂（同）

一、立岩（同）
　天皇が天祖に祈願し給ふたところ
一、徒歩渡（同）
一、王渡（同）
一、鉾の本（同）
　豪族八田彦皇軍を奉迎、遠賀川を渡河された故名
一、片島（同二瀬村）
　加多之萬、又は堅磐と書き皇軍上陸の地を指す
一、撃鼓神社（同幸袋町）
　天皇進軍を命じ給ふた故地
一、白旗山（同）
　天祖を祭られて神託を得られた靈跡
一、笠城山（鞍手郡宮田町）
　天祖の靈を祭り給ふた靈地
一、伊岐須（嘉穂郡二瀬村）
　大屋彦の奉迎地
一、神武山（同）
一、神武邑（同）

天皇に因む地名

一、嚢祖の杜（飯塚市）

嚢祖を祭られた所

一、潤野（嘉穂郡鎮西村）

天祖を祭られた所

一、姿見（同）

一、日の原（同）

天皇に因む地名

一、高田（同大分村）

田中熊別の奉迎地

一、大分（同）

オホギタと讀む、天皇の神靈を祭る

一、山口（同上穂波村）

皇軍戰勝休養の地

一、牛頸（同）

土蜘蛛打猿打首の故地

一、寶満山（竈門山）

登山して御母君の靈位を祭り給ふ

一、田中庄（筑紫郡大野村）
　荒木武彦奉迎地
一、蚊田の里（粕屋郡宇美町）
　荒木の女志津姫皇子蚊田皇子を生み奉った地
一、神武原（同）
一、若杉山（同篠栗町）
　いづれも天皇の靈跡地（以下略）
　以上はその主なるものを示したもので、その故地靈跡には大部分天皇を祭る神社や八幡宮があり、それ等を點線して天皇の御足跡を尋ねて見ると、その御コースは粕屋郡から宗像郡につゞき、海神族の一大本據である志賀嶋にも天皇の神話が遺り、天皇が舊ワタツミ海神國から新ワタツミ海神國を通過され、親しく宗像三神を祭つてこの地（宗像、鞍手、遠賀）の新勢力を随へさせられ、前記の御目的を御遂行の上、遠賀川を中心とした新々ワタツミ海神族を統率し給ひこの地方の海軍力を皇軍の一新勢力とし、先着の迂回水師と共に一路東征の壯圖につかれた……と推斷することができる。（福永後略）

まず、右に引かれた射手引《いてひき》神社社伝も今のところ所在不明である。戦後史学が、神武を架空扱いしたためか、筑豊の各神社の社伝は急速に失われている。

射手引神社は嘉麻市上山田一五三九（旧嘉穂郡山田町大字上山田字杉町）に鎮座するが、元は、上

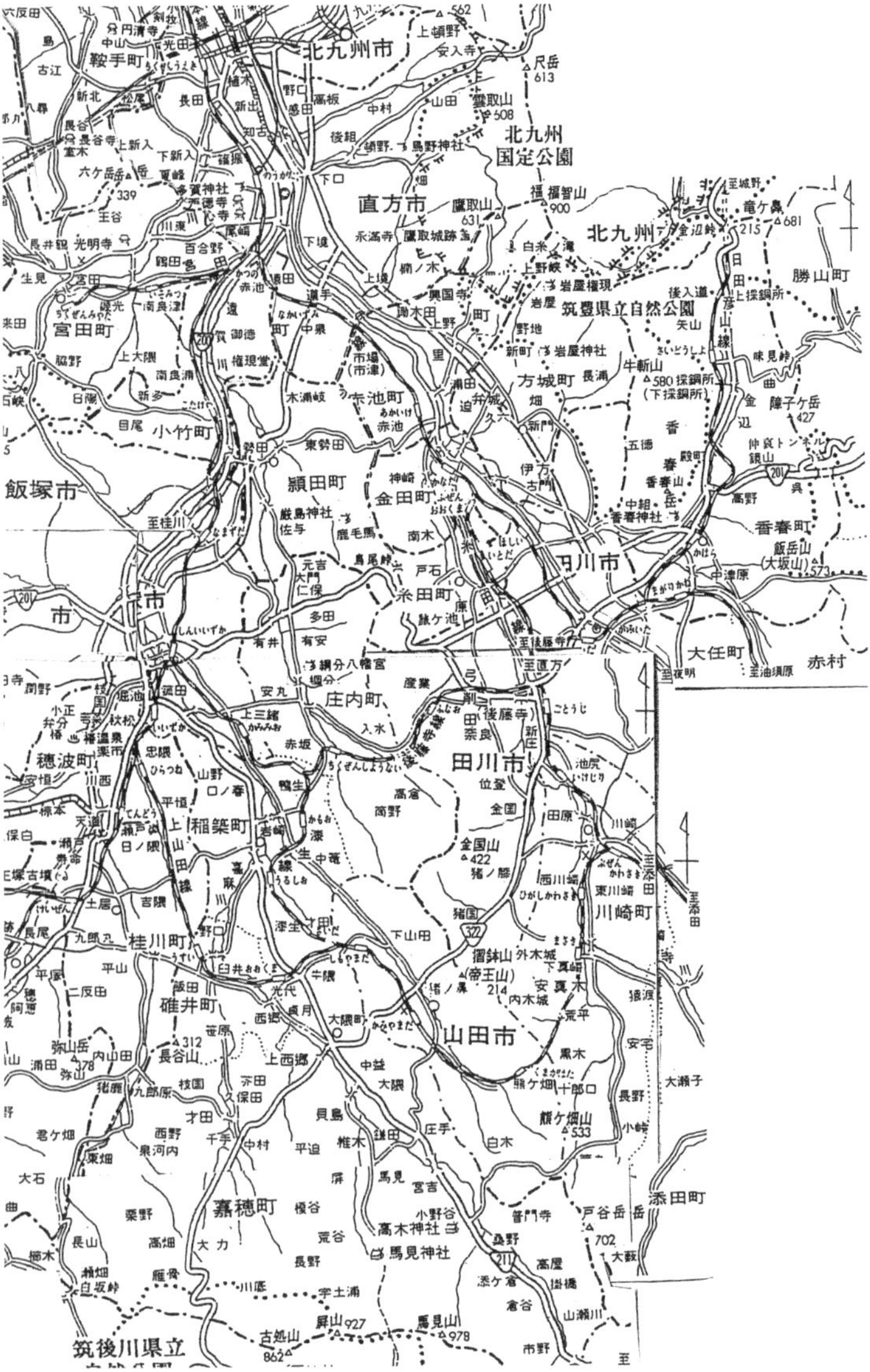
北九州市
鞍手町
直方市
北九州国定公園
北九州
筑豊県立自然公園
勝山町
宮田町
小竹町
方城町
飯塚市
頴田町
金田町
香春町
田川市
糸田町
大任町
赤村
庄内町
穂波町
稲築町
川崎町
桂川町
碓井町
山田市
嘉穂町
添田町
筑後川県立
福智山
鷹取山
英彦山
牛斬山
障子ケ岳
金国山
猪ノ膝
馬見山
古処山
屏山
戸谷岳岳
熊ケ畑山

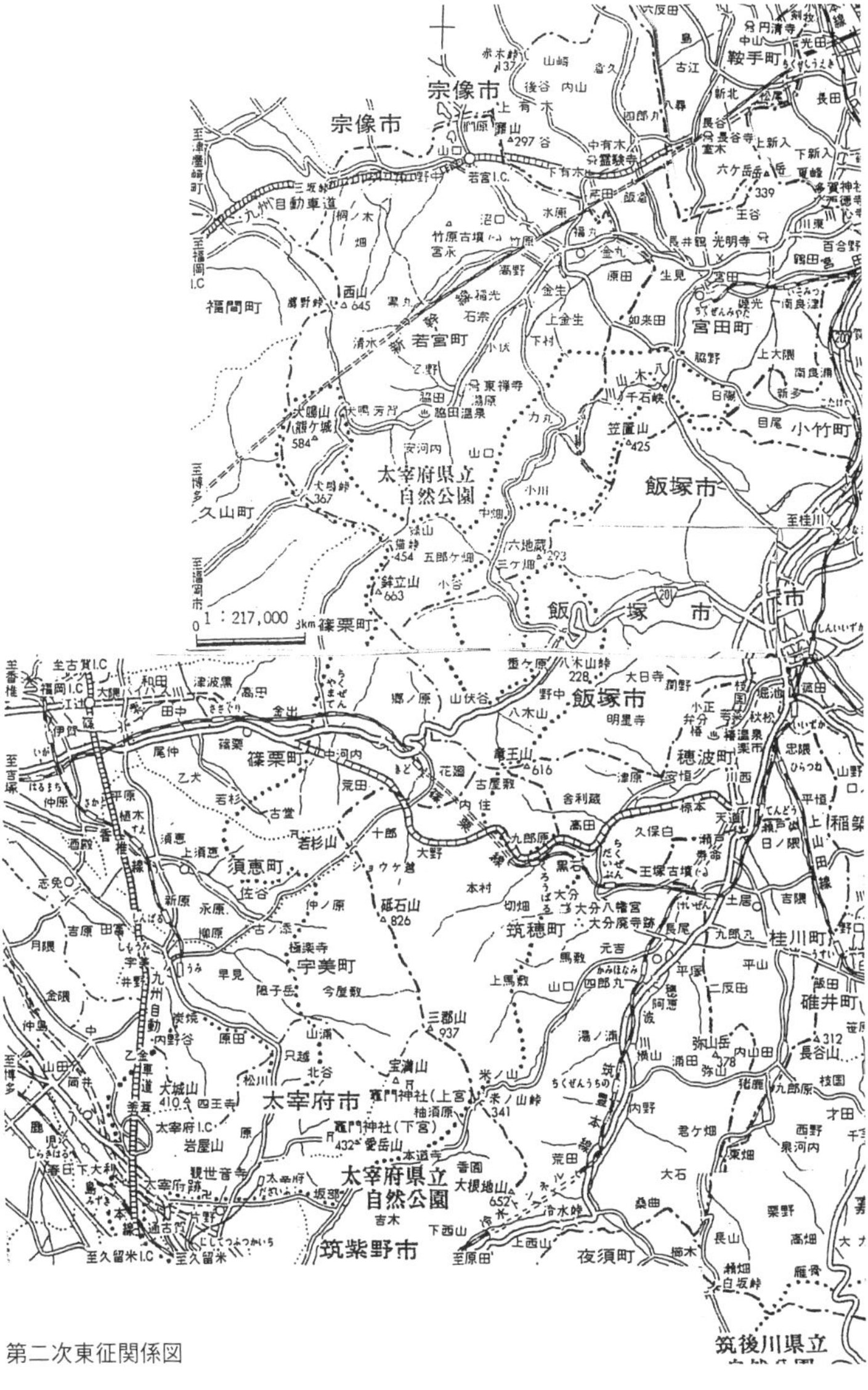
宗像市
鞍手町
宮田町
小竹町
福間町
若宮町
久山町
飯塚市
篠栗町
太宰府県立
自然公園
1：217,000
須恵町
宇美町
穂波町
筑穂町
桂川町
碓井町
太宰府市
筑紫野市
夜須町
筑後川県立
九州自動車道
若宮I.C.
福岡I.C.
太宰府I.C.
至久留米I.C
至久留米
宝満山
三郡山
937
若杉山
犬鳴山
584
西山
645
笠置山
425
竈門神社(上宮)
竈門神社(下宮)
太宰府跡
観世音寺
大分廃寺跡
王塚古墳
竹原古墳
飯塚市
第二次東征関係図

山田下宮の五社稲荷神社の地（帝王山の麓）にあった。現在の射手引神社宮司梊野英世氏によれば、曽祖父の代に、親類の大里氏から引き継がれたとのことである。梊野氏は、元は右記の「小野谷（旧嘉穂郡宮野村）」の高木神社の宮司であって、今も両社の宮司を兼務されている。梊野英世氏は右の失われた社伝には懐疑的でいらっしゃる。

しかしながら、鞍手郡誌編者の「試みに、嘉穂郡『射手引神社』の社傳を抄録し、以下諸神社の社傳、縁起もこれに准じ、それ等の古傳説が天神イザナギ神、宗像三女神、天忍穂耳尊、天孫ニニギの尊、神武天皇、景行天皇と相關聯し、おのがじゝなる社傳縁起の内容が、期せずして相關係してゐること に示唆を感じ、筑豊の山野―北九州の随所に、神武天皇を中心とする神社、地名が餘りに多く、しかも、それが天皇の御コースを語る分布を描き、神代史、古代史の時間と空間を如實に指示してゐることに注目して欲しい。」の一文にあるように、射手引神社社伝は筑豊の古伝承を忠実に伝えていたようである。私もこれを手がかりにして、この数年筑豊を歩き、神武東征のコースを追体験し、遂に歴史事実としての神武東征を復元し得たのである。決して、梊野氏の先代の偽作などとは到底思われない。なぜなら、鞍手郡誌編者はこれほど筑豊のコースを明らかにした射手引神社社伝を元にしながらも、結局、日本書紀のイデオロギーに従い、神武天皇を東の大和に遣ってしまうからである。書紀中の「中洲」の意味するところも、「天香山」の真の所在とその争奪戦にも、終に言及していない。これに対して、全てを採録されてない射手引神社社伝は、明確に、私の分析した「第二次東征」を成し遂げて、記紀からは想像すらつかない「筑紫に凱旋する陸路」を何の疑いも挟まず記録してある。この一点を以てしても、射手引神社社伝は、貴重この上ない第一級の史料であることが分かる。無論、歴史学者は一顧だにしなかった。

次に重要なのが、「神武天皇東征の時、豊國宇佐島より柯柯小野に出でて天祖吾勝尊（天忍穂耳尊）を兄弟山の中峰に祭りて後、西方に國を覓め給はんとし給ふ時（中略）山上神社あり之を射手引神社と云ふ」の一節である。殊に、「宇佐島から田川の柯（阿の誤りか）柯小野に出でて、西方に國を覓め給はんとし給ふ」の伝承こそは、「**今我は是れ日神の子孫にして日に向ひて虜《あた》を征《う》つは、此れ天道《あめのみち》に逆《さか》る也。若《し》かじ、退《しりぞ》き還りて弱きを示し、神祇を禮《いや》び祭りて、背《そびら》に日神《ひのかみ》の威《いきほひ》を負ひ、影の随《まにま》に壓《おそ》ひ躡《ふ》まん。**」の「神策」と完全に表裏一体を成すのである。「中洲の皇都」を西に向って討つ、神武の神策に基づく第二次東征、すなわち「宇佐への大迂回の意義」が射手引神社社伝には巧まずして残されていたことになる。やはり偽作などの類ではない。

さらに、昭和六十一年発行の『山田市誌』より、射手引神社社伝と周辺の神社社伝からなる歴史の初めの部分を引く。

　　第一章　先史時代

　第一節　神話と伝説

神武の東征　神武天皇の東征については、

自日向発幸御筑紫到豊国宇沙之時其土人名宇沙都比古、宇佐都比賣二人作足一騰宮而献大御饗自其地遷移於筑紫之岡田宮坐云々（古事記）

とあるが、博士久米邦武氏の解釈によると、天皇は九州の西海岸を進軍し先ず筑紫の耶馬台（今の八女郡）に駐め、それから豊前香春を経て宇佐に到り、また高羽（田川）を経て筑前岡田の宮に引き返された

と。

これによって考え、また、馬見神社々記によると、天皇はこの往復の途中、山田の邑及び宮野、足白を通過されたものと思われる。また、小野谷神社々記によると、

昔神武帝東征の時、宇佐島より高羽（田川）を経て筑紫の岡田に出で給う途次、山田の邑（熊田村）を過ぎ宮野の邑に躬親ら高皇産霊神を斎き祀れり

とある。

考えてみると、岡田の宮御駐輦の一年間は、馬見山、古処山などの周囲には、賊徒の集団が潜在していたので、後顧の憂いをなくすため討伐されたことは疑う余地がない。特に天皇の筑紫巡狩中、馬見山の四周は開けておらず、道路は泥濘で人馬はひどく疲れて難戦であったもののようである。

景行の西征と山田　嘉穂町宮野愛宕神社縁起によれば、「筑紫の土蜘蛛御征伐の砌、豊前の国（京都郡）より高羽（田川郡）を悉く誅し終って、筑紫の粕屋郡に行幸あった時、この神天の射手を率いてその前後を護衛した」とあり、神武帝と同様山田、足白、宮野などを通過されたことも明らかである。また、山田射手引神社縁起に、山田の東方に聳ゆる帝王山（摺鉢山）は景行天皇の熊襲西征の砌、天の射手を率いて陣し給ひしところなりといっている。

景行天皇の親征後再び熊襲が叛いたから、日本武尊が西下された。田川市猪の膝の乙彦《おとびめ》（ママ）公神社は尊に随行した弓の名手乙彦公をまつるといわれる。

神功皇后の西征と山田　熊襲は性懲りもなくまた叛いた。神功皇后はまた古処山の周辺に勢力をもつ土豪の羽白熊鷲の征伐を行われたが、この時、肥前から平嶋と名のる者が強豪の士を引率してこれに加った。熊鷲などが王化に服してこの地に蟄居したので、平嶋をこの地に留まらせて熊鷲を鎮圧させることにした。長教寺の開基平嶋七郎衛門はその後裔で、熊ヶ畑長原に平嶋姓を名のる者が多いのはその後裔であるといわれている。

『山田市誌』には何点かの誤解もあるが、神武・景行・神功の業績が並べてあることが高く評価されてよい。神功を調べていて、神武と重なっていたから、神武東征を実証できた。山田市誌によっても、射手引神社の縁起が知られ、神武の帝王越から馬見山（同、足白村）のコースの説明もほぼ省くことができる。ただし、馬見山の解説中「天孫ニニギの尊」は神武東征後のすり替えで、『旧事本紀』によれば、馬見物部は天神ニギハヤヒの尊の率いた「天物部二十五部族」の一である。また、先の「撃鼓神社古縁起」に見られるように、「馬見物部の裔駒主命眷族を率ゐ田川郡吾勝野に迎へて足白の駿馬を献じ」たことから、「馬見」・「足白」の名があると、馬見神社社伝にもある。さらに、「撃鼓神社古縁起」中の「是より應に導き奉る可し、宜しく先づ着行すべし、臣が馬は野の牧馬にして發行に奉るなり」の一節から、私は「鹿毛馬神籠石」城の城主を初めて文献に見る思いがした。鹿毛馬には駈馬の語源説もあり、鹿毛馬神籠石の中に「牧野神社」が鎮座する。何よりもこの直観が当っていれば、神籠石は二世紀初めには築城を見ていたことになる。

『山田市誌』の記述の中で見落とせないのは、「天皇の筑紫巡狩中、馬見山の四周は開けておらず、道路は泥濘で人馬はひどく疲れて難戦であった」の一文である。筑紫は筑豊とあるべきだが、「駒主命が東道役」であった説明となっている。これは、次章で特筆する「立岩」と関連して、「鯰田」から「片島」までの難コースの説明にもなっている。

インターネットで、「駒主命」を検索したところ、「古代史の復元」と題するサイトの中に、『福岡県「神武天皇と北九州」』から採られた神社伝承が見られる。

以下は、第二次東征の筑豊コースの概略と書紀の対応する記事を合わせることにする。

小野谷（現嘉穂郡宮野村）　迷路を質すべく高木の神を祭りたまふ

神武山（同宮野村、熊田村）　カムタケ山といひしが今は單に神山といふ

高木神社（嘉穂郡山田町大字熊畑字政處）社伝

「神産霊大神は神武天皇東征の時、宇佐島より田河邊を経て筑紫の国の岡田宮に出御の途次、山田邑の山路より此の村を過ぎ給ひて躬親ら斎き給ふ所の神なり、因りて此の山を号して神武山と云ふ。今神山と云ふは略称なり。」（古代史の復元）

馬見山（同、足白村）　天孫ニニギの尊の靈跡を訪ね、降臨供奉の臣馬見物部の裔駒主命を東道役とし給ふ

天降八所神社（同、頴田村）　皇軍行路に悩む時、八神雲影に感現して進路を教へ給ふ

天降八所神社（頴田村大字佐與字柱松）縁起

「馬見山の北麓、山澤四周して未だ開けず、道路泥濘にして歩行困難、人馬漸く疲れて進むこと能はず、天皇之を憂ひ給ひ、教導駒主命に勅して曰く、前途悠遠、然るに人馬卒の疲労今既に此の如く

甚だし、今転ずる道ある可きや

駒主命は道を変へ、宗像三女神の霊蹟を目指し、目尾峠へと迂回して、目尾の神峰にある強石明神を祭らせられた。此の時、駒主命が、一頭の駿馬を献じようとし、牧司に命じて之を御前に捧げやうとした際、馬は驚いて高く嘶き、一散にして駆け出して深山に飛び込んだので、牧司は後を追ふて曳き帰ったといふが、その駆け出したところを駆の馬といひ、馬の駆け込んだ山を馬見山といひ、献上した駿馬が鹿毛であったところからこの駈の馬は鹿毛馬ともいひ伝えて居ります。此の付近一帯は宗像三女神の霊蹟である。

天皇が日尾山にましますの時、雲の間から一羽の霊鳥が飛んできて大きい松の梢にとまり、伊邪佐々々と三声啼き、静々と西南に飛び去らうとしたので、天皇が仰せられるにはこれは神の使いだ、よろしく尾行すべしと命ぜられたので、皇軍は活気付いて進行しましたが、その霊鳥のとどまったところを、後に鳥居又は鳥尾といひ、その霊鳥を祀って鳥尾大明神と崇め祀り、之を鳥野神と申し上げる。」「天皇がここから西南に進まれるうち、俄かに御気分がお悪くなられたので、侍臣の種子命は、丘の上の杉の古木の下に天皇を休み奉り、椎根津彦と共に、杉の神木に天祖の御神霊を請ひ、熱心にお祈り奉ったところ、直ちに御気分が健やかに爽やかにならせられたので、その杉を魂杉といひ、ここに、天皇と二人の侍臣とを併せ祀って魂杉大明神と申し上げたといふことです。この御休養、御祈願の丘が天降八所神社の神地で、今の佐与という神社の所在地名は、天皇が、御会話中に「左様か…」と仰せられたことに起因するといひ伝えてゐます。」（古代史の復元）

鳥居（頴田村）　前記八所神社附近の地名、靈烏が『伊那和』と鳴きて皇軍を導いた土地霊鳥は頭八咫烏であろう。『伊那和』は「伊邪和」の誤りか。天降八所神社縁起に「伊邪佐」が見える。

十有一月の癸亥の朔己巳に皇師《みいくさ》大きに擧《こぞ》りて、磯城彦を攻めむとす。先づ使者を遣はして、兄磯城を徴さしむ。兄磯城命を承けず。更に、頭八咫烏を遣はして召す。時に、烏其の營に到りて鳴きて曰はく、「天神の子、汝を召す。怡奘過《いざわ》、怡奘過。」といふ。過の音は倭。兄磯城忿《いか》りて曰はく、「天壓神《あめおすのかみ》至りつと聞きて、吾が慨憤《ねた》みつつある時に、奈何にぞ烏鳥の若此《かく》悪しく鳴く」といひて、壓、此をば飫蕩と云ふ。乃ち弓を彎《ひ》きて射る。烏即ち避去《たち》りぬ。

岩波本は「怡奘過」を「率《いざ》わ、率わ。」と訓読し、頭注に「過」音の説明を詳細に施している。イザは、人を勧誘する辞とあり、神武紀では頭八咫烏が兄磯城に神武への帰順を勧誘した筋立てとなっている。鞍手郡誌のほうでは、「皇軍を導いた」ことになるが、どちらが原形であるかは判断できない。

「天壓神」は、兄磯城が侵略者の神武を「忿り」、罵倒した言葉であるようだ。頭八咫烏の発した「天神の子」とは対立する物言いであることが注意される。この語に注目すれば、あるいは、神武紀のほうが原形に近いのであろうか。

烏尾峠（同） 靈烏を烏尾明神の出現といひ、カラスは八咫烏のカラスに同じ

遥か後の南北朝期の動乱においても筑豊における戦略上の要害である。前の鳥居と烏尾峠において、「鳥＝烏」が頭八咫烏を指すことから、「飛ぶ鳥の明日香」において、枕詞「飛ぶ鳥の」は鳴き声「ア」を導き出し「明日香」に繋がるとした。また、神武東征後の頭八咫烏の領地を考慮して、最古の「飛鳥＝明日香」の地を、「赤村」の地に見出すことになった。この論稿の末尾に、拙論「飛ぶ鳥の明日香」を付しておく。

杉魂明神（同）「天皇の御悩を醫し奉ったところ」祭神は天皇と駒主命と椎根津彦

時に神毒氣を吐きて人物咸《ことごと》く瘁《を》えぬ。是《これ》に由《よ》りて、皇軍復振《またおこ》る能《あた》はず。時に、天皇《すめらみこと》適《よ》く寐《みね》せり。忽然《たちまち》にして寤《さめ》て曰く、「予《われ》何ぞ若此《かく》は長く眠りたるや」。尋《つ》ぎて毒に中《あた》りし士卒、悉く復醒《またさ》め起きき。

毒気とは、高見大地氏の見解では、火山性ガスである。火山考古学によれば、由布岳・鶴見岳の噴火が確認され、夏の風に乗って、豊前の地まで運ばれてくる可能性があるとのことである。近畿の大和では起こり得ない。祭神の組み合わせも通説と真っ向から異なる。

佐與（同）天皇の靈跡—佐與計牟の約言

大字佐與字柱松に、鞍手郡誌では、創立年代及び由緒不詳の天降八所神社が鎮座し、祭神に高皇産霊神、玉留産霊神他五柱の神が祀られている。「天降八所神社（同、頴田村）皇軍行路に悩む時、八神雲影に感現して進路を教へ給ふ」と同一の地と思われるが、祭神が一柱足りない。「佐與計牟の約言」は、天降八所神社縁起に同様の記事があるが、かなり変形されていて分からない。誰かの建策に対し、「さよけむ（そうするのがよかろう）」と返事をしたものか。

嚴島神社（同）天皇、宗像三女神を祭り給ふ

由緒に「神武天皇御幼名狭野命と申奉る時筑紫を回り給ふとて豊前国より此村に移給ふ馬牧より足毛の馬を奉り其馬に乗せ給ひ嘉穂郡馬見村へ出給ふ迄老翁見送り奉るより當村駈馬村と唱ふ村稱の起源也（後略）」とあり、鞍手郡誌編者の推測とコースが異なる。

鹿毛馬（同）～**撃鼓神社**（同幸袋町）までは省略（後述）。

白旗山（同）天祖を祭られて神託を得られた靈跡

ここは現在の撃鼓神社の上宮であり、下宮の撃鼓神社は大正十四年に同所に合併されたとある。祭神は、天太玉尊、天児屋根命、細女命となっている。

立岩は次章に詳述する。

笠城山（鞍手郡宮田町） 天祖の靈を祭り給ふた靈地

天神ニギハヤヒの降臨した笠置山である。この直前が「中洲の皇都」陥落、すなわち「倭奴国＝天満つ倭」の滅亡の記事が入ることになる。「犬鳴」の地でもある。「長髄彦の最期」の章に詳述する。この祭りによって、神武は大義名分上、天神の正統の後継となる。

伊岐須（嘉穂郡二瀬村）「大屋彦の奉迎地」〜**寶満山**（竈門山）「登山して御母君の靈位を祭り給ふ」までが、陸路による筑紫への凱旋コースである。

伊岐須（嘉穂郡二瀬村） 大屋彦の奉迎地

高宮八幡宮縁起

「西街道椿庄伊岐須郷は神武天皇駐蹕の名所なり、故に往古邑又は山を称して神武と云ふ。時に大屋毘古の裔八田彦、多く属類を率ゐて奉迎す、天皇の其の言を用いて暫く蹕を渓間の小山に駐め、天照大神を東北岩戸山に祭る、また、小石をこの山の頂に衛立て天津御璽を見たてて、素戔嗚尊を祭る、是即ち邑又は山を神武邑、神武山といふ由緒なり。」（古代史の復元）

途中の**嚢祖の杜**（飯塚市）や**大分**には八幡社が鎮座するが、現在の社伝には神功皇后の伝承しか伝わっていない。**潤野**（嘉穂郡鎮西村）には宝満宮が鎮座し、祭神の一柱に磐余彦命すなわち神武が祀られている。

潤野（嘉穂郡鎮西村）　天祖を祭られた所

寶満神社縁起

「天皇は八田彦の案内で、潤野の地に進まれ、改めて天祖の御霊をお祭りになったが、その御霊跡は姿見といひ、日の原ともいふ」（古代史の復元）

高田（同大分村）については別記する。また、**寶滿山**（竈門山）において「御母君の靈位を祭った」とあるのは、「建國の大偉業」成就の報告であったようだ。先に竈門神社の由緒を記しておいた。

高田（同大分村）　田中熊別の奉迎地

ここには、高祖神社が鎮座する。祭神は、玉依姫命、神日本磐余彦尊、登由宇気大神となっていて、数少ない神武の祭られた神社である。社伝に、「当村は白河天皇の御宇応徳年間竈門山宝満宮の神領となりしに依り同時宝満宮を勧請し本村の産土神とせりと言ふ」とあり、「明治元年宝満宮を高祖神社と改称し奉る」ともある。境内に碑があり、「此所字城林に神日本磐余彦尊の霊を勧請せり」との文字も見える。先代青柳宮司の奥方にご協力頂いた。なお、「古代史の復元」には次のような社伝がある。

高祖神社縁起

「天皇は高田に進み給ひ、八田彦の伴った田中熊別に迎えさせられ、根智山の賊打猿といふものを征服するため、高田の丘から熊別と椎根津彦に討伐の命令を御下しになりました。この霊跡に神武天皇と玉依姫を併せ祀ったのが高祖神社である。」

この地で、田中熊別が神武一行を奉迎していることは、一に神武東征が成就したことを意味し、二に本拠地筑紫側から家臣団が奉迎に出て来たことを示す。そう考えていたときに、九州古代史の会の恵内慧瑞子氏から、大宰府に田中熊別の祭られた神社が現存するとの情報が寄せられた。そこは「王城《おおぎ》神社」、太宰府市大字通古賀一二〇三番地に鎮座する。『太宰府伝説の旅』〈(財)古都大宰府を守る会発行〉にこうある。

神武東征の折、四王寺山の上に城をかまえて、大野の県主田中熊別というものを置いて城を守らせました。天皇の城が置かれたので時の人は王城山といったそうです。またこの嶺に武甕槌命と事代主命を祀り、東夷を平らげんことを祈らせました。

第二次東征発向の場所と様子を述べた貴重な伝承である。発向については既に述べたが、それと寸分違わない。のみならず、王城に守将を置いた点は、東征先が筑豊（中州＝豊葦原中国）であることと勝利した暁には必ず筑紫に戻ってくることの証明が見事に成されている。神武が終に九州島を出なかった証拠がここにも残されていたのである。この筑紫側の伝承が、射手引神社社伝と筑豊の各神社社伝に呼応することは、神武東征が史実以外の何者でもなく、戦後史学の神武架空説がいかに根拠のないものであるかということも証明している。

田中庄（筑紫郡大野村）　荒木武彦奉迎地

大野の県主田中熊別に由来する土地であった。その地に別の守将、荒木武彦が神武を奉迎したのである。この将の所領が次の地である。

蚊田の里（粕屋郡宇美町）　荒木の女志津姫皇子蚊田皇子を生み奉った地

今日まで埋もれていた貴重な伝承である。ここは、神功皇后が三韓征伐から帰還した後、応神を出産された所としてあまりにも著名である。このことから、「宇美（産み）」の名がついたことが知られている。筑豊の各地を歩いているとき、神功と神武の事跡が重なることは早くから知悉していた。しかしながら、宇美の地に、神武の皇子が生まれていた故事は『鞍手郡誌』を見出すまで気づかなかった。不明の至りである。

この伝承が、神武の史実を伝えるなら、神功皇后の応神出産の故事にもう一つの意味が加わる。神功は神武の故事を知っていて、蚊田の里で皇子を生もうとしたことになる。神功の時代（四世紀後半）、神武はすでに倭国（邪馬台国）の初代大王として崇められていたはずだ。神功が、神武の皇子の出生地で、我が皇子を出産することは、倭国大王の王位継承を人民に知らしめるためではなかったかと推測される。数々の拙論で述べたとおり、神功は東鯷国から出て倭国（邪馬台国）を武力併合した女帝としてきた。その革命王朝が倭国の新しい支配者であることを示す、重要なプロパガンダであったと思われる。蚊田皇子の伝承は現段階では他に見当たらない。

右のように、射手引神社社伝を初めとして筑豊の各神社社伝は、記紀の神武東征記事の虚構の部分をくっきりと照射し、却って神武東征の史実を浮かび上がらせる。

七　第二次東征⑥立岩遺跡の証言

神武東征コースに、立岩が出てくる。立岩遺跡の出土した著名の地である。この「物的証拠」を基にして、神武東征の史実を証明することができそうだ。

鯰田（飯塚市）　沼田といふ、天皇遠賀川を渡り悩み大迂回を行ひ給ふた所

皇祖神社（飯塚市大字鯰田字峯）社伝

「神武天皇、駒主命を先導となし、馬見山より国を覓め行き、去りて目尾山に至り即ち西す。山澤淤泥の難路を跋渉して、漸く沼田（鯰田）に達する時、駒主命進んで奏して曰く、彼の雲間に崛起するものは即ち竈門の霊峰なりと、天皇これを聞食し、諸皇子と皆蹕を丘上に駐め、躬親ら竈門の神霊を祭らる。沼田の丘を発し、立岩付近に達せし頃、忽然として、風雨頻に起こり、山岳振動して天地海灌咫尺を辯ぜず、皇軍頗る悩む。」（古代史の復元）

徒歩渡（同）、**王渡**（同）とともに、神武東征時の古遠賀湾の最奥部の地理的状況が示されているようだ。先述の『山田市誌』の馬見山周囲の地理的状況の延長にある。古遠賀湾は、東京湾や博多湾のような単純且つ大きな入り江ではない。今日の遠賀川河口付近は、弥生時代には大きな入り江であるが、飯塚辺りでは遠賀川に沿うような形で、最奥部は樹枝状に海水の入り込んだリアス式海岸を呈していたと想定している。細長い入り江である。地形としては細長いが、人間には舟で渡らなければならない広い水面である。頭八咫烏や駒主命の先導があったから、このとき船のない神武軍が「浅瀬」を「徒歩渡・王渡」したことが理解されるのである。次の熊野神社社伝と併せて、ここでも史実が生き生きと蘇る。今日まで、古遠賀湾の存在をしばしば述べてきたが、昭和二十八年六月洪水の際の遠賀川の氾濫状況に、偶然にも古遠賀湾が形成されている。間近くは平成十五年七月洪水においても飯塚市全域が浸水に遭い、嘉穂劇場も水に浸かり、相当期間水の引かなかったことは記憶に新しい。

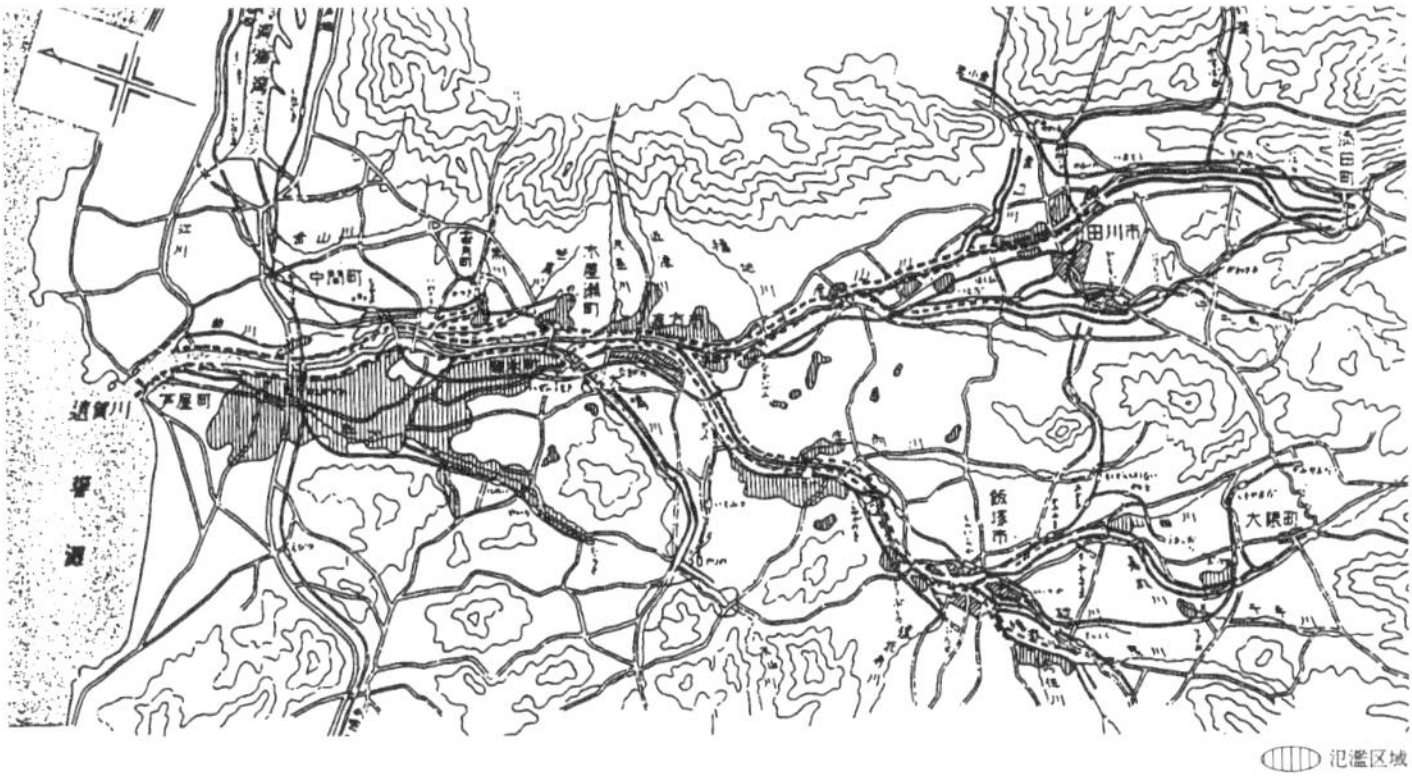

遠賀川の氾濫状況（昭和28年6月洪水）

西暦一一八年十一月ごろ、神武の渡った先が、後述の片島である。

鉾の本（同）　豪族八田彦皇軍を奉迎、遠賀川を渡河された故名

熊野神社（旧飯塚市大字立岩字浦の谷）社伝

「立岩の前面を眺めしに、土地淤泥にして、而も大河横に流れ、舟なくしては容易に渡るを得ず、唯呆然として猶豫す。折柄八田彦と称する一魁首、衆卒を率ゐて車駕を迎へ、自ら進みて河の瀬踏みを為し、且つ、携へたる鉾を河中に突立て浅瀬の標とし、以て皇車の渡るを促す、茲に於て一同始めて感喜安堵の念を為し、徐ろに其の河を渡り、上下恙なく彼岸に著することを得たり」（古代史の復元）

片島（同二瀬村）　加多之萬、又は堅磐と書き皇軍上陸の地を指す

十世紀の田河道の綱別駅と伏見駅の中間辺りに「堅磐郷」の名が見える。「八田彦」は「ヤタひこ」であり、頭八咫烏の一族と推測される。鯰田から片島までは、立岩を迂回するコースになる。今日の片島の対岸に立岩丘陵が広

がる。片島（当時は間違いなく小島）の上陸地点とみなされる場所に若八幡宮（大字片島字亀甲）が鎮座する。祭神は、大鷦鷯命、息長足姫命、品陀別命、綿津見神となっていて、福岡県神社誌には由緒不詳とある。むしろ、近くの神社に伝承が残されていた。

若宮八幡宮（大字伊岐須字尾畑）縁起

「天皇、この邊すべて水泥相混じて土地未だ凝結せず、天皇漸く此の地に達し、暫く御蹕を駐め給ふて宣はく、此の土堅き事岩の如し宜しく今より加多之萬となづくべし。また、宣はく、水泥相混すれば即ち田畠開けず、以後此処に水土の神を祭りて、宜しく其の擁護を祈るべしと、即ち片島明神、貴船明神の起因なり。」（古代史の復元）

若八幡宮については、二〇〇七年八月に高宮八幡宮の青柳宮司を訪ねて、神武の上陸の伝承地がないかをお聞きし、知り得た宮である。この二、三年前にも、青柳宮司をお訪ねしたことがある。その時は、笠置山の南、飯塚市蓮台寺に天照神社が鎮座することを、当時の宮田町磯光の天照宮の長屋宮司のご母堂からお聞きし、天照神社を探し出し、この宮の宮司を兼ねておられた青柳宮司を訪ね、祭神についてお尋ねした。天照大神、瓊瓊杵命、手力男命の三神の組み合わせであったから、天照大神はニギハヤヒの尊ではないか、と。青柳宮司はその可能性を肯定された。そこから、末尾の参考に付す「天の石屋戸事変」という論稿を展開した。天照大神と手力男命の伝承は周知のところであるが、磯光の天照宮と密接に関連するからには、天照大神をニギハヤヒと考えるより他はなかったのである。そして、手力男命も筑豊に実在したことに気づかされた。このことが、次の「立岩」と深く密接に関わるとは、この時は予測だにできなかった。

勝負坂（同）

立岩（同）　天皇が天祖に祈願し給ふたところ

立岩遺跡堀田甕棺群出土品を収蔵展示してある飯塚市歴史資料館には、この数年何度も足を運んだ。初めのころは天神降臨を確認するためだった。神武東征に本格的に取り組み始めた二〇〇六年夏に、副館長の方に神武伝承のある神社が立岩の地にないかを尋ねて、教えていただいたのが「熊野神社」（旧飯塚市大字立岩字浦の谷）であった。新旧の由緒にこうある。

《旧縁起》（昭和十九年福岡県神社誌　部分）

祭神　伊弉諾命、伊弉那美命

當社記曰、神武天皇遷居、朝倉橘廣庭宮、朝倉宮御宇夏六月、異人熊野の崎に數十人漂着す。其人共日數三日を經ずして悉く頓死す。日ならずして疫病暴行士人多く病む。（此の下に文字あるか）神有て邑長の兒小蟲に憑て、吾は則伊奘那岐尊なり汝等宜しく吾宮を熊野崎に建て齋き奉れと。則邑長朝倉の宮に奏す、天皇聞食して宮符を大宰帥日向臣に給ひ、宮殿を熊野崎に造營して二尊を祀る。是熊野宮又熊崎宮と稱す。（中略）

社説に初は伊弉那岐命、伊弉那美命、大巳貴命、少名彦命、手力雄命五柱神を祀りしが、其後諸冊二神を今の熊崎に移し熊野社と號し、大巳貴、少名彦命二柱神を別殿に齋き遷宮大明紳と號す。手力雄命は今の熊野社の北三町餘の高處に不動岩ありて立岩と稱する處に祀れり。

《先代宮司時枝満定氏の由緒》（昭和五十年　部分）

社記ニ曰ク神武天皇御東征の砌り雷雨俄に起り山嶽鳴動天地咫尺を辨ぜず時に巨岩疾風の如く飛来して此の山頂に落下す其状恰も屏風を立てたるが如し電光赫々の中岩上に神現れて曰く我は天之岩戸神名を手力男神と言ふ此の処に自ら住める悪鬼あり其状態に似て熊に非ず蜘蛛に似て左に非ず手足八ツありて神通力自在空中を飛行して其妙術は風を起し雨を降らす彼今怪力を恃みて恣に天皇を惑はさんとす最も憎む可きなり我巨岩を擲て其賊を誅す

自今吾が和魂は此の岩上に留つて筑紫の守護神たらん又荒魂は天皇の御前に立ちて玉體を守護すべきなりと爰に天皇駒主命をして厚く祭らせ給ふ

三十六代ママ清和天皇の御宇大巳貴神少彦名神を別殿に斎き奉りて遷宮大明神と号す

三十七代斎明天皇の御世諾册二神を今の熊崎に移し奉る熊崎詞後熊野宮と言ふ

《新縁起》（平成十三年以降　現宮司時枝満晴氏による）

神武天皇が九州から大和に攻め上がられた時に、立岩村の地で激しい嵐にあい進めなくなりました。そこで祖先の神々に祈願なさると、天から巨岩が雷光とともに落ちて大地に突き立って雨が止み、戦いに勝って平穏になりましたという伝説があり、それで「立岩」の地名と神霊の宿る岩を熱くお祭りしたのが、立岩神社の由来であります。また、立岩丘陵の周辺は一面沼地でした。その後、斎明天皇が朝倉宮を造営なさった年（六六一年）の夏六月、異人（外国人）達が熊野の崎（現在熊野神社のあるところ）に漂着し、三日後彼ら全員が急死しました。その数日後疫病が流行して村人達の多くが死にました。すると村長に「我は伊耶那岐命である。あなた達はわたしの宮をこの熊野崎に建てて謹んでお祭りしなさい。」とお告げがありました。村長は朝倉の宮に報告し、許可を太宰府の長官から頂き、神殿を造営して二神をお祭りしました。すると瞬く間に疫病が治まったという今の熊野神社の縁起です。

これらの熊野神社の社伝が神武紀の次の一文を解明する手掛かりとなった。

遂に狭野《さの》を越ゆ。熊野の神邑《みわのむら》に到る。且《すなは》ち天磐盾《あまのいはたて》に登る。

従来の通説を根本から覆し、我が国古代史のコペルニクス的転回とも呼ぶべき史実が蘇った瞬間であった。日本書紀は、「神武が筑豊に東征した」数々の史実を、この一文に閉じ込め、隠蔽したのである。

「遂に狭野を越ゆ。」は求菩提山縁起によって解明できた。この後に射手引神社社伝と筑豊の各神社社伝に残された神武東征のコースが綿々と続く。そして、ここ熊野神社社伝にあるとおり、神武軍は片島から古遠賀湾を渡り「熊野の崎」に上陸を敢行し、立岩遺跡がその実在を証明する「**熊野の神邑に到る。**」のであった。**勝負坂**（記にいう熊野荒坂津か）で敵（兄磯城か）に勝った神武は、「今の熊野社の北三町餘の高處に不動岩ありて立岩と稱する處」、「**且ち天磐盾に登る。**」。そうして「**天磐盾**（＝立岩神社）」の頂上で、「天皇が天祖（伊弉諾命、伊弉那美命）に（東征成就を）祈願し給ふた」ことが推測される。「駒主命」に祭らせたとあるから、倭奴国建国の第一の功臣と目される「立岩の王」であった手力雄命の末裔に勝利したのち、駒主命が新「立岩の王」に即いたのであろう。なお、先の射手引神社にも「手力雄命」が祭られているから、古代「鎌（嘉麻）」の地（日本書紀では、安閑天皇二年、西暦五三五年に鎌・穂波の屯倉を置いたという記録が最古である。）は広く手力雄命とその系譜が領有していたことになる。立岩神社にも手力雄命が祭られているのは、「弟磯城」が神武に帰順したからであろうか。弟磯城は後の磯城県主とも推測され、ここの駒主命とも考えられるから、鹿毛馬神籠石城主とも目されるのである。

昭和十三年から十五年にかけ文部省で行なった神武天皇聖蹟調査においても、的確な地点地域を考究すべき十分な徴証がないものとして決定を見合わせたとするうちの、「天磐盾。熊野荒坂津。」を初めて比定し得たのである。

立岩遺跡は、前漢・後漢代の中国との交流（後漢書倭伝の記事）、天照大神（ニギハヤヒ）や手力男命らの実在、神武東征の事実等々を多角的に証明し得る重要な遺跡である。

《福岡県の考古学の研究に大きな足跡を残した中山平次郎氏は、一九三四（昭和九）年「飯塚市立岩字焼ノ正の石庖丁製造所址」を書き、立岩丘陵での石包丁製作遺跡に注目した（四二年に森貞次郎氏が「焼ノ正」を「下方」に訂正。「下方」は「下ノ方遺跡」）。立岩の近くにある笠置山から輝緑凝灰岩がとれ、それが丈夫な石包丁を作るのに好適だった。弥生時代前期末から、立岩での石包丁製作がはじまり、中期前半になると遠賀川流域、また周防灘沿岸にまで流通していく。中期後半には、福岡、朝倉など北部九州の平野部へ、また筑後・佐賀平野から日田盆地（大分県）にまで製品が流通している。

つまり立岩丘陵では、前期末から後期初頭までのおよそ三百年間、稲作作業に欠かせない穂摘み道具である石包丁の製作・流通を盛んに行い、そのことによって他に対する優位を誇っていたにちがいない。立岩丘陵の盛衰を考えるとき、この石包丁は大きな意味をもっている。》

（戦後五〇年　古代史発掘総まくり　アサヒグラフ別冊一九九六年四月一日号、上川敏美氏提供）

立岩遺跡の最初の出土は、昭和八年のこと

28号甕棺出土の装身具の復元想像図
（報告書から）

である。射手引神社や熊野神社の由緒はそれよりずっと古いから、立岩の伝承の地に遺跡が後から出土したのである。つまり、遺跡が古伝承の歴史的事実であることを裏付けたのである。

昭和三十八年から四十年の三次にわたる発掘調査で、堀田甕棺群が出土した。その主な副葬品は、一〇号甕棺墓からは銅鏡・銅矛・鉄ヤリガンナ・砥石が出土している。二八号甕棺墓からは銅鏡・ガラス製髪飾り・塞杆状ガラス器・素環頭刀子が、三四号甕棺墓からは保存状態のよい人骨とともに銅鏡・南海産貝（ゴホウラ）製腕輪・鉄戈が出土している。中でも銅鏡（合計一〇面出土）は当時の中国（前漢）で製作されたものであり、日本で出土した前漢鏡の中で最も保存状態の良い逸品とされている。ガラス製髪飾りは、五百個以上のガラス製管玉などをつなぎ合わせて製作されていて、女性が着けていたものと推定され、装身具の全容が復元できる良好な状態で出土したことが知られている。

これらの副葬品が、立岩遺跡を、紀元前一世紀から紀元後二世紀ごろの遺跡と推定させ得る。特に、前漢式鏡の出土が、倭奴国（天満つ倭国）から邪馬台国（豊秋津島倭国）にかけての時空間を特定するのに絶大な力を有する。奈良県大和国に前漢式鏡は出土しない。

さらに、堀田遺跡三四号甕棺出土の「連弧文『日光』銘鏡」が前一世紀と推測されるとき、筑豊の各地から、例えば、次の鏡が出土している。

田川郡方城町三本松古墳

　内行花文鏡　　弥生後期二世紀

田川郡香春町宮原箱式石棺墓

「長生宜子」銘内行花文鏡　　弥生後期二世紀

嘉穂郡嘉穂町原田土壙墓
　内行花文鏡　　弥生後期二世紀
鞍手郡宮田町磯光箱式石棺墓
　「長宜子孫」内行花文鏡　　弥生後期二世紀

立岩遺跡と並行しつつ、二世紀の筑豊において、墓の様式と鏡とが一変する。神武東征を西暦一一四年以後と比定したことは、筑豊の銅鏡、特に後漢式鏡の出土状況と合致している。甕棺墓からの後漢式鏡は今のところ出土していない。後漢式鏡の出土地は、神武東征のコースに重なる。このように、立岩遺跡は筑豊の各遺跡と照合したときに、いよいよ、神武東征の史実とそのコースすなわち時空間を見事に特定し得るのである。

田川郡香春町宮原箱式石棺墓
「長生宜子」銘内行花紋鏡

紀元前の倭奴国成立前後から、「熊野の神邑」に弥生人が生活し、「天磐盾」に神を祭り、歴代の王を立岩丘陵に埋葬してきた。紀元二世紀に神武が侵入し、国を奪った。これらの史実の後、王墓群は長い眠りに就き、神武東征は筑豊の伝承として継承されてきた。そして、昭和の時代に、神武東征の史実と切り離されて「熊野の神邑の王墓群」、すなわち「立岩遺跡」が発掘された。考古学もまた、筑豊の伝承に耳を傾けなかったがために、これほどの重要な史実を再現できなかったのである。

以上から、神武紀は次の復元が可能となった。

戊午年の十有一月の癸亥の朔己巳に、皇師大きに擧りて、磯城彦を攻めむとす。天皇熊野の神邑に到る。果して男軍を以て墨坂を越えしめ、後より夾み撃ちて破りつ。其の梟帥兄磯城等を斬りつ。且ち天磐盾に登り、天祖に祈願し給ふ。

なお、熊野神社社伝に、「斎明天皇が朝倉宮を造営なさった年（六六一年）の夏六月、異人（外国人）達が熊野の崎（現在熊野神社のあるところ）に漂着し、三日後彼ら全員が急死しました。」との古遠賀湾を想定させる記述と斎明天皇の朝倉宮の所在の記述とがあるが、神武東征に絞るべく、今後の課題としたい。

八　第二次東征⑦長髄彦の最期―倭奴国（天満倭国）の終焉

天磐盾に拠る兄磯城等を殲滅した神武軍は、「撃鼓神社（飯塚市幸袋町）天皇進軍を命じ給ふた故地」に北上し、遂に鳥見の長髄彦軍との最終決戦に臨む。

十有二月の癸巳の朔丙申に、皇師遂に長髄彦を撃つ。連戰して取勝つこと能はず。時に忽然として天陰りて雨氷ふる。乃ち金色の靈鵄有り、飛び來たりて皇弓の弭《はず》に止れり。其の鵄《とび》光り曄《て》り煌《かがや》きて、状《かたち》流電《いなびかり》の如し。是に由りて、長髄彦が軍卒、皆迷ひ眩みて、復た力戰せず。長髄は是邑《これむら》の本の號《な》なり。因りて亦以て人名と爲せり。皇軍の鵄の瑞《みつ》を得るに及びて、時の人仍《よ》りて鵄邑《とびのむら》と號《なづ》く。今鳥見《とみ》と云ふは、是訛《よこなば》れる也。昔孔舍衞《くさゑ》の戰に、五瀬命、矢に中《あた》りて薨《かむさ》りませり。天皇銜《ふふみも》ちたまひて、常に憤懟《いくみうらむること》を懷きたまふ。此の役《えだち》に至りてや、意《みこころ》に窮誅《ころ》さむと欲す。

時に長髄彦、乃ち行人《つかひ》を遣はして、天皇に言ひて曰く、「嘗て、天神の子有り、天磐船に乗りて、天より降り止《い》でませり。號《なづ》けて櫛玉饒速日《にぎはやひ》命と曰ふ。是吾が妹《いろも》三炊屋媛《みかしきやひめ》亦の名は長髄媛、亦の名は鳥見屋媛を娶《と》りて、遂に兒息《みこ》有り。名をば可美眞手《うましまでの》命と曰ふ。故《かれ》、吾、饒速日命を以て、君と爲《し》て奉《つか》へまつる。夫《そ》れ天神の子、豈兩種《あにふたはしらま》有さむや。奈何《いかに》ぞ更に天神の子と稱して、以て人の地《くに》を奪はむや。吾心に推すに、未だ必ずしも信《まこと》と爲さず。」とまうす。天皇曰く、「天神の子亦多きのみ。汝が君と爲る所、是實に天神の子ならば、必ず表物《しるしもの》有らむ。相示すべし。長髄彦、即ち饒速日命の天羽々矢一隻及び歩靫《かちゆき》を取りて天皇に示し奉る。天皇之を覽《みそなは》して曰く、「事不虚《まこと》なりけり」とのたまひて、還りて所御《みはかし》の天羽々矢一隻及び歩靫を以て長髄彦に示し賜ふ。長髄彦其の天表《あまつしるし》を見て、益《ますます》踧踖《おそれかしこま》ることを懷く。然れども凶器《つはもの》已に構へて、其の勢ひ、中《なかぞら》に休むことを得ず。而して猶は迷へる圖《はかりごと》を守りて、復た改《ひるがへ》る意《こころ》無し。饒速日命、本より天神慇懃《ねんごろ》にしたまはくは、唯天孫のみかといふことを知れり。且つ見夫《か》の長髄彦の稟性《ひととなり》愎佷《いすかしまにもと》りて、教ふるに天人《きみひと》の際《あひだ》を以てすべからざることを見て、乃ち之を殺しつ。其の衆《もろびと》を帥《ひき》ゐて歸順《まつろ》ふ。天皇、素より饒速日命は、是天より降りし者と聞しめせり。而して今果して忠效《ただしきまこと》を立つ。則ち褒めて之を寵《めぐ》みたまふ。此物部氏の遠祖《とほつおや》なり。

結果から言えば、戊午年（一一八年）の春二月に第二次東征に発向した神武は、同年十二月に終に長髄彦軍に勝利し、あろうことか、天神（書紀は天忍穂耳命を当てる）の子である櫛玉饒速日命が長髄彦を殺し、神武に帰順したとなっている。倭奴国の滅亡譚であることは間違いない。紀元前一四年の天神（饒速日命）降臨に始まった「天満倭国＝倭奴国」は、紀元一一八年に饒速日命の末裔の帰順により滅亡したらしい。一三二年間の王朝であったようだ。

この段落は、神武東征の大義名分に満ち溢れた箇所である。

先ず、饒速日命と神武は同時代の人間ではない。長髄彦も饒速日命の義弟に当るから、彼も神武と同時代の人間ではない。「**長髄は是邑の本の號なり。因りて亦以て人名と爲せり。**」が事実であるなら、神武の倒した長髄彦は何代目かの長髄彦となる。それよりも重大なのは、天神の子である証の「**天羽々矢一隻及び歩靫**」の「天表」を長髄彦に示したことにある。造作の疑惑濃厚だが、神武が天神の正統であることのプロパガンダとして必要不可欠のものであるらしい。加えて「**饒速日命、本より天神慇懃にしたまはくは、唯天孫のみかといふことを知れり。**」（天神が痛切に心配なさるのは、天孫のことだけである。〈岩波本頭注〉）のぎこちない一文が、天孫こそが天神の正統の後継者であることの宣伝に努めていることが分かる。これなくしては、東征の大義名分が立たないようだ。また、新王朝の統治に是が非でも必要な宣伝であるようだ。無理は承知の上の造作であろう。

岩波書店の神武紀の頭注では、櫛玉饒速日命について、私とは真逆の説明が施されている。《記には邇芸速日命とある。旧事紀、天孫本紀に「天照国照彦天火明櫛玉饒速日尊、亦名天火明命」と見え、天忍穂耳尊が幡千千姫を妃として儲けた子とするが、これは記伝に言うごとく、しいて天孫に付会した造作で、天神ではあるが世系の明らかならぬ神である。下文に物部氏遠祖。》（傍線は福永）この頭注の解釈こそ、江戸の国学以来戦後史学に至るまでの、「病膏肓に入る」ような、誤謬に陥って治る見込みのない史観の露呈に他ならないのである。

次に重要なのが、饒速日命の帰順によって、饒速日命が物部氏の遠祖になったという事実である。また、饒速日命の系譜が僅かながらでも述べられていることも重要だ。物部氏は、万葉集に「物部《もののふ》の八十氏」とあり、先代旧事本紀にも数多くの氏が記されている巨大氏族である。遠祖饒速日命は記に現れる「美和の大物主」と見るべきであろう。大物主の本来の家臣団が物部氏であったが、神武に帰順した後は、大物主の系譜も物部氏の一氏族となったようである。物部氏はあくまで天皇家の家臣という扱いになる。この神武に帰順した以降が通説の物部氏の始まりとなる。

ここで、史実の復元を試みたい。饒速日の直系が神武に滅ぼされ、饒速日の傍系が神武に帰順したことは想像に難くない。下文において、事代主神が三嶋溝橛耳神の女の玉櫛媛との間に儲けた媛蹈鞴五十鈴媛命を正妃に迎える記事がある。記では、大物主神が三島溝咋の女の勢夜陀多良比売との間に儲けた比売多多良伊須気余理比売を皇后としている。いずれが正しいにしろ、要は天孫が天神の血統を取り入れることによって、天神王朝の正統の王家の格を得ることにある。このことが、長らく偽書扱いされた『先代旧事本紀』の重大性・正当性を回復させることになろう。同書において、「天神本紀」と「天孫本紀」は、「饒速日尊」の記事が重複し、天孫本紀ではさらに饒速日尊を「天孫と謂ふ。亦皇孫と称す。」とあるから、饒速日尊は天神であり、天孫であり、皇孫である。つまり人皇初代神武に始まる皇統に深く関わることが述べられているのである。同時に、筑豊から各地に東遷した物部氏の系譜にも「神武東征」の衝撃の余波が色濃く影響しているようである。したがって、物部氏の系譜を探求することは、そのまま神武東征の史実を探究することに繋がるようだ。

天孫本紀に記された饒速日の系譜は、大きくは天香語山命と宇摩志麻治命の兄弟の二系統に分かれ

	物部氏（天孫本紀）		河内物部氏	海部・尾張氏	天皇家
初代	天照国照彦天火明櫛玉饒速日尊		亦名	天火明命	瓊々杵尊
一世	天香語山命	宇摩志麻治命	宇麻志麻治命	天香語山命	彦火火出見命
二世	天村雲命	味饒田命	味饒田命	天村雲命	鸕鷀草葺不合尊
三世	天忍人命	大彌命	大彌命	天忍人命	①神武②綏靖
四世	瀛津世襲命	大木食命	大木食命	天登目命	③安寧④懿徳
五世	建箇草命	鬱色雄命	鬱色雄命	建登米命	⑤孝昭⑥孝安
六世	建田背命	武建大尼命	武建大尼命	建宇那比命	⑦孝霊⑧孝元
七世	建諸隅命	建膽心大彌命	建膽心大彌命	建諸隅命	⑨開化⑩崇神
八世	倭得玉彦命	物部武諸隅連公	物部武諸隅命	日本得魂命	⑪垂仁
九世	弟彦命 （妹は日女命）	物部多遅麻連公		弟彦命	
十世	淡夜別命	物部印葉連公		平縫命	
十一世	乎止與命	物部真椋連公		小登与命	

る（表参照）。それぞれの世代ごとに同世代の一族の動向が記されていて、例えば、宇摩志麻治命の系譜には「神宮を斎き奉る」という記述が頻出する。

また、物部兄弟の系譜からは、天皇の妃に入る者が多く見られ、神武に帰順した物部氏は天皇家の外戚となっていったようである。第四世の瀛津世襲命の妹の世襲足姫命が、孝昭天皇の皇后となり孝安天皇を生んでいる。第五世の鬱色雄命の妹の鬱色謎命は孝元天皇の妃となり、鬱色謎命が生んだ御子が開化天皇である。第六世の武建大尼命の同時代に伊香色雄命がいる。姉の伊香色謎命が孝元天皇・開化天皇の妃となっている。伊香色謎命と開化天皇との間の皇子が崇神天皇であると記されている。

表の天皇家の系譜は、これらの記述に沿って天孫本紀にほぼ合うようにしたものである。ただ、天孫本紀の系譜は複雑に書かれていて、随所で物部氏の世代と天皇とが相前後し、相当の齟齬をきたしているので、今後の課題として保留すべき点が多いことを記しておく。

　本題に帰って、神武は物部氏の系譜のどの代に東征したのだろうか。饒速日の代でないことはおよそ明らかだ。天孫本紀では宇摩志麻治命が瑞宝を差し出して神武に帰順しているが、英彦山神社の由緒に「**神倭磐余彦天皇日向皇居の時勅使天村雲命を日子の山に遣はされ皇祖天忍骨尊を祭らせ給ふに始まれり**」とあり、内容は直ちに信じられないが、少なくとも神武東征前に第二世天村雲命が倭奴国王として存在していた形跡が認められるから、第一世宇摩志麻治命の帰順も矛盾する。それでは、紀元一一八年に神武に倒された倭奴国王は誰か。それを推測させ得るのが、海部・尾張氏系図である。

　京都府宮津市籠神社に伝わる『勘注系図』海部氏系図と、『先代旧事本紀』尾張氏系図は、十三世孫とされる尾綱根命まで、ほぼ同じである。河内物部氏が宇摩志麻治命の系譜をそのまま写したかのような系譜であるのに対し、海部・尾張氏系図は一見、天香語山命の系譜を写したような感じを与えるが、第四世の瀛津世襲命のところが天登目命となっている。この違いに、神武東征の史実が横たわっていると推察される。すなわち、第三世天忍人命と弟天忍男命が神武に倒された倭奴国最後の王と考えられる。倭奴国を脱出したのが天登目命ではないか。倭奴国に留まって帰順したのが、第四世の瀛津世襲命ではなかろうか。先に、妹の世襲足姫命が、孝昭天皇の皇后となり孝安天皇を生んでいることを挙げた。兄妹の名に共通する「世襲」の意味するところ深長である。倭奴国の天神の系譜を「世襲」した寓意であろうか。

　神武東征時の倭奴国の最後の王が天忍人命と考えられる時、下文において、神武は事代主神が三嶋溝橛耳神の女の玉櫛媛との間に儲けた媛蹈鞴五十鈴媛命を正妃に迎えるが、天孫本紀と対照すると、第四世瀛津世襲命の妹の世襲足姫命を妃としたのは実は神武ではなかったかと思われるのである。いわゆる「欠史八代」の天皇の系譜の方が却って怪しい。

九　第二次東征⑧倭奴国掃討戦と新都建設

己未年の春二月の壬辰の朔辛亥に、諸將に命じて士卒を練《えら》ぶ。是の時に、層富縣波哆丘岬《そほのあがたはたのをかさき》に、新城戸畔《にひきとべ》といふ者有り。又、和珥《わに》の坂下に、居勢祝《こせのはふり》といふ者有り。臍見《ほそみ》の長柄丘岬《ながらのをかさき》に、猪祝《ゐのはふり》といふ者有り。此の三處の土蜘蛛、並びに其の勇力《たけきこと》を恃《たの》みて、來庭《まつろ》ふことを肯《がへん》ぜず。天皇乃ち偏師《かたいくさ》を分け遣はして、皆之を誅さしむ。又高尾張邑に土蜘蛛有り。其の爲人《ひととなり》や、身短くして手足長し。侏儒と相類《に》たり。皇軍、葛の網を結《す》きて掩襲《おそ》ひ之を殺す。因りて改めて其の邑を號けて葛城《かづらき》と曰ふ。夫れ磐余《いはれ》の地の舊《もと》の名は片居《かたゐ》。亦は片立《かたたち》と曰ふ。我が皇師の虜《あた》を破るに逮《いた》りてや、大軍集ひて其の地に滿てり。因りて改めて號けて磐余と爲《い》ふ。或《あるひと》の曰く、「天皇往《むかし》嚴瓮《いつへ》の粮《おもの》を嘗《たてまつ》りたまひて、軍を出だして西征したまふ。是の時に、磯城の八十梟帥、彼處《そこ》に屯聚《いは》み居たり。果して天皇と大きに戰ふ。遂に皇師の爲に滅さる。故、名づけて磐余邑と曰ふ。又皇師の立ち誥《たけ》びし處、是を猛田と謂ふ。城《き》を作りし處を、號けて城田と曰ふ。又、賊衆《あたども》戰死して僵《ふ》せる屍《かばね》、臂《ただむき》を枕《ま》きし處を呼びて頬枕田《つらまきだ》と爲ふ。天皇、前の年の秋九月を以て、潜《ひそか》に天香山の埴土を取り、以て八十平瓮を造りて、躬自《みづか》ら齋戒して諸神を祭りたまふ。遂に區宇《あめのした》を安定するを得たまふ。故、土を取りし處を號けて、埴安と曰ふ。

三月の辛酉の朔丁卯に、令を下して曰はく、「我東を征ちしより、茲に六年になりにたり。頼《かうぶ》るに皇天の威を以てして、凶徒就戮《あたころ》されぬ。邊土未だ清《しづ》まらず、餘の妖《わざはひ》尚梗《あ》れたりと雖も、中洲《なかつくに》の地、復風塵《さわぎ》無し。誠に宜しく皇都を恢《ひら》き廓《ひろ》めて、大壯《おほとの》を規《はか》り摹《つく》るべし。而るを今運《よ》屯蒙《わかくらき》に屬《あ》ひて、民の心朴素《すなほ》なり。巣に棲み穴に住みて、習俗惟常となりたり。夫れ大人《ひじり》制を立てて、義必ず時に隨ふ。苟《いやし》くも民に利有らば、何ぞ聖の造《わざ》に妨《たが》はむ。且當《まさ》に山林を披《ひら》き拂《はら》ひ、宮室を經營《をさめつく》りて、恭みて寶位に臨みて、以て元元《おほみたから》を鎭むべし。上は則ち乾靈《あまつかみ》の國を授けたまひし徳に答へ、下は則ち皇孫の正しきを養ひたまひし心を弘めむ。然る後に、六合《くに》を兼ねて以て都を開き、八紘《あめのした》を掩ひて宇《いへ》に爲《せ》むこと、亦可《よ》からずや。觀れば夫の畝傍山《うねびやま》の東南の橿原の地は、蓋《けだ》し國の墺區《もなか》か。治《みやこつく》るべし」とのたまふ。

是の月に、即ち有司に命じて、帝宅《みやこ》を經《つく》り始めさせたまふ。

己未年（一一九年）の春二月に倭奴国の残存勢力の掃討戦が展開されたようである。中洲の皇都陥落に集中する作戦が成就し、次いで、皇都の周囲を制圧する様は、頭八咫烏一族を始めとする数々の道案内と作戦のあったことをうかがわせるに十分である。したがって、この段落に現れる土蜘蛛の居所は、すべて現在の福岡県筑豊地方の周辺と考えられる。

これらのうち、「葛城」は『鞍手町史』の一節によって、その候補地が推定できるようになった。

「新北神話は宗像三女神の六ヶ岳降臨とも結びつくが、主体は**日本武尊**伝説である。

亀甲の**熱田神社**の古宮や新延の剣神社及び鎧塚伝説等は、すべて日本武尊に関連づけられている。

このことは中山の八剣神社、木月及び古門の剣神社伝説も同様である。その意味では新北神話は即ち鞍手神話ともいえる。（中略）

香月文書によると畑城主香月氏の神話伝説に次のようにある。

小狭田彦の孫小磐削《こいわけ》ノ御剣王は日本武尊と小狭田彦の娘常磐津姫の間に生れた人である。父君の日本武尊に従って東征し、駿河の焼津では特に軍功があった。その賞として祖父景行天皇より武部ノ臣の称を頂いたほどである。御剣王は帰国の後『兎角に父の尊の慕わしくて、尺ノ岳及び**新北**尊の戦勝を祈り玉ひし地なり**に尊を祭り玉ひ云々**』とある。」
「御剣王の御子天ノ磐代武部ノ種日子王は父に劣らぬ武勇の人であったが、『御子磐木那賀ノ王を嘉麻の碓井の邑主となし、御子**天賀那川彦《あまのかながわ》ノ王を新北の神主となし**、御子津々賀御ノ王を舞岳（尺岳）日本武尊小狭田彦御剣王合祀の神主となし、御子玉御木ノ王を穂波の郡司となし、御子山戸部ノ王を聞（企救）の司となし、御弟羽羽戸部ノ王を高羽（田川）の主とし、御弟八ツ大戸部ノ王を暗崎（黒崎）の村主となし玉ふ』云々とある。」

右は神武のかなり後の日本武尊の伝承である。これも記紀の伝承とは相容れないが、「香月文書」に関わる「香月氏」は、神功紀に出て来る「葛城襲津彦」の末裔である。神武紀の「葛城」、神功紀の「葛城襲津彦」、中世の畑城主「香月氏」が時代を貫いて同じ地に現れる時、神武紀の「葛城」もあるいは今日の鞍手町「香月」とその周辺ではないかと思われる。

或《あるひと》の曰く、天皇往《むかし》嚴瓮《いつへ》の粮《おもの》を嘗《たてまつ》りたまひて、軍を出だして西征したまふ。

（天皇曰く）我東を征ちしより、玆に六年になりにたり。

香原町の鶴岡八幡宮

神武に現れる「西征」については、未だ嘗て誰一人註をつけた者はいなかったようだ。神武の第二次東征は宇佐へ大迂回をし、中洲の皇都を西に向って討つ「神策」であった。この段落に於ける、一見すると「神武東征」の主題と矛盾する「西征」の表現にこそ、神武東征の史実が示されていた。通説の近畿大和への東征では、熊野（新宮市）再上陸から大和への行程はむしろ「北征」と呼ぶべきで、筑豊コースと比較すると、「日を背にした」具体的な戦い及び進軍の経由地はおよそ比定しようがないほど伝承に乏しいのである。

是の月に、即ち有司に命じて、帝宅《みやこ》を經《つく》り始めさせたまふ。

三月、遂に新たに「中洲の皇都」建設に着手する。神武紀の冒頭の東征謀議中の「抑又鹽土老翁に聞くに、曰く、『東に美し地有り。青き山四に周り、其の中に亦天磐船に乗りて飛び降る者有り』と。余、謂ふに、彼の地は、必當ず以ちて大いなる業を恢き弘べて、天下に光り宅るに足るべし。蓋し六合の中心か。厥の飛び降る者は、是れ饒速日と謂ふか。何ぞ就きて都なさざらん。」と完全に首尾一貫していることに留意すべきであった。

弥生時代

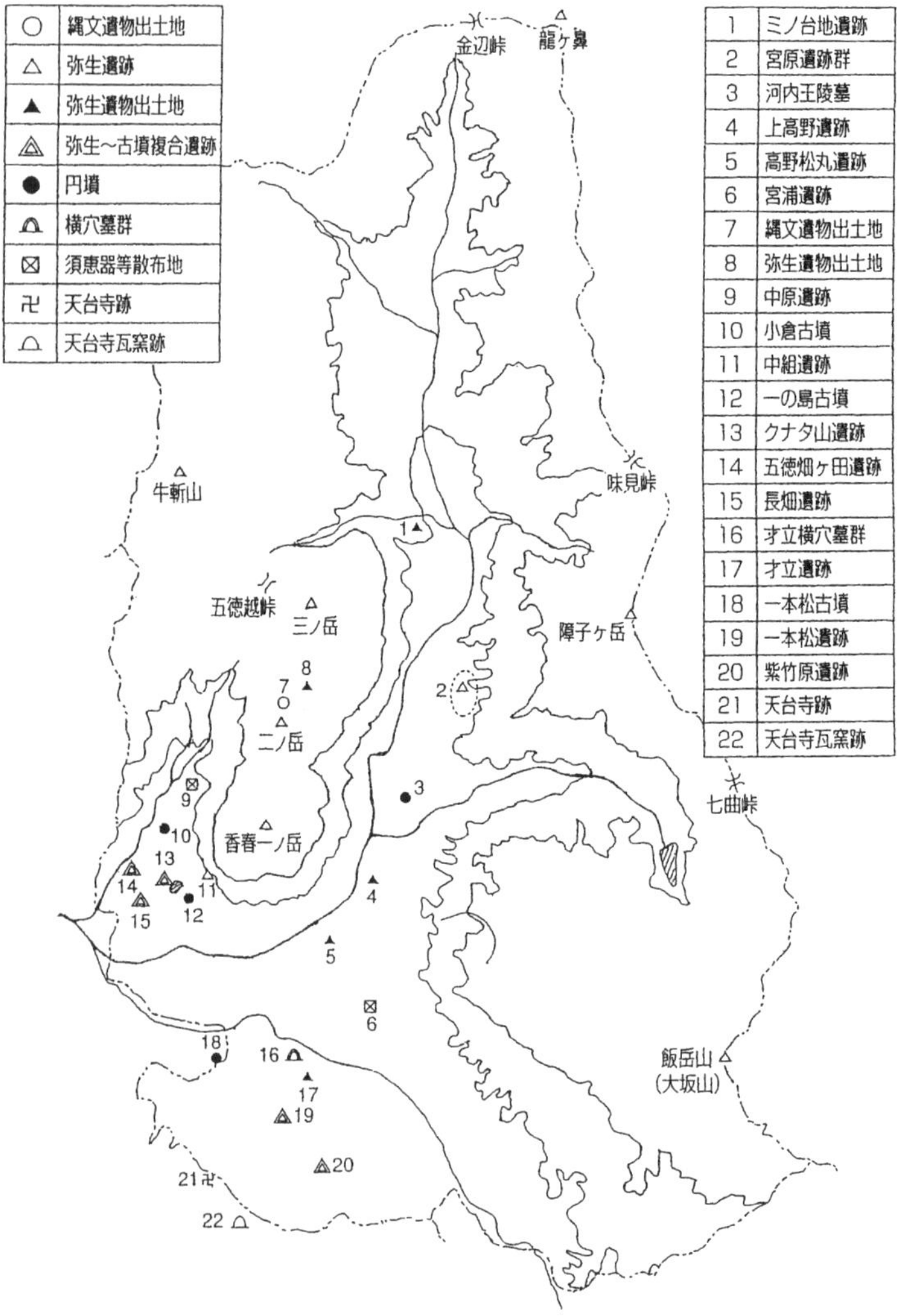
○ 縄文遺物出土地
△ 弥生遺跡
▲ 弥生遺物出土地
◬ 弥生~古墳複合遺跡
● 円墳
横穴墓群
⊠ 須恵器等散布地
卍 天台寺跡
天台寺瓦窯跡
1 ミノ台地遺跡
2 宮原遺跡群
3 河内王陵墓
4 上高野遺跡
5 高野松丸遺跡
6 宮浦遺跡
7 縄文遺物出土地
8 弥生遺物出土地
9 中原遺跡
10 小倉古墳
11 中組遺跡
12 一の島古墳
13 クナタ山遺跡
14 五徳畑ヶ田遺跡
15 長畑遺跡
16 才立横穴墓群
17 才立遺跡
18 一本松古墳
19 一本松遺跡
20 紫竹原遺跡
21 天台寺跡
22 天台寺瓦窯跡
金辺峠
龍ヶ鼻
味見峠
牛斬山
五徳越峠
三ノ岳
障子ヶ岳
二ノ岳
香春一ノ岳
七曲峠
飯岳山
(大坂山)

香原町域遺跡分布図

神武の選定した場所、「畝傍山の東南の橿原」については、本稿の天香山争奪戦で述べたように「赤銅を産する天香山の畝尾」から「畝傍山」が派生したとし、橿原宮の所在を香春一ノ岳の東南麓の高野に比定した。ここには、鎮西八郎為朝が鎌倉から勧請した鶴岡八幡宮が鎮座する。御祭神は、一座応神天皇、二座　神功皇后と続いて、三座に玉依姫命が祭られている。当社の由緒書きにも、「玉依姫命は豊玉彦の女、葺不合命の皇后にて、御容姿の美称なり、神武天皇の母君に坐す」と記されている。宮司の鶴我盛恒氏に玉依姫命がなぜ祭神かをお尋ねしたところ、昔から祭られているとのご返事を頂いた。鶴我氏は同社において「樫葉の山」と題する冊子を発行されている。その名の由来をお聞きすると、「当社の祝詞は、『樫葉の山にましますー云々』で始まります。昔から樫の木が多かったことによります。」との簡単明瞭なご回答もあった。私は、これこそ神武の橿原宮建設以来の伝承と思われてならなかった。鶴岡八幡宮の由緒書きの続きに、「翌年（仁平三年）正月十一日、社殿を初め五寺一院四十八堂舎ことごとく竣工せしにより同月十六日新宮に奉斎す。この日為朝公は九州の諸大名高家、家臣を率いて参入し為朝公は拝殿に、その他は回廊、釣殿にいずれも衣冠束帯で仕候す。」とあり、また、「久寿元年三月勅使徳大寺中納言良房は命により、近衛天皇の御宸筆の『鎮西鶴岡若八幡宮』の勅額を持参して下賜される。為朝公これを拝受し掲げしむる。」ともある。中世の朝廷も源氏も、神武の橿原宮の所在を知悉していたかのような感すら与える。竣工時の宮の規模から考えても、鎮西八郎為朝は古代九州の由緒ある地に、源氏の氏神を祭ったようだ。香春町域遺跡分布図の4上高野遺跡・5高野松丸遺跡（共に弥生時代）の辺りに鎮座する。

橿原宮跡は、どうやら香春一ノ岳の東南「樫葉の山」に眠っているようである。

十　第二次東征⑨神武即位―邪馬臺国（豊秋津洲倭国）の創始

庚申年の秋八月の癸丑の朔戊辰に、天皇、當に正妃を立つべく、改めて廣く華冑《よきやから》を求めたまふ。時に、人有りて奏して曰く、「事代主神、三嶋溝橛耳神《みしまのみぞくひみみのかみ》の女玉櫛媛に共《みあひ》して生める兒を、號けて媛蹈鞴五十鈴媛命《ひめたたらいすずひめのみこと》と曰ふ。是、國色《かほ》秀《すぐ》れたる者なり」とまうす。天皇之を悦びたまふ。

九月の壬午の朔乙巳に、媛蹈鞴五十鈴媛命を納《めしい》れて、以て正妃と爲す。

辛酉年の春正月の庚辰朔に、天皇、橿原宮に於いて帝位に即きたまふ。是歳を天皇の元年と爲す。正妃を尊びて皇后と爲たまふ。皇子神八井命《かむやゐのみこと》・神渟名川耳尊《かむぬなかはみみのみこと》を生みたまふ。故に古語《ふること》に稱して曰く、「畝傍の橿原に於いてや、宮柱底つ磐《いは》の根に太立《ふとしきた》て、高天の原に搏風峻峙《ちぎたかし》りて、始馭天下之天皇《はつくにしらすすめらみこと》を、號けて神日本磐余彦火々出見天皇《かむやまといはれびこほほでみのすめらみこと》と曰《まう》す」。初めて天皇、天基《あまつひつぎ》を草創したまふ日に、大伴氏の遠祖道臣命《みちのおみのみこと》、大來目部を帥ゐて、密《しのび》の策《みこと》を奉承《う》けて、能く諷歌倒語《そへうたさかしまごと》を以て、妖氣《わざはひ》を掃ひ蕩《とらか》せり。倒語の用ゐらるるは、始めて玆《ここ》に起れり。

二年の春二月の甲辰朔乙巳に、天皇功を定め賞を行ひたまふ。道臣命に宅地を賜ひて、築坂邑《つきさかのむら》に居《はべ》らしめたまひ、以て寵異《ことにめぐ》みたまふ。亦大來目をして畝傍山以西の川邊《かはら》の地に居らしめたまふ。今、來目邑と號くるは、此、其の縁《ことのもと》なり。珍彦《うづひこ》を以て倭國造と爲。又、弟猾《おとうかし》に猛田邑を給ふ。因りて猛田縣主と爲。是菟田主水部《うだのもひとら》が遠祖なり。弟磯城、名は黒速を磯城縣主と爲。復劒根といふ者を以て、葛城國造と爲。又、頭八咫烏、亦賞《たまひもの》の例《つら》に入る。其の苗裔は、即ち葛野主殿縣主部《かづののとのもりのあがたぬしら》是なり。
　四年の春二月の壬戌の朔甲申に、詔して曰はく、「我が皇祖の靈、天より降り鑒《み》て、朕が躬《み》を光《てら》し助けたまへり。今諸の虜《あた》已に平けて、海内事無し。以て天神を郊祀して、用て大孝を申すべし」とのたまふ。乃ち靈畤《まつりのには》を鳥見山の中に立てて、其の地を號けて上小野の榛原・下小野の榛原と曰ふ。用て皇祖天神を祭りたまふ。

　庚申年（一二〇年）九月に正妃を迎えた。これについては先に述べたとおり、天神の血統を継承することにその意味があるようだ。また、この儀式があってこそ、

　辛酉年（一二一年）春正月に、神武はようやく帝位に就く。豊秋津洲倭国の創始である。同時に、中国史書に謂う「邪馬臺國」の創始でもある。邪馬台国については、十二章で詳述する。

　二年の春二月の甲辰朔乙巳に、天皇功を定め賞を行ひたまふ。

　即位の翌年、神武紀から干支が消える。これが、神武の享年と魏志倭人伝の記述に深く関わることになる。後述する。

　論功行賞についての現地伝承としては、直方市の神社に一つ見出した。

　王子神社（直方市大字感田字八つ辻）社説に曰く、神武天皇の朝道臣命神籬を起て給ひし所なりといふ。

　道臣命が共通するから、感田が「築坂邑《つきさかのむら》」であろうか。「畝傍山以西の川邊《かはら》の地、來目邑」は、金辺川沿いの地、夏吉古墳群で知られる田川市夏吉の辺りであろうか。ここに現れる地名も、本来、筑豊に嘗て存在したものであろう。

「頭八咫烏、亦賞の例に入る。」の記述は、具体的な賞を示していないが、末尾の《参考》に掲げた「飛ぶ鳥の明日香」の拙論において「鞍手郡誌」に依り推考したように、求菩提山・英彦山から彦山川水系に沿って、今日の田川郡赤村より「鳥尾峠」辺りまでの領有を認められたらしい。

四年に天神を鳥見山に祭った記事は、二面性を有する。天神饒速日尊の正統の後継者たることを天下に示威することと、己が殺した「長髄彦（実は天神の直系の子孫）」の霊を祭ることである。「祭る・祀る」とは、本来「①飲食物などを供えたりして儀式を行い、神を招き、慰めたり祈願したりする。（スーパー大辞林）」行為である。このうち、慰めるは例えば「血祭り」にあげた仇の霊を鎮めることである。祈願するのは言わば先祖（守護霊）に対してのものである。今日の神社の「祭り」も元をただせばこの二面性を有する。

右を含めて旧鞍手郡の近辺（白旗山、笠木山山麓）には、神武天皇が饒速日尊の霊を祭ったとする伝承がある。先にあげた鞍手町「亀甲の熱田神社由緒書」（昭和十年）にこうある。（熱田神社由緒書は宮司の金川泰明氏のご好意により、コピーさせて頂き、一部転載の許可を頂いた。）
一、鞍手地方　神武天皇之御聖蹟書　二十四頁
一、天神本記　和名抄　筑前風土記拾遺　太宰管内志等に徴するに天皇には白旗山上に於ける神の御霊示により先づ天祖の御霊を笠置山（笠木）（笠城）に祭られ（傳説）（宮田町嘉穂郡境四百二十米）磯光　剣　王子（感田）初子（磯光後）大祖（赤池）羽高（頓野）熱田（西川村新北）等の地をみそなはし二田（管内志に名義詳ならず地理また考へがたし）西川村新延か十市（トチ）（管内志に名義十市部の住したるところなるらし地理詳ならす都市沼口（山口）村の中に

十市といふところあり）（十市部の事は舊事本紀に見江たり）弦田（宮田）贄田（小竹町新田）
の物部を率ゐ給ひそれ等の地に天神諸神を齋きまつらせられたものと考へられる

金川氏の先代は、先の『鞍手町史』に深く関わられている。右の推察は、『鞍手郡誌』に書かれた、神武が天祖を各地で祭った記事と大部分重なる。しかしながら、羽高（頓野）の地で天神を齋き祭った伝承は、今のところ、亀甲の熱田神社にしか残されていない。それが、神武即位四年の「靈畤を鳥見山の中に立」てた記事と同一のものであると思われる。

筑豊の現地伝承はここまで奥深いのである。

十一　邪馬臺国（豊秋津洲倭国）巡幸

三十有一年の夏四月の乙酉の朔に、皇輿巡幸す。因りて腋上の嗛間丘《ふくまのをか》に登りて、國の状を廻らし望みて曰く、「妍《あな》にや、國を獲つること。内木綿の真迮《まさ》き國と雖も、猶ほ蜻蛉《あきつ》の臀呫《となめ》の如きかな。」と。是に由りて、始めて秋津洲の號有り。昔、伊奘諾尊、此の國を目《なづ》けて曰く、「日本《やまと》は浦安の國、細戈《くはしほこ》の千足る國、磯輪上《しはかみ》の秀真國《ほつまくに》。」と。復た大己貴《おほなむち》大神、目けて曰く、「玉牆《たまがき》の内つ國。」と。饒速日命、天磐船に乗りて、太虚《おほぞら》を翔行《かけめぐ》り、この郷《くに》を睨《み》て天降るに及至りて、故、因りて目けて曰く、「虚空《そら》見つ日本國《やまとのくに》。」と。

筆者は、すでに「倭国易姓革命論」「天満倭考」（『越境としての古代』所収）を提示し、神武紀のこの記事から「天神降臨前後の倭国の詳細な国号の変遷」とそれに伴う「倭国革命」史を論証した。歴史学者の誰一人として、この記事が「同じヤマトの地の国号の変遷」を述べているという事実に向き合った者はいなかったのである。

秀真国…伊奘諾尊が名づけた。「浦安の国」は風浪の少ない古遠賀湾の存在を証明し、細戈の千足る国は筑紫戈の出土状況と一致する。秀真国は後に倭建命が詠んだ「倭は　国の秀真《まほろば》…」歌の概念と繋がり、同地を指すことになる。

玉牆の内つ国…大己貴大神が名づけた。倭建命の右の歌の続き「たたなづく　青垣　山隠れる　倭しうるはし」（畳み重なったようにくっついて、国の周囲をめぐっている青々とした垣のような山の内に籠っている倭は美しい）の表現によく合っている。同じく、古遠賀湾岸の国の実在を証明する。香春町の「鏡の池」のすぐ上に、小さな石祠があり、「たまがきさん」が祭られている。所有者の柳井秀清氏は、万葉集にある「手持ちの女王」を祭ってあるのではないかと推測されていたが、どうやら、大己貴大神が祭られているようである。

虚空見つ倭国…玉牆の内つ国に天神降臨して倭奴国を創始した饒速日命が名づけた。これが日中の文献に見られる倭《やまと》の源流である。立岩式石包丁の流通図に重なる国であろう。また、「天満《あま》つ倭」を書き換え且つ読み変えた呼称であるらしいことを「天満倭考」で論証した。

秋津島倭国…神武天皇が名づけた。神武東征の結果、大倭豊秋津島または豊秋津島倭国、万葉集に詠まれた「あきつしまやまと」と呼称が変化した。このヤマトは今山石斧の流通図に見られるように、「そらみつやまと」より拡大した版図のほうに合致する。

右のように、秀真国から秋津島倭国まで、一貫して古遠賀湾沿岸の同一の国の国号の変遷が語られている以上、神武が筑豊に東征した史実は、端から神武紀自身に記されていたことになるのである。特に、「浦安の国」と「細戈の千足る国」は地理的にも考古遺物の出土状況からも古遠賀湾等を想定するよりほかはなく、断じて、奈良県大和の地を指すことはないのである。神武は（奈良県）大和国を巡幸していない。

なお、嗛間丘《ふくまのをか》は新訓である。天香山（香春岳）から尾根伝いに登ると福智山に至り、この頂からは今日でも遠賀川流域を一望できる。まさしく、「國の状を廻らし望み」見ることが可能なのである。これを意識して、従来の「ほほまのをか」を「ふくまのをか」と改めた。

十二　神武崩御と邪馬臺國史

四十有二年の春正月の壬子の朔甲寅に、皇子神渟名川耳尊を立てて、皇太子としたまふ。
七十有六年の春三月の甲午朔甲辰に、天皇橿原宮に崩ず。時に年一百廿七歳。
明年の秋九月の乙卯朔丙寅に畝傍山東北陵に葬りまつる。

四十二年の立皇太子の件はおよそ虚偽である。記紀共に、手研耳命の治世があったことを暗示している。神武東征において最も功労のあった皇子は手研耳命に他ならない。神渟名川耳尊は神武が正妃を迎えて以後の皇子とされている。どう考えても、神渟名川耳尊のクーデターである。しかも、それは今回の追究から見れば、天孫系に国を奪われた天神系の王位奪還でさえある。

即位七十六年、東征の偉業を成就した神武は崩御した。畝傍山東北陵は、橿原宮の所在と関連して香春一ノ岳の東北とする時、香春町域遺跡分布図の2宮原遺跡群から二〇〇メートルほどの距離の所、ほほきが原に「おほきんさん」と呼ばれる弥生時代の円墳があり、ここが畝傍山東北陵と推定される。宮原遺跡からは黄金の耳飾や後漢式鏡（立岩遺跡の証明の項で述べた、田川郡香春町宮原箱式石棺墓「長生宜子」銘内行花文鏡）が出土していて、時代の上でも地理の上でも神武の陵として申し分のない状況が確認される。「おほきんさん」は「大君様・大王様」の意であり、固有名詞が示されていないことから中国の始皇帝陵と同様、初代大王の陵と考えられる。弥生時代にはまだ天皇の呼称が行われていないから、「おほきんさん」の呼称はこの点からも時代に合っている。

神武の享年は一百廿七歳と記されているが、東征発向が甲寅年（一一四年）でこの時四十五歳、辛酉年（一二一年）即位の時が五十二歳、即位七十六年に没したから七十五歳を足して百二十五歳となる。書紀の中では計算が合っていることになる。だが、辛酉年以後は干支が消えているので、中国の一年と数えるのは危うい。魏志倭人伝（三国志魏志東夷傳）に付された裴松之の注「魏略に曰く、其の俗正歳四節を知らず、但春耕秋収を計りて年紀と為す」を考慮すれば、干支の無い即位七十六年は倭国の言わば春秋暦となり、中国の正歳三十八年に相当する。したがって、五十二歳に三十七歳を足すと、神武の享年はあるいは八十九歳となり、西暦一五八年に崩御したことになる。

この年代の算出は、魏志倭人伝に記された邪馬臺國の史料事実に符合する。

先ず、魏志倭人伝において、卑弥呼の即位の前に神武らしき男王が記されている。三国志魏書東夷伝の韓伝と倭人伝を比較して得られた知見である。

韓伝（部分、番号、傍線は福永）

①桓・靈之末，韓濊彊盛，郡縣不能制，民多流入韓國．②建安中，公孫康分屯有縣以南荒地為帯方郡，遣公孫模、張敞等收集遺民，興兵伐韓濊，舊民稍出，是後倭韓遂屬帯方．③景初中，明帝密遣帯方太守劉昕・樂浪太守鮮于嗣越海定二郡，

倭人伝（部分、番号、傍線は福永）

㊀其國本亦以男子為王，住七八十年，①②倭國亂，相攻伐歴年，乃共立一女子為王，名曰卑彌呼，年已長大，事鬼道，能惑衆．

③景初二年六月，倭女王遣大夫難升米等詣郡，求詣天子朝獻，太守劉夏遣吏將送詣京都．

両伝の①②③の記事が対応する時、「㊀其の國本亦男子を以て王と為し，住《とど》まること七八十年」の男王が神武に当るようだ。在位七八十年の概数が倭人からの伝聞であるなら、神武紀の「**七十有六年に、天皇橿原宮に崩ず。**」との年数が合う。

次に、男王の死後に当るように書かれた倭国乱は、「范曄の後漢書」には桓帝、霊帝の間（一四六年―一八九年）の倭国大乱と書かれている。神武の没年が西暦一五八年と推測される時、この年は桓・霊の間に入る。また、『梁書』には「漢の霊帝の光和（一七八～一八四）中、倭国乱れ、相攻伐すること歴年」とあるから、ここでも倭国大乱は神武の死後に起きたことになる。その大乱の遠因は神武東征にあり、近い原因としては、春秋暦を考えると西暦一四一年に起こったと算出される神渟名川耳尊のクーデターが考えられる。倭国大乱は決して理由無き大乱ではなかったのである。さらに、歴年

主無しの状況から卑弥呼が共立される。倭国乱が桓・霊之末で、卑弥呼の即位が韓伝との比較から景初前の後漢の建安（一九六〜二二〇）中であると考えるなら、年代の上で、天皇の系譜に卑弥呼は見当たらない。ところが、先に述べた、外戚化した物部氏の第九世に弟彦命・日女命が存在し、卑弥呼と男弟王の組合せを連想させ得る存在があるではないか。王権が天神系に移っているようだ。実は、神渟名川耳尊のクーデター以後、天皇家（大王家）は天孫系から天神系に継がれていたのではないか。魏志倭人伝どおり、卑弥呼の死後は男王、十世は淡夜別命で男子、男王立つも国中服せず復た宗女臺與（トヨか）を立つとある。十一世は乎止與（ヲトヨ）命であり、天孫本紀には「此の命は尾張大印岐の女子」とある。同じ女子で、名前もよく似通っている。魏志倭人伝と神武天皇紀と天孫本紀とを横断する時、これほどまでに内容が符合するのもこれらが歴史事実に近いからではないだろうか。

景初二年（二三八年）六月、邪馬臺國の女王にして神武の後継者たる卑弥呼は魏の帯方郡に大夫難升米等を遣わしたのである。

おわりに

《神武は二世紀半ば、天神ニギハヤヒ王朝（『後漢書』に云う「倭奴国」、私の云う「天満倭国」）を侵略し、福岡県田川郡香春岳一ノ岳（記紀に云う畝傍山）の東南麓に都を建て、同じく畝傍山（香春一ノ岳）の東北の陵に葬られた、初代「豊秋津洲倭」王である。》と主張し続けてきた。今回、「神武は筑豊に東征した」の題のもと、日本書紀と求菩提山縁起や鞍手郡誌を始めとする多数の現地伝承とを中心に検証し、先代舊事本紀や中国史書をも併せて、蛮勇を奮って、神武天皇紀を復元するという試みに挑んだ。幸いにも、筑豊の古伝承は豊富で、奇跡的にその概要を復元できた。全てを解明・復元できたわけではないが、ここから、神武紀の全容解明が始まるものと思う。この成果は、私個人の力によるものではない。筑豊の現地の多くの方々のご協力、私の主宰する神功皇后紀を読む会のメンバーの幾多の助言、また、九州古代史の会の会員の協力、越境としての古代の会の人々の理解、これらの皆さんのお蔭をもってこの論稿は一応の成功を見たように思う。深謝申し上げるとともにご叱正を乞う。

《参考》その一　飛ぶ鳥の明日香

はじめに

万葉歌の詠歌場所を題詞・左注を一旦切り離して、歌の表現に沿って最適の地を探索するという、つまり、万葉集の原点に回帰する手法から、有名な歌ほど近畿大和の地ではなく、今日の福岡県の地、筆者の云う「倭国の源流の地」で詠まれた可能性の高いことを抽出しつつある。

今回は、記紀・万葉や古今集の古歌の表現から、「飛ぶ鳥の明日香」の源流の地を求めて調査し、云わば「失われた枕詞」について、一定の新解釈を得ることとなったようだ。

枕詞

枕詞とは何かというと、『日本国語大辞典』（小学館）には、こうある。

【枕詞】①古代の韻文、特に和歌の修辞法の一種。五音、またはこれに準ずる長さの語句で、一定の語句の上に固定的について、これを修飾するが、全体の主意に直接には関わらないもの。被修飾語へのかかり方は、音の類似によるもの、比喩・連想や、その転用によるが、伝承されて固定的になり、意味不明のまま受け継がれることも多い。この修辞を使用する目的については、調子を整えるためといわれるが、起源ともかかわって、問題は残る。起源については諸説があるが、発生期にあっては、実質的な修飾の語句や、呪術的な慣用句であったと思われる。（後略）

この説明のように、高校の国語便覧等にも次のような例が掲げられている。

天離る夷の長道ゆ恋ひ来れば明石の門より大和島見ゆ（万二五五）

叙述説明を加える修飾の仕方。空遠く離れている、の意からひな（田舎）にかかる。

ぬばたまの夜のふけゆけば久木生ふる清き河原に千鳥しば鳴く（万九二五）

比喩による修飾の仕方。ひおうぎは花の名でその実をぬばたまといい、黒色であるところから夜にかかる。

梓弓はるたちしより年月の射るがごとくも思ほゆるかな（古今一二七）

掛詞による修飾の仕方。梓弓の弓をはる＝「張る」意と「春」にいいかける。

ちちの実の父のみこと柞葉《ははそば》の母のみことおぼろかに情《こころ》尽くして思ふらむ　（万四一六四）

同音の反復による修飾の仕方。ちちの実の「ちち」が父に、柞葉の「はは」が母にかかる。

右の状況下にあって、筆者は「発生期の実質的な修飾」としての枕詞を追究してきた。

新玉の年、石走る淡海、天満つ倭、物部の八十、百磯城の大宮、八隅知しわが大君等々である。

筆者にとって会心の追究結果は、「綜麻形《へそがた》の三輪山」の再発見であった。この定型から、「綜麻形」に「みはやま」の訓が生じたと推論した。このヒントになったのが、「飛ぶ鳥の明日香」の定型である。

「飛鳥」に「あすか」の訓が生じたことは著名である。

だが、「飛ぶ鳥の」がなぜ「明日香」に掛かるのかは未詳であったのだ。

飛鳥川の古歌

「飛ぶ鳥の明日香」に関連して、飛鳥川の古歌に、よく考えれば不思議な謂われが伝わる。

奈良県高市郡明日香村一帯のほぼ中央を流れる川。下って大和川に合流する。昔、流れが変わりやすく、淵や瀬が定まらないので、世の中の移り変わり、つまり無常にたとえるのに用いられた。（全訳古語例解辞典　小学館）

飛鳥川を無常にたとえる歌としては次がもっとも有名であろう。

古今和歌集巻第十八　雑歌　下

題しらず　　読人しらず

世中はなにか常なるあすか河きのふの淵ぞけふは瀬になる

昨日の淵が今日は瀬になる、現実描写の歌ではなく無常観を歌ったものとされてきたが、一両日で淵が瀬になることは、確かに常識的には現実的でない。が、この歌は古今和歌集の古歌に属するから、万葉集と同じ時代の歌と考えてよい。万葉集の歌風は、「素朴で個人の感動を率直に詠みあげたものが多い」とされる。明治期の正岡子規が写生を主張し、万葉集への復帰を唱えて短歌革新を行ったことから見ても、万葉集が写実的な歌風であることは否めない。

飛鳥川の古歌の不思議さはここにある。つまり、「流れが変わりやすく、淵や瀬が定まらない」現実が存在したのではないかということである。その場合に、奈良県の飛鳥川には、右のような変化の形跡も、その理由も見当たらない。

したがって、ここでも万葉歌の「飛鳥川」や「飛ぶ鳥の明日香」の源流の地は、倭国の源流の地、九州に求めるよりほかなさそうだと思われた。

狭井河の新比定

「アスカの源流」を求めているうちに、またも意外なところから糸口がつかめた。神武記からである。

筆者は、「天満倭考」において、おおむね次のような分析を行なった。

神武は、天満倭本家を追い出したあとに、都を「畝火の白檮原宮」に置き、国号を「秋津洲倭」と改名した。直後に皇后選定の記事がある。后に選ばれたのは、伊須気余理比売《いすけよりひめ》。「倭の狭井《さい》川の上《ほとり》に住む美和の大物主神の御子」である。この美和（三輪）の神は、大国主神の共同統治者として出現している。「『吾をば倭の青垣の東の山の上に斎き奉れ』と答へ言りたまひき。こは御諸山の上に坐す神なり。」とある。美和（三輪・御諸）山は、田川郡香春町の香春岳三山を指し、その近くには犀川（現在の今川）も流れている。神武の宮は、倭の三輪山すなわち香春岳の直近にあった。

また、**王朝交替によって**、三輪山（三山）の名が、雲根火・耳梨・高山に替えられた可能性があり、香春一ノ岳が畝火山、二ノ岳が耳成山、三ノ岳が高山に当たるようだ。三輪山が倭三山の名に替えられた。神武が崩御し、庶兄当芸志美美命が三人の弟（伊須気余理比売の御子）を殺そうとする。その危機を知らせる歌が残されている。

狭井河よ雲立ちわたり畝火山木の葉騒ぎぬ風吹かむとす

狭井河と畝火山が近い。狭井川と美和山も近い。それらを総合すると、畝火山は三輪山（今日の香春岳一ノ岳）であると比定せざるを得ない。

右において、狭井川（犀川）と三輪山（香春岳）が近いとしたのだが、この点には一抹の不安があった。少なからず距離があるのである。

犀川の流路変遷

筆者の提起を受けて、高見大地氏が犀川の流路を調査した。次のとおりである。

現在、英彦山を源流とし、行橋市を抜け、周防灘に流れこんでいる今川は、以前は犀川と呼ばれていました。この川の流路はひじょうに特徴のあるもので、英彦山から北へ流れ下って、赤村のところでほぼ直角に東の方へ向きを変えています。向きを変える前の方向をそのまま延長すると、御禊川

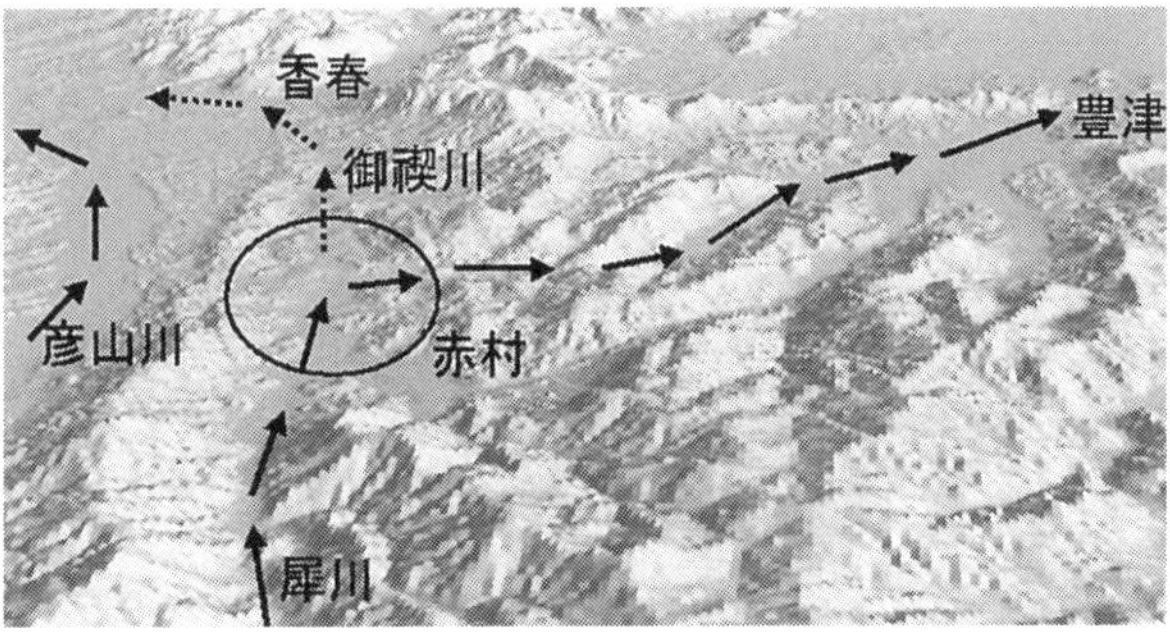

図１　犀川の流路変化

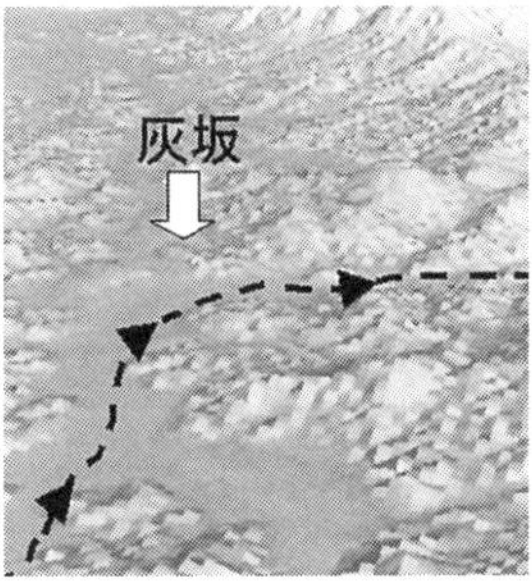

図２　赤村付近拡大図

という細い川が北へ向って流れ、香春町の南側を通って、金辺川と合流し、やがて彦山川に流れ込んでいます。このような地形は、赤村付近を源流として行橋方面に流れていた現在の今川の下流部分（古事記では山代川、日本書紀では山背川とよんでいます）が、何らかの理由で犀川の源流を奪取したものです。その結果、犀川の上流の豊富な水は山代川に流れてしまいました。元の犀川の下流部分（現御禊川）は、その源流を断たれ、付近の丘陵地帯のみが水源となったので、現在のような細い川になってしまいました。図1は、国土地理院の標高データからシミュレートした3次元地形です。実線の矢印が現在の今川の流れの方向で、点線の矢印は源流が奪取される前の犀川の流れの方向です。

図2は、図1の円で囲まれた赤村付近を拡大したものです。今川が直角に曲がる辺りに土砂が堆積し、北の方へ水が流れこめないようになっていることが分かります。この辺りは、昭和四十年代までは灰坂と呼ばれており、流路の変化が火山噴火に関係したことを

示唆しているようです。

高見大地氏は、古代豊国には鶴見岳や由布岳の火山噴火の被害が深刻であり、犀川も火山性堆積物によって、その流路が変わったことを示唆した。また、「直接的な降灰だけではなく、上流の山岳地帯の荒廃で降雨があるたびに大量の土砂が流入し」たことも指摘している。

すなわち、神武天皇のころの狭井河は古事記歌謡に謡われたとおり、畝火山（香春岳一ノ岳）のすぐ麓を流れていた。また、流れが変わった後の犀川は、「降雨ごとの大量の土砂流入」により、「昨日の淵が今日は瀬になる」可能性が大であり、俄然、古歌の「飛鳥川」の有力な候補と成りえるし、「飛鳥川の古歌」も「写生」の歌となりえるのである。

赤村の歴史・古伝承

それでは、田川郡赤村が「飛ぶ鳥の明日香」の源流の地であるのか、しばらく、古伝承を探ることにする。

赤村はもと上赤、下赤、山浦、大内田、小内田といった5カ村を合併したもので、上赤、下赤、本村はかつて吾勝野のといっていた。太古において吾かつ山上（現在の岩石山）に天祖吾勝尊が天降ったということから起因して、この山の東麓一帯の野を吾勝野と称したのである。それが景行天皇の時、田河の川上にいた土蜘蛛麻剥の残賊を誅滅の後、この山上の吾勝尊の神社に奉賽されて遠く東麓を望みこの麓は沃土南北に連なって狭く長いため、自今二村を形成するがよかろうといわれたので、これより上を津野といい下を阿柯と称した。のち阿柯を上赤、下赤の二村に分けた。（田川産業経済大鑑、p三七三～三七五、傍線は筆者）

赤村教育委員会が平成元年に発行した「赤村　史・誌資料」にもいくつかの古伝承が残されている。一つは、神功皇后御腰掛石の伝承である。神功皇后が中津郡へ行く途中、休まれたと伝えられている石が、山浦大祖神社の境内に残っている。

次に、我鹿屯倉跡が赤村に伝わる。

大宰管内志に曰く　安閑天皇（人皇第二七代）紀に　2年5月丙子朔　豊国我鹿屯倉を置く（我鹿此を阿柯と云）とあり　名義未だ考えす　田川郡に　上赤　下赤二村あり　山中なれども田地広き処なり云々　此の御代に此の屯倉守等　屯倉守護神として斎き祭りし　豊宇気姫命は　今　我鹿八幡神社内に座せり、屯倉の跡は　字常光に在り。

以上のように、通例は知らされない古代の事跡の伝わる土地である。一部は『日本書紀』の記述とも合致する。その上、さらにもう一点、「飛ぶ鳥の明日香」に関連して、田川郡の現地伝承に漏れた重要な伝承があった。

神武天皇東征説話

昭和九年発行の『鞍手郡誌』に「神武天皇御東征」の歴史が述べられている。そこから、先の「吾勝野」付近に触れた箇所を抄録する。

○これ即ち忍穂耳尊と鞍手郡の関係を物語り、その史説は田川郡を中心として霊跡され、神代鞍手の

幽遠に神さぶる神話種々相を遺影せり。

○英彦山は日子山又は彦山といって筑紫、就中北九州の国見山であった為め、天神天忍穂耳尊もこの山にお降りになり、この山を目標とし、国見山として筑紫の『国覔』—即ち国状をみそなはし給ふたわけで、…だから、（神武）天皇は先づこの山頂に於て国覔を遊ばし、親しく天神の曾跡を偲び給ふたことが想像され、…

○天皇方に中州に遷らんと欲し日向より発行し給ふ（中略）陸路将に筑紫に赴むかんとし給ふ時、馬見物部の斎駒主命眷属を率ゐ田川郡吾勝野に迎へて足白の駿馬を献じ、因て奏して曰く、是より国応に導き奉る可し、宜しく先づ着行すべし、臣が馬は野の牧場にして発幸に奉るなり（撃鼓神社古縁起）

※嘉穂郡幸袋町

○筑紫鎌の南端、豊前田川に接する

地を山田の庄といふ、庄の東北に山あり帝王山と云ふ、斯く云ふ所以は、昔神武天皇東征の時、豊国宇佐島より柯柯（阿柯か）小野に出でて天祖吾勝尊（天忍穂耳尊）を兄弟山の中峰に祭りて後、西方に国を覔め給はんとし給ふ時（中略）山上神社あり之を射手引神社と云ふ…（射手引神社々伝）

右記のように、「吾勝野」の地に、神武天皇東征説話が深く関わる。そうして『鞍手郡誌』は、神武天皇の御コースを表に記した。その中の二点を抽出する。

一、鳥居（同）※旧嘉穂郡頴田村の項
　前記八所神社附近の地名、霊鳥が『伊那和』と鳴きて皇軍を導いた土地

一、鳥尾峠（同）
　霊鳥を鳥尾明神の出現といひ、カラスは八咫烏のカラスに同じ

まず、八咫烏が皇軍を導いた土地の名が「鳥居」となっていることが注目される。次にその土地が、「吾勝野」に極めて近い点が注目される。

以上の現地伝承の数々と「飛ぶ鳥の明日香」の表現とが緊密に関連していると思われる。

枕詞「飛ぶ鳥」の正体

「飛ぶ鳥」が神武天皇東征を導いた「八咫烏」であり、そこが「吾勝野」の地すなわち今日の赤村での故事であるなら、やはり、赤村こそ「飛ぶ鳥の明日香」および飛鳥川の源流の地と言わざるを得ないようだ。「飛ぶ鳥の明日香」の組み合わせこそ、二千年の長きにわたって「飛ぶ鳥」の正体が「烏《カラス》」であることを証言していたと思われるからだ。

第一に、漢字「烏」の音が見失われていたようだ。烏の別字に「鴉」＝「雅」があり、音が「ア」である。もう一字に「鵶」（音＝ア）があり、カラスの鳴き声に至っては「唖唖」と表記される。「烏（ウ）」も古くはアと発音したのである。

「飛ぶ鳥」がカラスであり、被修飾語へのかかり方が音の類似によるものであれば、その鳴き声アから「明日香」が導かれると思われる。この時重要なのが、カラスの鳴き声をアと聞く民族が赤村もしくは福岡県一帯に居住していたことを考慮しなければならない。それは、筆者の云うように、「天神降臨」や「神武東征」の事変が古遠賀湾沿岸に起こったものであり、その中心の一族が遠くは中国から朝鮮半島を経由して渡来した一族である可能性を考えなければならないと思われる。「烏（ウ）」をアと発音したころの中国系の人々の渡来があったから、「飛ぶ鳥の明日香」が生じたと思われるのである。

カラスの語源については、富永長三氏との会話から、梵語のガルダとの関連を考えてみた。このヒンドゥー教の神は、伝説上の巨鳥で、竜・蛇を常食としたとされる。その偶像に見られる姿はまさしく我が国の「烏天狗」そのものである。蛇をトーテムとする美和の大物主神一族を支配した天神族が、ガルダをトーテムとする一族なら伝説とは符合する。福岡県には油山や雷山の清賀上人の伝承等、インド人の渡来も十分に考えられるのである。

（羽白熊鷲も「背に翼有り」と表記されるが、ガルダの偶像を指すのであれば、八咫烏の同族を意味するのではないだろうか。）

第二に、烏は夜明けを告げる鳥である。今日では鶏が常識となっているが、古くはカラスが時を告げる鳥の代表であったようだ。例えば、出雲の美保神社に伝わる青柴垣《あおふしがき》の神事において、美保関町の町内を「七度半でござーる、トーメー」と触れて廻る一行の中に、「テンガラス」と呼ばれる役の少年がいる。地元の人に尋ねたら「時を告げる鳥を意味する」との答えがあった。カラスが時を告げるのである。辞書にも「明烏《あけがらす》」の語があり、「夜明けがたに鳴く烏。また、その声。」と説明されている。

したがって、「飛ぶ鳥の」は音の類似だけでなく、意味の上から「明け」の音や字を導き出すことも考えられる。そうしたときに、朱雉を得て朱鳥と改元した天武天皇の宮が「飛鳥浄御原宮」であることも、ある程度理解できよう。「飛ぶ鳥の《朱鳥《あけみどり》・明日香》の浄御原宮」の意と考えられるのである。（朱鳥はあるいは血に染まった烏を意味し、カラスをトーテムとする一族を殲滅したことの暗示・比喩とも考えられる。筆者のひそかな考え方である。）

第三に、烏は熊野権現の神使である。また、東アジアに残る射日神話に見られるように、烏は太陽神そのものでもある。太古、空に十個の日があり、人々は猛暑に苦しんでいた。神に頼んで、九個の日を射たところ、烏が落ちてきたとの神話である。サッカーの日本代表チームのシンボルである「三本足の烏」こそが、その神使である。

また、先のガルダは、ヴィシュヌ神を乗せる。この神は、ヒンドゥー教三神の一であり、リグ・ヴェーダでは太陽の活動を象徴するとある。東南アジアにおいて、ガルダ・カラス・太陽は一本の線につながる。

これらのことからも、「飛ぶ鳥の」が「明日（香）」を導き出すことの意味が自ずと解るのである。

以上から、「飛ぶ鳥の」という枕詞が「明日香」にかかる理由は、決して通説のように意味不明ではなく、むしろ二重三重の深い意味が上古から伝承されていたと断言できよう。

飛鳥の源流

「飛ぶ鳥の明日香」は、福岡県田川郡赤村の地がその源流の地のようである。上記を見直すと、赤村は古くは「阿柯」と呼ばれていたが、そこにカラスの二通りの鳴き声、アとカが含まれていることにも気づかされる。数々の古伝承との関わり、火山考古学から見た犀川（今川）＝飛鳥川の流路変遷の現実、和歌の枕詞の探求、それらがすべて一点に集中した以上、明日香の地は、赤村であったと結論するよりほかはない。なお、赤村の地図に、「飛鳥の岡本宮」の候補地も挙がっている。

奈良県の明日香は八世紀以後に、赤村の明日香を離れた人々が、東遷してそこに故郷を懐かしんでつけた地名、すなわち移動した地名と考えざるを得ない。記紀・万葉および古今和歌集の古歌に詠まれた「飛ぶ鳥の明日香」や「飛鳥川」は、これらもすべて再検討が必要となろう。今後の大きな課題である。

おわりに

「飛ぶ鳥」が「鳥」であることを再発見した途端に、もう一つの枕詞の意味も解けた。「鶏が鳴く吾妻」である。「鶏」字に惑わされて、意味不明だったが、このトリもカラスであるなら、「鳥が鳴く」は明らかに鳴き声アを導き出し、そのままアヅマの語につながるとする考えはごく自然である。アは決して鶏の鳴き声とは思われない。

数年にわたる福岡県を中心とする北九州、豊国での現地調査は、意外にも、東の地の古代も解明することとなりそうである。

（「古代史最前線」二〇〇五年四月号初出）

《参考》その二 「天香山争奪戦」より

天の石屋戸事変

神武東征に現れた「天香山」は、記紀のいわゆる「天の石屋戸」伝承に多数出現する。
速須佐の男の命が、高天原で悪ぶる態を続け、天の服織女が事故死する。

かれここに天照大御神見畏こみて、天の石屋戸を開きてさし隠りましき。ここに高天原皆暗く、葦原の中つ国悉に闇し。これに因りて、常夜往く。ここに万の神の声は、さ蝿なす満ち、万の妖悉に発りき。ここを以ちて八百万の神、天の安の河原に、神集ひ神集ひて、高御産巣日の神の子思金の神に思はしめて、常世の長鳴鳥を集へて鳴かしめて、天の安の河上の天の堅石を取り、天の金山の鉄《まがね》を取りて、鍛人天津麻羅を求ぎて、伊斯許理度売の命に科せて、鏡を作らしめ、…天の香山の真男鹿の肩を内抜きに抜きて、天の香山の天の波波迦を取りて、占合ひまかはしめて、天の香山の五百津真賢木を、根こじにこじて、上枝には八尺の勾玉の五百津の御統の玉を取り着け、中つ枝に八尺の鏡を取り繋け、下枝に白和幣青和幣を取り垂でて、…天の香山の天の日影を手次にかけて、…天の香山の小竹葉を手草にゆひて、…ここに高天原動みて八百万の神共に咲ひき。…天照大御神いよよ奇しと思ほして、やや戸より出でて臨みます時に、その隠り立てる手力男の神、その御手を取りて引き出だしまつりき。…かれ天照大御神の出でます時に、高天原と葦原の中つ国とおのづから照り明かりき。ここに八百万の神共に議りて、に千座の置戸を負せ、また鬚と手足の爪とを切り、祓へしめて、神逐ひ逐ひき。

右の傍線部の地名は、高天原と（豊）葦原の中つ国と天の金山＝天香山とがすべて同じ地にあることを示している。天の金山の鉄は「かね」または「まがね」と読み、天の金山＝天香山であるなら、天香山は「鉄」も「銅」も産していたと考えるべきである。事実、香春岳からは八十数種類の鉱物が確認されている。また、鏡作りの件に関しては、香春の地に今日も銅鏡作りのご一族が連綿と続いていらっしゃる事実に勝るものはないであろう。また、最近（二〇〇七年）、清祀殿の周囲からは古代の銅滓も発掘され、香春町歴史資料館に展示された。

この伝承の重要点は、天照大御神が何者であるかということに尽きる。

私の方では、旧鞍手郡宮田町磯光の天照宮に祀られている「天照国照彦天火明櫛玉饒速日尊」を指すことになる。この尊は神武東征に出現した「天神」でもあり、古事記の天孫「迩迩藝の命」の兄「天火明」に当たる神でもある。また、笠置山を挟んで、飯塚市側にある天照神社においては、「天照大神・瓊瓊杵命・手力男命」の三柱の神が祀られていて、天照大神と瓊瓊杵命が兄弟であること、そして、手力男命との関係からは「天の石屋戸」の「天照大御神」が「天神饒速日尊」と同一の神であることが判明する。天照は男神であった。

私は以前から、《天神饒速日命は何者もいない土地に侵入を果たしたわけではない。そこが悠久の歴史を有する豊かな神の土地（豊国）だからこそ、侵略した。その輝ける神の名こそ、三輪の大物主であった。筆者は、ここに隠された侵略戦争の跡を見ている》と述べてきた。

天香山を基軸にして、「天の石屋戸」伝承を見直す時、「天神饒速日命＝天照大御神」は、「天香山」に拠る「速須佐の男の命」の王権を奪取したことになる。つまり、天照と速須佐の男は兄弟ではなく、天香山の支配権を巡って、死闘を展開した敵同士であったと思われる。天神は勝利し、スサノヲは敗れた。だからこそ、スサノヲは軍事裁判の結果、戦犯として追放もしくは処刑されるのである。

スサノヲは豊国を追われた。

素戔嗚尊異聞

『日本書紀』神代上　第七段（日本古典文学大系）から、天岩屋伝説（本文と一書群）における小異や注を引いてみよう。

天香山の金を採りて、日矛を作らしむ。（一書第一）

日矛を作らせているから、この伝承は銅矛文化圏のものである。したがって、天香山は銅鐸文化圏にはなかった。

素戔嗚尊

日本書紀は一貫してこの表記である。同じ表記のスサノヲが、昭和九年発行の『鞍手郡誌』の各「村社」の祭神として鎮座する。中でも、「剣神社」や「八剣神社」に多く見られる。古遠賀湾沿岸の神である。（上川敏美氏が早くに指摘。）

天照大神（本文）

日神　日神尊（一書群）

古事記の天照大御神と表記が違ったり、日神の用例が目立つ。

然して後に、諸の神罪過を素戔嗚尊に帰して、科するに千座置戸を以てして、遂に促め徴す。髪を抜きて、其の罪を贖はしむるに至る。亦曰く、其の手足の爪を抜きて贖ふといふ。已にして竟に逐降ひき。（本文）

《手足の爪は、切った後もその人の体の一部分であり、その爪を焼くとか刻むとかして危害を加えれば、爪の元の所有者を死に至らせ、または病に陥らせると考えられていた。》

と頭注にある。

千座置戸を以てして、遂に促め徴すについては、「促《せ》め徴《はた》す」と訓読してあり、徴収する意であると説明されている。

私の方では、徴は懲罰の懲と同意であると考えている。処刑である。千座置戸とは、チンギス・ハーンの血を引くものが処刑されるとき、その血を流すことが憚られ、フエルトの下に置き、その上を何頭もの馬が往来し圧殺した記事が残されているが、それを連想させるものがあろう。すなわち、「岩屋戸」を千座（何枚）も素戔嗚尊の上に「置」いて、圧殺したのではなかろうか。手力男命は「岩屋戸」を載せる死刑執行人すなわち「力士」の働きが本来のものであろう。相撲の由来を紐解けば、「醜《しこ》を踏む」であったり、「相手を蹴殺す」であったりするのもこれと繋がる。戦時には無論、強力な戦闘員でもある。

江上波男の騎馬民族渡来説を採用するなら、素戔嗚尊も饒速日尊も騎馬民族である可能性があり、敗者とは言え、貴種の流血を避けた処刑法と考えるのは行き過ぎであろうか。

また、髪や爪を抜かれたものが解放もしくは追放となることが日本古典文学大系の補注にある。これはスサノヲ自身のことと考えるより、その一族に科せられた罪科と考えられないか。そうであるなら、豊国を追われたスサノヲの一族が、出雲で活躍する訳も私には首肯できるのだが。

天の石屋戸事変の真相

「天の石屋戸」伝承には、天香山に拠る素戔嗚尊の「国譲り」と「天神降臨」という歴史の真相が隠されていたようだ。

しかも、もう一つの重要な真相があったようだ。それは、素戔嗚尊が天香山における「日神」そのものであり、銅鏡も素戔嗚尊の系譜が代々祀っていたようである。日神素戔嗚尊の死に因り、高天原は一旦闇に閉ざされる。侵略者の天神饒速日尊は、その没した日神の生まれ変わりとして、天の岩屋戸から「黄泉還る」というショーを催し、日神の位を継承するのである。こうして、室伏志畔氏のいうグラフト（接木）国家が誕生するわけである。

万葉集の定型句、「八隅知し　わが大王　高照らす　日の御子」はこの歴史の真相を継承している。

（「古代史最前線」二〇〇六年四月号初出に最新情報を加筆）

《参考》その三　神武歌謡の新解釈より

天神降臨の成功によって、古遠賀湾西岸部を制圧した天神族は、次に古遠賀湾東岸部（豊前の国）の制圧に乗り出したようだ。その記録は記紀に明らかにされていないが、天孫降臨の前段階の「国譲り」において、天神族の「建御雷《たけみかづち》の男の神」が出雲の主神の大国主とその一族とを武力で倒した記事が詳しく残されている。その大国主に共同統治者のいたことが記されている。すると、共同統治者も征伐されたと見るのが順当であろう。

《ここに大國主の愁へて告りたまはく、「吾獨して、如何かもよくこの國をえ作らむ。いづれの神とともに、吾はよくこの國を相作らむ」とのりたまひき。この時に海を光らして依り来る神あり。その神の言りたまはく、「我が前をよく治めば、吾よくともどもに相作り成さむ。もし然あらずは、国成り難けむ」とのりたまひき。ここに大國主の神まをしたまはく、「然らば治めまつらむ状はいかに」とまをしたまひしかば答へてのりたまはく、「吾をば倭の青垣の東の山の上に齋きまつれ」とのりたまひき。こは御諸の山の上にます神なり。》

「倭《やまと》の青垣の東の山」すなわち「御諸《みは》の山」の上にます神である。この神こそ大国主の共同統治者である。それは「倭の三輪の神」すなわち大物主である。この神にまつわる説話が、神武天皇記に出て来る。

《（神倭伊波礼毘古の命）然れども更に、大后とせむ美人を求ぎたまふ時に、大久米の命まをさく、「ここに媛女あり。こを神の御子なりといふ。それ神の御子といふ所以は、三島の湟咋が女、名は勢夜陀多良比賣、それ容姿麗かりければ、美和の大物主の神、見感でて、その美人の大便まる時に、丹塗矢になりて、その大便まる溝より、流れ下りて、その美人の富登を突きき。ここにその美人驚きて、立ち走りいすすぎき。すなはちその矢を持ち來て、床の邊に置きしかば、忽に麗しき壯夫に成りぬ。すなはちその美人に娶ひて生める子、名は富登多多良伊須須岐比賣の命、またの名は比賣多多良伊須氣余理比賣といふ。かれここを以ちて神の御子とはいふ」とまをしき。》

神武（迩迩藝の命の曾孫か）が倭《やまと》を侵略して、第二妃を求めたとき、美和（三輪）の大物主の神の子を推薦される場面である。大物主が丹塗りの矢に化けて美人のホトを突くというエロチックな神話として描かれている。が、説話の重要点は、神武が「最も古い倭《やまと》」に侵入したことであり、その「倭《やまと》」の地で大物主の娘を第二妃とした点である。

もう一箇所、崇神天皇記にも大物主の神の子が現れる。

《この天皇の御世に役病多に起り、人民盡きなむとしき。ここに天皇愁歎へたまひて、神牀にましましける夜に、大物主の大神、御夢に顕はれてのりたまひしく、「こは我が御心なり。かれ意富多多泥古をもちて、我が御前に祭らしめたまはば、神の氣起らず、國も安平ならむ」とのりたまひき。ここを以ちて、驛使を四方に班ちて、意富多多泥古といふ人を求むる時に、河内の美努の村にその人を見得て、貢りき。ここに天皇問ひたまはく、「汝は誰が子ぞ」と問ひたまひき。答へて白さく「僕は大物主の大神、陶津耳の命が女、活玉依毘賣に娶ひて生みませる子、名は櫛御方の命の子、飯肩巣見の

命の子、建甕槌の命の子、僕意富多多泥古」とまをしき。》

ここの意富多多泥古《おほたたねこ》の祖先が大物主であり、その子孫に天孫降臨前夜、国譲りで活躍した「建御雷命」と同音の人物「建甕槌の命」がいる。しかも意富多多泥古の父である。この説話の重要点は、大物主の祭祀が絶えていたことである。それはやはり侵略の結果ではなかったか。敗れた神が祟ったから祭祀を復活させたのであろう。大物主は武力で倒されたらしい。大国主と同様である。

以上の一見異なる時代に配された記事が、同時代の同一の記録と仮定すると、共通する「倭の三輪山」の本貫地が見えてくる。意富多多泥古は「河内の美努《みの》の村」に住んでいたが、この河内があるいは万葉集に詠われた「河内王を豊前国鏡山に葬る時、手持女王の作る歌三首」の「河内」であるなら、豊国の鏡山付近の「河内」となる。そこは、現在の福岡県田川郡香春町であるが、「河内王陵」が参考地として比定されている。ところが、地元の人々が代々守ってこられた「おほきんさん（大王様）」と呼ばれる円墳が少し離れたところにあり、この墓を先祖の墓と信じられていた方の姓が何と「箕《み》野《の》」さんである。筆者には偶然とは思われない。「豊前国風土記」逸文に云う鹿春郷に、有名な峰がある。香春岳だ。風土記にも、峯・第二峯・第三峯とあり、古代から三峰の山である。

写真にあるとおり、実に単純明快に「三輪山」と思われる。倭国（倭奴国）の中心地をそのまま「倭《やまと》」と考えるなら、「三輪の神」はまさしく「倭《やまと》の青垣の東の山」の上にますことになり、「香春岳」とピッタリ位置が合う。大国主の時代に治国の協力をした大物主の国はやはり、ここであろう。

神武も倭の地を侵略した。奈良県まで入っていないようだ。傍流の系譜から考えても倭奴国の中心地を侵略したことになる。新しい支配者としての権威づけのために、天神降臨前の在地の神の子を第二妃としたのだろう。その妃となった多多良伊須氣余理比賣《たたらいすけよりひめ》の命の家は、「狭井《さい》川」の上《ほとり》にあり、と古事記はしるす。「香春岳」の近くには「犀川（今川）」が今日も流れていて、京都郡犀川町もある。

天神饒速日命は何者もいない土地に侵入を果たしたわけではない。そこが悠久の歴史を有する豊かな神の土地（豊国）だからこそ、侵略した。その輝ける神の名こそ、三輪の大物主であった。筆者は、ここに隠された侵略戦争の跡を見ている。侵略者饒速日命は、新たな大物主として君臨することになる。その配下こそ後の物部軍団と思われる。

第七章　鯷倭《しわ》の興亡

序章　倭国易姓革命論

表題の「鯷倭の興亡」とは、筆者の造語である。「古田武彦と古代史を研究する会」に所属していた時から始めた、私のシリーズのタイトルの一つである。「越境としての古代」創刊号に載せた「倭国易姓革命論」にあるとおり、私は、四世紀後半に東鯷国（銅鐸文化圏＝三角縁神獣鏡圏）から発向した神功皇后が、倭国＝邪馬台国（銅鉾文化圏＝後漢鏡圏）を西征（武力併合）し、統一倭国を建国したとする大胆な仮説を立てた。

中国史上名高い、漢の劉邦と楚の項羽との覇権争いを「漢楚の興亡」と称する。これに倣って、我が国の古代史に決定的に欠けていた歴史事実を「鯷倭の興亡」と呼んで復元したのである。これを基点にして、内外の史料を再点検し、

出雲王朝 ─┬─ 東鯷国 ─────────┐
　　　　　└─ 倭奴国→邪馬台国→統一倭国→倭の五王…

というような王朝交代像を抽出した。この元になったのが倭歌すなわち万葉集の研究であった。叙

事詩的倭歌の表現から古代史を見直すという逆説的手法によって、私の古代史探求は始まった。私のもう一つのシリーズのタイトルが「万葉集の軌跡」である。

八　新北津《にぎた》に船乗りせむと
　　月待てば潮もかなひぬ今は漕ぎ出でな

この歌を神功皇后の船出の歌と解き、福岡県鞍手町新北が古遠賀湾内の津であったときの歌とした。この解釈に対して、多元的古代研究会・関東や古田史学の会の一部の幹事が古田武彦をバックにして、誹謗中傷に近いバッシングを展開し、結局、二〇〇三年に、古田武彦と古代史を研究する会の一部幹事も同調した結果、私は退会を余儀なくされた。同時に除名された飯岡由紀雄氏が自由と反骨の精神の下、「古代史最前線」を立ち上げてくれ、私の「鯷倭の興亡」と「万葉集の軌跡」の掲載を続けてくれたのである。それと並行して、私よりも古く、古田史学の会のバッシングに遭った室伏志畔氏や大芝英雄氏の主宰する「越境としての古代」にも寄稿することになったのである。私はといえば、「神功皇后紀を読む会」を、古田武彦と古代史を研究する会から独立させ、その主宰として今日に至っている。

「古田武彦を囲む会」のバッシングから解き放たれた私は、邪馬台国から俀王多利思比孤までを万世一系とする「連鎖の論理」を展開する九州王朝論に対して、「倭国易姓革命論」を基本とする構想に沿って、「越境としての古代2」では、「天満倭考」を展開し、倭奴国が倭歌では「天満倭《あまみつやまと》」と呼ばれ、続いて、神武の立てた「邪馬台国」が同じく「豊秋津嶋倭」と詠われたことを検証し、ヤマトの国が古遠賀湾沿岸の国であったことを突き止めた。天満倭考は歴史愛好家にはそれほどの評価を受けなかったようだが、リモートセンシングの専門家である高見大地氏らには高い評価を得た。続いて、同書3では「東西五月行―統一倭国の成立」を論じ、東鯷国の詳細を我が国で初めて論じたつもりである。ここでも「常陸の皇都」を発見してくれた飯岡由紀雄氏の功績は大きかった。

4号では、「魏志倭人伝と記紀の史実」を著し、日中の史料に同一の史実が横たわる可能性を示唆した。5号において、「神武東征の史実―倭奴国滅び邪馬台国成る―」を書き、倭奴国の地に邪馬台国が成立した以上、それは易姓革命であり、決して一系の王朝ではないことを明らかにした。また、ここで初めて「邪馬壱国はなかった」ことを表明し、神武東征が邪馬台国建国の記録であるとした。すでに大芝英雄氏に先行論のあることは承知していたが、方法論の違いによって結論もさることながらプロセスがあまりに異なるので、あえて引用することを敬遠した。そして、6号でついに、「神武は筑豊に東征した」の長編を書いたが、その結果、室伏氏の「南船北馬説」とも対峙することになったようだ。

私は、常に入手できる史料の範囲内で、なるべく客観的な事実を推測して書くことに心がけてきた。自説に不利な史料も矛盾も隠さず書いてきたつもりだ。また、いかなる権威にも屈しなかった。歴史学の分野であれ、上代文学の分野であれ、国語学の分野であれ、真摯に取り組み、どんな定説にも臆することなく挑んできた。主観による仮説を立て、それに合わないものを切り捨てるという真似だけはしなかった。

今回は、「古代史最前線」で発表しながら、「越境としての古代」には未発表のものを中心にしてオムニバス形式で構成し、特に、5号・6号では言及できなかったことを補足したいと思う。

一章　邪馬台国年表

「神武は筑豊に東征した」をようやく書き上げた。神武天皇紀を調べて行くうちに、さまざまな史実が確認され、表題のような副産物ができた。私の方では、神武は倭奴国を倒し、邪馬台国を創始した大王である。卑弥呼はこの王朝の後継者であった。

前一四　饒速日、豊葦原瑞穂國の笠置山に降臨。瓊々杵、日向のクシフル岳に降臨。
　天満倭国＝倭奴国が成立する。
　饒速日は古遠賀湾沿岸部を領有、中洲皇都を建設。天物部八十氏が筑豊の山や島を領有し、
　「山島に居し、分かれて百余国を為す」。
　瓊々杵は博多湾岸を領有し、百余国の一角を形成する。
後五七　倭奴国王、漢光武帝に遣使。金印を受く。「天孫本紀」に云う天香語山命か。
後七〇　磐余彦誕生。後の神武である。
後八三　お佐賀の大室屋（吉野ヶ里遺跡）陥落。鸕鷀草葺不合尊の佐賀平野攻略戦。
一〇七　倭国王帥升、後漢の安帝に生口一六〇人を献ず。天孫本紀に云う天忍人命か。
　この頃から韓半島・倭奴国乱れ、以後、漢への遣使が途絶する。
一一四　磐余彦、冬十月、諸兄・諸皇子らと第一次東征を開始。

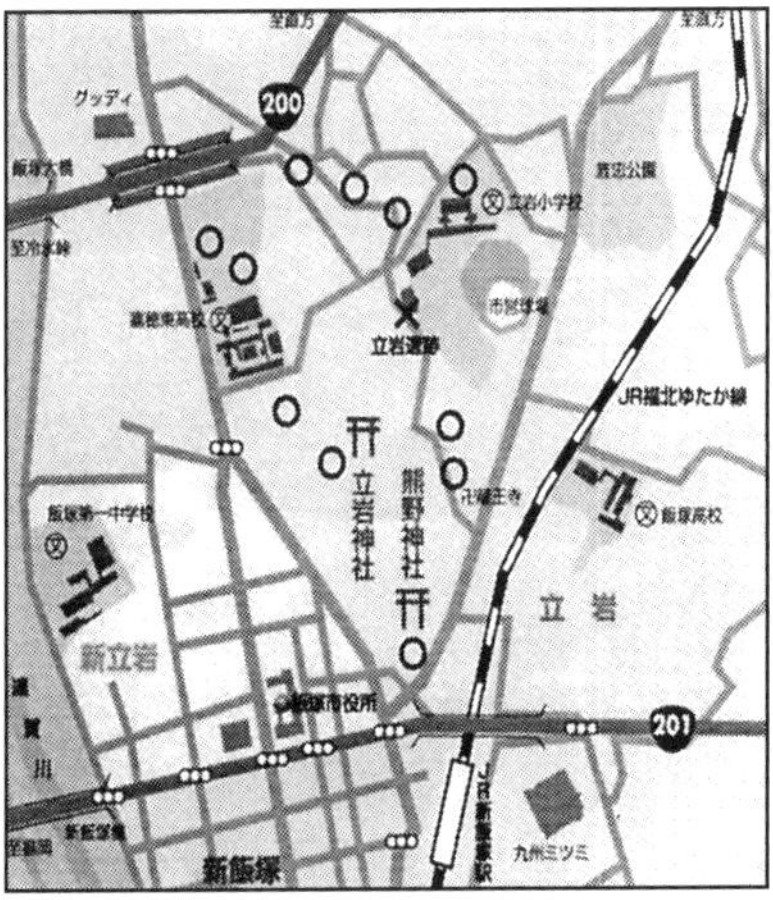

一一五　十一月、岡水門に至り、軍備を整える。
春三月、遠賀湾を遡り、夏四月、長髄彦軍と交戦、五瀬命負傷し、敗戦。博多湾住吉神社近くの草香津に帰還。

五月、五瀬命死去、竈山（宝満山）に葬る。

竈山の高千穂の宮において、三年間再軍備。

一一八　春二月、第二次東征開始。「日を背にして戦う神策」を実行に移す。速吸門（関門海峡）に至り、珍彦を道案内とする。菟狭（宇佐）に至り、一柱騰宮に入る。
数ヶ月、狹野嶽（求菩提山）に通い、頭八咫烏（求菩提山八天狗）一族と同盟を結ぶ。

六月、**「天皇獨り、皇子手研耳命と軍を帥ゐて進む。既にして皇師中洲に趣かんと欲す。」**

七月、頭八咫烏の案内で英彦山を下る。

八月、「菟田縣の血戦」に勝つ。

九月、天香山（香春岳）攻略にかかる。

十月、赤銅の八十梟帥を国見丘に破る。

十一月、彦山川水系を南下し、嘉麻川水系に入る。**「十有一月の癸亥の朔己巳に皇師《みいくさ》大きに**

挙《こぞ》りて、磯城彦を攻めむとす。」

立岩丘陵（飯塚市）に籠る磯城彦を攻めようとして、神武は川と海の混ざる広大な沼を徒歩で渡り、片島（飯塚市）に上陸、遂に「熊野の神邑」を攻撃し、磯城彦を滅ぼす。「天磐盾（立岩神社）に登り」、東征成就を天祖に祈願する。

十二月、長髄彦との最後の決戦に臨む。「十有二月の癸巳の朔丙申に、皇師遂に長髄彦を撃つ。」苦戦を強いられたようだが、辛勝し、終に長髄彦を殺す。

倭奴国滅亡。

長髄彦は年代が合わず、滅ぼされたのは、天忍人命・天忍男命のようである。饒速日の別の末裔は神武に帰順したようでもある。

一一九　春二月、「諸將に命じて士卒を練《えら》ぶ」。倭奴国の残存勢力を掃討する。

三月、畝傍山（香春一ノ岳）の東南の橿原の地に帝宅の建造を命じる。この後、鞍手郡誌によれば、神武は一旦、宝満山すなわち筑紫に陸路で凱旋する。

一二〇　秋八月、香春に戻って来た神武は、正妃を娶ろうとする。

九月、「媛蹈韛五十鈴媛命を納《めしい》れて、以て正妃と爲す」天神の血統を入れる婚姻である。

一二一　「辛酉年の春正月の庚辰朔に、天皇、橿原宮に於いて帝位に即きたまふ。」

太陽暦の二月十一日、建国記念の日の根拠である。

邪馬台国創始。

二月、「天皇功を定め賞を行ひたまふ。」

この時、頭八咫烏一族に与えられた領地が「飛ぶ鳥の明日香」、私の仮説では田川郡赤村とその周辺と考えられる。

一三六　「皇輿巡幸す」。神武は邪馬台国（旧倭奴国）を巡幸する。「因りて腋上の嗛間丘《ふくまのをか》に登りて、國の状を廻らし望みて曰く、『妍《あな》にや、國を獲つること。内木綿の真迮《まさ》き國と雖も、猶ほ蜻蛉《あきつ》の臀呫《となめ》の如きかな。』と。是に由りて、始めて秋津洲の號有り。」豊秋津島倭の号はこの時に始まったと紀は記す。

一四一　皇子神渟名川耳尊、手研耳命大王を弑し、王位を奪う。手研耳命は紀の中ではただ一人神武と東征を行った皇子であるから、大王位に即いた可能性が高い。おそらく巡幸後間もなくのことと思われる。

一五八　春二月、神武崩御。享年八十九と推測される。

「秋九月の乙卯朔丙寅に畝傍山東北陵に葬りまつる。」ここには、香春の人々が代々大切にしてこられた「おほきんさん（大王様）」と呼ぶ弥生時代の円墳がある。中国の始皇帝陵と同じく、初代大王の陵と考えられる。

一四六～一八九
桓・霊の間、倭国大乱。（後漢書）

一七八～一八四
霊帝の光和中、倭国乱れ、相攻伐すること歴年。（梁書）

一九六～二二〇（建安年間）
卑弥呼共立か。桓・霊之末なら一八四即位。

二三八　景初二年六月、邪馬臺國の女王にして神武の後継者たる卑弥呼、魏の帯方郡に大夫難升米等を遣わす。

以下、魏志倭人伝に都合数回の遣使が見られる。
また、神武・手研耳命の天孫系と神渟名川耳尊の天神系との継承争いが倭国大乱の原因のようである。卑弥呼は天皇家（天孫系）ではなく、天孫本紀によれば天神系の九世孫弟彦王（妹は日女命）の日女命に当たるようである。

右に対して、室伏氏を介して、二松学舎大の溝口貞彦氏から次のような批評が寄せられた。（傍線は福永）

「古代史最前線」最新号（２００８．Ａｐｒ．№21）の読後感
室伏氏や編集者飯岡氏ががんばって、「最前線」が継続発行されていることに、敬意を表する。こ

れは読者に多くの知的刺激を与えるものである。しかし論証不足が目につくのも否めない。辛目の読後感想をお送りする。（中略）

三、空想史論

福水晋三「邪馬台国年表」

福永氏は細部はよく調べているが、基本は空論ないし空想詣（ママ）である。そのことは「年表」にもよく表現されている。

「私の方では、神武は倭奴国を倒し、邪馬台国を創始した大王である。」これだけを論証するだけでも、多くの記録が必要である。しかし当時そのような記録は存在しない。結局空想で歴史論を展開していることを示している。（「私の方では」？）

さらに空論の例。「前14　饒速日、豊葦原瑞穂国の笠置山に降臨」云々。

神話と歴史の混同（それは空想と現実との混同をいみする）。

私は前に同僚の日本史担当の教師から、「考古学が発達したが、有史以前のことは、よその年代しか解らない。ときどき有史以前のことを〜年と詳しい年代をあげて書いてあるのを見かけるが、それはかえってその人が歴史学に無知であることを示している。そのような古い時代は、何世紀という単位で、およそのことを示すのが科学的なのだ」と聞いたことがある。

中国では紀元前1500年頃から甲骨文字が現れ、前1千年頃（周代初期）から王に史官がつきそい、王の日々の起居・動作等を記録するようになった。だから年表を作ることが可能となった。日本では、万葉仮名以前は文字がなかったのはいうまでもない。3世紀以前は朝廷もなく、もちろん史官もいなかった。そのような状況で年表を作れると考えること自体、非科学的である。その当時の「年表」など、こけおどしにすぎないが、それが空想の産物であることはすぐに解ることである。

ちなみに福永「邪馬台国年表」を前記日本史の教師に見せたところ、「何の参考にもならない。歴史学者でこれを問題にする人は誰もいないだろう」とのことであった。（中略）

「古代史最前線」は現在は専門家（プロ）と素人（アマ）との中間的存在である。これを多くの専門家が気にし、振り返るような存在となるためには、さらには日本の古代史に関する言論や関心をリードする機関誌となるためには、まだ一皮脱皮する必要があるでしょう。そのため私も気になるところを率直に述べ、辛口の批評をしました。どうか意のあるところを汲み、今後さらに皆様が健康に留意され、さらによい論集を作っていってくださることを期待しています。

溝口貞彦

２００８年５月

室伏志畔先生ならびに

「古代史最前線」執筆者の方々へ

このような非難を受けるのも、私の宿命らしい。

数点、溝口氏らに再批判をしておく。

まず、拙論「神武は筑豊に東征した」を読まずに軽率に人を空想家扱いするべきではない。氏の云う「神話と歴史の混同」の言こそ、自らが却って頑迷固陋の学者であることを証明するのではないか。

そもそも、古事記も日本書紀も先代旧事本紀も「宗教的神話」を載せていない。エホバやアラーやゼウスのごとき神々の話を一切載せていないのだ。すべて、歴とした史書である。神代とは、「太古の人々の代」の意であり、我が国の「神」は生きている時は「人」であり、死後「神（先祖）」と呼ばれただけである。今日、仏教徒の多い我が国では、たいていの人は死後、「仏と成る」のである。考古学上、多数出土する縄文遺跡や弥生遺跡の上に、人は生きていなかったのか。物だけが勝手に存在したとでもいうのか。

神代の神々の話こそ生きていた人々（先祖）の貴重な記録なのである。縄文遺跡や弥生遺跡に生きた人々＝神々の記録なのである。戦後史学（津田史学）が神武や神功らを一律に架空の存在として処理する、真に非科学的な悪弊を覆すために、中国の史書と我が国の記紀等の史書と遺跡の出土状況とを横断しながら有機的に事実を抽出し、私は我が国の「神＝先祖」の歴史を正しく後世に残そうとする者である。

二章　吉野の國樔人現る

はじめに

継続は力なり。「神功紀を読む会」でまたしても重大な再発見がなされた。三人寄れば文殊の知恵のところ、それを上回る十数名の英知の御蔭である。通説でも盛んに取り沙汰される「吉野の國樔人」

について考察する機会を得、倭国豊国説（大芝英雄氏の豊前王朝説とも異なる）の色濃い当会において、終に「吉野の國樔人」が、その実体を見せ始めたのである。今回の仮説がもしも合理的であれば、通説の「壬申の乱」、古田仮説の「壬申の大乱」の両説を根底から揺さぶることになろう。

事実は小説よりも奇なり

神武紀の「吉野の國樔人」

先頃、「神武は筑豊に東征した」の拙論で、神武紀の復元を試み、幾多の地名の比定にほぼ成功したところである。だが、原稿を急かされ過ぎたが為に解明が不十分であり、紙数も随分削ったため、一に口語訳も施せず、二に何点かは今後の課題になっている。発表後、それらの課題を「神功紀を読む会」の人々に伝えたところ、早くも数点については、解明のヒントを得つつある。そのうちの一点が「吉野の國樔人」の比定である。「神武は筑豊に東征した」の拙論において解明不十分のため割愛したうちの一節が次である。

于儺能多伽機珥　辭藝和奈破盧　和餓末菟夜　辭藝破佐夜羅孺　伊殊區波辭　區旎羅佐夜離　固奈瀰餓　那居波佐麼　多智曾麼能　未廼那鶏句塢　居氣辭被惠瀰　宇破奈利餓　那居波佐麼　伊智佐介幾　未廼於朋鶏句塢　居氣儾被惠瀰（菟田の高城に鴫をとる罠を張って、俺が待っていると、鴫は懸からず、鯨が懸かった。古女房が獲物をくれと言ったら、痩せたソバの木のような、中身の無い所を、うんと削ってやれ。若女房が獲物をくれと言ったら、柃〈ちさかち〉のような、中身の多い所を、うんと削ってやれ。）（日本古典文学大系頭注を改作）

是《これ》を來目歌《くめうた》と謂ふ。今、樂府《おおうたどころ》の此の歌を奏するには、猶手量《なおたばかり》の大き小さき、及び音聲《うたごえ》の巨《ふと》き細き有り。此は古《いにしへ》の遺《のこ》れる式《のり》也。是の後に、天皇《すめらみこと》吉野の地を省《み》んと欲し、乃ち菟田穿邑《うだのうがちのむら》より親《みづか》ら輕兵を率《ひき》ゐて巡り幸《いでま》す。吉野に至る時に、人有りて井の中より出でたり。光りて尾有り。天皇、問ひて曰く、「汝は何人ぞ」。對《こた》へて曰く、「臣は是國神《これくにつかみ》。名を井光《ゐひか》と爲す」。此《これ》則ち吉野首部《よしののおびとら》が始祖《はじめのおや》也。更に少し進めば、亦《また》尾有りて磐石《いは》を披《おしわ》け出づれば、天皇、問ひて曰く、「汝は何人ぞ」。對へて曰く、「臣は是磐排別之子《これいはおしわくのこ》」。此《これ》則ち吉野國樔部《よしののくずら》が始祖《はじめのおや》也。水に縁《そ》ひて西に行くに及びて、亦梁《またやな》を作りて魚を取る者有り。天皇、問ふ。對へて曰く、「臣は是苞苴擔之子《これにへもつのこ》」。此《これ》則ち阿太養鸕部《あだのうかひら》が始祖《はじめのおや》也。

第二次東征において、宇佐に大迂回した神武軍は、英彦山を越え、頭八咫烏の先導（六月）によって、英彦山を下り、彦山川水系に沿って北上し、「天香山」奪取を目指したとする先の拙論では、神武天皇即位前紀戊午年八月条の「菟田縣の血戦」について、菟田縣を比定することができず、その上、途次、「吉野に巡幸」し、「吉野首部が始祖」や「吉野國樔部が始祖」に会い、さらに、「水に縁ひて西に行き阿太養鸕部が始祖」に会うに至っては皆目見当がつかなかった。てっきり、「吉野」を英彦山の北の地と考えていたからである。

この一節の重要点は、先ず、「吉野首部」である。古事記にも「吉野首等祖」とある。天武十二年に連を賜っている。姓氏録、大和神別に「吉野連、加弥比加尼之後也、謚神武天皇行二幸吉野一、到二神瀬一、遣レ人汲レ水、使者還曰、有二光井女一。天皇召問レ之、汝誰人、答曰、妾是自レ天降来白雲別神之女也、名曰二豊御富一、天皇即名二水光姫一。今吉野連所レ祭水光神是也。」とあるのが興味深い。吉野首等祖は、天神ニギハヤヒ降臨かそれ以前に「豊国」に渡来した一族の可能性があることと、神武から天武まで、「吉野」の地は不動であることが推測される。

次に、「吉野國樔部」については、姓氏録、大和神別に「国栖、出レ自二石穂押別神一也。神武天皇行二幸吉野一時、川上有二遊人一、于レ時天皇御覧、即入レ穴、須臾又出遊、竊窺レ之喚問。答曰、石穂押別神子也。爾レ時詔賜二国栖名一。」とある。「吉野首部」と同様に、神武から天武まで、「吉野」の地は不動と考えてよい。

延喜宮内式に、「凡諸節会、吉野国栖献二御贄一奏二歌笛一。」と見え、延喜践祚大嘗祭式にも同様の記事があるから、筑豊の倭《やまと》に都した神武以来、近畿大和に遷都した後も、さらに山城に遷都した平安朝に至るまで、吉野国栖が大嘗祭及び諸節会に御贄を献じ、歌笛を奏したことが知られる。

應神紀の「吉野の國樔人」

神武紀で解明不能だった「吉野國樔」の住処、すなわち本貫の地が、應神天皇十九年冬十月条の記事で、一挙に解明できた。そこの直近の所には、「吉野宮」も現れる。

十九年の冬十月の戊戌の朔に、吉野宮に幸す。時に國樔人來朝せり。因りて醴酒《こざけ》を以て、天皇に獻りて、歌ひて曰く、

伽辭能輔珥　豫區周塢菟區利　豫區周珥　伽綿蘆淤朋瀰枳　宇摩羅珥　枳虚之茂知塢勢　磨呂俄智

（橿の林で横臼を作り、その横臼にかもした大御酒を、おいしく召し上がれ。我が父よ。）

歌既に訖《をは》りて、則ち口を打ちて以て仰ぎ咲《わら》ふ。今國樔、土毛《くにつもの》獻るの日に、歌訖りて即ち口を撃ち

仰ぎ咲ふは、蓋し上古の遺則也。夫《そ》れ國樔は、其の爲人《ひととなり》甚《はなは》だ淳朴也。毎《つね》に山の菓《このみ》を取りて食ふ。亦蝦蟆《かへる》を煮て上味《よきあじはい》と爲《す》。名《なづけ》て毛瀰《もみ》と曰ふ。其の土《くに》は、京より東南、山を隔てて、吉野河の上《ほとり》に居り。峯嶮《たけさが》しく谷深くして、道路狭く巘《さが》し。故に、京に遠からずと雖も、本より朝來すること希《まれ》なり。然れども此より後、屢《しばしば》参赴《まうき》て、以て土毛を獻る。其の土毛は、栗・菌《たけ》及び年魚《あゆ》の類《たぐひ》なり。

後半の傍線部の内容が解明の鍵だった。次のように解読できた。

「国栖の土地は、（豊前の）京《みやこ》から東南にあり、（英彦）山（の山脈）を隔てて、吉野河のほとり（かたわら）に住んでいる。（国栖の周囲の）峰々はけわしく、谷は深くて、道路も狭くけわしい。だから、（豊前の）京に遠くないけれども、本から参内することが稀であった。しかし、これ（吉野宮行幸）から後、しばしば参内して、土地の産物を献上した。」

この解読が正しければ、神武紀にあった「是の後に、天皇《すめらみこと》吉野の地を省《み》んと欲し、乃ち菟田穿邑《うだのうがちのむら》より親《みづか》ら軽兵を率《ひき》ゐて巡り幸《いでま》す。」の部分が、いわゆる「書紀の改竄」であることが知られる。私も惑わされたように、神武東征のコースを前後し、永く「吉野国栖の地」を不明の地とし、挙句の果てには、「吉野宮」の真の所在地を隠しおおせた。通説の吉野宮は、奈良県吉野郡吉野町宮滝の辺りとされている。

次の図は、高見大地氏が作成してくれた図である。「神武は筑豊に東征した」では掲載を見送った。そこにこそ、「吉野国栖の地」があった。

「玖珠川」の上《ほとり》である。

神武は、『鞍手郡誌』に示されたように、宇佐から守実を経て直ちに英彦山を攀じ登ったのではなかったのだ。英彦山の北、「天満倭国」に侵入するに際し、南の「吉野国栖人」等を帰順させておく必要があったようだ。なぜなら、同族と目される「吉野首部が始祖」は、神武の問に「妾は是天より降り来たる白雲別神の女なり、名は豊御富と曰ふ。」（姓氏録）と答えていて、「天満倭国＝豊国」の一族の可能性があるからだ。天満倭国侵入後に、南方から挟撃されては勝ち目が無い。用意周到の策であったようだ。

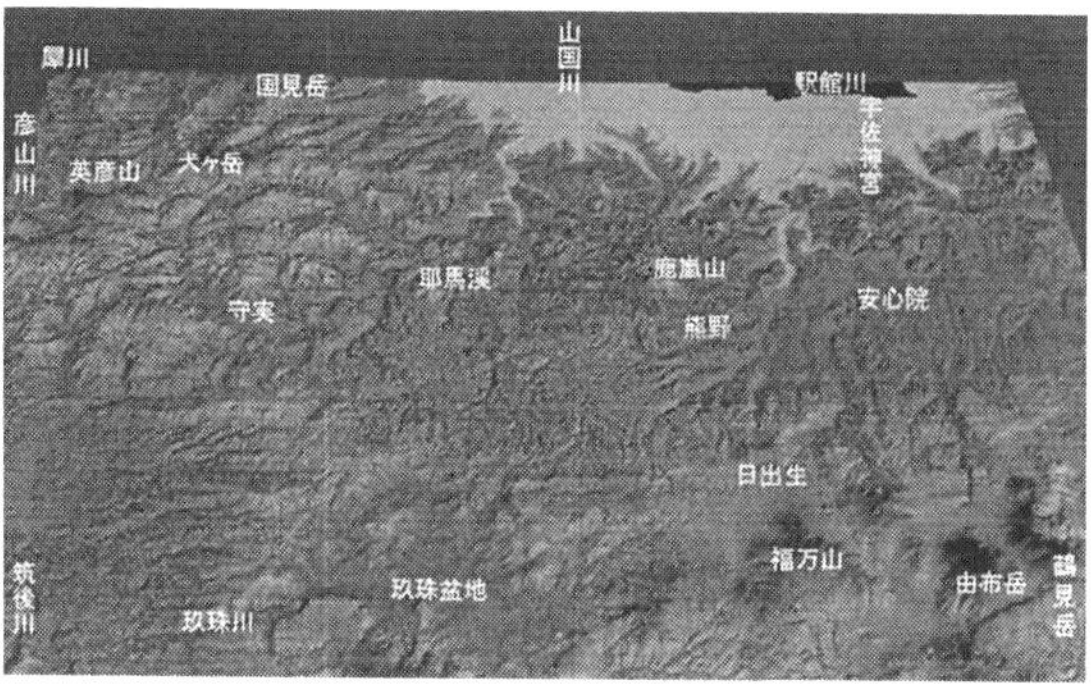

神武天皇の英彦山への経路

「玖珠」は今日、「クス」と発音するが、「数珠・珠数」はどちらもジュズまたはズズと読む。上古の「國樔クズ」の音が奈良朝に佳字「玖珠クズ」になり、今日「クス」と呼ばれることについては何の奇異もない。玖珠郡は玖珠クス・九重クジュウ両町の地でもある。さらに、九重山・久住クジュウ山の両山もある。

そうである時、『豊後国風土記』の数節が、「國樔の地」を一層裏付ける。

球珠の郡、郷は三所里は九、驛は一所なり。昔者、此の村に洪《おほ》き樟《くす》の樹有りき。因りて球珠の郡と曰ふ。

洪き樟の樹について、岩波本の頭注は、「玖珠・九重両町の

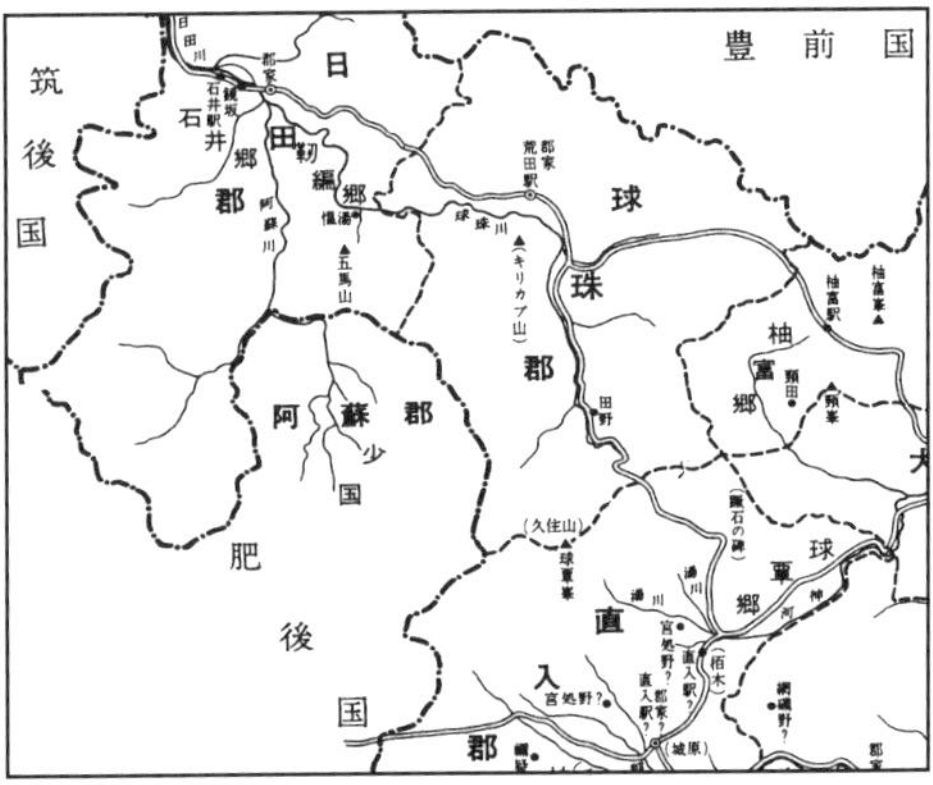

日本古典文学大系「風土記」付録より

境界、万年山の西北部の前峰（キリカブ山）に洪樟寺の遺蹟があり、ここを大樟の遺蹟としている。」と記す。十年近く前に、この地を訪ねたとき、現地の方は、キリカブ山自体が大樟の跡だと説明してくれた。

玖珠川については、「（靭編《ゆぎあみの》）郷の中に川有り。名を球珠川と曰ふ。其の源は、球珠の郡の東南の山より出で、流れて石井の郷に到り、阿蘇川に通り、會ひて一つの川と為る。今、日田川と謂ふは、是なり。」との記述が見える。

石井の郷にも同様の説明があるが、日田川の後に、「年魚、多に在り。」と書かれていて、應神紀の結び、「其の土毛は、栗・菌《たけ》及び年魚《あゆ》の類なり。」と呼応する。また、神武紀の《水に縁《そ》ひて西に行くに及びて、亦梁《やな》を作りて魚を取る者有り。天皇、問ふ。對へて曰く、「臣は是苞苴擔之子《にへもつのこ》」。此則ち阿太養鸕部《あだのうかひら》が始祖也。》の記述とも呼応し、年魚の類を獲っていたことが知られる。（日田市の三隈川での鵜飼は、文禄三年〈一五九四年〉、豊臣秀吉の家臣で、日田を統治した宮木長次郎が、鵜匠四人を岐阜から連れて来て始めたと伝えられるが、案外、古代の鵜飼の再現かも知れない。）

應神紀から天武紀までの「吉野宮」

神武紀と應神紀を横断し、豊後国風土記をも参照して、遂に「吉野國樔」が歴史に出現した。この時、「吉野宮」は果たして何処にあったのか。

一の候補地は、英彦山南方の守実近くで、下毛郡山国町の山国川のほとりに「吉野」の字名がある。英彦山を越えて豊前の京に稀にしか来朝できなかった吉野國樔人も、ここに吉野宮があったら、しばしば参内することが可能だ。

第二の候補地は、吉野國樔の南、直入郡の「宮処野」であろうか。中でも、久住町の案内にある「宮処野神社」が最も気にかかる。

宮処野《みやこの》神社と神保会《じんぼえ》（都野）

久住町と直入町との町境あたりにある宮処野神社は、「日本書紀」や「豊後風土記」によると、景行天皇が土蜘蛛征伐のために行宮を建てたところと伝えられ、祭神は景行天皇を主神としてほかに十四神を祀っている。境内に鬱蒼と茂るスギ、トチノキ、タブなどの社叢は県の天然記念物に指定され、中でも参道の両側に並ぶ大杉は幹まわりが九《メートル》余もある見事なもの。

この神社で毎年十月第二土曜日の秋祭りに行われる神保会（県選無民）は、新任の国司が有名な神社に神宝を奉献する行事に始まったといわれ、「神宝会」とも書かれる。三台のミコシの下宮までの神幸に三組の獅子舞、四組の白熊《はぐま》がお供するのが珍しい。

傍線部は、羽白熊鷲を追究して甘木の美奈宜神社を訪ねた時に見出した「大名行列」のようなものと等しい。古代王者の行幸ではなかったか。また、近くの石田では、古代の官衙的建物の遺跡が発見されている。周辺には弥生時代後期から古墳時代の集落跡が多く発見され、古墳も存在している。

天武天皇即位前紀には最も有名な吉野宮の故事がある。抄録して示す。

四年の冬十月の庚辰（十七日）、天皇、東宮に勅して鴻業を授く。乃ち辞譲して曰く、「大友皇子を立てて、儲君《まうけのきみ》としたまへ。臣は、今日出家して、陛下の為に、功徳を修めむと欲す」と。天皇聴きたまふ。即日、出家して法服す。因りて以て、私の兵器を収め、悉く司に納む。壬午（十九日）に吉野宮に入る。或《あるひと》曰く、「虎に翼を着けて放てり」と。

天智の近江（近つ淡海）京が古遠賀湾の北、今日の遠賀川河口近くに在ったと仮定すると、今回仮定した「吉野宮」は京から急行して二日程度かかる道のりの所にあり、軍勢の手の及ばない峻険の地の宮として合理的だ。（天智天皇には、馬で山科に行った時、行方不明になり、そのまま戻らなくなり、沓だけがここで見つかったので墓を造ったという伝承が残されている。宗像市鐘崎に鎮座する織幡神社境内右手には武内宿禰が沓を残して昇天したと伝えられる沓塚がある。酷似した伝承に驚かされたが、案外、天智の入水した場所かも知れぬ。）

詳細はこれから始まる。壬申の乱について、私の脳裏に私自身も想像できなかった戦闘図が今、描かれつつある。

おわりに

神武紀を一旦終えて、神代紀に遡ろうとしたが、壬申の乱の復元という、またしても途轍もない試みに挑むことになりそうだ。万葉歌と記紀歌謡に現れる「吉野宮」の再検討にも迫られることになった。指示表出は限りなく面白い。

三章　邪馬壱国こそ無かりけれ

はじめに

「神功紀を読む会」で、『翰苑』東夷伝のコピーを配布し、陳寿の『三国志』編纂以前に『旧・後漢書』の存在すること及び『翰苑』東夷伝注の頃、即ち唐代まで確実に『范曄後漢書』と共に存在したことも明示し、そこから、古田仮説の「邪馬台国はなかった」に正面から反駁することになった。結果は、南宋版『三国志』以降にしか「邪馬壱国」の表記は存在しないという史料事実だった。のみならず、富永長三氏の「中国史書の各東夷伝は本紀から順に全てを通読して初めて明らかになる仕組みになっている」との提起と相俟って、驚くべき倭国史の事実が浮かび上がりつつある。その嚆矢が前号の「倭面上国と遠の朝廷」の論稿である。即ち、倭奴国の都が天神降臨後のある時期、韓半島内にあったとするもので、それを文献の一言半句に残された表記から抽出されたのである。そのことがさらに、万葉集中のすべての「遠の朝廷」の意味を解明することに繋がったのであった。「遠の朝廷」のうちの一つは明らかに、韓半島内の「朝廷」を指していた。

天下の孤本『翰苑』東夷伝の有する実証力は、今後、倭国史の史実を大きく塗り替えていく可能性に満ちている。

陳寿の見ていた「後漢書」

先に三国呉の人謝承の撰した『後漢書』を挙げてきたが、陳寿の『三国志』呉書にそのことが、実にあっさりと記してあった。次の影印は百衲本二十四史即ち宋紹熙刊本の一部である。

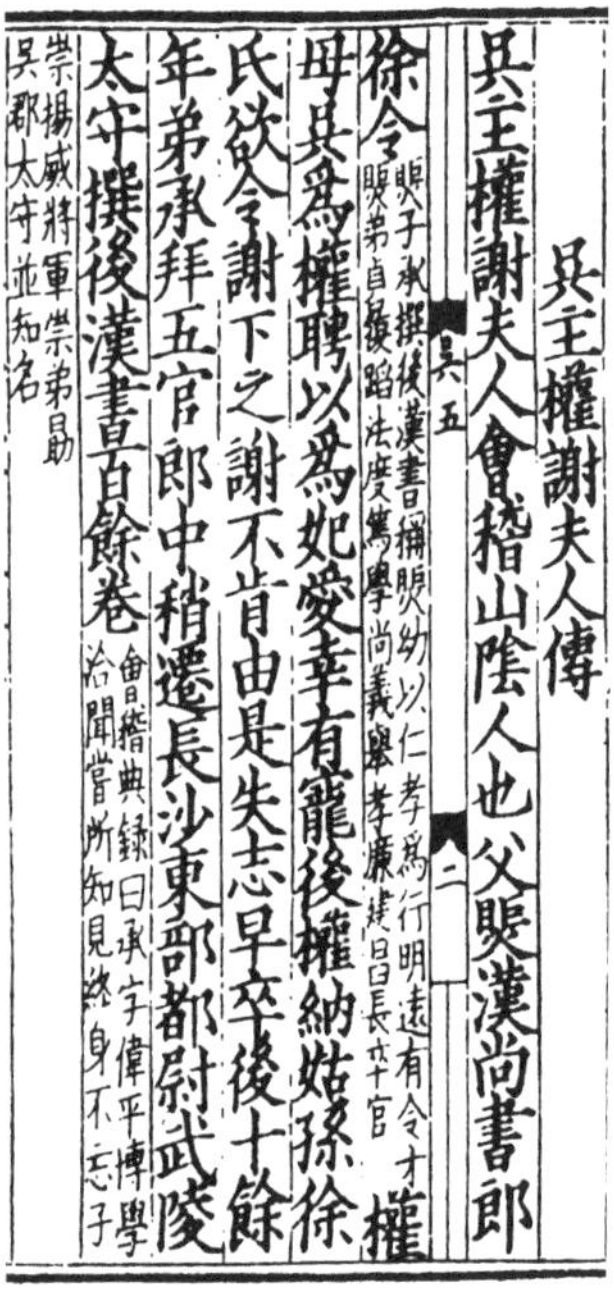
呉主權謝夫人傳
呉主權謝夫人會稽山陰人也父煚漢尚書郎
呉五　二
徐令 煚子承撰後漢書稱煚幼以仁孝爲行明達有令才 煚弟貞篤學尚義舉孝廉建昌長卒官 權
母呉爲權聘以爲妃愛幸有寵後權納姑孫徐
氏欲令謝下之謝不肯由是失志早卒後十餘
年弟承拜五官郎中稍遷長沙東部都尉武陵
太守撰後漢書百餘卷 會稽典錄曰承字偉平博學洽聞嘗所知見終身不忘子
崇揚威將軍崇弟勗呉郡太守並知名

謝承は、呉主孫権に寵愛された謝夫人の弟とある。

孫権夫人の謝夫人は会稽郡、山陰の生まれである。父・謝煚は、漢の尚書郎や徐県の令であった。

孫権の母の呉夫人は、孫権の妃として、会稽の名門と思われる謝煚の娘である謝夫人を選んだ。（次の伝に出てくる徐夫人を娶ったのが西暦二〇〇年～二〇八年の事と断定できるので、謝夫人を妃としたのはそれ以前の事と推定できる。会稽の名門の娘を妃に迎える時期や、孫権夫人伝として最初に立てられている点、さらに孫権の年齢などを考え合わせると、謝夫人を妃としたのは、一九〇年代後半と考えられる。）謝夫人は寵愛を受けたが、二〇〇年～二〇八年の間に、孫権が徐琨の娘である徐夫人を妃に迎える際、謝夫人を徐夫人の下に置こうとした。だが謝夫人はこの扱いを受け容れることが出来ず、次第に寵愛を失い、早世した。

その後十余年、謝夫人の弟の謝承が、五官中郎将に任じられ、やがて、長沙東部都尉・武陵太守と遷った。謝承は「後漢書」百余巻を著した。

陳寿の記録のとおりであれば、謝承の「後漢書」は、『三国志』を著した陳寿自身も、『新・後漢書』を撰した范曄も、『三国志』に注した斐松之も、皆一様に「謝承の『後漢書』」を見ていたことになる。事実、斐松之（三七二～四五一）は明らかに「謝承の『後漢書』」を随所に引用しているし（周瑜伝参照）、范曄（三九七～四四六）は斐松之と同時代、同朝廷内（南朝劉宋）の人である。

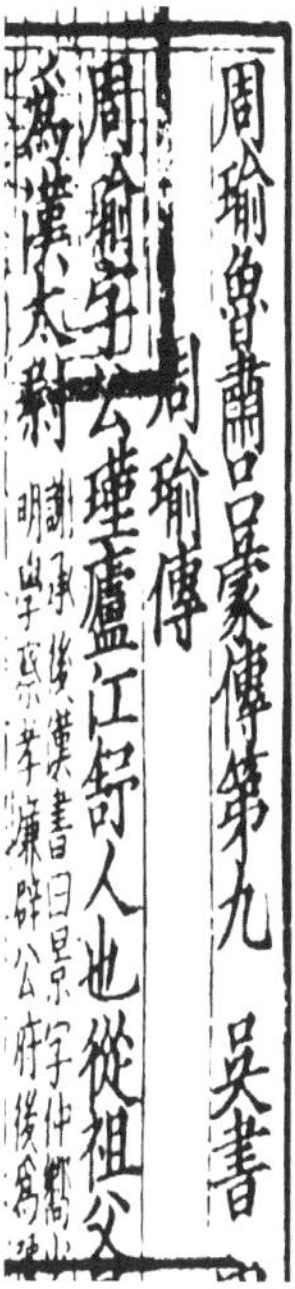
周瑜魯肅呂蒙傳第九　呉書
周瑜傳
周瑜字公瑾廬江舒人也從祖父
爲漢太尉
謝承後漢書曰景字仲嚮
明學察孝廉辟公府後爲

これらのことから、魏志倭人伝は「王沈の魏書」と「魚豢の魏略」とを基に書かれたとする見方に、「謝承の『後漢書』」を初めとする「旧・後漢書」群をも参照したとする見方を加えなければならないという観点に至った。

また、斐松之が「謝承後漢書」・「魏略」等を『三国志』に加注していることは厳然たる事実だが、そこに「范曄後漢書」の東夷伝をも見た可能性を置くなら、「旧・後漢書」群を参照したはずの「范曄後漢書」と併せる時、陳寿の「魏志倭人伝」に「邪馬壹國」の表記があったとする仮説はおよそ成立しないのである。後段に詳述する。

謝承後漢書と范曄後漢書の関係

魏志倭人伝になく、范曄後漢書にある特別の記事として挙げられるのが「東鯷人」記事である。

会稽海外に、東鯷人あり、分かれて二十余国を為す。また、夷州および澶州あり。伝へ言ふ、「秦の始皇、方士徐福を遣はし、童男女数千人を将ゐて海に入り、蓬莱の神仙を求めしむれども得ず。徐福、誅を畏れて還らず。遂にこの州に止まる」と。世世相承け、数万家あり。人民時に会稽に至りて市す。会稽の東冶の県人、海に入りて行き風に遭ひて流移し澶州に至る者あり。所在絶遠にして往来すべからず。

これは、あくまで「後漢時代の会稽」に伝わる記録であるが、これを最初に採録したのは誰であろうか。范曄よりは謝承の方が該当するように思われる。

謝承は謝夫人の弟であるから、会稽山陰の人である。彼が仕えた孫権は、二〇〇年に孫策の後を継ぎ、五十年以上も呉の当主として政権を掌握し、二五二年四月、七十一歳で帰らぬ人となった。謝承は孫権より年少であるから、次の「三国志」中の記事の頃には生存していた可能性が高い。

　将軍衛温・諸葛直を遣はし、甲士万人を率ゐて海に浮び、夷州および亶州を求む、亶州は海中にあり。

「孫権伝」黄竜二年（二三〇）

「三国志」に「東鯷」の文字が無いことは周知の所だが、それが「三国志」のイデオロギーに拠るものであることは、『翰苑』に残された「魏略逸文」から検証した。親魏倭王の邪馬台国は記録しても、反魏倭王の東鯷国はその名も記録も採らなかった。三国時代に「東鯷人」の国は存続していたどころか、倭国＝邪馬台国と肩を並べる強国であり、呉と同盟して魏を挟撃する懼れのある国であったようだ。

謝承は時代と出身地から考えて、邪馬台国と東鯷国を同時に知り得る立場にあった。

右のように、記事を並べる時、「夷州および澶州」・「夷州および亶州」を抽出すると、夷州が邪馬台国、澶州＝亶州が東鯷国とならざるを得なかった。拙論「東西五月行の成立」で先に詳しく論じた。

右の記事の並列から知られるのは、正史の成立順序のみを問題として、陳寿の表記が仮に「邪馬壹國」であっても、その表記が「邪馬臺國」より先とする仮説がいかに詭弁を弄し、牽強付会で固めたものであったかということであろう。

一方、「范曄後漢書」の大部分は、当然のことながら、「謝承後漢書」等の「三国志」以前の「旧・後漢書」群から採られた古記録にも基づいて書かれていることが知られる。

以上から得られるのは、「范曄後漢書」の「邪馬臺國」表記のほうが、むしろ「三国志」より古いという可能性であろう。『翰苑』の項で再述する。

謝承後漢書の行方

「范曄後漢書」の注は、唐の章懐太子賢(六五一~六八四)の命によるもので、儀鳳元年(六七六年)、学者や太子左庶子の張大安などを招集し、范曄後漢書に注を入れ、その書を宮中の書庫に収めたとされている。このいわゆる李賢注には、多数の「謝承書曰(謝承の後漢書に曰はく)」で始まる注が見られる。その量から推し量るに、唐代においてもなお「謝承の後漢書」は相当の部分が残っていたようである。

李賢注の成立より少し前の顕慶五年(六六〇)、張楚金が四六駢儷文における対句練習用の幼学書として『翰苑』を書き上げている。張楚金は高宗(在位六四九~六八三)に仕え、則天武后(在位六八四~七〇五)の時、配流先の嶺表で死亡している。章懐太子賢は高宗・則天武后の第六子であり、「范曄後漢書李賢注」と『翰苑』本文はほぼ同時代の成立である。

『翰苑』本文成立の数年前、顕慶元年(六五六)に『隋書』が完成した。『隋書』は本紀五巻、志三〇巻、列伝五〇巻から成る。特に、「経籍志」が名高い。唐の魏徴(ぎちょう)と長孫無忌《ちょうそんむき》らが唐の太宗の勅を奉じて勅撰を行う。編纂には、顔師古や孔穎達らが参加した。六三六年(貞観一〇年)には、魏徴によって、本紀五巻、列伝五〇巻が完成。第三代の高宗に代替わりした後の六五六年(顕慶元年)に、長孫無忌によって志三〇巻が完成し、後から編入が行われる。

この『隋書』「経籍志」の「正史」中に、次の「後漢書」群が見える。

東観漢記一百四十三巻起光武記注至靈帝，長水校尉劉珍等.
後漢書一百三十巻無帝紀，呉武陵太守謝承撰.
後漢記六十五巻本一百巻，梁有，今殘缺．晉散騎常侍薛瑩撰.
續漢書八十三巻晉祕書監司馬彪撰.
後漢書十七巻本九十七巻，今殘缺．晉少府卿華嶠撰.
後漢書八十五巻本一百二十二巻，晉祠部郎謝沈撰.
後漢南記四十五本五十五巻，今殘缺．晉江州從事張瑩撰.
後漢書九十五巻本一百巻，晉祕書監袁山松撰.
後漢書九十七巻宋太子詹事范曄撰.
後漢書一百二十五巻范曄本，梁剡令劉昭注.
後漢書音一巻後魏太常劉芳撰.
范漢音訓三巻陳宗道先生臧競撰.
范漢音三巻蕭該撰.
後漢書讚論四巻范曄撰.

右に、「謝承後漢書」一百三十巻が見える時、唐の魏徴・長孫無忌も、張楚金も、李賢とその部下も、皆一様に嘗ての陳寿や范曄らが見ていた「謝承後漢書」を目にしていることになる。

そうである時、唐代のほとんど同時代に共通の条件下で成立した三書の次の表記をどう考えるべきであろうか。

『隋書』俀國傳

都於邪靡堆，則魏志所謂邪馬臺者也．

『翰苑』倭國条

憑山負海　鎮馬臺以建都

『范曄後漢書』李賢注

其大倭王居邪馬臺國．案今名邪摩惟，音之訛也．

『翰苑』の「馬臺」は四六駢儷文の制限から「邪」字が敢えて省かれているので「邪馬臺」と同じと考えてよい。三書に「邪馬臺」の表記が共通する。『隋書』の場合、「魏志所謂」としてあるから、唐代においては、「謝承後漢書」・「三国志裴松之注」・「隋書俀國傳」・「翰苑倭國条」・「范曄後漢書李賢注」に一貫して「邪馬臺」の表記があったことを意味し、南宋本『三国志』に見られる「邪馬壹國」表記は未だ出現していなかったことを意味する。

『翰苑』の証明

『翰苑』雍公叡註は、唐太和年間（八二七～八三五）の成立とされる。太和五年（八三一）以前の成立とする説もある。

雍公叡は「謝承の『後漢書』」を『後漢書』として引用し、范曄の言わば『新・後漢書』を『范曄後漢書』の名で、区別して引用していることが明らかになってきた。次は高麗条に現れる三種類の「後漢書」の例である。

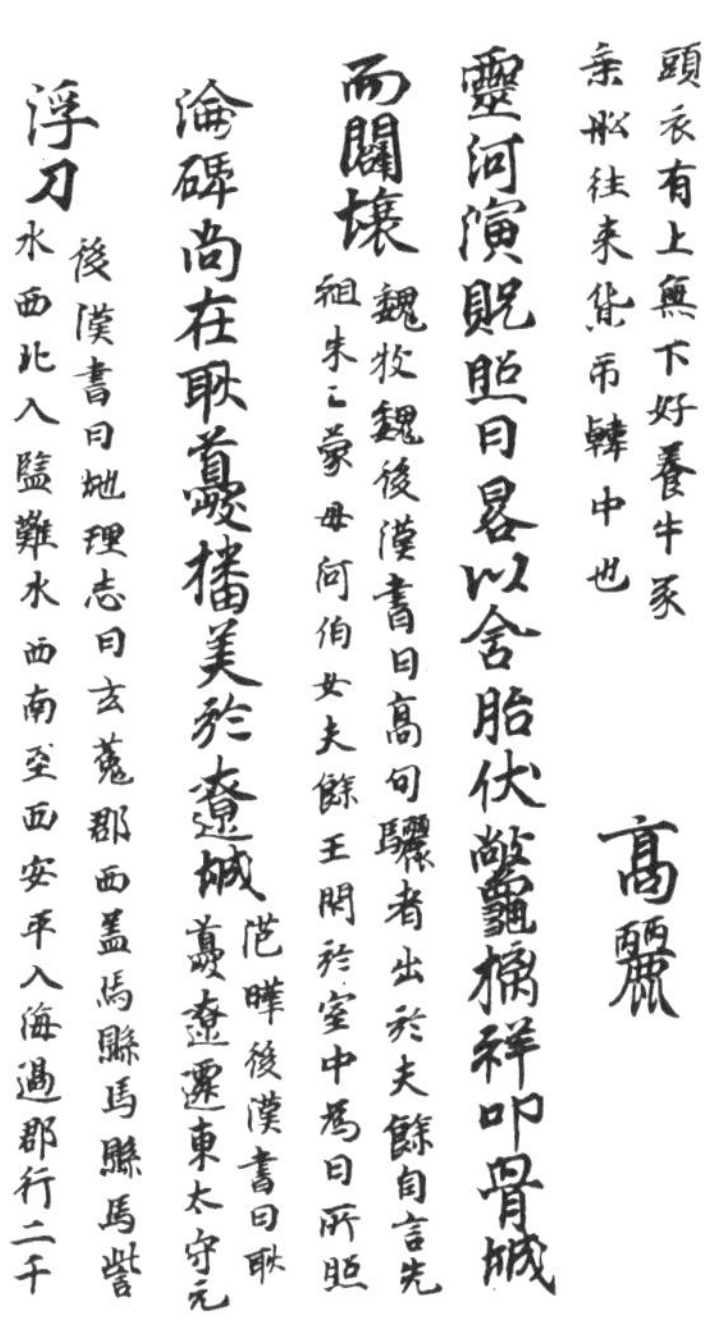
頭衣有上無下好養牛豕
乗船往来貨市韓中也

高麗

𪋻河演貺照日晷以含胎伏鼈擒祥叩骨城
而開壊魏牧魏後漢書曰高句驪者出於夫餘自言先
祖朱蒙母河伯女夫餘王閉於室中為日所照
淪碑尚在耿夔播美於遼城范曄後漢書曰耿
夔遼遷東太守元
浮刀後漢書曰地理志曰玄菟郡西蓋馬縣馬訾
水西北入鹽難水西南至西安平入海過郡行二千

右の他にも、烏桓条において、『後漢書』と『范曄後漢書』は区別されている。「魚豢の魏略」と「魏略」とは一書しかなく、別の書物があるとは思われない。

以前に紹介した『翰苑』倭国条の冒頭部を再度検証してみよう。『翰苑』中の『後漢書』と『范曄後漢書』の字句の異同は、右の事情に由来するものであったようだ。

倭國

憑山負海鎭馬臺以建都

① 後漢書曰，倭在朝東南大海中，依山島居，凡百餘國．自武帝滅朝鮮，使譯通漢於耆州餘國，稱王，其大倭王治邦臺．樂浪郡儌，去其國万二千里，甚地大較在會稽東，与朱雀・儋耳相近，

② 魏志曰（略）．

分職命官統女王而列部

魏略曰，從帶方至倭，循海岸水行，曆韓國，到拘耶韓國，七十餘里，始度一海，千餘里至對馬國．其大官曰卑拘，副曰卑奴．無良田，南北市糴．南渡海，至一支國，置官至對同，方可三百里．又渡海，千餘里至末盧國，人善捕魚，能浮沒水取之．東南五百里，至伊都國，戶万餘，置曰爾支，副曰洩溪觚・柄渠觚．其國王皆統屬王女也．

卑彌娥惑翻叶群情臺與幼齒方諧衆望

③ 後漢書曰安帝永初元年，有倭面上國王師升至．桓，靈之間，倭國大乱，更相攻伐，歴年無主．有一女子名曰卑弥呼，死更立男王，國中不服，更相誅殺，復立卑弥呼宗女臺與，年十三爲王，國中遂定．其國官有伊支馬，次曰弥馬升，次曰弥馬獲，次曰奴佳鞮之也．

文身黠面猶稱太伯之苗

魏略曰，女王之南，又有狗奴國，女男子為王，其官曰拘右智卑狗，不屬女王也．自帶方至女國万二千餘里．其俗男子皆黠而面文．聞其舊語，自謂太伯之後，昔夏后少康之子封於會稽，斷髮文身以避蛟龍之吾．今倭人亦文身以厭水害．

③の後漢書の「卑弥呼の死以後の記事」は、「范曄後漢書」にはなく、却って「三国志」に分散して書かれてあることを突き止めた。そこから、この後漢書は「三国志」以前の「謝承後漢書」である可能性が高いことを指摘した。謝承の没年は杳として分からないが、孫権の没年（二五二）の頃が、「卑弥呼，死更立男王，國中不服，更相誅殺」の時期であり、且つ二六六年の「臺與の遺使」は記されていないから、あるいは「謝承後漢書」は二五〇年代の成立を推測させる。

「倭面上國王師升」の表記が「范曄後漢書」にないことから、富永長三氏は、中国史書の東夷伝全てを渉猟され、遂に『南斉書』百済国の文章に「寧朔将軍面中王」の呼称を見出し、倭奴国の都はある時期韓半島にあり、それが我が国の「遠の朝廷」の一つであると看破された。

表記に注意すると、①の後漢書も「謝承後漢書」の可能性が高い。「范曄後漢書」には次のようにある。

「范曄後漢書」

倭在韓東南大海中，依山嶋為居，凡百餘國．自武帝滅朝鮮，使驛通於漢者三十許國，國皆稱王，世世傳統．其大倭王居邪馬臺國．樂浪郡徼，去其國萬二千里，去其西北界拘邪韓國七千餘里．其地大較在會稽東冶之東，與朱崖・儋耳相近，

「謝承後漢書」？

倭在朝東南大海中，依山島居，凡百餘國．自武帝滅朝鮮，使譯通漢於者州餘國，稱王，其大倭王治邦臺．樂浪郡徼，去其國万二千里，甚地大較在會稽東，与朱雀・儋耳相近，

「范曄後漢書」は確実に三国志の影響を免れていない。三国志の前に成立した「謝承後漢書」と思

われる文章との主な違いを並べる。

朝（鮮）↓韓

使譯↓使驛

州（卅）餘國↓三十許國

治邦臺↓居邪馬臺國

「使譯」は三国志も書いている。

「余り（以上）」と「許り（未満）」は概念が逆である。三国志は「三十國」と記す。

「治邦臺」は今のところ不明であるが、「臺」字は共通し、「壹」字が現れない。（竹内理三は、「邪臺」と校訂している。あるいは、「邪（馬）臺」の誤写か。）

以上のように、『翰苑』雍公叡註には、「**鎭馬臺**」の本文に対し、成立の古い「謝承後漢書」の「治邦臺」を引き、「范曄後漢書」を引いていないことが知られる。ところが、次に「魏志」が引いてあり、「邪馬臺國」の部分こそ引かれていないものの、当時の魏志に「邪馬壹國」表記がなかったらしく、平然と「**鎭馬臺**」の注に当てていると推測するより他はなさそうだ。

おわりに

視点を変えて、三度「邪馬壱国はなかった」を書いた。『翰苑』雍公叡註を軸に据え、唐代の周知の史料事実を再点検し、唐代の中国人の認識に立って、雍公叡註の頃（九世紀初め）まで「邪馬壹國」

表記のないことを立証したつもりだ。思えば、『翰苑』は邪馬台国近畿説を完全に否定する実証力を備えていた。

『翰苑』を初めて印影したのは、大正十一年の内藤湖南博士であった。昭和五十二年に竹内理三が校訂・解説を施したが、解説に内藤湖南の解説が付されている。漢文で書かれてある。それを読むかぎり、内藤湖南も『翰苑』雍公叡註に「謝承後漢書」が引かれていることに気づいていない。最も特筆すべきは、三韓条のところの「倭国＝邪馬台国」の位置について、一言も触れていないことだ。京大の「邪馬台国近畿説」の崩壊に気づいたからだろうか。また、同条冒頭部の「鯷壑」や註の「鯷人」にも終に触れない。かの碩学がこれに気づかなかったとは到底思われない。

次に今回も含めて、『翰苑』は、唐代まで「邪馬壹國」表記のないことをも実証する力を秘めていた。古田仮説の「邪馬台国はなかった」とする詭弁も終にその馬脚を現したのである。「邪馬壱国」説の誤謬の原因も明らかになった。世に、魏志倭人伝→後漢書倭伝の成立順序を広めたのは、和田清・石原道博編訳の岩波文庫本であろう。

三　後漢書倭伝について

魏と後漢とでは、もとより時代が前後しているが、「後漢書」の方が「魏志」より後にできたものであることは、第一章にかかげた中国正史倭・日本伝一覧表によってあきらかであろう。しかもこの「後漢書」倭伝が、主として「魏志」倭人伝によったこともあきらかであり、その刪潤の方法はきわめて巧妙にされているが、両書を比較対照してよんでみると、その間の事情を了解することができる。ことに范曄の造作がその馬脚をあらわして誤りをおかしているのは、その冒頭総序のところであり、その記事はすでに第二章に引用した。すなわち魏志にみえる郡（帯方郡）が、後漢時代の記述としては具合が悪いので韓とあらため、また「魏志」が「前漢書」地理誌によって「旧百余国。漢の時朝見する者有り」とあるのを、前漢武帝のころとしてかき、さらに「魏志」に三国時代のこととして「今、使譯通ずる所三十國」とあるのを、後漢時代のこととして「使驛（譯の誤）漢に通ずる者、三十許國」とあらためている。

昭和二十六年初版だが、他の解説で『翰苑』雍公叡註と『三国志』裴松之注を引きながら、結局「謝承後漢書」に全く触れていない。古田氏もこれらの解説書と共同幻想の枠内で論じたから、同じ轍を踏んだに過ぎない。自ら「三国志」全篇を読んでいないことも明らかになった。つまり、氏の唱える「史料批判」とやらは、これほどに底が浅いとしか言いようがない。

その史料批判の浅さが祟って、『翰苑』雍公叡註に触れながら、終に「東鯷国」の比定もぶれて、私の神功皇后征西論と大きな隔たりを成してしまったのであろう。

四章　新北津《にぎた》の証明

伊豫の石湯探し

高見大地・福永晋三

福岡県鞍手町新北の千数百年前の地形を詳しく検討したところ、軍港としてほぼ理想的な条件を備えていて、ここが万葉集八番歌の熟田津である可能性が非常に高いことが分かりました（一）（二）。しかし、万葉集のこの歌の左注にある「伊豫の石湯」が道後温泉に決まっているとしたら、歌と注との関係が謎のまま残ってしまいます。ところが、鞍手町には伊豫という地名が大正時代の地形図に残っていました。また、『旧事本紀』の国造本紀や『白鳥伝説』によれば、筑紫物部から出た越智氏（河野氏）の祖小致命が小市国（後の伊予国越智郡）の国造であったように、最初の伊余国（後の伊予国より小さい）の国造速後上命も筑紫物部の出のようです。したがって、鞍手の伊豫と愛媛の伊豫とは古代から深い関係にあることが見えて来ました（二）。それならば、ひょっとして伊豫の石湯も鞍手の辺りにあるかもしれないということで昨年の暮れ、他に連れ一人も同行して新北付近で「伊豫の石湯探し」を行いました。その結果驚いたことに、宮の正確な所在地こそ分かりませんでしたが、伊豫の石湯の描写にぴったりの場所が鞍手郡内で見つかったのです。

　この探索にあたっては、「鞍手郡あたりの広い範囲が伊豫と呼ばれていた」と仮定しました。さらに、温泉を探すに当たっての手掛かりとして、『河海抄』に引用された「温泉記」と伊豫国風土記逸文を用い、「その風景描写は実景描写である」と仮定しました。そこから得られた手掛かりは次のようなものです。（文末付録参照）

1　温泉は景勝地にある。

2　温泉は海に近い。その海は四方を険しい山に取り囲まれた中海である。その広さは四方の山から流れ込む沢が見分けられる程度の広さである。

3　温泉から海中の白砂が覗ける。

4　温泉には岩がごろごろしている。
5　温泉からの水は音を立てて海に流れ込んでいる
6　山には森林が生い茂り、木の間越しに周囲の険しい稜線が覗ける。
7　温泉の上は椿の枝がすっかり覆い被さっている。椿の花は赤い。
8　温泉の上には、果実の実が重そうに垂れ下がっている。
9　実のなる木が多く、小鳥がよく集まる。
10　温泉はぬるい。

鞍手郡の鞍手町、宮田町、若宮町のあたりは、新幹線、高速道路、工業団地、ゴルフ場などが建設され、地形や植生が近年大きく変化しました。そのため、これらの手掛かりのすべてが現在まで残っているとは思いませんが、大きな地形は残っていると期待し、大正、昭和初期の地形図も参考にして探査を行いました。

地図をざっと調べたところ、新北の南西、直線距離で約十二キロメートルの犬鳴川の畔に奈良時代からよく知られていたという脇田温泉が見つかりましたので、とりあえずここに狙いを定めました。問題は伊豫の石湯が明らかに海の傍にあることです。脇田の標高は八〇メートルで、古代海だった(1)にしてはちょっと高過ぎの感じです。しかし、海に関係した地名がこの近くまで残っているので、最後の仮定として、「この付近一帯の大正時代に水田だった広い平坦地は、古代は海であった」可能性が高く、そう仮定することにしました。

これらの仮定を基に温泉が湧出していたと思われる場所の古代の姿を思い浮かべ、それが古文献の描写と一致するか現地で検討しました。

＊　＊　＊

新北の南西、直線距離で五キロから十二キロメートルの範囲にある犬鳴川と八木山川に挟まれた湯原山を含む山域は、どこをボーリングしても同じ水質の温泉性の水が出るそうです。自然湧出の湧出点の位置および湧出量は時代により変化しています。[2] 図１の温泉分布地図には、有名な湧出地に×印、地元からの聞き取り地に○印がつけてあります。

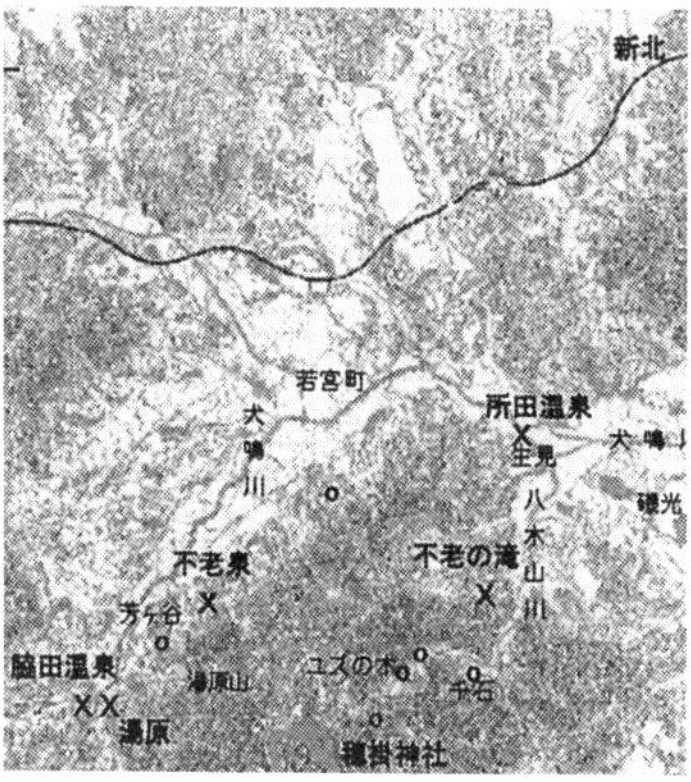

図１　温泉の分布

温泉の効能書きによると、脇田温泉は胃腸病、神経痛に、所田温泉は皮膚病、神経痛に効くとのことですが、地元の湯原では火傷、皮膚病に有効だと云っています。また、日吉山王神社の不老泉、八木山川の不老の滝などは万病に効くそうです。その他、千石峡の北岸に住む方たちも自宅の井戸に何らかの温泉効果を認めています。千石峡南岸もボーリングすれば、同様の水が出るようです。

いずれも水温は三〇度以下で生ぬるく、脇田温泉と所田温泉では沸かして使っています。聖徳法王大王の碑文によると、温泉のごく近くまで椿や果物の木がよく茂っていて、温泉の熱や有毒ガスによる損傷を受けている様子が全く見られません。またこの碑文にも温泉記にも温泉でまず思い

図２　犬鳴川の巨石

浮かべる湯気の記述が全くありません。これらの点から、伊豫の石湯は低温で、強い有毒ガスが出るとか強酸性の温泉ではないことが分かりますが、これはこの辺りの温泉の特徴と矛盾しません。法王が旧暦の十月に夷與の村を散策された時、温泉をご覧になっても入られた様子が見られないのは温度が低かったからでしょうか。

　この地域のもう一つの大きな特徴は巨石地帯であるということです。流水により表面の泥が洗い流されると巨石が表面にでてきます。そのため、谷川はもちろん、温泉が湧出しているところも巨石がごろごろ出てくる土地柄です。千石の地名の由来の一つに、竹の子も掘れない位石が多いというのがあります[三]。

　実を云うと、調査前は、近景に温泉記は累々たる巨石を、碑文は空が見えないほどの椿の群落を強調しているので、別の温泉かと思っていました。こちらに来てはじめて、両者が両立することを知りました。

　図２は、脇田温泉の大楠の辺りから眺めた犬鳴川の淵と対岸湯原にある巨石です。むろん淵の中にも巨石がころがっています。湯の口の緒方家は向こうに見える建物のはずれから上った所にあります。

　次に古文献の記述（文末付録参照）がどの候補地とよく合うか検討してみました。なお、「穂掛神社」は、伊予国風土記逸文の「穂掛けの故事」に類似した伝承が残っているという福永の示唆により調査しました。

「豫州温泉はその勝天下に冠絶し」に相応しい景勝地は千石峡だけです。現在キャンプ場などになってしまいましたが、それでも争えない風格が感じられます。

「累々として山頭より出で」はこの辺り全体が巨石地帯ですので、田の縁で温泉が湧出したという所田温泉以外の山沿いの地ならばほとんどどこでも当てはまります。

「潺潺として海口に迫ぶ、中底白砂潔く」からは、温泉が高い位置にあり、しかも海までかなり近距離にないと谷川が音を立てて海に流れ込んでいるのも海底の白砂も見えません。千石峡がこの条件を満たします。中でも、この条件にぴったりと当てはまったのが穂掛神社拝殿前の仏谷の禊ぎ場（淵）からの光景です。拝殿前には淵（図3）が二三続いています。谷の周辺はすべて岩です。左の方に見える淵の入り口が少し白く波立ち、右隅の淵の出口から八木山川へ下りかけているのが見えます。図4は一番下の淵から木の間越しに覗いた八木山川の河原です。すぐ上流にある力丸ダムのために水量が減って川原が見えています。なお、穂掛神社付近は現在千石キャンプ場と呼ばれ、バンガローが立ち並び、神社前は共同炊事場になっています。

図3　穂掛神社前の淵

「四隅青岸斜なり、朝宗すること是れ幾許ぞ」では、中海の大きさが予想していたよりかなり小さいことが分かりました。今回の調

図4　河原を見下ろす

査地はすべて山に囲まれてはいたのですが、対岸までが一キロメートル以上ともなると、対岸の山の傾斜が急かどうかも、また樹林の間を流れ落ちている谷川も見分けることができませんでした。脇田・湯原周辺・所田のいずれの地も、少なくとも一方の山が遠すぎます。千石峡のみがこの描写に合っていました。

風土記の「山岳の巖崿を窺ひ望みて」についても千石峡のみが条件に当てはまることが分かりました。巨石地帯であっても岩峰群ではなく、深い森林に包まれているので、この辺りの山は遠くから眺めると稜線は緩やかです。千石峡のように下から見上げるような角度でないと険しさはでてきません。

「海を辞すること二三里」について調査前は長里を考えていましたが、短里で考えないと海に温泉の流れ込む様子や水中の白砂は見ることが出来ないことが分かりました（図4）。これに当てはまるのも千石峡だけです。

このように、伊豫の石湯についての古文献の風景描写は強く千石峡を指し示しています。千石の上流約一キロメートルの千石公園付近の川原は平安時代まで海が来ていたと言う磯光とほぼ同じ標高ですので、ここまでは確実に海が来ていたと考えられます。この上流も続風土記によると淵の連続ですので、穂掛神社付近は海だった可能性があります。また、遠賀川流域（古遠賀湾沿岸）に広く見られるお潮井採りの行事[三]で千石に採りに行く村が多いことは昔聖地にあった海だった名残りであり、宗

図5　シメ

像の女神を祀っているのはこの辺りの流れが速いためという千石での話も潮流の話ではないかと思われます。

今回は石湯周辺の風景と温泉湧出の有無に重点をおいた調査でしたが、これで最有力となった千石峡付近の植生およびそこに集まる鳥についても古文献の記述を検討してみました。

「椿樹は相蔭ひて穹窿なし…」「丹の花は葉を巻めて映照え」の椿は、この辺りに多い一重の赤い花をつける山椿だと考えています。ただし、碑文にあるような山椿の群生地はみかけませんでした。

「玉の菓は葩を彌ひて井に垂る」の果実は重そうです。椋の果実は甘いのですが、小さ過ぎる感じがしていました。帰宅後地図を見たら、柞木《ユズノキ》という地名が穂掛神社から約1キロ下流の対岸にあるのを見つけました。柚子ならば文章の表現に相応しい大きさと重さがあります。

「大殿戸に椹と臣木とあり。其の木に鵤と此米鳥と集めて止まりき」「臨朝に鳥啼きて戯れさへずる…」と、大殿戸には椋の木と臣の木が生えていて、小鳥が多数集まってきています。

この大殿戸のあった場所が穂掛神社だと思います。饒速日尊が笠置山に降臨され、後に麓の穂掛神社に移られましたが、ここは倭国の天子にとっても一種の聖地だったろうと考えられるからです。

斑鳩と此米鳥はいずれもインコのような太い嘴を持っています（図5）。この辺りでは秋に飛来します。碑文に描写されている鳥も旧暦の十月の頃ですので、同じ鳥だと思います。

生えている木は、ここに群れをなして集まってくる鳥が好む実あるいは種子のある広葉樹を考えるべきでしょう。まず、椋の木が千石峡にあったかどうかは確認していませんが、千石の近くに椋木谷があるので、千石峡にあると考えても不都合はないと思います。椋の種子はシメが好みます。

さて、臣の木は樅の木と言われてきましたが、確証はありません(3)。斑鳩と此米鳥の生息地は落葉広葉樹であるし、筆者の経験でも、小鳥が樅の木のような針葉樹に群れているのを見たことがありません。群れているのは実のある木あるいは実がなくても広葉樹でした。したがって、これらの鳥の群れている臣の木を樅の木とするのは間違っていると思います。むしろ、「シンノキ」と読み(4)、穂を懸けた椎の木(「シーノキ」と読む)と考えた方が良いのではないでしょうか(5)。また、仏谷の谷頭にはウルシ科の喬木チャンチンモドキの群落があり(7)、銀杏の実に似た実をつけますが、この種もこれらの鳥たちの好物になりそうです。

石湯の宮を穂掛神社付近とすると、以上のように風景、植生、鳥類において古文献の記述とほとんど一致していて、ここここそ石湯の宮の所在地と思ったのですが、仏谷の谷川の水は冷たい水でした(6)。対岸は南岸よりさらに大きく変貌しています。基本的な風景としては南岸とほぼ同じと考えられ、また、掘ればどこでも温泉性の水が出ます。このような訳で今のところ石湯の位置を特定するに至っておりません。この辺りの谷底の標高は、山腹の道路の標高が千石と穂掛神社の辺りは二、三十《メートル》違うので、谷底も同様と推定されます。しかし、続風土記拾遺によると千石峡には柞木淵、長渕、茶臼淵と淵が続いていたとのことで、今よりはずっと低かったと考えています。

伊豫の石湯探しにより、新北の近くの犬鳴川と八木山川に挟まれた山地には温泉の水脈が通っていて、それが所々表面に湧きだしていることが分かりました。その中で、温泉記や伊豫の風土記逸文に描写されている石湯の宮の風景が千石峡を強く指し示し、さらに植生や鳥類の記述も千石峡付近として矛盾を生じないという結果となりました。

このように古文献の描写に多くの点で一致する場所が実際に見つかったということは、実景描写の仮定が正しかったことになります。これまで松山ではあまりにその風景が描写と異なることから、作者の文学表現であると言われてきましたが、これは妙な言い分です。松山には別の美しさがあります。ありもしない風景を表現しなければならないほどひどい場所ではありません。その美しさが表現できないで、何の文学表現でしょうか。

今後は、千石峡に流れ込む何本かの沢筋について細かい地形や植生を文献と比較しながら現地調査を行っていくつもりです。

＊＊＊

贄田津に船乗りせむと月待てば潮もかなひぬ今は漕ぎ出な

八番歌のニギタに贄田物部の字を当ててみました。鞍手町新北（新分）がその故墟です。物部氏の祖が饒速日尊で、その降臨地が倭国《やまとのくに》の源流の地でもありますが、まさか、そこに法王大王の「夷與の石湯」を見出すことになろうとは思いもよりませんでした。

八世紀の歌人とされる山部赤人も、次のように詠んでいます。

皇祖神の神の命の　敷きいます国のことごと　湯はしも多にあれども　島山の宜しき国と　こごしかも伊予の高嶺の　射狭庭の岡に立たして　歌思ひ辞思はしし　三湯の上の木群を見れば　臣の木も生ひ継ぎにけり　鳴く鳥の声も変はらず　遐き世に神さびゆかむ行幸処　（三二二）

反　歌

ももしきの大宮人の飽田津に船乗りしけむ年の知らなく　（三二三）

反歌中の飽田津はかつてはアキタツと訓まれていました。「飽」が「饒」と同義ということがわかってニキタツと訓まれることになり、八番歌が認識されていることが証明されたのです[四]。

しかし、近現代の国文学者は誰一人として、饒速日尊や贄田物部及び鞍手郡新分郷との関連はついに見出せなかったのです。福永説の「ニギタ」と通説の「ニキタ」との訓みの違いは、決定的なものがあります。赤人も「ニギタ」の現地音を採っていたようです。赤人はその上、幾多の貴重な証言を残してくれました。

まず、赤人は我々と同じ場所を訪れたようです。長歌の「島山の宜しき国」は古遠賀湾と思われます。「天満つ倭国」＝「倭奴国」発祥の地、天神降臨の地です[五]。赤人は鞍手町新北津から宮田町千石峡の石湯に行きました。そこで、「臣の木も生ひ継ぎにけり」と初めて気付いたのです。この時点で、何代目かの臣の木だったのです。岡本天皇の穂掛けの故事の古いことがわかります。だからこそ「はるかに遠き世の行幸処」と詠まれています。

長歌の内容は、法興六年（五九六）の碑文と穂掛けの故事がモチーフとなっています。ですから、八世紀の時点で、法興六年頃を知らないわけはないでしょう。ところが、反歌においては、八番歌の

「船乗り」が「船遊び」のように解されています。その上「年の知らなく」と詠んでいます。

歌の流れから言えば、法王碑文・穂掛けの故事・八番歌と溯っています。長歌の結びと反歌に主題が表れているとしますと、行幸処と飽田津は同じ処です。同じニギタ津でも、八番歌は法興六年より遥か以前の年代不明の古い行幸だと赤人は詠んでいるのです。

したがって、七世紀後半の斉明女帝の白村江戦出陣を背景とする歌とは全く認識されていないことが証明されているのです。白村江戦時の歌であるとの解釈は全く成立しません。

そこで、福永晋三は、八番歌が法興六年より数百年古い、神功皇后の新羅征伐時の船出の歌か、卑弥呼の舟遊びかであったと考え、終に、神功皇后の船出としたのです[六]。近現代の国文学者はもとより、山部赤人すらも示し得なかった、神功女帝の軍船の船出との解に至ったのです。

今回、左注に残されたメッセージ、「伊予の湯の宮」の探求を行い、先のようにまとまりました。驚きでした。伊予国風土記逸文、河海抄の記事まで、誤った解釈・比定がなされていたのですから。

もともと、伊予の石湯には五度の天皇等の行幸があったと風土記逸文に書かれています。万葉集の左注には四度目の舒明（これも実は怪しいのです。正確を期して岡本天皇としましょう。）と五度目の斉明（後の岡本天皇）とが引かれていました。福永説に反対する各説は、この五度目だけを強調し、四度目の無視はもちろん、他の三度の石湯行幸記事についても一言半句も言及していません。一度目が景行天皇と大后、二度目が仲哀天皇と神功皇后なのです。三度目が、上宮聖徳の皇で、碑文全文が残されています。それにも関わらず、肝心の各文献がちっとも正しく解読されてなく、通説に拠ったままです。

それに比べ、我々は、三度目・四度目の行幸記事を精読し、伊予の石湯を鞍手郡の地に見出し、鞍手町新北津説を補強したばかりでなく、風土記の誤解をも正し、古人の「伊予の石湯」の実景描写がいかに的確で優れた文学表現であったかを証明し、山部赤人も含め、古人の名誉をも回復し得たと思っています。

さらに、伊予の石湯の検証は、万葉集を解明する上で、ある重大な命題を浮き彫りにしました。何と、穂掛けの故事が五・六番歌の左注にもあるのです。「讃岐国安益郡に幸しし時、軍王の山を見て作る歌」の左注に、伊予の温泉宮行幸とあります。歌の内容とは全く合いません。これを道後温泉の記事と考え、軍王はここから幸ししと推測しています。穂掛けの故事は最も近い八番歌の左注にあるべきものですし、あったはずです。万葉集の編者の理解と赤人の理解は大きく矛盾します。

現存する万葉集は、**左注も「雑踩」**している可能性があります。つまり、相当の乱丁本であるか、または随所で引用をかなり誤っているかのどちらかなのです。

万葉集は細心の注意を払って読まなくてはならない「現存する最古の倭歌集」であることを、繰り返し強調しておきます。

謝辞

脇田・湯原については、芳ヶ谷の牧とめ子氏、喜楽荘の松川美津子氏、建設業の山口氏、湯の口の緒方氏に、所田温泉については、福永の恩師春田博實氏と宮田町役場の清水範行氏に、千石峡周辺については、千石山荘の古後憲浩氏、平瀬在住の豊田氏、千石在住の有吉氏にお話を伺いました。

文章の推敲に当たって飯岡由紀雄氏から親切なご示唆をいただきました。

参照文献

（一）高見大地「熟田津はどこか」古代史最前線　No.2（2003）
（二）高見大地「熟田津はどこか」越境の古代2（2004）
（三）宮田町教育委員会「宮田町祭り行事のいまむかし」
（四）澤潟久孝「萬葉集注釋巻第三」　中央公論社　p.258（1970）
（五）福永晋三「吉野ヶ里の興亡―古代史と考古学の接点」社会運動281　市民セクター政策機構（2003）
（六）福永晋三「万葉集の軌跡　Ⅱ」新・古代学6、pp.65-91（2002）
（七）日本歴史地名大系39　愛媛県の地名　p.353　平凡社（1980）
（八）日本古典文学大系　風土記　岩波書店

注

（1）江戸初期までの犬鳴山地における森林の乱獲、頻繁に起こる洪水、堤防工事の人柱、西山の山崩れの記録などから、この辺りは山から流出した土砂の堆積が多いのではないか。地震などによる隆起もあったのではないか。また、脇田近くの黒水神社の黒水とはこの辺りの海底に繁茂していた海草による可能性はないのだろうか。

（2）断層性の温泉だそうで、長い間には岩の割れ目がつまって湧出が止まり、新たな割れ目を見つけて湧出する。湯原については続風土記にその変化が記載されている。

（3）由阿の拾遺採葉抄では「若モミノ木歟」、代匠記には「臣ノ木ハモミノ木ナルベシ。於ト毛ハ同韻ニテ通ゼリ」、玉の小琴には「師云、樅の木也、古へ樅栂などを凡て、おみの木と云いしを、やや後に樅をば真おみと云、まお、を釣むればも也」とあり、倭名抄でも、「松葉柏身曰樅」だけで、臣の木と同一とはしていない[四]。

（4）日本国語大辞典（小学館）によると、椎の発音は「シー」で、島原・鹿児島では「シ」と言う。椎の実の発音は「シーノミ」である。椎の実は秋田・鹿角では「しなび」、鹿児島では「シノミ」と言う。

（5）穂掛けの伝承のあった椎の木は平成元年頃枯れて、千石山荘の主人が地上4メートル辺りの幹の部分を保存されている。（その後、処分されて残っていない。）

（6）千石キャンプ場でボーリングした水は硫黄くさいので沢の水と混ぜているという。

（7）チャンチンモドキの群落は平成七年十一月の環境基本調査中に笠置山で発見。日本では九州南部の限られた地域でしか確認されていなかったが、百五十本もの群落が確認できたことで南方系の樹々の北限が変更された（宮田町ガイドマップより）。

（7）千石の飲料水は甘いそうである。ただし、井戸を掘れば温泉性の水が出るとのことである。

付録　古文献内の風景描写

温泉記

温泉記の原本は現存していないが、四辻善成（一三二六～一四〇二）の河海抄に引用されている。

豫州温泉はその勝天下に冠絶し、その名人中に著聞す、累々として山頭より出で、潺潺として海口に迨ぶ、中底白砂潔く四隅青岸斜なり、朝宗すること是れ幾許ぞ、海を辞すること二三里（七）（原漢文）（後略）

（私訳）豫州温泉というのは景勝地であって、当時人々によく知られていた。温泉は累々と岩が連なり重なりあった山の畔から湯が流れ込んでいる。そして、温泉からはその湯が音を立てて谷を流れ下って海に流れ込んでいる。透き通った水を通して海底の白砂が見える。その海は四方を鬱蒼とした森林に包まれた険しい山々に囲まれ、周辺から多数の沢が流れ込んでいる。その海までの距離は二三里である。

伊豫國風土記逸文

伊予国風土記逸文で、現地調査に関係ありそうな風景に関係する記事は、上宮法王の碑文と岡本の天皇（舒明天皇）の穂懸の故事と二つある。上宮法王の碑文中で風景に関係する部分は

（略）時に、湯の岡の側に碑文を建てき。（略）記して云へらく、

法興六年十月、歳丙辰にあり。我が法王大王と恵慈の法師及葛城臣と、夷與の村に逍遥び、正しく神の井を観て、世の妙しき験を嘆きたまひき。意を叙べ欲くして碑文一首を作る。

（略）山岳の巖崿を窺ひ望みて、反りて子平のごと往かまく冀ひ、椿樹は相蔭ひて穹窿なし、実に五百つ蓋を張れるかと想ふ。臨朝に鳥啼きて戯れさへずる、何ぞ亂げる音の耳に聒しきを曉らむ。丹の花は葉を巻めて映照え、玉の菓は葩を彌ひて井に垂る。其の下を経過ぎて優に遊ぶべし。（略）（原漢文）（八）

（私訳）この温泉は少し小高いところにあり、その傍に碑文を立てた。法興六年十月（新暦の十一月頃）、上宮法王はお供と夷與の村を散歩し、神の井をごらんになり、その効き目に感心されて碑文を作られた。

その温泉の辺りから木の間越しに険しい稜線を窺い望み、あそこまで行けたらと思う。神の井の上は椿の木が覆い尽くし、空が見えない。小鳥たちが飛び回り、やかましいほどさえずっているのも気にならない。椿の赤い花が葉に照り映え、花びらは神の井の中に散って、そこに果物の実をいっぱいつけた枝が重そうに垂れ下がっている。そのような林の下を静かに散歩しよう。

一方、穂懸の故事については、

（略）時に、大殿戸に椹と臣木とあり。其の木に鵤と此米鳥と集めて止まりき。天皇、此の鳥の為めに、枝に穂等を繋けて養ひたまひき。（原漢文）[八]

（私訳）天皇、皇后のお泊りになっておられる仮宮の前には、椋の木と臣の木があった。その木には鵤（斑鳩）と此米鳥がたくさん集まって止まっていた。そこで、天皇はその小鳥たちのために、その木の枝に稲穂をおかけになって飼いなさった。

終章　倭国豊国論

「倭国易姓革命論」から「神武は筑豊に東征した」に至るまで、かなり膨大な史料を駆使して、一見奇想天外、破天荒の仮説群を述べてきた。溝口氏の批評にあったように、ある者は私の仮説群を空想と云い、非科学的と云い、論証とはかけ離れた小説だと云ってきた。特に、旧帝大系の歴史学者によって形成された、「定説」という名の日本古代史を妄信する人々には、とんでもないでたらめな説、「とんでも説」としてインターネットに紹介されている。

意外だったのは、多元史観を標榜し、九州王朝論を唱える古田武彦氏に心酔する人々に、より強い数々のバッシングを受けたことだった。新しい仮説を唱えるたびに、迫害はひどくなっていった。その新しい仮説こそ、古田氏の「邪馬壱国博多湾岸説」に対して、言わば「倭国豊国説」だったように、今は思える。

大芝英雄氏は九十年代にすでに「豊前王朝論」とも呼ぶべき九州王朝論を「九州の難波津」を探求する中で考察されていた。私はこれを知る前に、古田氏と行動を共にしつつ、古田氏の「邪馬壱国博多湾岸説」を追体験していた。そうするうちに数々の疑問が生じ、案外、古田仮説が論理的に矛盾することに気づき始めた。決定的な岐路に立ったのは、多分、古田氏と一緒に初めて香春の地を訪れた時だろうか。神功皇后の伝説のある「鏡が池」を訪れた時だ。所有者の柳井秀清氏に案内されて、さらに「おほきんさん」の墓や香春の古跡を廻った。この時に、豊国の重要性を直観したようだ。倭国豊国論への過程を回想する。

倭国易姓革命論

神功皇后が今日の福岡県一帯の熊襲を次々と滅亡させたことから、易姓革命を考えた。福岡県は、数々の「邪馬台国九州説」や古田氏の「邪馬壱国博多湾岸説」で説かれた「女王国」のほとんどの候補地を含む。その土地を神功皇后が武力で制圧する以上、特に、忍熊王を倒すに至っては、「連鎖の論理」が崩壊している。

また、万葉集の「水沼の皇都」を久留米市の大善寺玉垂宮に比定した。

天満倭考

万葉集二九番歌を解明。神功皇后が忍熊王を滅ぼした事変を詠ったとする古田氏の解釈を支持しながらも、琵琶湖（淡水）の近江での事件ではなく、あくまで「淡海」の事件とし、「古遠賀湾」の存在を強調した。歌の表現と日本書紀（神功皇后紀）の記述が一致することを証明。「天満倭」「豊秋津嶋倭」の表現から、神武もまた「古遠賀湾」沿岸に東征し建国した可能性を説き始めた。「御所が谷神籠石」を景行天皇の「京」に比定した。

また、三輪山・天香山が香春岳を指していたこと、すなわち、倭《やまと》が豊国であったことを確認した。

東西五月行―統一倭国の成立

東鯷国の詳細を我が国で初めて論じた。東鯷国から出た神功皇后が邪馬台国を滅ぼし、貴国（新・邪馬台国）を建て、統一倭国が出現したと説いた。飯岡由紀雄氏が「常陸の皇都」を発見。御前山を確認した。なお、倭の五王の領土に初めて言及した。江田船山古墳の鉄剣銘とさきたま古墳の鉄剣銘とが同一人物の手に成る可能性も示唆した。

魏志倭人伝と記紀の史実

「伊都国」を徹底的に追究した。日中の史料に同一の史実が横たわる可能性を示唆。天孫降臨の本質をも追究し、すべては豊国（古遠賀湾沿岸）における国の興亡であることを再び強調した。魏志倭人伝の行程を再検討し、完全に「邪馬壱国博多湾岸説」と決別した。

神武東征の史実—倭奴国滅び邪馬台国成る—

神武が東の大和（奈良県）に東征しなかったことと、三国志版本（南宋）の「邪馬壱国」の表記が三世紀にはなかったことを証明しようとした。最初の発表であったため、「謝承後漢書」と「翰苑」との関係が不分明であった。不十分な証明だったので、今回、三章を補足した。

神武は筑豊に東征した

神武が倭奴国を滅ぼし、邪馬台国を建国したことを、中国史書・日本書紀・現地伝承・遺跡を横断して論証した。数々の参考を付して、「吉野ヶ里遺跡」・「立岩遺跡」・「飛ぶ鳥の明日香」らの各地が神武東征と深く関わることを証明した。

今号で、「吉野の國樔人現る」を補い、神武東征のルートをより明らかにし、加えて、壬申の乱の「吉野宮」をある程度絞り込むことに成功した。また、「新北津の証明」を付け加えたことで、魏志倭人伝中の「伊都国の津」が新北津であることの可能性の高いこと、神功皇后が邪馬台国を滅ぼす過程で、同じ津から出帆したことの可能性も補証できたと考えている。

以上のように、私の立てた「倭国豊国論」は、「邪馬壱国博多湾岸説」を脱却しただけでなく、大芝氏の「豊前王朝」論をも越え、倭国《やまとのくに》は筑紫を発向した神武が豊国を武力併合して発展した王朝とする、よりアウフヘーベンした古代国家論であることを強調したい。

豊国への天神降臨と筑紫国への天孫降臨から始まる倭国史を唱えてきた。当初は豊国が中心で、そこが倭《やまと》王朝発祥の地として、倭にチクシの訓ありとする筑紫一元論の九州王朝説に真っ向から対立し、古田仮説を越えた。同時に、昔からの聞きなれた言葉を用いて、大芝氏の豊前王朝や室伏氏の筑豊王朝の用語とも決別し、しかも、通説の概念を覆しつつ、神武東征の結果の豊国・筑紫国・肥（火）国に渡る倭国（＝邪馬台国）論を展開してきた。中心は豊国である。

そして、早くに辿り着いていたところの、東鯷国から出た神功皇后が邪馬台国を滅ぼし、統一倭国を建国していたとする説と併せて、拡大した倭国の版図の中で、筑紫国・豊国間の権力闘争を考え、その争いが統一倭国内の各地で繰り広げられたのではないか、との広汎な古代国家論の展開に至りつつある。

予測として、壬申の乱で最終的に覇権を掌握したのが、豊国王すなわち豊君であり、筑紫君と火君は臣下に下ったものと推測される。日本書紀以降の正史に、私はいまだ豊君の名とその実体を見出せない。

第八章

ここにあり　邪馬臺国《やまと》

——卑弥呼が祭った鷹羽の神々、始まりは『ひこ山』から

はじめに

二〇二〇年一〇月上旬、日本学術会議が推薦した会員候補六人が任命されなかった問題が起きた。「学問の自由への侵害だ」などと批判する声が国内に広がり、「学問の自由を保障する日本国憲法二三条に反する」という指摘も出てきている。

戦前、美濃部達吉の「天皇機関説事件」や京都大学で発生した思想弾圧事件「滝川事件」などがあった。また、津田左右吉らが、言論・著作活動を問題視されて大学教授職の辞職に追い込まれ、彼らの主著は発禁処分となった事件などが続いた。こうして、軍部にすべてを牛耳られた大日本帝国は先の大戦で米軍の空襲により焦土と化し、亡国の憂き目を見た。

戦後史学は、ＧＨＱの占領政策（例：墨塗り教科書）に加え、右の津田左右吉の学説「記紀の神代および人皇初代神武天皇から神功皇后（福永説：一五代神功天皇）までは架空である」を基準として始まった。つまり、記紀の神話を歴史と認めず、今日に至った。高校の日本史教科書がその代表例である。

先の日本学術会議に史学委員会があり、その分科会に「史学委員会中高大歴史教育に関する分科会（旧：高校歴史教育に関する分科会）」や「史学委員会歴史認識・歴史教育に関する分科会」などがある。これらの構成員の多くが高校の日本史教科書を執筆し、邪馬台国近畿説や大和王朝奈良県発祥説を唱え、戦後の国民を洗脳してきたことは言を俟たない。同時に、神武や神功を語る人々を排斥し、邪馬台国田川説はもとより、邪馬台国九州説を主張される学者の方々は少数派として、無視もしくは軽視され続けた。

こと古代史に関しては、日本学術会議こそがGHQの占領政策という虎の威を借りて、長らく、日本国民の「学問の自由」を踏みにじってきたのではないか。

今回の「邪馬台国九州説の夜明け」は、「学問の自由」の復権であり、真に「日本国の歴史の新たな夜明け」でもある。遠賀川流域、特に田川の地から「真の古代史」は始まる。

一、日本書紀の成立

〈日本書紀〉日本最初の勅撰の歴史書。六国史の一つ。「日本紀《にほんぎ》」「書紀」とも。全三〇巻。養老四年（七二〇）舎人《とねり》親王の主裁のもとに完成、朝廷に献じられた記録がみえるが、その編修過程は未詳。第一・二巻は神代、第三巻以下は神武天皇の代から持統天皇の代の終わり（六九七）までを年紀をたてて編年体に配列してある。その記事内容は、（一）天皇の名・享年・治世年数・皇居の所在地を列記した帝紀、（二）歴代の諸説話・伝説などの旧辞、（三）諸家の記録、（四）各地に伝えられた物語、（五）詔勅、（六）壬申の乱の従軍日記などの私的記録、（七）寺院縁起、（八）朝鮮・中国の史書の類で構成されている。基本的資料としては「古事記」と関係が深く、「古事記」の撰録者である太安万

侶も編輯者として参加している。（後略）（精選版　日本国語大辞典）

従来説は、奈良時代の平城京、すなわち奈良県の大和王朝で日本書紀の編修が成ったとしてきた。早速、異を唱えよう。

俀國在百濟新羅東南水陸三千里於大海之中　依山島而居　魏時譯通中國三十餘國　皆自稱王　夷人不知里數但計以日　其國境東西五月行南北三月行各至於海　地勢東高西下　都於邪靡堆　則魏志所謂邪馬臺者也　古云去樂浪郡境及帶方郡並一萬二千里在會稽之東與儋耳相近　漢光武時遣使入朝自稱大夫　安帝時又遣使朝貢謂之俀奴國　桓霊之間其國大亂遞相攻伐歴年無主　有女子名卑彌呼能以鬼道惑衆　於是國人共立為王　有男弟佐卑彌理國　其王有侍婢千人　罕有見其面　唯有男子二人給王飲食通傳言語　其王有宮室樓觀城柵　皆持兵守衛　為法甚嚴　自魏至于齊梁代與中國相通

開皇二十年（六〇〇年）、俀〈倭〉王、姓は阿毎《あま》、字《あざな》は多利思比孤《たりしひこ》、号は阿輩雞彌《あまきみ》（＝天皇）、遣使を王宮に詣《もう》でさせる。（「隋書」俀〈倭〉国伝）

第一回遣隋使の記録である。この倭国は福永の云う「倭国本朝（筑紫王朝）」である。大業三年（六〇七）に第二回遣隋使を出し、「日出處天子致書日沒處天子無恙」云云の国書を送った。阿毎多利思比孤はこの国書に云う「日出処天子」であり、平安朝以後に出現する「聖徳太子」の原像と言ってもよい男帝である。

明年　上遣文林郎裴淸使於俀国　度百濟行至竹島　南望聃羅國經都斯麻國逈在大海中　又東至一支國　又至竹斯國　又東至秦王國　其人同於華夏以為夷洲疑不能明也　又經十餘國達於海岸　自竹斯國以東皆附庸於俀

明くる年（大業四年六〇八）、お上（煬帝）は文林郎の裴世清を派遣して倭国へ行かせた。百済へ渡り、竹島（石田敬一氏の図参照）に至る。南に聃羅国《たんら》（済州島）を望み、はるかな大海の中にある都斯麻《つしま》國を経て、また東の一支《いき》國へ至る。また竹斯《ちくし》國へ至り、また東の秦王《しんのう》国に至る。その人は中国人と同じで、夷洲と考えるが、はっきりしたことはわからない。また十余国を経て海岸に到達する。竹斯國以東はみな倭に付属している。

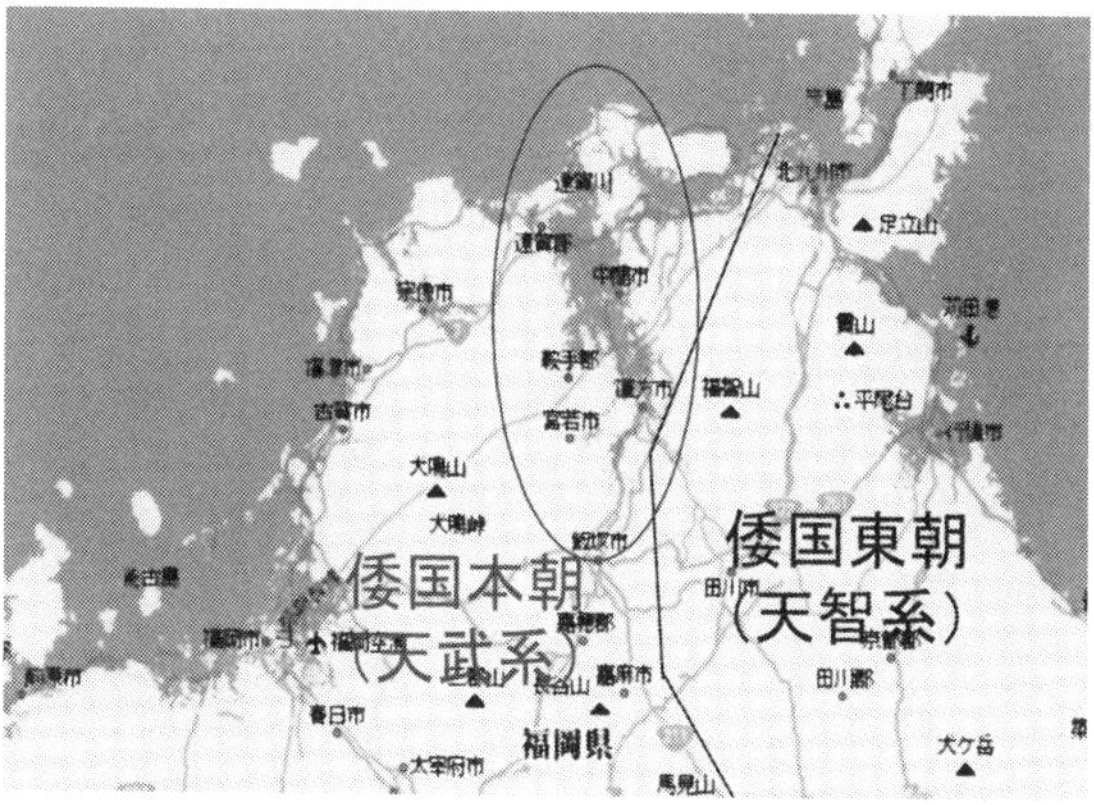

この記事の「東の秦王国」とは福永の云う「倭国東朝（豊国王朝）」のことである。福岡県の東西に二つの倭国が併存した。魏志倭人伝に云う邪馬台国は三世紀から七世紀まで福岡県にあったことになる。

日本書紀推古紀の次の記事が隋書倭国伝に

対応する。

（推古）一六年夏四月、小野臣妹子至自大唐。唐国號妹子臣曰蘇因高。即大唐使人裴世清・下客十二人、従妹子臣至於筑紫。遣難波吉士雄成、召大唐客裴世清等。爲唐客更造新館於難波高麗館之上。六月壬寅朔丙辰、客等泊于難波津、是日以飾船卅艘迎客等于江口、安置新館。於是、以中臣宮地連烏磨呂・大河内直糠手・船史王平、爲掌客。

推古一六年（六〇八）、夏四月に隋の裴世清らは小野妹子に従って筑紫に来朝した。隋客のために新館が造られた。これこそ福岡城に出土した「鴻臚館」である。隋の朝命を倭国本朝に伝達し終えた裴世清らは「戒塗（道を改め）」して、阿蘇山（＝香春三ノ岳周辺の山）を経、秋八月に秦王国（豊国）を訪れた。彼らを推古天皇の京（行橋市須磨園）、海石榴《つばき》市の衢《ちまた》に迎えている。九月十一日に隋の客裴世清が帰る。小野妹子を大使とし（第三回遣隋使）、「東の天皇、敬《つつし》みて西の皇帝に白《もう》す。季秋、薄《ようやく》に冷《すず》し。尊《かしこどころ》、何如《いか》に。」の辞（国書）を倭国東朝の推古天皇（女帝）が小野妹子に持たせた。

綾塚古墳（女帝神社）西暦628年、推古天皇崩御

第四回遣隋使（六一〇年）を出した倭国本朝は、隋が六〇八年に「琉球国の夷邪久《いやく》国（屋久島）」を攻めていたことから遂に国交断絶した。他方、倭国東朝は「推古廿二年（六一四）六月丁卯朔己卯、遣犬上君御田鍬・矢田部造闕名於大唐」とあるように第五回遣隋使を単独で派遣している。

（舒明）四年（六三二）十月四日、唐の高表仁が難波津（行橋市）に到着。倭国東朝の歓待を受ける。五年（六三三）一月二十六日、高表仁が筑紫から唐に帰る。この直前、「與王子（筑紫君薩夜麻、阿毎多利思比孤の孫、後の天武天皇）爭禮、不宣朝命而還」（『旧唐書』）。倭国本朝は隋に続き唐とも国交断絶したようだ。

皇極天皇四年（六四五）六月十二日、中大兄皇子らが飛鳥板蓋宮（福原長者原遺跡第一期遺構）大極殿内で蘇我入鹿を討ち、翌日、入鹿の父の蘇我蝦夷が自害する。乙巳の変。

天智二年（六六三年）秋八月壬午朔戊申（二十七日）倭国本朝、白村江に敗戦。筑紫君薩野馬、唐の捕虜のまま敗戦を知る。

天智三年（六六四年）筑紫君薩野馬帰朝、翌年天智天皇の皇太弟（天皇の弟分）となる。

海外国記曰、天智天皇三年四月、大唐客来朝。大使朝散大夫上柱国郭務悰等卅人・百済佐平禰軍等百余人、到㆓対馬島㆒。

天智天皇九年（六七〇年）春二月に、戸籍（庚午年籍　唐の冊封下に入る）を造る。（皇太弟とは「天皇の弟分」の地位）

倭国、更めて日本と号す。自ら言ふ。日出る所に近し。以に名と為すと。（三国史記　新羅本紀文武王一〇年一二月）

天武天皇元年（六七二年）六月～八月　壬申の大乱

壬申の大乱は豊君の天智天皇と筑紫君薩野馬すなわち後の天武天皇との直接の戦いであったとした。天智天皇は玄界灘に入水し天武が勝利した。勝者天武天皇（＝筑紫君薩夜麻）が、修史を企図する。その編修方針こそ「削偽定実」であった。分析の結果は、「豊国の神々と天皇の歴史を削り、筑紫国の神々と天皇の歴史を定める」ことと判明した。なお、古事記は藤原京（福原長者原遺跡第二期遺構）の周辺で編まれ、日本書紀は平城京（嘉穂郡桂川町）の周辺で編まれたようだ。

本講演は、古事記（豊国の歴史）の時系列を縦糸に、日本書紀の空間軸（筑紫国と豊国）を横糸にして編み直した、福永独自の古代史観（鷹羽の神々から卑弥呼までの歴史）を述べるものである。

二、田川の語源は鷹羽

豊前州田川郡龍之鼻権現縁起

木村晴彦『香春・英彦山の歴史と民俗』所収

筑紫の国は身ひとつにして面よつあり、其ひとつを豊国の豊比咩とも又は豊日別婦ともいへり、その国に郡八あり第一乃郡に彦の山あり、田心姫命います故に其所を田心乃国と云しとかや、其山に三乃あやしき峯ありて鷹つねにすめり、此鳥今の龍が鼻と云へる所にやゝもすれば、かけり行ぬ、其あいだ、鷹の羽乃落ちたる所かならず幸あればとて、落ちるかぎりの里を又鷹羽郡と云けるが、白鳳の

比おひよりや、田川郡と名付たるといへる事は、田と河とのたれる所なればなり、

※白鳳（元年六七三〜一三年六八五）

『田川郡誌』と『日本書紀』の関係

景行天皇の話である。（十二年）九月に陣を吾勝山（岩石山）に移し、田河の残賊を征伐しようとする。賊は風雨に乗じ、皇軍を夜襲した。が、皇軍は賊を追撃し、残らず誅滅した。天皇は大いに喜んでこうおっしゃった。「良いことだなあ。この国は土地が肥沃で、人民も富み栄えている、今からこの国を名付けて鷹羽の国というが良い。」と。おそらく鷹のすぐれて不思議な力に関連するのだろうという。

景行天皇云々。九月移二陣于吾勝山一、以征二田河之残賊一。々乗二風雨一、夜襲二皇軍一。皇軍追撃、盡誅滅焉。天皇大喜云々。良哉、此國土地沃壤、百姓殷富、宜下自今號二此國一謂中鷹羽國上也矣。蓋因二鷹之靈異一也云々。

（我鹿八幡神社古縁起）

（原文は白文、訓点は福永）

景行天皇云々御饋聞食時に御玉宇伎（盃のこと）に鷹の羽落入れり。天皇大喜曰吉瑞也とて其の處を鷹羽と名附け給ふ

（豊前寶鑑）

唯有二殘賊者一、一曰二鼻垂一、妄假二名號一、山谷響聚、屯二結於菟狹川上一。二曰二耳垂一、殘賊貪婪、屢略二人民一、是居二於御木川上一。三曰二麻剥一、潜聚二徒黨一、居二於高羽川上一。四曰二土折・猪折一、隱二住於緑野川上一、獨恃二山川之險一、以多掠二人民一。

（日本書紀　景行天皇）

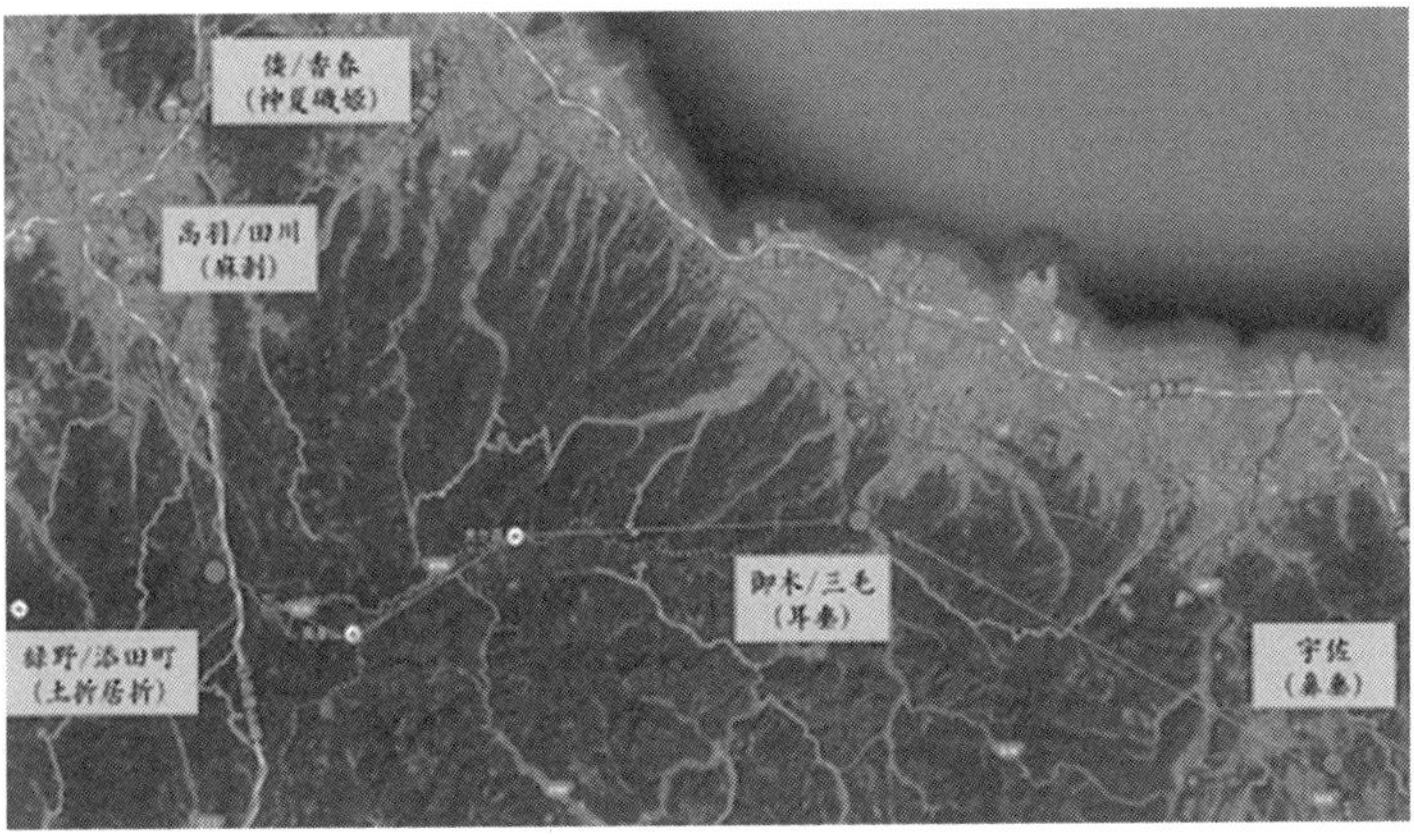

景行帝の北伐路（一）

①まず、日本書紀の景行紀において「高羽」の表記が現れ、江戸時代以降、諸家いずれも「豊前国田川郡」とすることに異論はない。

②土折猪折については、田川市猪膝《いのひざ》の「大刀洗の井戸」に「日本武尊《やまとたけるのみこと》」が猪折を退治し、太刀に着いた血を洗った」との伝承がある。麻剥が登場せず、賊を撃ったのが景行天皇だとする書紀との食い違いが目立つ。

③また、土折猪折が隠れた「緑野川上」についても、添田町の伝承には「彦山川上流の深倉川のあたりに鼻垂彦

と耳垂彦という者が住んでいて、大きな勢力を持ち、大和の朝廷に逆らっていた。景行天皇は、熊襲をはじめとする九州の勢力をおさえるために、田川にやって来て鼻垂彦・耳垂彦の軍を破った。そのとき、今の深倉川は血に染まり、血みどろ川と呼ばれるようになった。後世になって『みどろ』が緑に転訛して緑川の名になったという。」とあり、これも日本書紀とは相当に記述が異なる。

④田川郡誌においては、同じ景行天皇の同様の伝承に、「鷹羽」の異なる表記があり、しかも「田川」の起源とされている。さらに、「吾勝山」という現地でしか分からない地名も記されている。

　したがって、田川の現地伝承は日本書紀の成立後に創作されたものとは思われない。なぜなら、景行天皇の故事は3世紀の卑弥呼の死後のことと推測され、日本書紀の成立は七二〇年のこととされているからだ。仮定として、現地の景行天皇の記録「甲」が成立し、やがて、日本書紀景行紀「乙」と我鹿八幡神社古縁起「丙」などとに分かれたのではないだろうか。因《ちな》みに、「田川郡誌」「鞍手郡誌」「京都《みやこ》郡誌」「企救郡誌」の随所に景行説話が多数残されている。

⑤「鷹之靈異」の一語から英彦山の「鷹に化身した神々」に思いを馳せた。日本書紀と奈良県には全く見当たらない存在でもある。

三、鷹羽の神々の正体

添田町中元寺の瀬成神社の伝承に、「金の原（錦原）に、日本で農耕の神と称えられる、伊勢神宮

彦御山宝印図

外宮の保食神《うけもち》（豊宇気姫神）を先づ祀り、次に災難や穢れを祓う瀬織津姫の神と、水門を司り、水を支配する速秋津姫神を祀って、治水を果したということで、中元寺の郷の、地形と、農耕文化発祥の過程が物語られているように思われます。」とある。金の原の東の庄原遺跡からは、金属溶解炉跡ややりがんな鋳型が出土している。弥生時代の田川には農耕文化が発祥していて、豊宇気姫神が祭られていたことは間違いなかろう。

六月晦大祓《みなづきのつごもりのおおはらえ》に現れる瀬織津姫（竜神・水神）も祭られているが、豊の国の「織姫神」たちは「人民の災いを祓い人民に仕合わせをもたらす神」として様々の神徳（航海守護、祈雨、疫病魔退散、五穀豊穣、機織等）を備え、現在も全国に祭られている。　なお、「六月晦大祓」を創作したのは中臣金連（のちの近江朝右大臣）で天智八年（六六九）のこととされる（滋賀県大津市・佐久奈度神社由緒）。中臣金連は壬申の乱後、斬首されている。

英彦山にも「水分《みくまり》の神」として竜神の瀬織津姫が祭られているようだ。現在の英彦山の三嶽に天忍穂耳命《あまのおしほみみのみこと》・伊弉冉命《いざなみのみこと》・伊弉諾命《いざなぎのみこと》が三羽の鷹神として祭ってあるが、中岳の女神がどうやら瀬織津姫神であることが分かってきた。

熟考すると、古事記の冒頭の神のように思われる。

天地《あめつち》の初めて發《ひら》けし時、高天原に成りし神の名は、天之御中主《あまのみなかぬし》神、次に高御産巣日《たかみむすび》神、次に神産巣《かみむす》日《び》神、この三柱の神は、みな獨神《ひとりがみ》と成りまして、身を隠したまひき。

彦御山宝印《ひこのおやまほういん》図の真ん中が女神であり、天之御中主神の名と位置にふさわしい。高御産巣日神（高皇産霊神）の「高」が「鷹」の書き換えであるなら、元は鷹御産巣日神（鷹皇産霊神）であろう。神産巣日神と合わせて三柱の神は、元来、英彦山の鷹羽の神々であったようだ。『日本書紀』の神代では古事記の冒頭の三柱の神は「一書」群にしか現れない。

四、倭《やまと》成す大物主――日子山の起源

三柱の神の続きにこうある。

次に国稚《わか》く浮ける脂《あぶら》の如くして、海月《くらげ》なす漂えるとき、葦牙《あしかび》の如く萌え騰《あが》る物によりて、成りし神の名は宇摩志阿斯訶備比古遅《うましあしかびひこぢの》神、次に天之常立《あまのとこたちの》神。この二柱の神もまた獨神《ひとりがみ》と成りまして、身を隠したまひき。

上の件の五柱の神は、別《こと》天つ神。

葦牙とはおよそ水稲のことである。すると、宇摩志阿斯訶備比古遅神とは我が国に稲をもたらした

神であり、弥生時代の始まりの神である。この「比古遅神」が古事記の「八千矛の神」の段に別の表記で現れる。

又其の神の嫡后須勢理毘売命、甚く嫉妬為たまひき。故、其の日子遅の神和備弖《わびて》、出雲より倭国に上り坐さむとして、

古事記の「大国主」の段にはこうある。

此の神、刺国大神の女、名は刺国若比売を娶して生める子は、大国主神。亦の名は大穴牟遅《おおなむち》神と謂ひ、亦の名は葦《あし》原色許男《はらしこお》神と謂ひ、亦の名は八千矛《やちほこ》神と謂ひ、亦の名は宇《う》都志《つし》国玉神と謂ひ、并せて五つの名有り。

大国主はおそらく大物主の間違いである。あるいは故意に書き直したようだ。古事記と日本書紀の「神代の巻」を丹念に読み解くと、「宇摩志阿斯訶備日子遅神＝大物主神＝大穴牟遅神（大己貴《おおなむち》神）＝八千矛神＝宇都志国玉神」の事実が復元された。

英彦山は古くは「日子山」と云った。天照大神《あまてらすおおみかみ》の子、天忍穂耳命《あまのおしほみみのみこと》（日子）が祭られているから

だとされてきた。　だが、今回の探求からは「宇摩志阿斯訶備日子遅神＝大物主神＝大穴牟遅神（大己貴神）」が祭られていたからだとなる。現に、英彦山の隣、鷹巣山の高住（鷹巣）神社に「大穴牟遅神＝豊日別国魂神（豊前坊）」が祭られている。本殿が大穴の中にある。

この神社の縁起には、「当神社は豊前坊天狗神としても有名で、欲深く奢りに狂った人には天狗を飛ばせて子供をさらったり、家に火をつけたりして慈悲の鉄槌を下し、心正しく信仰する人には家来の八天狗をはじめ全ての天狗を集めて願い事を遂げさせ、其の身を守ると伝えられてきました。」とある。この大天狗が手にするのが「鷹羽の団扇」である。

つまり、英彦山は「鷹羽の神々が宿る聖山」なのである。

五、倭国の始まり——倭成す大物主

「倭成す大物主」とは日本書紀崇神天皇の条にある、倭国大乱の後の歌謡の一節である。倭国はいつから始まったか。日本書紀によれば、「辛酉年春正月庚辰朔、天皇卽帝位於橿原宮、是歳爲天皇元年。」とあり、皇紀元年すなわち紀元前六六〇年から始まったことになる。これは、人皇初代神武天皇の橿原宮での即位年である。

神武天皇の年齢は一百二十七歳とあり、九代開化百十五歳、十代崇神百二十歳、十一代垂仁百四十歳、十二代景行一百六歳、十三代成務一百七歳、十四代仲哀五十二歳、神功皇后一百歳、十五代應神

一百一十歳と続く。歴代天皇の寿命が長過ぎる。神武天皇の実際の即位年を西暦一二一年とした立場から言えば、大物主の倭国造りを隠そうとした、あるいは消そうとしたからだと推測される。

倭国は紀元前六六〇年頃、日子山に拠点を置いた「宇摩志阿斯訶備日子遲神＝大物主神」の国造りから始まった。

大物主は「海を光して依り来る神（古事記）」であった。渡来神である。添田町に残る大天狗の面から推し量れば、インド・アーリア系の人種と思われる。

大物主の倭国造りは古事記・日本書紀において伊弉諾《いざなぎ》・伊弉冉《いざなみ》の国生みに書き換えられたようだ。如此言竟而御合生子、淡道之穗之狹別嶋。次生伊豫之二名嶋、此嶋者、身一而有面四、毎面有名、故、伊豫國謂愛比賣、讚岐國謂飯依比古、粟國謂大宜都比賣、土左國謂建依別。

次生隱伎之三子嶋、亦名天之忍許呂別。次生筑紫嶋、此嶋亦、身一而有面四、毎面有名、故、筑紫國謂白日別、豐國謂豐日別、肥國謂建日向日豐久士比泥別、熊曾國謂建日別。次生伊伎嶋、亦名謂天比登都柱。次生津嶋、亦名謂天之狹手依比賣。次生佐度嶋。次生大倭豐秋津嶋、亦名謂天御虛空豐秋津根別。故、因此八嶋先所生、謂大八嶋國。（古事記　国生み）

結びに「大倭豊秋津嶋」を生み、すべてを「大八嶋國」と謂うとある。この記事は、中国の『漢書』地理志「楽浪海中有倭人分為百余国以歳時来献見云」や『後漢書』東夷伝倭条「倭は韓の東南大海の中に在り。山島に依りて居を為す。凡そ百余国。武帝、朝鮮を滅ぼしてより使訳漢に通ずる者三十許国なり。国、皆王を称し、世世統を伝う。その大倭王は邪馬臺国《やまと》に居る。」の記事と本来一致する。倭人は「山と島」に居住したのである。

次に掲げる系図は古事記の大国主の系譜であるが、これも改竄《かいざん》の跡があり、もともと大物主から始まる系譜であったようだ。大国主は最低でも十七代後の子孫であろう。「大倭國」は数百年続いたようである。

大物主は別名「八千矛の神」でもある。この神が引き連れてきた部族こそおそらく物部氏二十五部族であろう。銅矛の出土状況がそれを裏付ける。神代の倭国も断じて近畿にはなかった。

六、最初の王朝交替

記紀の神代の神々が改竄されている以上、神の系譜は慎重に考慮しなければならない。

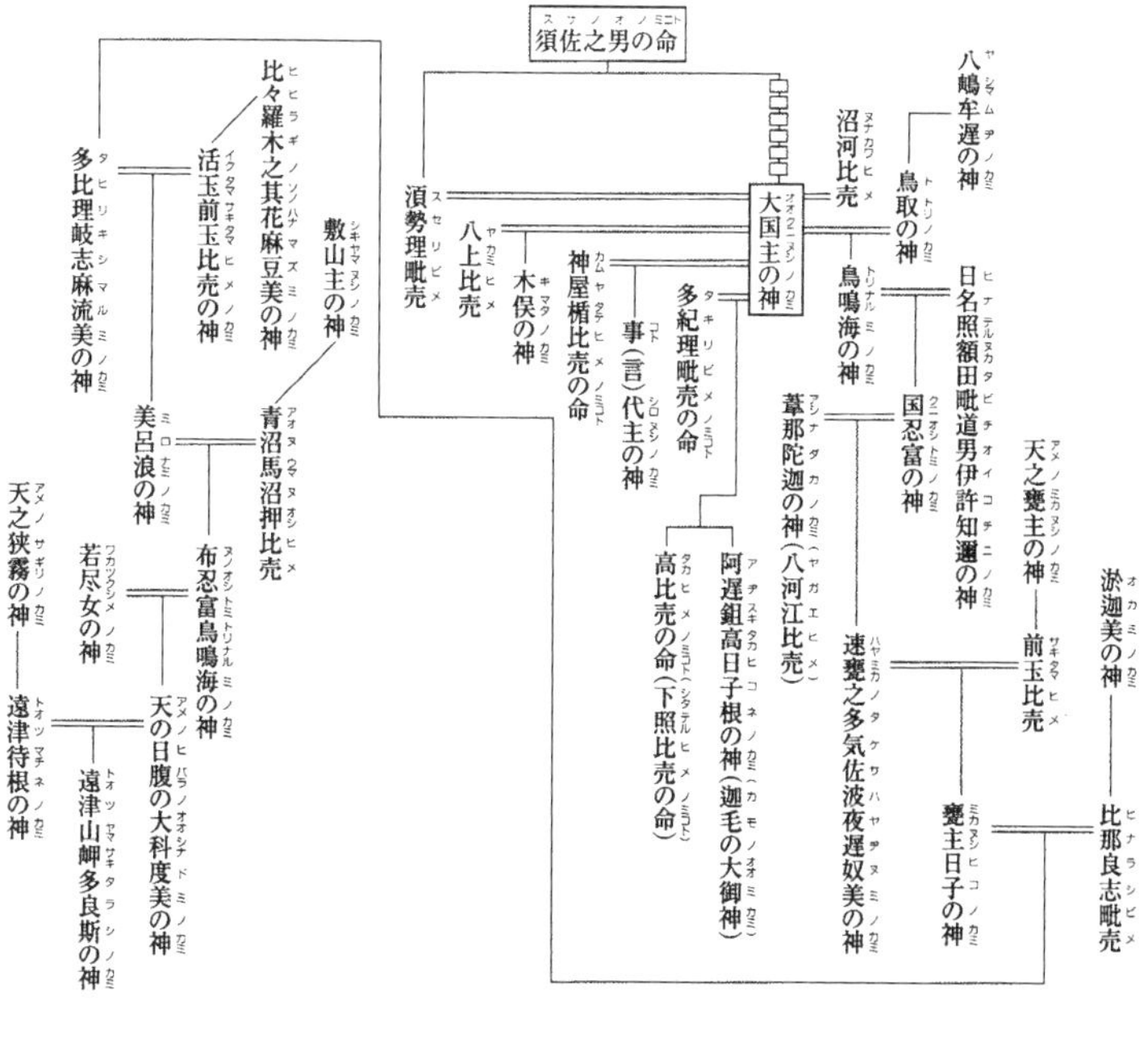

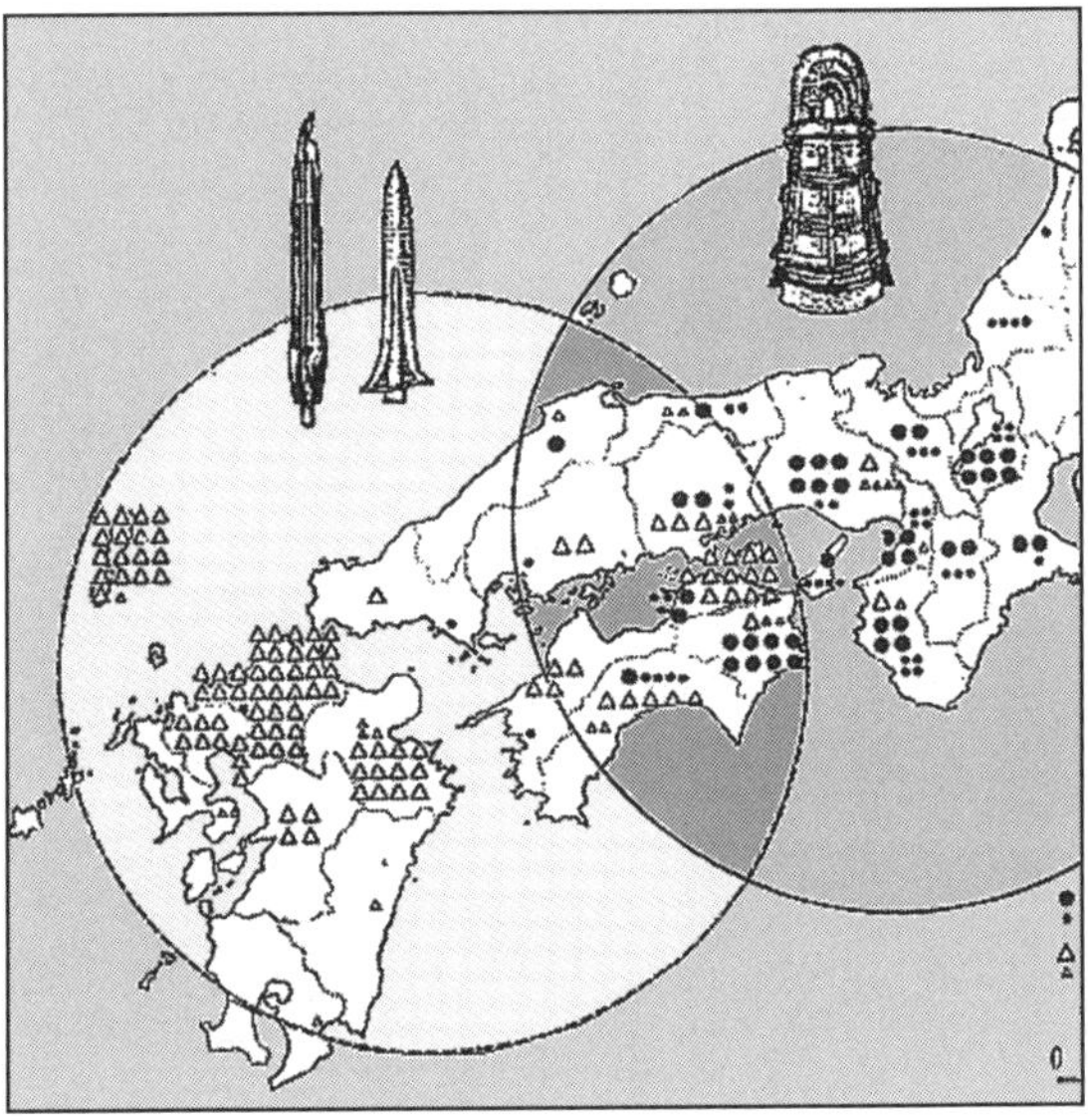

銅剣・銅鉾・銅戈文化圏と銅鐸文化圏（県別分布）
（井上光貞著『日本の歴史１』）

伊弉諾尊は弥生前期の紀元前三〇〇年ごろ、長江下流域の越の人々が渡来したようだと述べてきた。「是に天つ神、諸の命もちて、伊邪那岐命、伊邪那美命、二柱の神に、『この多陀用《ただよ》弊流《へる》国を修理《おさ》め固め成せ。』と詔りて、天の沼矛を賜ひて、言依さし賜ひき。故、二柱の神、天の浮橋に立たして、その沼矛を指し下ろして画きたまへば、塩許々袁々呂々《こおろこおろ》に画き鳴して引き上げたまふ時、その矛の末より垂り落つる塩、累なり積もりて島と成りき。これ於能碁呂《おのころ》島なり。その島に天降りまして、天の御柱を見立て、八尋殿を見立てたまひき。」と古事記にある。おのころ島を水巻町頃末《ころすえ》の多賀山に見出した結果、大物主の子孫の王に居住の許しを得、おのころ島直近の立屋敷遺跡を拠点にして、東方に新天地を開拓したようだ。遠賀川式土器すなわち稲作文化が百年の速さで青森県まで伝播している。

では、大倭国で最初にクーデターを起こしたのは何者か。素戔嗚尊《すさのおのみこと》ではないか。彦山の南から北伐を敢行し、八俣大蛇《やまたのおろち》一族（大物主は蛇神でもある）を退治し、天叢雲剣《あまのむらくものつるぎ》（後の草薙剣）を入手している。いわゆる「大国主の国譲り」は素戔嗚尊の放伐《ほうばつ》（武力革命）の故事であり、「出雲王朝」の成立ではなかったか。敗れた大国主は現在の出雲大社の地に移され、「祭り上げ」られた。出雲大社の「客人《まろうど》の間」は西に向いていて、「宇摩志阿斯訶備日子遅神＝大物主神」が祭られている。

七、天満倭国《あまみつやまとのくに》＝倭奴《いぬ》國の成立

素戔嗚尊を倒したのが天照大神こと饒速日尊《にぎはやひのみこと》であろう。宮若市宮田町磯光の天照宮に祭られる男神である。『古事記』天の岩屋戸伝承にこうある。

> かれここに天照大御神見畏こみて、天の石屋戸を開きてさし隠りましき。ここに高天原皆暗く、葦原の中つ国悉に闇し。これに因りて、常夜往く。ここに万の神の声は、さ蝿なす満ち、万の妖悉に発りき。…天の金山の鐵《まがね》を取りて、鍛人天津麻羅を求ぎて、伊斯許理度売の命に科せて、鏡を作らしめ、…天の香山の真男鹿の肩を…（手力男の神）、速須佐の男の命に千座の置戸を負せ、また鬚と手足の爪とを切り、祓へしめて、神逐ひ逐ひき。

「千座《ちくら》の置戸《おきと》」とは何枚もの板状の石のことであり、素戔嗚尊は重い石を身体の上に置かれて圧殺されている。彼の一族は再び現在の出雲に流されたようだ。

新王朝の主となった饒速日尊《にぎはやひのみこと》は、大物主の部下であった物部八十氏の新たな主人となったようだ。以後の物部氏を「天の物部氏」という。新・物部氏の祖饒速日尊の父こそ天忍穂耳尊《あまのおしほみみのみこと》である。

下稗田遺跡から出土した「すずり」

この一〇月九日に古代のすずりについての専門家、國學院大學客員教授の柳田康雄さんがとうとう豊国から国内最古級のすずりを再発見された。下稗田遺跡から出土していた約五〇点の砥石を調査、その中から3点のすずりを確認された。これまでは、主に筑前方面でのすずりの再確認が行われていたが、ついに豊国から最古級のすずりが確認されたのである。

飯塚市の立岩遺跡から、数点の刀子が出土している。刀子とは小刀のことであるが、高島忠平さんによれば、木簡などに墨で字を書き、誤ったらその個所を削るための道具ということだ。

同遺跡からは、「前漢式鏡」も出土しており、遠賀川流域から京築方面にわたって、確実に「紀元前から墨で字を書く文化」があったことになろう。

前漢式鏡も漢倭奴国王印（後漢）も卑弥呼の親魏倭王印（三国、未出土）も、倭奴国・倭国の使いは漢字漢文の国書を携えて中国の王朝に使いしたことになる。

倭奴国・倭国は遠賀川流域にあったと考えるのが順当であろう。

『彦山流記』と『彦山縁起』を解読すると、こうなる。

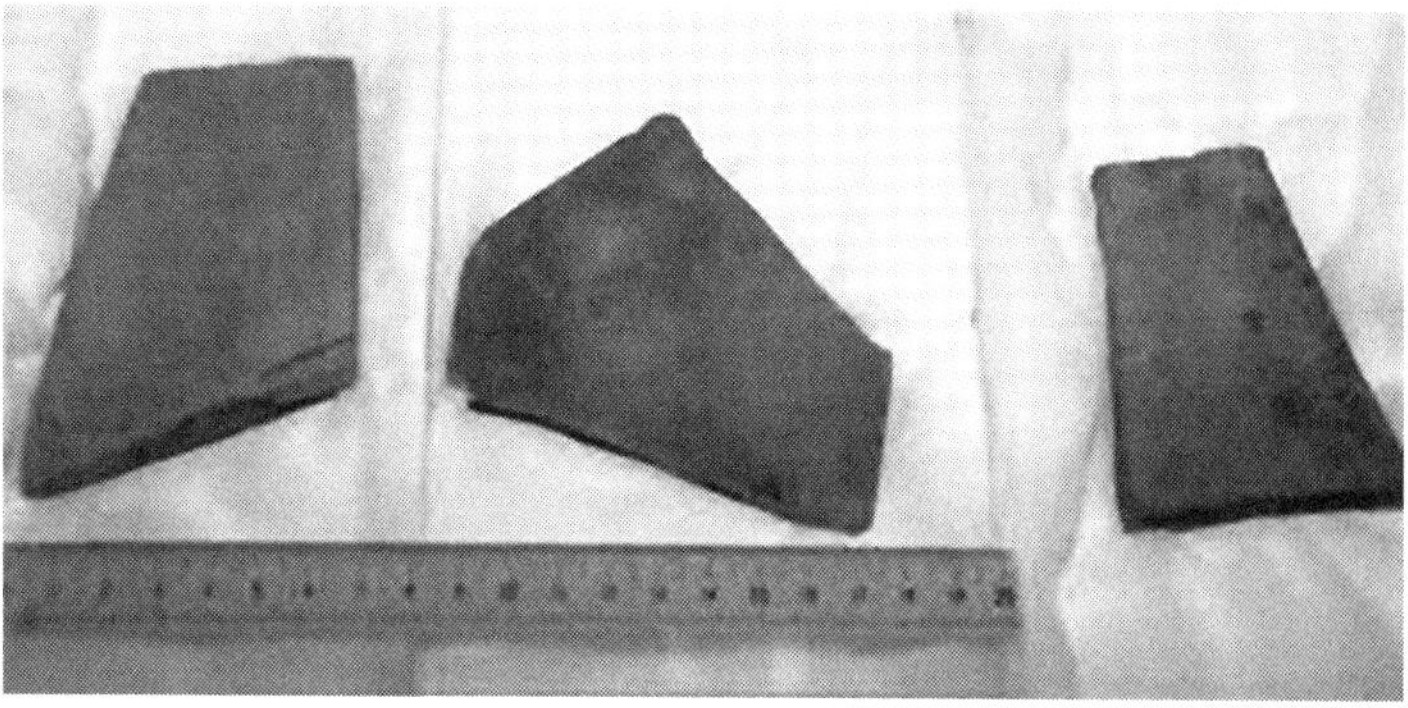

「彦山権現（天忍穂耳尊）が長い船旅の末ようやく岸辺に着いて上陸された時、香春明神に宿を借りたいと申し入れましたが、香春明神は狭小であることを申し立てて宿を貸そうとはしませんでした。そこで権現は大いに立腹され、大勢の金剛童子にお命じになって香春岳の樹木を引き抜かせてしまいました。そのために今まで生い茂った草木のために蔽い隠されていた磐石がすっかり露出してしまいました。

　それから権現は直ちに彦山に攀じ登られたところ、前々から居住していた地主神の御三方（大己貴神・多紀理《たきり》姫・湍津《たぎつ》姫）は、①快く権現に山を譲られて、②暫くは山の中腹に留まっていましたが、③その後豊前国の許斐《このみ》山に移られました。④この年は金光七年丙申の歳（五七六年）、敏達天皇御代のことでありました」（③④は後述する）

　（添田町郷土史会の水上薩摩氏の口語訳を福永が一部改訂）

　右記の①の実態こそ武力革命と思われる。饒速日尊の笠置山降臨（実際は侵略）は天照宮社伝によれば、紀元前一四年のことのようである。先代旧事本紀等によれば、饒速日尊の長男が宇麻志摩治尊《うましまぢのみこと》で、その弟が天香語山尊《あまのかぐやまのみこと》のようだ。宇麻志摩治尊は今日の大阪まで東遷し、天香語山（香春三ノ岳）尊は父の跡を継いだ。

これらに関連するのが、『後漢書』倭国伝の次の一節である。

「建武中元二（五七）年、倭奴《いぬ》国奉貢朝賀す。使人自ら大夫と称す。倭国の南界を極むるや、光武賜うに印綬を以てす。安帝の永初元（一〇七）年、倭国王帥升等、生口百六十人を献じ請見を願う。」

後漢の光武帝から下賜されたのが「漢委奴《いぬ》國王」の金印である。倭奴国王は物部氏をよく統治し得たことから大物主（鷹羽の神）を崇敬したのではないかと思われる。倭奴國は、万葉集の中では「天満倭《そらみつやまと》」と呼ばれ、倭国でもある。

なお、一〇七年にあるいは「金銀錯嵌珠竜文鉄鏡（後漢鏡）」がもたらされたのではないかと考える。

八、邪馬臺《やまと》国の成立

一一八年春二月、第二次神武東征開始。「日を背にして戦う神

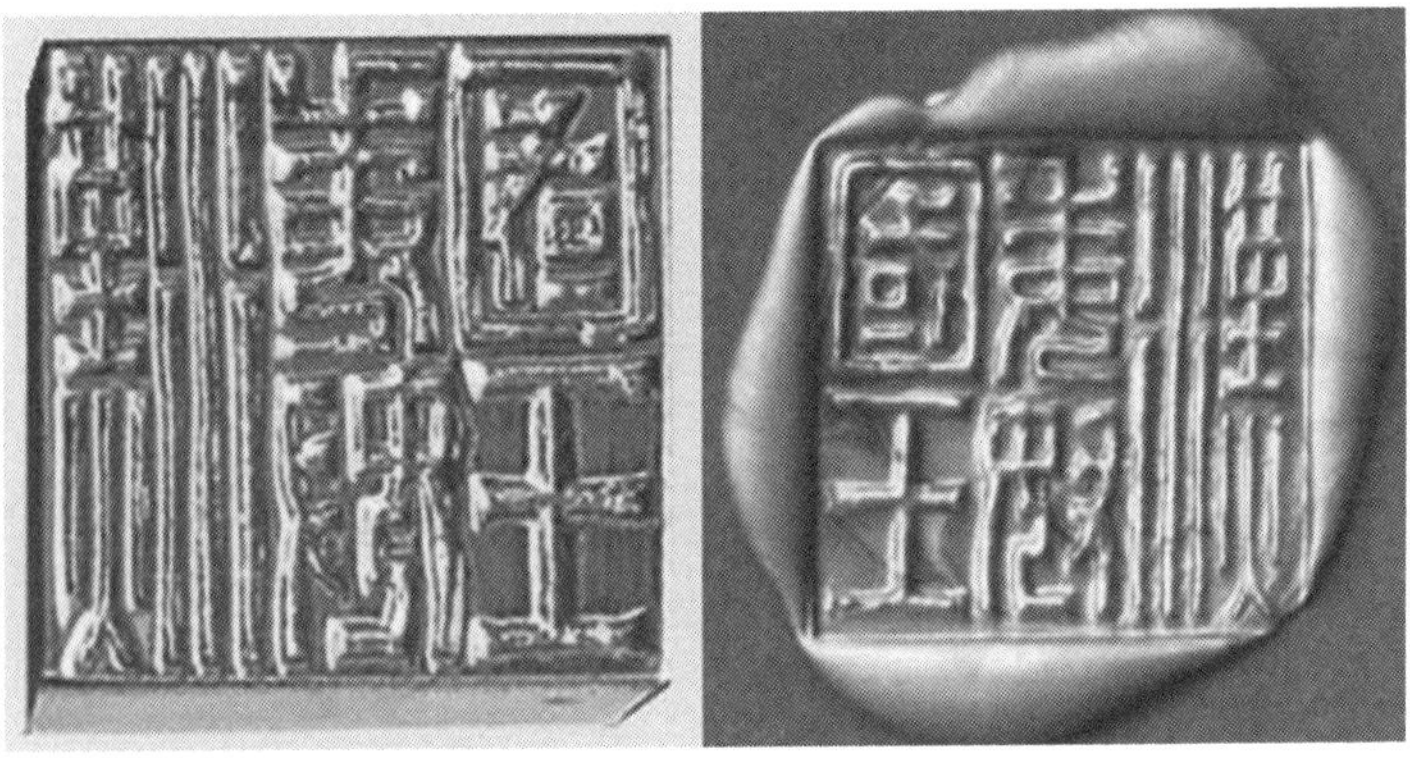

頭八咫烏　求菩提山八天狗像

策」を実行に移す。日向から速吸門（豊予海峡）に至り、珍彦を道案内とする。菟狭（安心院妻垣神社）に至り、一柱騰宮に入る。（日本書紀要約）

数ヶ月、狭野嶽（求菩提山）に通い、「頭」大天狗（豊前坊）及び「八咫烏」（求菩提山八天狗）一族と同盟を結ぶ。この間、吉野の国樔（玖珠）部らを巡撫。
（求菩提山縁起＋日本書紀）

六月、「天皇獨り、皇子手研耳命と軍を帥ゐて進む。既にして皇師中洲に趣かんと欲す。」（日本書紀）

七月、頭八咫烏の案内で英彦山を下る。（求菩提山縁起より推測）

八月、菟田《うだ》の穿邑《うがちのむら》（川崎町）に至る。菟田縣の血戦に勝つ。（日本書紀、現在地名は福永）

九月、天香山（香春岳）の埴土を取り、菟田川の朝原で飴《たがね》を造ることを

祈る。飴ができ、神武は喜んで自ら高（鷹）皇産霊尊となり、顕斎《うつしいわい》を作《な》した。（日本書紀）
一〇月、赤銅の八十梟帥を国見丘（岩石山）に破る。（日本書紀）
一一月、立岩丘陵（飯塚市）に籠る磯城彦を攻めようとして、神武は川と海の混ざる広大な沼を徒歩で渡り、片島（飯塚市）に上陸、遂に「熊野の神邑」を攻撃し、磯城彦を滅ぼす。「天磐盾（立岩神社）に登り」、東征成就を天祖に祈願する。（鞍手郡誌＋日本書紀）
一二月、長髄彦との最後の決戦に臨む。「十有二月の癸巳の朔丙申に、皇師遂に長髄彦を撃つ。」苦戦を強いられたようだが、辛勝し、終に長髄彦を殺す（日本書紀）。
倭奴国滅亡し、邪馬臺《やまと》国成立。
一二〇年「ここに媛女あり。こを神の御子と謂ふ。その神の御子と謂ふ所以は、三島湟咋の女、名は勢夜陀多良比売、その容姿麗美しかりき。故、美和の大物主神、見感でて、その美人の大便まる時、丹塗矢に化りて、その大便まる溝より流れ下りて、その美人のほとを突きき。ここにその美人驚きて、立ち走りいすすきき。すなはちその矢を将ち来て、床の辺に置けば、忽ちに麗しき壮夫《おとこ》に成りぬ。すなはちその美人を娶して生みし子、名は富登多多良伊須須岐比売命《ほとたたらいすすきひめのみこと》と謂ひ、亦の名は比売多多良伊須気余理比売《ひめたたらいすけよりひめ》と謂ふ。こはそのほとといふ事を悪《にく》みて、後に名を改めつるぞ。故、ここを以ちて神の御子と謂ふなり」とまをしき。（古事記）
ホトタタラとは、「火処」と「たたら」を意味し、大物主の末裔は弥生時代の製鉄を担った一族ではなかったか。遠賀川流域には弥生時代の鉄刀と鉄鏃が確かに出土している。
一二一年「辛酉年春正月庚辰朔、天皇即帝位於橿原宮、是歳爲天皇元年。」（日本書紀）

神武天皇は大物主一族と八咫烏一族と同盟し、道案内を頼み倭奴国を滅ぼした。直後に、美和の大物主神の子孫の比売多多良伊須気余理比売を正妃に迎えている。

邪馬臺国（神武朝）は鷹羽の神を篤く尊崇している。この王朝下に、大物主神は、三輪山（香春岳）にも祭られた（川崎町大三輪神社社伝より推測）と思われる。鷹羽の神々は盛んに信仰されたようだ。

ずっと後の継体朝に「③その後豊前国の許斐山《このみ》に移られました。④この年は金光七年丙申の歳（五七六年）、敏達天皇御代のことでありました。」との大物主神の移座が行われたようである。奈良県の大神《おおみわ》神社は九世紀の移座と思われる。

九、邪馬臺国のその後

神武の薨去後、倭国大乱（欠史八代）が起き、二〇〇年に卑弥呼が共立される。

一七四年、崇神天皇即位。

一七八年、「国内に疫病が多く、民の大半が死亡する」。

一七九年、「人民が流浪し、ある者は反乱した。天皇は天照大神・倭大国魂《やまとおおくにたま》（＝大物主神）、二神を、宮殿内に共に祭り、神祇《あまつかみくにつかみ》に罪を請うた」

一八〇年春、「時に、大物主神が神明倭迹迹日百襲姫命《あまてらすやまとととびももそひめのみこと》に憑《つ》いて、我を祭らば国は治まるであろうと告げた。神の教えのとおりに祭ったが霊験はなかった」

秋、「天下に布告し、大田田根子《おおたたねこ》を求めると、茅渟県《ちぬのあがた》の陶邑《すえのむら》（宗像市須恵）に彼女を捜し当て、一一月に大物主神を祭らせた。すると、疫病が初めて終息し、国内が次第に静まり、五穀がみのり、人民が賑わった」　（崇神天皇紀）

この神酒《みき》は　わが神酒ならず　倭《やまと》成す　大物主の　醸《か》みし神酒　幾久　幾久

二〇〇年（一九六〜二二〇　建安年間）卑弥呼共立か。（魏志韓伝・倭人伝、日本書紀　神功皇后紀）

二三〇年「将軍衛温・諸葛直を遣はし、甲士万人を率ゐて海に浮び、夷州（推定狗奴《くぬ》国）および亶《たん》州（推定東鯷《とうてい》国）を求む」　（三国志呉書「孫権伝」黄竜二年）

二三三年　倭の女王卑弥呼、使を遣はし来聘す。（新羅本紀一七三）

二三九年　景初三年六月、邪馬臺國の女王（にして神武の後継者たる）卑弥呼、魏の帯方郡に大夫難升米等を遣はす。

二四〇年　魏使邪馬臺国に至る。

正始元年、太守弓遵遣建中校尉梯儁等奉詔書印綬詣倭國。

ここで、魏使の帯方郡から女王国までの旅程を考えてみる。途中の對馬國と一支國については、現在の対馬と壱岐であることに異論はない。

まず、長崎県対馬市厳原町豆酘《つつ》字龍良山六二八に、かつて高御魂《たかみむすび》神社（旧村社大明神様）があった。御祭神が高（鷹）皇産靈尊であり、由緒に「橿原の朝高皇産靈尊の五世の孫津島県直建弥己々命に詔して天神地祇を祭らせ給ふ処にして神功皇后三韓に向ひ給ふ時行宮を定められ御親ら戦捷祈願し給ひし社なり、高皇産靈を祀る社は全国にも稀にして佐護の神皇産靈を主基の宮、本社を悠紀宮として上古由緒ある社にして顕宗天皇三年四月、上より神田一四町を献上せられた」とある。

次に、壱岐には律令時代に壱岐郡田河郷が島の東側にあった。芦辺町誌によれば、田河郷は「旧田河村、現在の芦辺町の芦辺浦・諸吉大石触・諸吉東触・諸吉南触・諸吉本村触・諸吉仲触・諸吉二亦触と深江東触・深江南触・深江本村触・深江平触・深江栄触・深江鶴亀触を含む地域に比定される。」とある。このうちの深江栄触・深江鶴亀触の辺りに出土したのが原の辻遺跡である。卑弥呼の時代の一支國に間違いない。その近くの諸吉仲触に高《たか》（鷹）御祖《みおや》神社があり、祭神はまたも高（鷹）皇産靈尊である。

末盧國・伊都國・奴國・不彌國については議論の分かれるところだが、神と地名と遺跡から考えると、魏使は高（鷹）皇産靈尊の祀られる田河郷から同じく高（鷹）皇産靈尊の祀られる田川郡（女王国）に行ったと私には思われるのである。

二四七年　其の（正始）八年、太守、王頎官に到る。倭女王卑弥呼、狗奴国王卑弥弓呼素より和せず。倭、載烏越等を遣わし、郡に詣り、相攻撃する状を説く。塞曹掾史、張政等を遣わし、因って詔書、黄幢を齎し、難升米に拝仮し、檄を為《つく》りて之を告諭す。（魏志）

卑彌呼以死大作冢徑
百餘歩徇葬者奴婢百餘人更立男王國中不服

箸墓か（赤村内田）

倭迹迹日百襲姫命が大物主神の妻となった。神は昼に現れないで夜だけ来た。倭迹迹日姫は翌朝に神の麗しい姿を見たいと言った。大神は翌朝姫の櫛箱に入って居よう。私の姿に驚いてはならないと答えた。翌朝櫛箱を見ると麗しい小さな蛇がいた。姫は驚き叫んだ。大神はたちまちに人の姿となって妻に言った。「お前は私に恥をかかせた。私はお前に恥をかかせてやる。」と。神は空に上り三輪山（香春岳）に帰った。姫は仰ぎ見て後悔し、ドスンと座った。すると箸に陰部をついて死んだ。そこで大市に葬った。時の人はその墓を名付けて、箸墓といった。

邪馬臺国の女王卑弥呼は大物主をつまり鷹羽の神を祭った巫女王だった。狗奴《くぬ》国王卑弥弓呼《ひみくこ》に敗れたのだろうか、卑弥呼は責任を問われ自決したようだ（あるいは、串刺しの刑に遭ったか。魏志韓伝に王は責任をとって殺されるとの記事が見える）。

倭国と東鯷国

一九六　曹操、献帝を戴き、屯田制を施く（この後、東鯷人、魏都来貢）

二〇五　遼東の公孫氏、朝鮮に帯方郡をおく

二〇八　赤壁の戦、中国三分の形勢となる

二二〇　魏、九品中正をおく、曹丕（文帝）献帝を廃し、魏の帝位につき、後漢滅ぶ
二二一　蜀の劉備、帝位につき、蜀漢と号す
二二九　呉王孫権、呉の帝位につき、建業に都す
二三〇　孫権、将軍衛温・諸葛直を夷州（狗奴国）・亶州（東鯷国）に遣わす
二三八　魏、遼東の公孫氏を亡ぼす（呉の赤烏元年銘神獣鏡が山梨県に出土）
二三九　倭国（邪馬臺国）の卑弥呼、魏に朝貢
二四〇　魏、倭国の卑弥呼に「親魏倭王」印を仮授す（東鯷国と断交か）
二四四　（呉の赤烏七年銘神獣鏡が兵庫県に出土）
二六三　魏、蜀漢を亡ぼす
二六五　司馬炎（武帝）晋をおこす、魏亡ぶ
二六六　倭国（邪馬臺国）の臺与、晋に朝貢
二八〇　晋、呉を亡ぼして中国を統一す
二九七　史家陳寿没（『三国志』「魏志倭人伝」を編む）

十、狗奴国王卑弥弓呼の逆襲

勝ちに乗じた狗奴国王卑弥弓呼はついに豊国を攻めた。

唯有二殘賊者一、一曰二鼻垂一、妄假二名號一、山谷響聚、屯二結於菟狹川上一。二曰二耳垂一、殘賊貪婪、屢略二人民一、是居二於御木川上一。三曰二麻剥一、潛聚二徒黨一、居二於高羽川上一。四曰二土折・猪折一、隱二住於緑野川上一、獨恃二山川之險一、以多掠二人民一。

（日本書紀　景行天皇）

景行天皇云々。九月移二陣于吾勝山一、以征二田河之殘賊一。々乘二風雨一、夜襲二皇軍一。皇軍追擊、盡誅滅焉。天皇大喜云々。良哉、此國土地沃壤、百姓殷富、宜下自今號二此國一謂中鷹羽國上也矣。蓋因二鷹之靈異一也云々。

（我鹿八幡神社古縁起）

景行天皇と日本武尊は敵同士だった。草薙剣を佩《は》いた日本武尊が敗れ、景行天皇（卑弥弓呼）が勝利した。だが、景行天皇は鷹羽の神を敬い、「鷹羽國」とまで名付けた。

魏志倭人伝によれば、「其の（正始）八年、卑弥呼の宗女臺與《とよ》、年十三なるものを立てて王と為す。国中遂に定まる」とある。鷹羽國には国難が続いたようだ。

十一、神功皇后の征西

四世紀後半、遂に東鯷《とうてい》国が挙兵した。すでに饒速日尊の本流と融合したと推測される東の三角縁神獣鏡圏を形成する強国が、征西を開始した。気比の宮を発した神功天皇（神功皇后）は、海人族を従え、但馬・播磨の国を南下、瀬戸内海に出る。牛窓で新羅の王子を退治し、吉備の鬼の城の温羅《うら》を滅

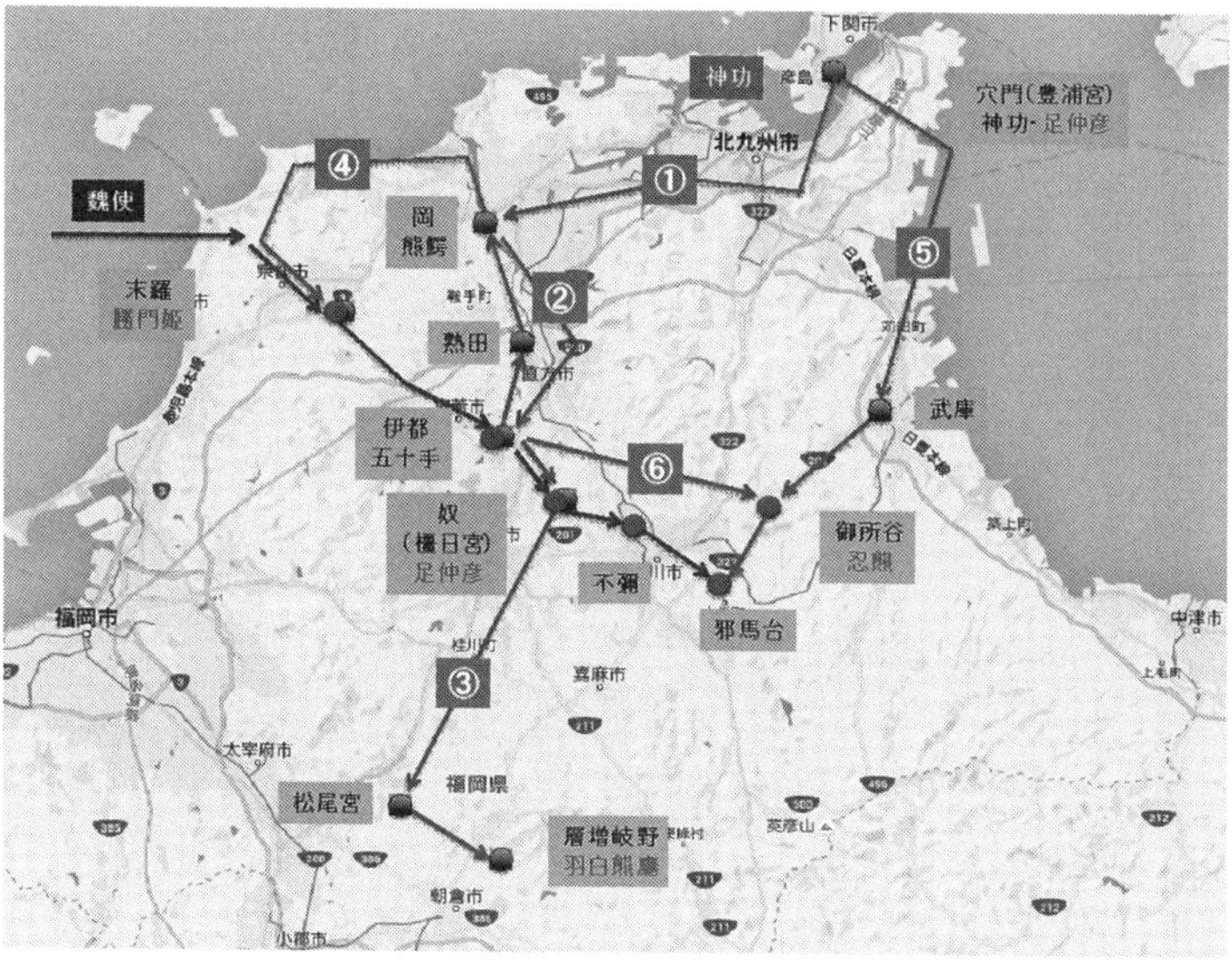

ぼし、西進する。遂に穴門豊浦宮（下関市幡生《はたぶ》の生野神社）を落し入城。邪馬台国の王の一人、岡県主《おかのあがたぬし》の祖熊鰐《くまわに》が帰順。続いて伊都《いつ》県主の祖五十迹手《いそとて》が帰順。美奈宜神社や平塚川添遺跡などに拠った羽白熊鷲を殲滅。遠賀の地で物部氏を招集し、ニギタ津（鞍手町新北）を出航。筑紫末羅県（宗像大社・宮地岳神社周辺）の勝《かち》門比売《とひめ》を滅ぼす。筑後川を渡って紀武内宿祢《きのたけしうちのすくね》とともに三潴《みづま》を攻撃、桜桃沈輪《ゆすらちんりん》を滅ぼす。豊国に戻り、淡海の大津の宮（旧豊津町）を滅ぼし、御所ヶ谷（神籠石、旧京都郡、現行橋市）に拠る忍熊王（日本武尊の孫）を殲滅。邪馬台国滅亡。神功は川崎町池尻大海《おおみ》の地に宮殿を構えたようだ。江戸時代初めまで広大な「帝階《たいかい》八幡神社」があったとの伝承が残っている。

豊国を神功が治め、筑紫・火国を紀武内宿祢《きのたけしうちのすくね》が「水沼の皇都」（大善寺玉垂宮）を建てて治めた。福岡県の東西に二王朝が成立したようだ。

では、神功皇后は豊国で鷹羽の神を祭ったか。神功皇后紀に次の一節がある。
（仲哀天皇九年）秋九月の庚午の朔己卯に、諸国に令して、船舶を集へて兵甲を練らふ。時に軍卒集ひ難し。皇后の曰く、「必ず神の心ならむ」とのたまひて、則ち大三輪社を立てて、刀矛を奉りたまふ。軍衆自づからに聚る。

神功は物部氏を招集するべく、大物主神を祭っている。大物主神の記述を日本書紀に追求すると、卑弥呼も神功皇后も結局、豊国（倭国）の女王であることが自ずと分かる。ただし、同一人物ではない。

十二、再び壬申の乱

箸墓は、崇神天皇紀の他に、もう一か所、天武天皇紀に出てくる。

箸陵の下の決戦

七月四日
東道軍
・軍を分けて、上中下の道に当てて、駐屯させる。将軍吹負《ふけい》は中つ道へ。
・近江将、犬養連《むらじ》五十君《いきみ》、中道より来て村屋に留まり、別将廬井造《いおいのみやつこ》鯨を二百名の精兵をつけて派遣、将軍の軍営を衝く。この時、麾下の軍勢が少なく防ぐことが難しかったが、大井寺の奴、徳麻呂《とこまろ》等五人の弓で鯨の軍は進めなかった。

・三輪君高市《たけち》麻呂・置始連菟《おきそめのむらじうさぎ》、上道《かみつみち》に当たって、箸陵《はしはか》の下で戦う。近江軍に大勝。勝ちに乗って、鯨の軍の後ろを断ったので、鯨の軍はすべて解散して逃げ散った。鯨は辛うじて逃げることができた。

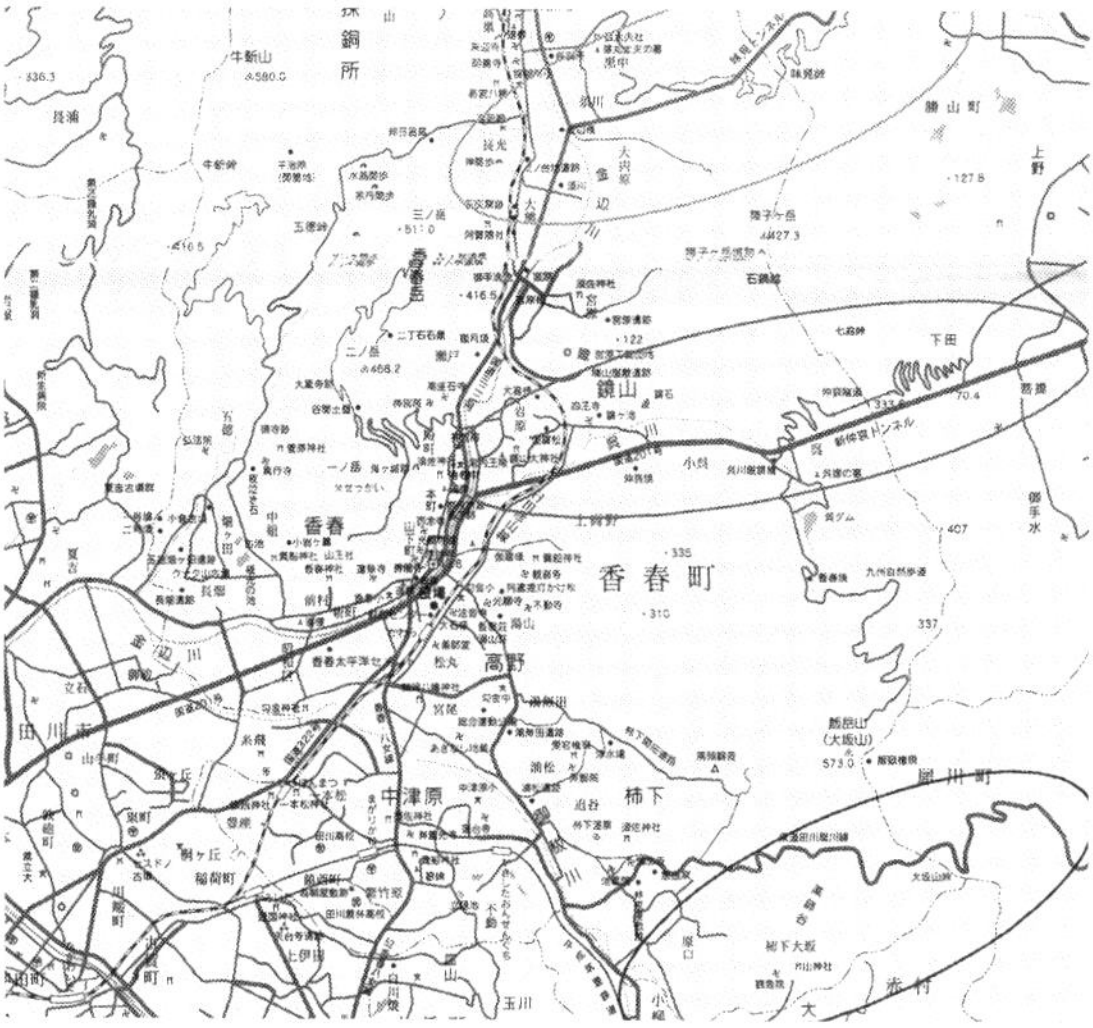

南から、上つ道・中つ道・下つ道

この箸陵の下の決戦に勝利した大海人皇子（後の天武天皇）軍は近江朝廷の大友皇子を倒し、天智天皇を玄界灘の入水自殺に追い込み、天下を取った。そうして、「削偽定実」の勅命のもと、古事記と日本（書）紀が天武朝で編まれたのである。

その天武天皇の崩御について、日本書紀は次のように記す。

天武天皇十五年（六八六）六月の戊寅（一〇日）に、天皇の病を卜ふに、草薙劔に祟れり。即日に、尾張国の熱田社（鞍手町）に送り置く。

朱鳥元年（六八六）九月丙午（九日）に、天

皇の病、遂に差《い》えずして、正宮に崩りましぬ。

鷹羽の神々を正しく祭らなかったせいで、天武天皇はついに「鷹羽の神々の三種の神器」に祟られて薨去したのであろう。因みに、皇室の菩提寺とされる京都の泉涌寺《せんにゅうじ》には歴代天皇の位牌が並ぶが、天武系の九代八人の天皇の位牌は無い。

おわりに

長年、古事記・日本書紀の舞台は主に豊国だと主張してきた。だが、記紀自体が「鷹羽國」を隠し続けてきたようだ。平安王朝はことに「九州隠し」を企て実行してきた。千数百年の長きにわたって「田川の歴史」は隠されたのである。江戸に遷都?した明治政府は、再び鷹羽の神々の宿る日子山に「神仏分離令」を強行し、国家神道を打ち立てた。天武天皇の浄御原令以来の「鷹羽の神々潰し」が実行された。

太平洋戦争後、GHQの占領政策(例:墨塗り教科書)によって、鷹羽の神々は再三再四消された。

私は日本史をそう捉えている。

英彦山鳥瞰図（吉田初三郎）　添田町役場　岩本教之氏提供
神仏分離令が強行される以前、八百余りの宿坊があった。

悠久の歴史を秘めた英彦山（Ⓒ添田町）

あとがき

「越境としての古代」は二〇〇三（平成十五）年の第一集から二〇一〇（平成二十二）年の第八集まで刊行された。だが、私は第八集の寄稿を拒んだ。何を書いても中傷を受けるばかり。嫌気がさして、数年は講演だけを細々と続けた。この間に、久留米大学の公開講座に呼ばれたりしながら、「真実の仁徳天皇」を二〇一五年に刊行した。この本が縁となって、田川での講演が定期化した。やがて、田川に研究の拠点を置き、田川と立川市を往来することになった。月の四分の三を田川での活動に当て、四分の一を立川市の自宅で過ごす。

田川での現地伝承の調査や講演活動を通して、ついに「田川の語源」である「鷹羽の神々」を再発見した。本書の第八章にその「要約」を載せた。本書のタイトルが「魏志倭人伝を解く」序章とあるのは、これから「魏志倭人伝を解く」を刊行する予定であるためだ。もちろん、「倭国＝豊国説・邪馬台国田川説」を主張する本になることは間違いない。従来の通説に云われた「邪馬台国近畿説」はたぶん一ページにも満たない分量しか載らないだろう。徹頭徹尾、ガチガチの「邪馬台国九州説」に彩られること必定である。

たぶん、通説の学者先生たちには無視されるだろう。ところで、最近読んだ本に、竹倉史人著「土偶を読む」（晶文社）がある。例えば、「遮光式土偶はサトイモの精霊像」といったような優れた「土偶の正体を解明した」書なのだが、いわゆる考古学の大家等からは非難の的になっているようだ。私の次回の「魏志倭人伝を解く」は竹倉氏の本に並ぶべくもないだろうが、纏向遺跡に代表されるような「邪馬台国近畿説」の考古学の大家等からは完全に無視されるであろう。

それはさておき、本書「魏志倭人伝を解く」序章に抜き出した、倭国易姓革命論、「天満倭」考、東西五月行（統一倭国）の成立、魏志倭人伝と記紀の史実、神武東征の史実、神武は筑豊に東征した、鯷倭の興亡などに記した内容が、唐詩の「起承転結」の「起承」に当たるなら、第八章の「ここにあり　邪馬臺国」は「転」に当たる。これらが合わさって、いよいよ「魏志倭人伝を解く」の「結」に至る。

「起承転結」の「起承転」までの本書の刊行に尽力くださった同時代社の川上社長に厚く御礼申し上げます。また、田川での講演活動をこの数年支え、今回「刊行に寄せて」を書いてくれた永原譲太郎氏に深く感謝します。さらに、無名の邪馬台国論者にしか過ぎない私を今日まで支援してくださった方々にも厚く御礼申し上げます。

著者略歴

福永晋三（ふくなが・しんぞう）

1952年、福岡県鞍手郡宮田町（現宮若市）生まれ。

1975年、國學院大學文学部文学科（漢文学専攻）卒業。

角川書店辞書教科書部、東京都立高校に勤務後、四十代半ばから万葉集研究のため、古事記・日本書紀等の古代史の研究に着手。

古田武彦との共著『九州王朝の論理』（明石書店）

著書『真実の仁徳天皇―倭歌が解き明かす古代史―』（不知火書房）

「神功皇后紀を読む会」を主宰

全国邪馬台国連絡協議会九州支部副支部長・福岡県本部長

倭歌が解き明かす古代史

「魏志倭人伝を解く」序章――邪馬台《やまと》国田川説の濫觴《はじまり》

2021年9月10日　初版第1刷発行

著　者	福永晋三
発行者	川上　隆
発行所	株式会社同時代社 〒101-0065　東京都千代田区西神田2-7-6 電話　03(3261)3149　FAX　03(3261)3237
組　版	い り す
装　幀	クリエイティブ・コンセプト
印　刷	中央精版印刷株式会社

ISBN978-4-88683-906-0